꼬픔흘 한국사

고종훈 **한국사**

한국사능력검정시험 중급대비 기본서

저자 | 고종훈
1판 1쇄 인쇄 | 2012년 6월 15일
1판 5쇄 발행 | 2014년 3월 31일

펴낸이 | 김영곤
펴낸곳 | (주)북이십일 21세기북스
출판등록 | 2000년 5월 6일 제10-1965호
부사장 | 임병주
개발실장 | 은지영
책임개발 | 최인수   **기획개발** | 탁수진, 이장건
영업·마케팅 | 장명우, 유선화
디자인·편집 | 다우   **손글씨** | 김수아
주소 | (우413-120) 경기도 파주시 회동길 201(문발동)
전화 | 031-955-2400(영업·마케팅) 031-955-2157(기획편집) 031-955-2177(팩스)
홈페이지 | www.book21.com

ISBN 978-89-509-3807-9 13900 값 29,900원
Copyright 고종훈ⓒ 2012

고종훈 한국사

한국사능력검정시험
중급대비 기본서

저자 고종훈

21세기북스

머리말

메가스터디에서 동영상 강의 11년, 도합 16년 동안 한국사를 강의했습니다. 최근 주목받고 있는 한국사능력검정시험에 대비하는 강의를 현장에서 진행해온 것도 벌써 4년이 되었습니다. 그런 경험을 바탕으로 한국사능력검정시험 중급에 대비할 수 있는 기본서를 출판하게 되었습니다.

이 책에서는 효율적인 한국사 공부, 그리고 한국사능력검정시험 중급에서 높은 점수를 받기 위한 실용적인 구성과 내용, 편집 체계를 중요시했습니다. 중·고교 국사 교과서와 6종의 개정 한국사 교과서를 분석하고, 역대 한국사능력검정시험 기출 문제를 철저히 검토하였습니다. 그래서 빠른 시간에 독학을 통해서도 충분히 한국사능력검정시험 중급에 80점 이상의 고득점을 할 수 있도록 기획하였습니다.

잠깐 한국사능력검정시험에 대해 언급하자면, 본질적으로 자격시험입니다. 중급을 응시할 경우 60점 이상 받으면 4급, 70점 이상이면 3급의 자격이 주어집니다. 참고적으로 각종 공기업이나 교원 임용시험에서는 3급 자격을 요구하고 있습니다. 고급과는 달리 중급은 중·고교 내신 과정의 지식과 약간의 역사 상식을 필요로 하는 시험입니다. 체계적으로만 공부한다면 1개월 안에 충분히 독학으로도 합격할 수 있습니다. 우리 기본서를 숙독하면서 최근 5회 정도의 기출 문제를 반복해서 풀어본다면 충분히 합격할 수 있습니다.

이 책의 특징은 다음과 같습니다.

분류사보다는 시대사를 중심으로 구성하였습니다.

전근대와 근현대사의 비중은 최근 한국사능력검정시험 출제 비중을 고려하여 7:3 정도로 서술하였습니다.

각 주제별로 평소 강의에서 판서해 주었던 내용을 도표화하여 한눈에 볼 수 있도록 정리하였습니다.

　　각종 자료(사진, 지도, 사료)는 출제와 연관성이 높은 필수 자료들을 중심으로 수록하였습니다.

　　그리고 부록으로 최근 4~5회 한국사능력검정시험 중급 과정의 기출 문제와 해설, 접근법을 수록하여 실전 감각을 갖출 수 있도록 하였습니다.

　　이 책은 독학용 참고서이자 강의용 기본서이기도 합니다.

　　동영상 강의(www.megastudy.net, www.gosabu.kr)와 결합시켜 학습 효과를 배가시킬 수 있도록 기획되었습니다.

　　부디 많은 분들이 이 책으로 빠른 시간에 한국사능력검정시험에 합격하시길 바랍니다.

　　마지막으로 이 책을 집필하는 과정에서 도움을 주신 분들에게 감사의 마음을 전하고 싶습니다. 저의 연구팀과 진행을 맡아 주신 최인수씨, 21세기북스 김영곤 대표님께 감사드립니다.

2012년 6월 고종훈

高 鍾 勳

차례

출제 포인트

어떤 내용이 시험에 자주 출제되고 있는지 한눈에 파악할 수 있습니다.

알차게 정리한 본문

기존 국사책의 딱딱한 서술에서 벗어나 편안하게 읽을 수 있는 이야기책과 같은 서술로 구성되어 있습니다.

핵심 정리

시험에 적극적으로 대비하기 위해 소주제별로 완벽한 핵심 정리가 되어 있어, 무엇이 중요하고, 무엇을 외워야 할지 정확히 알 수 있습니다.

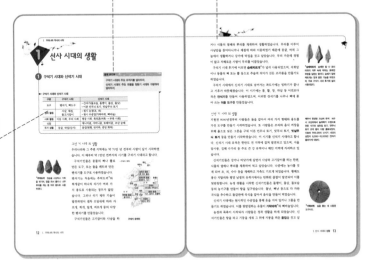

단어 설명과 보충 설명

내용 이해를 도와주는 수많은 사진 자료가 있어 따로 국사책이나 참고 자료를 볼 필요가 없습니다.

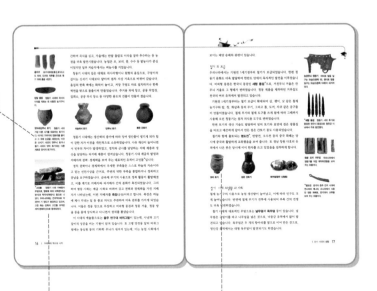

풍부한 사진 자료

내용 이해를 도와주는 수많은 사진 자료가 있어 따로 국사책이나 참고 자료를 볼 필요가 없습니다.

중요 용어

반드시 알아야 할 개념이나 용어는 서체를 달리하여 확실히 눈에 띌 수 있게 하였습니다.

자료

자료

자료 코너에서는 다양한 사료를 정리하고
있어 지식의 폭을 넓혀 줄 뿐 아니라 그 시
대상을 확실하게 이해할 수 있습니다.

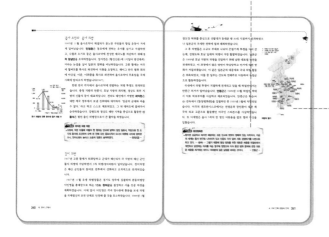

지도와 그래프

국사 이해에 필수적인 각종 지도와 ·
그래프들이 적절한 위치에 수록되
어 있어, 시험 공부에 도움을 줍니
다.

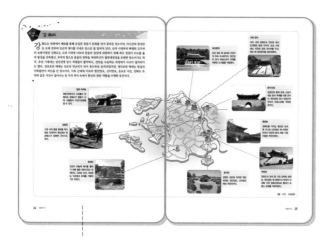

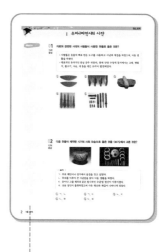

쉬어가기

우리 역사가 숨쉬고 있는 곳을 찾아
지도와 역사 자료를 함께 제시하였습
니다.

부록

실제 한국사능력검정시험 문제를 부
록으로 싣고 있어, 시험의 경향까지
파악할 수 있을 것입니다.

I 우리나라 역사의 시작

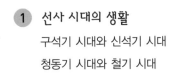

선사 시대의 생활

1 구석기 시대와 신석기 시대

■ 구석기 시대와 신석기 시대

구분	구석기 시대	신석기 시대
도구	뗀석기, 뼈도구	• 간석기(돌보습, 돌괭이, 돌삽, 돌낫) • 이른 민무늬 토기, 빗살무늬 토기
경제 활동	사냥, 채집, 물고기잡이	• 원시 농경(조, 피) • 원시 수공업(가락바퀴, 뼈바늘)
사회 활동	이동 사회, 무리 사회	평등 사회, 족외혼(씨족→부족 사회)
신앙		애니미즘, 샤머니즘, 토테미즘, 조상 숭배
주거 생활	동굴, 막집(강가)	움집(원형, 반지하, 중앙 화덕)

구석기 시대의 생활

우리나라와 그 주변 지역에는 약 70만 년 전부터 사람이 살기 시작하였습니다. 이 때부터 약 1만년 전까지의 시기를 구석기 시대라고 합니다.

구석기인들은 동물의 뼈나 뿔로 만든 도구, 또는 돌을 깨뜨려 만든 뗀석기를 도구로 사용하였습니다. 뗀석기는 처음에는 주먹도끼*와 찍개같이 하나의 석기가 여러 가지 용도로 사용되는 경우가 많았습니다. 그러나 석기 제작 기술이 발전하면서 점차 쓰임새에 따라 자르개, 찍개, 밀개, 찌르개 등의 다양한 뗀석기를 만들었습니다.

구석기인들은 고기잡이와 사냥을 하

***주먹도끼** 짐승을 사냥하고 가죽을 벗기며, 땅을 파서 풀이나 나무 뿌리를 캐는 등 여러 용도로 사용하였다.

• 구석기 유적

구석기 유적지

거나 식물의 열매와 뿌리를 채취하여 생활하였습니다. 무리를 이루어 사냥감을 찾아다니거나 계절에 따라 이동하였기 때문에 동굴, 바위 그늘에서 생활하거나 강가에 막집을 짓고 살았습니다. 무리 가운데 경험이 많고 지혜로운 사람이 무리를 이끌었습니다.

구석기 시대 후기에 이르면 **슴베찌르개***가 널리 사용되었으며, 석회암이나 동물의 뼈 또는 뿔 등으로 주술적 의미가 깃든 조각품을 만들기도 하였습니다.

구석기 시대에서 신석기 시대로 넘어가는 과도기에는 빙하기가 끝나고 기후가 따뜻해졌습니다. 이 시기에는 톱, 활, 창, 작살 등 이전보다 작은 **잔석기**를 만들어 사용하였으며, 이러한 잔석기를 나무나 뼈에 꽂아 쓰는 **이음 도구**를 만들었습니다.

***슴베찌르개** 슴베란 칼·낫·호미 따위의 자루 속에 박히는 뾰족한 부분을 일컫는 말이다. 슴베가 달린 찌르개는 창과 같은 기능을 하였으며, 주로 구석기 시대 후기에 널리 사용되었다.

신석기 시대의 생활

기원전 8000년경부터 사람들은 돌을 갈아서 여러 가지 형태와 용도를 가진 도구를 만들기 시작하였습니다. 또 사람들은 조리와 음식 저장을 위해 흙으로 빚은 그릇을 구워 이른 민무늬 토기, 덧무늬 토기, **빗살무늬 토기** 등을 만들기 시작하였습니다. 이 시기를 신석기 시대라고 합니다. 신석기 시대 유적은 한반도 전 지역에 걸쳐 발견되고 있으며, 서울 암사동, 김해 수가리 등 주로 큰 강 유역이나 해안 지역에 자리하고 있습니다.

신석기인들은 강가나 바닷가에 살면서 사냥과 고기잡이를 하는 한편, 식물의 열매나 뿌리를 채취하여 먹고 살았습니다. 나중에는 농사를 짓게 되어 조, 피, 수수 등을 재배하고 가축도 기르게 되었습니다. 황해도 봉산 지탑리와 평양 남경의 유적지에서는 탄화된 좁쌀이 발견되어 이를 뒷받침합니다. 농경 생활을 시작한 신석기인들은 돌괭이, 돌삽, 돌보습 등의 농기구를 만들어 땅을 일구었습니다. 돌낫, 뼈낫 등으로 다 자란 곡식을 추수하고 돌갈판에 곡식을 갈아서 음식을 만들어 먹었습니다.

신석기 시대에는 원시적인 수공업을 통해 옷을 지어 입거나 그물을 만들기도 하였습니다. 이를 뒷받침하는 유물이 **가락바퀴***와 뼈바늘입니다.

농경과 목축이 시작되자 사람들은 정착 생활을 하게 되었습니다. 신석기인들은 땅을 파고 기둥을 세워 그 위에 지붕을 씌운 **움집**을 짓고 살

제주시 한경면 고산리 유적 제주시 고산리에서 눌러떼기 수법으로 만든 석기와 섬유질 토기, 덧무늬 토기 조각 등이 다량 출토되었다. 이로써 우리나라의 신석기 시대의 상한이 8,000~10,000년 전까지 올라가게 되었다.

***가락바퀴** 실을 뽑는 데 사용된 도구이다.

앉습니다. 바닥은 원형이나 모서리가 둥근 사각형이고, 움집의 중앙에는 취사와 난방을 위한 화덕을 설치하였습니다. 햇빛을 많이 받는 남쪽으로 출입문을 내었으며, 화덕이나 출입문 옆에는 저장 구덩을 만들어 식량이나 도구를 저장하였습니다. 집터의 규모는 4~5명 정도의 한 가족이 살기에 알맞은 크기였습니다.

신석기 시대에는 혈연을 바탕으로 한 씨족이 다른 씨족과의 혼인을 통해 부족 사회를 형성하였지만, 같은 씨족끼리 혼인하는 것을 피하는 **족외혼**이 지켜졌습니다. 그리고 아직 지배와 피지배의 관계가 발생하지 않아 연장자나 경험이 많은 자가 자기 부족을 이끌어 나가는 평등 사회였습니다.

신석기인들은 농경과 정착 생활을 함에 따라 자연의 섭리를 생각하게 되었습니다. 그리하여 농사에 큰 영향을 끼치는 자연 현상이나 태양, 달, 물, 큰 나무 등에 영혼이 깃들어 있다고 믿었습니다(애니미즘). 또 자기 부족의 기원을 특정한 동식물과 연결시켜 그것을 숭배하였습니다(토테미즘). 그리고 사람이 죽어도 영혼은 없어지지 않는다고 생각하여 영혼 숭배와 조상 숭배가 나타났고, 영혼이나 하늘을 인간과 연결시켜 주는 무당과 그 주술을 믿는 샤머니즘도 있었습니다.

이러한 신앙을 바탕으로 신석기 시대 사람들은 조개껍데기 가면, 짐승의 뼈나 이빨로 만든 치레걸이 등의 예술품을 남겼습니다.

다양한 간석기

암사동 움집터

농경 굴지구

덧무늬 토기

빗살무늬 토기

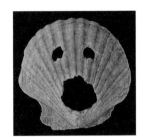
조개 껍데기 가면

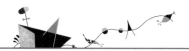

② 청동기 시대와 철기 시대

출제 **포인트**

주요 유물을 통해 청동기 시대의 모습을 추론하는 문제가 자주 출제된다.

■ 청동기 시대와 철기 시대

청동기 시대	철기 시대 전기
• 비파형 동검, 거친무늬 거울 • 반달 돌칼, 바퀴날 도끼, 홈자귀	• 철제 무기와 철제 농기구 • 세형 동검, 잔무늬 거울
• 미송리식 토기 • 민무늬 토기, 붉은 간토기	• 민무늬 토기 • 검은 간토기, 덧띠 토기
고인돌, 돌널무덤	널무덤, 독무덤
농경 발달(벼농사 시작)	• 벼농사 확대 • 중국과 교류(명도전, 붓)
직사각형 움집, 지상 가옥, 벽면 화로, 각종 공동 시설	
• 생산력 증대로 잉여 생산물 발생 • 빈부 격차와 계급 분화, 남녀 분업 촉진 • 권력과 경제력을 가진 지배자 출현, 족장(군장)	

청동기의 보급

기원전 2000년경에서 기원전 1500년 무렵에 이르러 사람들은 처음으로 청동 도구를 만들기 시작하였습니다. 이 시기의 유물로는 **비파형 동검**[*](요령식 동검), 거친무늬 거울 등이 발견되었는데, 청동기는 만들기가 어렵고 재료도 충분하지 않아서 지배 계급의 무기나 장식품으로 사용되었습니다. 따라서 청동기 시대의 생활 도구는 **반달 돌칼**, 바퀴날 도끼, 홈자귀 등 여전히 돌이나 나무로 만든 것이 대부분이었습니다. 한편 청동기 시대에는 미송리식 토기, **민무늬 토기**, 붉은 간토기 등의 토기가 많이 만들어 졌습니다. 이들 유물은 청동기 시대의 집터를 비롯하여 **고인돌**, 돌널무덤, 돌무지무덤 등 당시의 무덤에서 나오고 있습니다.

청동기 시대를 대표하는 유물인 비파형 동검은 만주부터 한반도 전역에 이르는 넓은 지역에서 출토되고 있습니다. 이와 같은 비파형 동검의 분포는 이 지역이 청동기 시대에 같은 문화권에 속하였음을 보여 줍니다.

***비파형 동검** 비파형으로 생긴 칼날과 손잡이가 따로 주조된 조립식 검이다. 한반도를 비롯하여 랴오허강을 중심으로 요동과 요서 지역에서 주로 발견된다.

청동기 시대의 생활과 사회

청동기 시대 사람들은 주로 강을 끼고 있는 야산이나 구릉 지대에 살았습니다. 이들은 돌도끼나 홈자귀, 그리고 나무로 만든 농기구로 땅을 개

청동기 시대 집터

홈자귀 유구석부(有溝石斧)라고도 하며, 도끼와 자루를 끈으로 묶기 위해 홈을 내었다.

반달 돌칼 청동기 시대에 곡식의 이삭을 자르는 데 사용한 농기구이다.

덧띠새김무늬 토기 청동기 시대 가장 이른 시기를 대표하는 토기이다. 아가리 가까이에 점토띠를 붙이고 그 위에 눈금을 새겼는데, 이것은 신석기 시대의 덧무늬 토기나 철기 시대의 덧띠 토기와는 다른 새로운 양식의 토기이다.

*__고인돌__ 청동기 시대 지배층의 무덤으로, 형태에 따라 바둑판식(남방식)과 탁자식(북방식) 등으로 나뉜다. 우리나라에는 전국적으로 약 3만여 기 정도가 분포하고 있으며, 고창·화순·강화의 고인돌 유적은 세계 문화유산으로 등재되었다.

간하여 곡식을 심고, 가을에는 반달 돌칼로 이삭을 잘라 추수하는 등 농경을 더욱 발전시켰습니다. 농업은 조, 보리, 콩, 수수 등 밭농사가 중심이었지만 일부 저습지에서는 벼농사를 지었습니다.

청동기 시대의 집은 대체로 직사각형이나 원형의 움집으로, 구덩이의 깊이는 신석기 시대보다 얕아져 점차 지상 가옥으로 바뀌어 갔습니다. 움집의 한쪽 벽에는 화덕이 놓이고, 저장 구덩도 따로 설치하거나 한쪽 벽면을 밖으로 돌출시켜 만들었습니다. 주거용 외에 창고, 공동 작업장, 집회소, 공공 의식 장소 등 다양한 용도의 건물이 만들어 졌습니다.

미송리식 토기

민무늬 토기

붉은 간토기

청동기 시대에는 생산력의 증가에 따라 잉여 생산물이 생기게 되자 힘이 강한 자가 이것을 개인적으로 소유하였습니다. 사유 재산이 늘어나면서 빈부의 차이가 발생하였고, 정치와 군사를 담당하는 지배 계층과 생산을 담당하는 피지배 계층이 생겨났습니다. 청동기 시대 계급의 발생과 지배자의 권력·경제력을 보여 주는 대표적인 유적이 고인돌*입니다.

정치 권력이나 경제력에서 우세한 부족들은 스스로 하늘의 자손이라고 믿는 선민사상을 근거로, 주변의 약한 부족을 통합하거나 정복하고 공납을 요구하였습니다. 금속제 무기의 사용으로 정복 활동이 활발해졌고, 이를 계기로 지배자와 피지배자 간의 분화가 촉진되었습니다. 그리하여 평등 사회는 계급 사회로 바뀌어 갔고 권력과 경제력을 가진 지배자가 나타났는데, 이런 지배자를 **족장**(군장)이라고 합니다. 족장은 하늘에 제사 지내는 일 등 종교 의식도 주관하여 더욱 권위를 가지게 되었습니다. 이들은 청동 창으로 무장하고 비파형 동검과 청동 거울, 청동 방울 등을 몸에 장식하고 다니면서 권위를 뽐냈습니다.

이 시대의 예술품으로는 **울주 반구대 바위그림**이 있는데, 사냥과 고기잡이의 성공을 비는 기원이 담겨 있습니다. 또 고령 양전동 알터 바위그림에는 동심원 등의 기하학 무늬가 새겨져 있는데, 이는 농업 사회에서

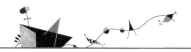

보이는 태양 숭배와 관련이 있습니다.

철기의 보급

우리나라에서는 기원전 5세기경부터 철기가 보급되었습니다. 한편 청동기 문화도 더욱 발달하여 한반도 안에서 독자적인 발전을 이루었습니다. 비파형 동검은 한국식 동검인 **세형 동검***으로, 거친무늬 거울은 잔무늬 거울로 그 형태가 변하였습니다. 청동 제품을 제작하던 거푸집도 전국의 여러 유적에서 발견되고 있습니다.

기원전 1세기경부터는 철기 보급이 확대되어 삽, 괭이, 낫 같은 철제 농기구와 칼, 창, 화살촉 등의 무기, 그리고 톱, 도끼, 자귀 같은 공구들이 만들어졌습니다. 철제 무기와 철제 도구를 쓰게 됨에 따라 그때까지 사용해 오던 청동기는 점차 의식용 도구로 변하였습니다.

한편 토기의 생산 기술도 발달하여 덧띠 토기와 표면에 검은 광물질을 바르고 매끈하게 갈아서 만든 검은 간토기 등도 사용되었습니다.

철기와 함께 출토되는 **명도전***, 반량전, 오수전 등의 중국 화폐는 당시에 중국과 활발하게 교류했음을 보여 줍니다. 또 경남 창원 다호리 유적에서 나온 붓은 당시에 이미 한자를 쓰고 있었음을 짐작하게 합니다.

농경무늬 청동기 따비로 밭을 일구는 모습(오른쪽 위), 괭이로 땅을 일구는 모습(오른쪽 아래)이 새겨져 있다.

*세형 동검 청동기 시대 후기에 등장한 한국식 동검으로 청천강 이남에서 주로 발견된다.

덧띠 토기   검은 간토기   독무덤(광주 신창동)

청동 도끼 거푸집 우리나라에서 청동기를 직접 제작하였음을 보여 주는 유물이다.

*명도전 중국의 춘추 전국 시대에 연나라와 제나라, 조나라에서 사용한 청동 화폐로, 중국과의 교류를 보여 주는 유물이다.

철기 시대의 생활과 사회

철제 농기구의 사용으로 농업 생산량이 늘어났고, 이에 따라 인구도 크게 늘어났습니다. 반면에 철제 무기가 전투에 사용되어 부족 간의 전쟁도 더욱 빈번하였습니다.

철기 시대의 대표적인 무덤으로는 **널무덤**과 **독무덤** 등이 있습니다. 널무덤은 구덩이를 파고 나무널을 넣은 것으로, 낙동강 유역에서 많이 발견되고 있습니다. 독무덤은 두 개의 항아리를 옆으로 이어 만든 것으로, 영산강 유역에서는 대형 독무덤이 발견되기도 하였습니다.

고조선과 초기 국가

 ① 고조선

출제 포인트

단군 신화, 고조선의 강역과 관련된 유물, 8조법이 각각 출제되었다.
앞으로 위만 조선(기원전 194~기원전 108)을 묻는 문제가 출제될 가능성이 높다.

■ **고조선의 발전 과정**

성립	• 청동기 문화에 바탕을 둔 최초의 족장(군장) 국가 • 강역 : 요령 지방과 한반도 북부 지방
발전	• 기원전 3세기경 부왕, 준왕 때 왕위 세습, 관직 설치(상, 대부, 장군) • 요서를 경계로 연과 대립할 만큼 강성
위만 조선	• 위만의 정변(기원전 194), 준왕 축출 • 철기 문화의 본격적 수용, 중계 무역으로 발전 • 한 무제의 침입으로 멸망(기원전 108)

고조선의 세력 범위 비파형 동검과 탁자식(북방식) 고인돌은 만주와 북부 지방에서 주로 출토되어 고조선의 세력 범위를 짐작하게 해 준다.

단군과 고조선

《삼국유사》와 《동국통감》 등의 기록에 따르면, 고조선은 **단군왕검**이 건국하였습니다(기원전 2333년). 단군왕검이 이끄는 집단은 하늘의 자손이라는 천손사상을 앞세워 주위의 다른 부족을 정복하거나 연맹을 맺으면서 점차 세력을 확대하여 고조선을 건국하였습니다. 이 과정에서 '인간을 널리 이롭게 한다(홍익인간).' 는 통치 이념을 내세워 새로운 사회 질서를 형성해 갔습니다. 단군 신화에는 이와 같은 고조선의 성립에 대한 역사적 사실이 반영되어 있습니다.

고조선은 요령 지방을 중심으로 성장하여 한반도까지 점차 세력을 확대하였습니다. 이와 같은 사실은 비파형 동검이나 탁자식(북방식) 고인돌의 분포를 통해 짐작할 수 있습니다.

고조선의 성장과 변천

청동기 문화를 바탕으로 성립한 고조선은 기원전 4세기경에는 왕을 칭

할 정도의 국가 체제를 갖추고, 만주와 한반도 북부를 잇는 넓은 지역을 통치하는 국가로 발전하였습니다.

기원전 3세기에는 부왕, 준왕과 같은 강력한 왕이 등장하여 왕위를 세습하였으며, 그 밑에 상, 대부, 장군 등의 관직을 두었습니다. 고조선은 이러한 국가 체제를 바탕으로 중국의 연나라와 대적할 만큼 성장하였습니다. 그러나 기원전 3세기 초 연나라 장수 진개의 침략을 받아 서쪽 땅을 잃고 평양 지방으로 중심지를 옮겼습니다.

기원전 2세기 초 위만이 무리 1,000여 명을 이끌고 중국에서 고조선으로 이주하였습니다. 준왕은 위만과 이주민 세력을 서쪽 변경에 거주하게 하고 그들에게 변경 수비의 임무를 맡겼습니다. 위만은 점차 세력을 확대하여 마침내 수도인 왕검성을 공격하여 준왕을 몰아내고 스스로 왕이 되었습니다(기원전 194).

위만 왕조의 고조선은 철기 문화를 적극적으로 수용하였습니다. 철기의 사용은 농업과 수공업을 더욱 융성하게 하였고, 그에 따라 상업과 무역도 발달하였습니다. 이 무렵, 고조선은 사회와 경제의 발전을 기반으로 중앙 정치 조직을 갖춘 강력한 국가로 성장하였습니다. 그리고 우세한 무력을 바탕으로 활발한 정복 사업을 전개하여 광대한 영토를 차지하였습니다. 또 동방의 예나 남방의 진이 직접 중국의 한과 교역하는 것을 막고, 중계 무역의 이득을 독점하려 하였습니다.

위만 조선이 한에 대항하는 세력으로 성장하자, 한의 무제는 대군을 보내어 왕검성을 포위 공격하였습니다. 위만의 손자인 우거왕은 한의 대군을 맞아 1년 동안 버티면서 잘 싸웠으나, 지배층의 내분으로 왕검성이 함락되어 위만 조선은 3대 86년 만에 멸망하였습니다(기원전 108).

한은 고조선의 옛 땅에 군현을 설치하여 지배하였으나, 토착민들의 반항에 부딪쳐 낙랑군을 제외한 나머지 군현은 곧 폐지되었습니다. 한 군현의 가혹한 지배로 8조에 불과하던 법 조항도 60여 조로 늘어났고, 풍속도 각박해졌습니다.

단군신화에 반영된 고조선 사회의 모습 단군 신화에는 환웅 부족과 곰 토템 부족의 결합, 정치적 지배자의 출현과 계급 발생, 제정일치 사회, 농경 중시 등의 역사적 사실이 반영되어 있다.

위만 조선 위만은 왕이 된 후에도 국명을 계속 조선이라 하였고, 그의 정권에는 토착민 출신으로 높은 지위에 오른 사람들이 많았다. 이러한 점에서 위만의 조선은 단군의 조선을 계승하였다고 할 수 있다.

자료 고조선의 법
...... (고조선에서는) 백성들에게 금하는 법 8조를 만들었다. 그것은 ① 대개 사람을 죽인 자는 즉시 죽이고, ② 남에게 상처를 입힌 자는 곡식으로 갚는다. ③ 도둑질을 한 자는 노비로 삼는다. 용서받고자 하는 자는 한 사람마다 50만 전을 내야 한다.

② 여러 나라의 등장

출제 포인트

초기 국가들의 특징을 구별하는 문제는 꼭 출제되므로 반드시 암기해야 한다.

■▶ 초기 국가

```
철기 문화의 확산  ──정복 활동──▶  연맹 왕국의 성립
                   생산력 증대
```

내용	부여	고구려	옥저	동예	삼한
정치	마가, 우가, 저가, 구가(사출도)	5부 연맹체 (상가, 고추가)	군장 국가 거수, 삼로	후, 읍군, 삼로	제정 분리 사회 (신지·읍차+천군)
경제	농경, 목축	약탈 경제(부경)	어물, 소금 풍부 (고구려에 공납)	• 방직 기술 발달 • 특산물(단궁, 반어피)	• 벼농사(저수지) • 철 생산(변한)
풍속	• 영고 • 순장, 1책 12법	• 동맹, 국동대혈 • 서옥제	• 민며느리제 • 골장제	• 무천 • 족외혼과 책화	• 계절제 (5월, 10월) • 두레, 소도

여러 나라의 성장

*****연맹 왕국** 연맹 왕국은 부족이 연합하여 국가 형태를 이루고 있었기 때문에 왕권이 강력하지 못하였고 부족장들에 의해 왕이 추대 혹은 폐위되기도 하였다. 부여, 고구려, 마한의 경우 연맹 왕국을 형성하였으나 옥저, 동예는 족장(군장) 사회에 머물렀다.

부여

고조선이 세력을 펼치다가 사라질 무렵, 그 주변 지역에서는 한민족의 또 다른 집단들이 등장하였습니다. 만주 지방에서는 송화(쏭화)강 유역의 평야 지대를 중심으로 부여가 연맹 왕국*으로 성장하였습니다. 부여는 일찍부터 중국과 외교 관계를 맺고 성장하다가 3세기 말에 선비족의 침략을 받아 쇠퇴하였고, 결국 고구려에 편입되었습니다. 농경과 목축을 주로 하였고 특산물로는 말, 주옥, 모피 등이 있었습니다.

부여에는 왕 아래에 가축의 이름을 딴 마가, 우가, 저가, 구가와 대사자, 사자 등의 관리가 있었습니다. 이들 가(加)는 저마다 따로 행정 구획인 **사출도**를 다스리고 있어서, 왕이 직접 통치하는 중앙과 합쳐 5부를 이루었습니다. 가들은 왕을 추대하기도 하였고, 수해나 한해를 입어 오곡이 잘 익지 않으면 그 책임을 왕에게 묻기도 하였습니다. 한편 왕은 궁궐, 창고, 감옥과 같은 시설을 갖추고 있었습니다. 왕이 죽으면 많은 사람들을 껴묻거리와 함께 **순장***하기도 하였습니다.

부여의 사회 계급은 귀족인 가(加)가 있고, 그 밑에 호민으로 불리는 부유층이 있으며, 그 아래 **하호**(피지배층)와 노비가 있었습니다. 전쟁이

일어나면 가와 호민은 무장하여 싸웠으며, 하호는 식량을 공급하는 일을 맡았습니다.

부여의 법으로는 4조목이 전해지고 있는데, 고조선의 법률과 마찬가지로 사람들의 생명(노동력)과 재산을 보호하려는 데 그 뜻이 있었습니다.

부여는 본격적인 사냥철이 시작되는 12월에 **영고**라는 제천 행사*를 거행하고, 전쟁이 일어났을 때에는 제천 의식을 행하고 소를 죽여 그 굽으로 길흉을 점치기도 하였습니다(우제점복).

부여는 연맹 왕국의 단계에서 멸망하였지만 고구려나 백제의 건국 세력이 부여의 한 계통임을 자처하였다는 점에서 한국사에서 차지하는 비중이 상당합니다.

*순장 사후의 세계를 믿어, 지배 계급의 인물이 죽었을 때에 부인, 부하, 노비 등을 함께 묻는 장례법이다.

*제천 행사 제천 행사는 하늘을 숭배하고 제사하는 의식으로 대부분 농사의 풍요를 기원하고 추수를 감사하기 위한 것이었다. 수렵 사회의 전통이 남아 있던 부여에서는 12월에 영고를 거행하였다.

> **자료 부여의 법**
> 1. 살인자는 사형에 처하고 그 가족을 데려다 노비로 삼는다.
> 2. 남의 물건을 훔친 자는 물건값의 12배를 배상한다.
> 3. 간음한 자는 사형에 처한다.
> 4. 투기가 심한 부인은 사형에 처하되 그 시체를 서울 남쪽 산 위에 버려서 썩게 한다. 단, 그 여자의 집에서 시체를 가져가려고 할 때에는 소와 말을 바쳐야 한다.

고구려

《삼국사기》는 부여에서 남쪽으로 내려온 주몽(추모)이 고구려를 건국하였다고 기록하고 있습니다(기원전 37). 고구려가 처음 자리 잡은 졸본(환인) 지방은 대부분 큰 산과 깊은 계곡으로 된 산악 지대였기 때문에 농토가 부족하여 양식 또한 부족하였습니다. 이에 고구려는 초기부터 주변의 나라들을 정복하면서 평야 지대로 진출하고자 하였습니다.

유리왕 때에는 도읍을 졸본성에서 압록강 가의 국내성(집안)으로 옮겨 5부족 연맹을 토대로 발전하였습니다. 그 후, 한의 군현을 공략하여 요동 지방으로 진출하고, 동쪽으로는 옥저를 정복하여 공물을 받았습니다.

부여와 마찬가지로 고구려도 상가, 고추가 등의 대가들이 왕 아래에 있었으며, 각각 사자, 조의, 선인 등의 관리를 거느리고 있었습니다. 그리고 중대한 범죄자는 제가 회의를 통하여 범죄자는 사형에 처하고 그 가족은 노비로 삼았습니다.

부경 고구려 지배층의 집에 있던 창고. 피정복민으로부터 획득한 곡식이나 물건을 저장하였다.

고구려 사회에는 형사취수제*와 서옥제*라는 혼인 풍속이 있었습니다. 그리고 건국 시조인 주몽과 그 어머니 유화 부인을 조상신으로 섬겨 제사를 지냈고, 10월에는 동맹이라는 제천 행사를 성대하게 치르고 아울러 국동대혈에 왕과 신하들이 모여 함께 제사를 지냈습니다.

옥저와 동예

함경도 및 강원도 북부의 동해안에 위치한 옥저와 동예는 변방에 치우쳐 있어 선진 문화의 수용이 늦었으며, 일찍부터 고구려의 압력을 받아 크게 성장하지 못하였습니다. 두 나라는 연맹 국가로 발전하지 못하여 왕의 칭호를 사용하는 지배자가 없었고, 각 부족을 읍군, 삼로라고 불리는 군장들이 다스렸습니다.

옥저는 어물과 소금 등 해산물이 풍부하였고 토지가 비옥하여 농사가 잘 되었습니다. 그러나 옥저는 고구려의 지배 아래 있었으므로 고구려에 소금, 어물 등을 공납으로 바쳤습니다. 옥저의 혼인 풍속으로는 **민며느리제***가 있었고, 시체를 가매장하였다가 그 뼈를 추려서 목곽에 안치하는 매장 풍습이 있었습니다(**골장제**).

동예 역시 토지가 비옥하고 해산물이 풍부하여 농경, 어로 등 경제생활이 윤택하였습니다. 특히, 명주와 삼베를 짜는 등 방직 기술이 발달하였습니다. 특산물로는 단궁이라는 활과 과하마*, 반어피* 등이 유명하였습니다. 동예에서는 매년 10월에 **무천**이라는 제천 행사를 열었습니다. 같은 씨족끼리는 혼인을 하지 않는 족외혼을 엄격하게 지켰으며, 다른 부족이 소유한 산천을 함부로 침범하였을 경우 **책화**라 하여 노비와 소, 말로 변상하는 제도가 있었습니다.

춘천 율문리 철자형 집터 남쪽에 출입구 시설을 별도로 마련한 이른바 철(凸)자형 집터이다. 부엌(아궁이와 부뚜막), 난방 시설(구들과 굴뚝)이 갖추어져 있다.

여자형 집터

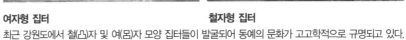

철자형 집터
최근 강원도에서 철(凸)자 및 여(呂)자 모양 집터들이 발굴되어 동예의 문화가 고고학적으로 규명되고 있다.

삼한

한반도 남부에는 청동기 문화를 바탕으로 진(辰)이 성장하고 있었습니다. 기원전 2세기 말 고조선의 유이민 세력에 의하여 철기 문화가 보급되어 사회 발전이 촉진되었습니다. 그 결과 마한, 변한, 진한의 연맹체들이 나타나게 되었습니다.

마한은 경기, 충청, 전라도 지방에서 발전하였는데, 그중에서 가장 강력한 목지국의 지배자가 마한의 왕으로 행세하였습니다. 변한은 김해와 마산 지역을 중심으로, 진한은 대구와 경주 지역을 중심으로 발전하였습니다.

삼한의 소국들은 신지, 읍차 등으로 불리는 군장들이 다스렸습니다. 한편 삼한에는 정치적 지배자 외에 제사장인 천군이 있었습니다. 천군은 **소도**라는 신성 지역에 머무르면서 농경과 종교에 대한 의례를 주관하였습니다.

삼한 사회는 철기 문화를 바탕으로 한 농경 사회였습니다. 특히 벼농사가 일찍부터 발달하였는데, 김제 벽골제나 제천 의림지와 같은 저수지를 만들어 가뭄에 대비하였습니다. 한편 **변한**에서는 철이 많이 생산되어 낙랑, 왜 등에 수출하였습니다. 철은 교역에서 화폐처럼 사용되기도 하였습니다.

소국의 일반 사람들은 초가지붕의 반움집이나 귀틀집에서 살았습니다. 또 두레 조직을 통하여 농사를 공동으로 짓는 등 공동체적 전통을 유지하였습니다. 삼한에서는 해마다 씨뿌리기가 끝난 5월과 추수가 끝난 10월에 **계절제**를 열어 하늘에 제사를 지냈습니다.

철기 문화가 발달하면서 삼한 사회에서도 변동이 일어났습니다. 백제가 마한 지역을 통합해 갔고, 변한 지역에서는 구야국(가야)이, 진한 지역에서는 사로국이 성장하여 고대 국가의 기틀을 다져 갔습니다.

솟대 천군이 다스리는 신성 지역인 소도를 표시하는 상징이다. 소도에는 큰 나무를 세우고 방울과 북 등을 달아 신을 섬겼다. 이 전통이 이어져 마을에 나무나 돌로 만든 새를 장대나 돌기둥 위에 앉힌 솟대가 되었다고 한다.

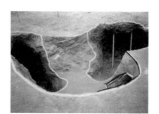

마한의 토실

귀틀집 큰 통나무로 정(井)자 모양으로 귀를 맞추어 층층이 얹고 틈을 흙으로 발라 지은 집

> **자료** **삼한**
>
> 귀신을 믿기 때문에 국읍에 각각 한 사람씩 세워 천신의 제사를 주관하게 한다. 이를 천군이라 한다. 여러 나라에는 각각 소도라고 하는 별읍이 있다. 큰 나무를 세우고 방울과 북을 매달아 놓고 귀신을 섬긴다. 다른 지역에서 거기로 도망쳐온 사람은 누구든 돌려보내지 아니하였다.
> – 〈삼국지 위서 동이전〉 –

강화도

강화도는 북방에서 해로를 통해 유입된 청동기 문화를 먼저 꽃피운 장소이며, 마니산의 참성단은 오래 전부터 단군의 제사를 지내온 장소로 잘 알려져 있다. 삼국 시대부터 백제와 고구려의 요충지였던 강화도는 고려 시대에 이르러 몽골의 침입에 대항하기 위해 최우 정권이 수도를 옮겨 왕성을 건축했고, 부처의 힘으로 몽골의 침략을 격퇴하고자 팔만대장경을 조판한 장소이기도 하다. 조선 시대에는 임진전쟁 당시 의병들이 활약하고, 전란을 수습하는 과정에서 사고가 설치되기도 했다. 정묘호란 때에는 인조의 피난처가 되어 유수부로 승격되었지만, 병자호란 때에는 왕실의 가족들만이 피난을 간 장소이다. 이후 근대에 이르러 병인양요, 신미양요, 운요호 사건, 강화도 조약과 같은 사건이 일어나는 등 우리 역사 속에서 한강의 관문 역할을 수행한 공간이다.

강화 지석묘

북방식(탁자식) 고인돌의 전형으로 강화도가 청동기 시대 사람들의 터전이었음을 알 수 있다.

갑곶진

고려 시대 몽골 침략을 막아 냈던 요새이자 병인양요 때 프랑스가 점령한 곳이기도 하다.

참성단

단군이 하늘에 제사를 올리기 위해 쌓은 제단이라고 전해진다. 고려와 조선 시대에는 이곳에서 초제를 거행하기도 하였다.

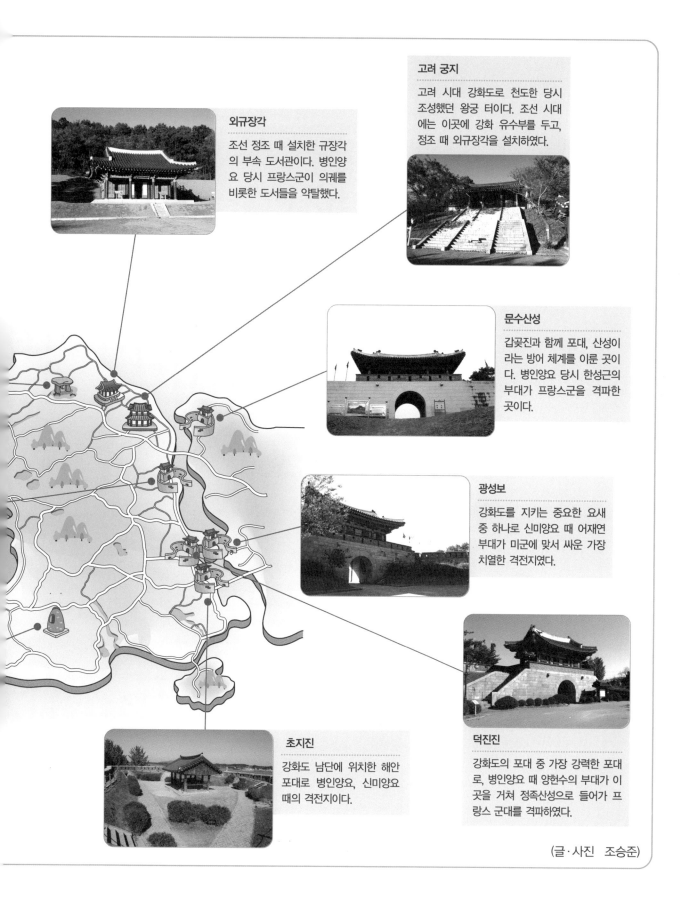

외규장각

조선 정조 때 설치한 규장각의 부속 도서관이다. 병인양요 당시 프랑스군이 의궤를 비롯한 도서들을 약탈했다.

고려 궁지

고려 시대 강화도로 천도한 당시 조성했던 왕궁 터이다. 조선 시대에는 이곳에 강화 유수부를 두고, 정조 때 외규장각을 설치하였다.

문수산성

갑곶진과 함께 포대, 산성이라는 방어 체계를 이룬 곳이다. 병인양요 당시 한성근의 부대가 프랑스군을 격파한 곳이다.

광성보

강화도를 지키는 중요한 요새 중 하나로 신미양요 때 어재연 부대가 미군에 맞서 싸운 가장 치열한 격전지였다.

초지진

강화도 남단에 위치한 해안 포대로 병인양요, 신미양요 때의 격전지이다.

덕진진

강화도의 포대 중 가장 강력한 포대로, 병인양요 때 양헌수의 부대가 이곳을 거쳐 정족산성으로 들어가 프랑스 군대를 격파하였다.

(글·사진 조승준)

II 한국 고대사

고대의 정치

1 삼국의 성장

출제 포인트

삼국의 주요 군주의 업적을 반드시 알아두자.

광개토 대왕릉비, 진흥왕 순수비와 주요 전투를 꼭 정리해 두자.

가야의 중심 세력이 바뀌는 과정을 알아두자.

▪ 삼국의 정치 발전

시대	고구려		백제		신라	
4세기	소수림왕	• 율령 반포, 태학 설립 • 불교 수용	근초고왕	• 마한 정복, 고구려 공격(371) • 요서, 산동, 규슈 진출	내물왕	• 김씨 왕위 세습제 확립 • 마립간, 낙동강 유역 진출
5세기	광개토왕	• 만주 정복(후연 격파) • 신라에 침입한 왜군 격퇴				
	장수왕	• 평양 천도, 남진 정책 • 한강 유역 정복 (중원 고구려비)				
6세기			무령왕	• 지방 통제 강화 (22담로) • 남조(梁)와 교류	지증왕	• 신라 국호, 왕 호칭 • 우산국 복속
					법흥왕	• 병부 설치, 율령 반포 • 불교 공인, 금관가야 정복
			성왕	• 사비 천도, 일본에 불교 전파 • 남조와 교류, 나·제 동맹 결렬	진흥왕	• 화랑도 개편, 불교 교단 정비 • 한강 유역 정복 (북한산비, 당항성)

고대 국가의 성격

철기 문화의 보급을 바탕으로 등장한 여러 족장(군장) 국가들은 우세한 집단의 족장을 왕으로 하는 연맹 왕국을 이루었습니다. 왕은 주변 지역을 정복하여 영역을 확대하고, 이 과정에서 성장한 경제력과 군사력을 바탕으로 왕권을 더욱 강화하였습니다. 이처럼 왕권이 강화되면서 율령을 반포하여 통치 체제를 정비하고, 불교를 받아들여 집단의 통합을 강

연맹 왕국

• 왕권 강화
• 정복 활동

↓

중앙 집권 국가

고대 중앙 집권 국가의 형성

화하여 연맹 왕국은 중앙 집권적인 고대 국가로 발전하였습니다.

고구려의 성립과 발전

고대 국가 중에서 고구려가 가장 먼저 국가 체제를 정비하여 나라의 모습을 갖추었습니다. 졸본성에서 건국한 고구려는 압록강 중류의 국내성으로 천도하면서 주변의 나라들을 정복하고 중국의 침략을 물리치는 과정을 거치며 발전하였습니다.

고구려는 1세기 후반 태조왕 때 중앙 집권 국가로서의 모습을 갖추게 되었습니다. 태조왕은 옥저를 정복하여 경제 기반을 확대하였으며, 한 군현을 공략하여 요동 지방으로도 진출을 꾀하였습니다. 이런 정복 활동에 힘입어 계루부 출신의 고씨가 왕위를 독점적으로 세습하게 되었습니다.

2세기 후반 고국천왕 때에는 부족적 전통을 가진 5부족을 동, 서, 남, 북, 중의 5부로 바꾸어 행정적 성격을 강화하고, 족장들을 중앙 귀족으로 편입하였습니다. 그리고 왕위 계승도 형제 상속에서 부자 상속으로 바꾸어 왕권을 강화하였습니다. 고국천왕은 을파소를 국상으로 기용하여 **진대법**[*]을 실시하고 소농민을 보호하는 정책을 추진하였습니다.

4세기 초 미천왕 때에는 낙랑군을 완전히 몰아내어 대동강 유역을 확보하고, 서안평을 점령하여 요동 지역으로 세력을 점차 확대해 나갔습니다. 4세기 후반 고국원왕 때에는 서북쪽의 전연과 남쪽의 백제의 침략을 받으며 국가적 위기를 맞기도 하였습니다.

고국원왕의 뒤를 이어 왕위에 오른 **소수림왕**(371~384)은 불교를 받아들이고, 태학을 설립하여 인재를 길렀으며, 율령을 반포하여 국가 조직을 정비하였습니다. 이로써 고구려는 왕실의 권위를 높이고 중앙 집권 체제를 더욱 강화하여 새로운 발전의 토대를 마련하게 되었습니다.

5세기 초 **광개토 대왕**(391~413)은 영토를 크게 넓혀 고구려의 전성 시대를 열었습니다. 광개토왕은 백제를 압박하여 한강 이북의 땅을 모두 점령하고, 신라에 침입한 왜군을 격퇴함으로써 한반도 남부에까지 영향

→ 고구려의 진출 방향
··· 장수왕 말의 남쪽 경계

5세기의 한반도

[*]**진대법** 흉년이나 춘궁기에 농민에게 양곡을 대여해 주고 수확기에 갚도록 한 농민 구휼 제도이다.

호우명 그릇 그릇 바닥에는 '국강 상광개토지호태왕' 이라는 광개토 대왕의 왕호가 새겨져 있다. 이 그릇이 경주에서 출토된 것은 광개토 대왕이 신라를 도와 왜구를 토벌한 사실과 관련이 있다고 여겨진다.

*연호 군주의 재위 기간을 기준으로 연도를 표시하는 것으로, 동아시아 사회에서는 대체로 중국의 연호를 사용하였다. 대외적으로는 자주 국가임을 내세우고, 대내적으로는 왕권 강화를 위해 광개토 대왕을 비롯한 여러 왕들이 독자적인 연호를 사용하였다.

*광개토 대왕릉비 장수왕 때에 건립된 것으로, 광개토 대왕의 정복 사실이 기록되어 있다.

력을 넓혔습니다. 이후 고구려는 서북쪽의 후연을 격파하여 요동 지방을 포함한 만주 대부분의 땅을 차지하고 동북쪽의 부여와 동쪽의 말갈을 굴복시켰습니다. 광개토 대왕은 대국을 건설한 자신감을 바탕으로 '영락'이라는 독자적인 연호*를 세웠습니다. 이와 같은 그의 활동은 만주 집안에 남아 있는 **광개토 대왕릉비***에 기록되어 있습니다.

장수왕(413~491)은 중국의 남북조와 각각 교류하여 배후를 안정시킨 뒤 수도를 국내성에서 대동강 유역의 평양성으로 옮기고(427), 남진 정책을 적극적으로 추진하였습니다. 백제와 신라가 동맹을 맺어 고구려의 남진 정책에 대항하였지만, 장수왕은 백제의 수도 한성을 함락하고 한강 전 지역을 포함하여 죽령 일대로부터 남양만을 연결하는 선까지 그 판도를 넓혔습니다. 이러한 사실은 **중원 고구려비**를 통해 알 수 있습니다. 이 무렵 고구려는 한반도의 중부 지방과 요동을 포함한 만주 땅을 차지하여 동북아시아의 강대국으로 군림하였습니다.

> **자료** 고구려의 비석
>
> **광개토 대왕릉비**
> (영락) 9년(399) 기해에 백제가 서약을 어기고 왜와 화통하므로 왕은 평양으로 순수해 내려갔다. 신라가 사신을 보내 왕에게 말하기를 "왜인이 그 국경에 가득 차 성을 부수었으니, 노객은 백성된 자로서 왕에게 귀의하여 분부를 청한다."고 하였다. … (중략) … 10년(400) 경자에 보병과 기병 5만을 보내 신라를 구원하게 하였다.
>
> **중원 고구려비**
> 5월 중에 고구려 대왕이 상왕공(相王公)과 함께 신라의 매금(寐錦, 왕)을 만나 영원토록 우호를 맺기 위해 중원(中原)에 왔으나, 신라 매금이 오지 않아 실행되지 못하였다. … (중략) … 신라 매금이 신하와 함께 고구려의 대사자 다우환노를 만나 이 곳에 주둔하고 있던 고구려 당주(幢主)인 발위사자 금노(錦奴)로 하여금 신라 국내의 중인(衆人)을 내지(內地)로 옮기게 하였다.

백제의 성립과 발전

백제는 고구려 계통의 유이민 세력이 한강 유역의 토착 세력을 규합하여 건국하였습니다(기원전 18년). 서울 석촌동에 남아 있는 돌무지무덤이 압록강 유역의 고구려의 돌무지 무덤과 닮아 있는 것은 백제의 건국 신화를 뒷받침합니다.

백제는 3세기 중엽 고이왕 때 나라의 기틀을 마련하였습니다. 고이왕은 마한의 중심 세력인 목지국을 병합하고 한강 유역을 완전히 장악하였

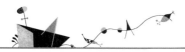

습니다. 그리고 중국의 선진 문물을 받아들여 16품계의 관제를 마련하고 관리의 복색을 제정하는 등 중앙 집권 국가의 토대를 마련하였습니다.

백제는 4세기 후반 **근초고왕**(346~375) 때에 크게 발전하였습니다. 근초고왕은 왕위의 부자 상속제를 확립하는 한편 남쪽으로 영산강 유역에 진출하여 마한 세력을 통합하였습니다. 이어 낙동강 유역의 가야 지역과 연결하여 이를 백제 세력권으로 끌어들였습니다. 북쪽으로는 황해도 지역으로 진출하여 고구려군을 크게 물리쳤으며, 평양성 전투에서는 고국원왕을 전사시켰습니다. 이로써 백제는 오늘날의 경기도, 충청도, 전라도와 낙동강 중류 지역, 강원도와 황해도의 일부 지역을 포함하는 넓은 영토를 확보하였습니다. 정복 활동을 통하여 축적한 군사력과 경제력을 바탕으로 백제는 수군을 정비하여 중국의 요서 지방으로 진출하였고, 이어서 산둥 지방과 일본의 규슈 지방에까지 진출하는 등 활발한 대외 활동을 벌였습니다. 이 시기 백제는 동진, 왜와 교류하면서 강력한 해상 국가로 떠올랐습니다.

율령 율령의 제정은 관습법 체제에 따른 국가 통치를 극복하고 국왕 중심의 성문법 체제를 지향한 것이었다. 백제의 경우 율령을 반포하였다는 기록은 없지만 고이왕 때 이미 관제와 복색이 정해졌다는 기록이 남아 있다.

4세기의 한반도

그 뒤 침류왕 때에는 동진에서 불교를 받아들여 왕실의 권위를 높이고 백성들의 사상을 통일하고자 하였습니다. 그러나 백제는 4세기 말부터 고구려 광개토왕의 공격을 받았고, 5세기에는 고구려 장수왕의 적극적인 남진 정책으로 어려움을 겪었습니다. 장수왕의 남진 정책에 대응하여 비유왕은 신라 눌지왕과 나·제 동맹(433)을 체결하고, 개로왕은 중국의 북위에 사신을 보내어 도움을 요청하기도 하였습니다. 그러나 백제는 장수왕의 공격으로 수도인 한성이 함락당하고 개로왕은 사로잡혀 죽임을 당하고 말았습니다. 백제는 이때 한강 유역을 완전히 상실하고, 수도를 웅진(공주)으로 옮기게 되었습니다(475).

웅진 시기의 백제는 무역 활동의 침체와 귀족 세력의 권력 다툼으로 큰 시련을 겪었습니다. 동성왕 때부터 백제는 다시 사회가 안정되고 국력을 회복하기 시작하였습니다. 동성왕은 신라 왕실과 혼인 관계를 맺어 고구려의 침략에 대항하는 한편 국력의 회복에 힘썼습니다.

백제는 **무령왕**(501~523) 때 중흥의 발판을 마련하였습니다. 지방의 요지인 22담로에 왕족을 파견하여 지방 통제를 강화하고, 고구려에 대한

칠지도 현재 일본의 이소노카미 신궁(石上神宮)에 보관되어 있는 철제 칼로 61자의 명문(銘文)이 새겨져 있다. 이것은 4세기 무렵 백제에서 제작되어 일본에 보내진 것으로 추정되고 있다.

구분	연도	신라	백제
1차	433	눌지왕	비유왕
2차	493	소지왕	동성왕
3차	551	진흥왕	성왕

나·제 동맹

양직공도 6세기 양나라와 교류한 국가들의 사절을 그림으로 그리고 설명을 덧붙인 것이다. 백제 사절에 대한 설명에는 백제의 간략한 역사와 백제의 요서 진출 사실도 기록되어 있다.

적극적인 공세를 펴 국력을 점차 회복하였습니다. 또, 무령왕은 중국 남조의 양과 국교를 맺고 문화 교류에 힘썼습니다.

백제는 6세기 중엽 **성왕**(523~554) 때 본격적인 중흥의 기반을 마련하였습니다. 성왕은 사비성(부여)으로 도읍을 옮기고(538), 국호를 남부여로 고쳤습니다. 또, 중앙 관청을 22부로 확대 정비하고, 수도를 5부, 지방을 5방으로 정비하여 중앙 집권 체제의 강화를 꾀하였습니다. 중국의 남조와 활발하게 문물을 교류하였으며, 왜와도 우호적인 관계를 가져 불교를 비롯한 여러 문물을 전해 주었습니다. 한편 성왕은 신라와 연합하여 일시적으로 한강 유역을 부분적으로 수복하였지만 곧 신라에게 빼앗기고, 자신도 신라를 공격하다가 관산성에서 전사하고 말았습니다(554). 이후 백제는 신라의 적극적인 영토 확장에 대응하여 고구려와의 관계를 친밀하게 하였습니다.

> **자료 백제의 해외 진출**
>
> 백제국은 본래 고려(고구려)와 함께 요동의 동쪽 1000여 리에 있었다. 그 후에 고려가 요동을 차지하니, 백제는 요서를 차지하였다. 백제가 통치한 곳을 진평군(진평현)이라 한다.　　　　　　　　　　　　　　　　　- 《송서》 -
>
> 처음 백가(百家)로서 바다를 건넜다 하여 백제라 한다. 진대(晉代)에 구려(句麗 : 고구려)가 이미 요동을 차지하니 백제 역시 요서, 진평의 두 군을 차지하였다.
> 　　　　　　　　　　　　　　　　　　　　　　　　　　　　　- 《통전》 -

신라의 성립과 발전

왕호	사용 시기	의미
거서간	박혁거세	군장
차차웅	남해	무당
이사금	유리~흘해	계승자, 연장자
마립간	내물~소지	대군장
왕	지증왕	한자식 왕호
	법흥왕	불교식 왕명
	무열왕	중국식 시호

신라의 발전과 왕호 변천 신라는 국가 발전 초기에 박·석·김의 3부족이 연맹하며 그 연맹장을 교대로 선출할 때 이사금을 칭하였다. 이후 김씨가 왕위 세습권을 독점하면서 그 왕권의 강화를 표시하기 위해 대군장이라는 의미의 마립간으로 바뀌었다.

신라는 경주 지역의 토착민 집단과 유이민 집단이 결합해 건국하였습니다(기원전 57). 신라는 여러 세력 집단이 연합하여 성립된 나라였기 때문에 국가적 통합이 비교적 늦었습니다. 박, 석, 김의 3성이 교대로 이사금(왕)으로 추대되었고, 주요 집단들은 독자적인 세력 기반을 유지하고 있었습니다.

신라는 4세기 후반 **내물왕**(356~402) 때 중앙 집권 국가의 모습을 갖추었습니다. 이무렵 신라는 활발한 정복 활동을 펼쳐 낙동강 동쪽의 진한 지역을 거의 차지하였습니다. 이때부터 김씨가 왕위를 독점적으로 계승하였고, 왕의 칭호도 대군장을 뜻하는 마립간으로 바뀌었습니다. 이 무렵 신라 해안에 나타나던 왜의 세력을 물리치는 과정에서 고구려 광개토 대왕의 군대가 신라 영토

내에 머물기도 하였습니다. 그 후 신라는 고구려의 간섭을 받는 한편 고구려를 통하여 간접적으로 중국의 문물을 받아들이면서 성장하였습니다. 한편 5세기 들어 고구려의 남진 정책이 강화되자 눌지왕은 백제와 동맹을 추진하였습니다(433).

신라는 6세기에 크게 발전하여 삼국을 통일할 수 있는 기반을 마련하였습니다. 6세기 초 **지증왕**(500~514)은 중국 문화와 정치 제도를 받아들여 중앙 집권을 강화하였습니다. 나라 이름을 사로국에서 '신라'*로 바꾸고, 왕의 칭호를 마립간에서 중국식 칭호인 '왕'으로 바꾸었으며, 지방 행정 구역도 주·군으로 나누어 관리를 파견하였습니다. 우산국을 정복하여 지금의 울릉도와 독도를 우리 영토로 하였으며, 소를 이용한 밭갈이가 시작되어 농업 생산력이 크게 성장한 것도 이때입니다.

법흥왕(514~540) 때에는 중앙 집권 국가 체제를 완비하였습니다. 불교를 공인하여 국민의 정신적 통일을 꾀하였으며, 율령을 반포하고 17관등과 관리들이 입는 공복을 정하였습니다. 또 병부를 설치하여 군사 지휘권을 장악하였으며, 골품제*를 정비하고 상대등을 두었습니다. 불교식 왕명을 사용하여 왕의 권위를 높이고, '건원'이라는 연호를 사용하여 자주 국가로서의 위상을 높였습니다. 대외적으로는 대가야와 결혼 동맹을 맺고, 금관가야를 정복하여 영토를 확장하였습니다.

신라는 6세기 중반 **진흥왕**(540~576) 때에 이르러 대외적으로 눈부신 발전을 이룩하였습니다. 진흥왕은 불교 교단을 정비하여 사상적 통합을 도모하는 한편 화랑도를 국가적인 조직으로 개편하였습니다. 이후 진흥왕은 백제와 연합하여 고구려를 쳐서 한강 상류의 땅을 점령하고, 백제가 되찾은 한강 하류의 땅마저 빼앗았습니다. 신라는 한강 유역을 장악함으로써 황해를 통하여 중국과 직접 교역할 수 있는 유리한 발판을 마련하였고, 삼국 경쟁의 주도권을 장악할 수 있었습니다. 이어서 고령의 대가야를 정복하여 낙동강 서쪽을 차지하였고, 동해안을 따라 함경도 지역으로까지 진출하였습니다. 진흥왕은 새로 차지한 영토를 기념하기 위해 단양 적성비와 4개의 순수비를 세웠습니다.

6세기의 한반도

***신라** 왕의 덕업이 날로 새로워져서 사방을 망라한다는 의미이다. 국력 성장에 대한 자부심을 엿볼 수 있다.

***골품제** 신라 시대 혈통에 따라 신분을 구분한 제도이다. 왕족은 성골과 진골로 구분하였으며, 일반 귀족은 1~6두품으로 구분하였다. 골품은 관직 진출은 물론 의복과 가옥 등 사회생활 전반을 규제하였다.

진흥왕의 북한산 순수비

가야의 발전

가야의 금동관 고령 지산동 32호
분 출토

전기 가야 연맹
• 금관가야 중심
• 농경 문화, 중계 무역 발달

↓ 400년
고구려의 침입

후기 가야 연맹
• 대가야 중심
• 신라와 결혼 동맹 추진

가야의 변화

연맹 왕국 가야

낙동강 하류의 변한 지역에서는 철기 문화를 토대로 농업 생산력이 증대되어 가야 연맹 왕국이 발전하였습니다. 초기에는 김해의 금관가야가, 후기에는 고령의 대가야가 연맹을 주도하였습니다.

금관가야는 해상 활동에 유리한 입지 조건과 철의 생산 및 교역 활동을 기반으로 성장하였습니다. 특히, 김해 지방에서는 질 좋은 철이 많이 나서 각종 철제 무기를 만들어 사용하였고, 덩이쇠를 만들어 화폐와 같은 교환 수단으로 이용하기도 하였습니다. 금관가야는 이 지역에서 생산되는 풍부한 철을 낙랑과 왜에 수출하여 해상 왕국으로 번영을 누렸습니다. 김해 대성동 유적 등에서 금관가야와 관련된 유물이 발견되어 당시 가야의 국력과 왕권이 강성하였음을 보여 줍니다.

4세기 말 가야는 백제, 왜와 함께 신라를 공격했으나, 신라를 후원하는 고구려군의 공격을 받고 큰 타격을 입었습니다. 이로 인해 금관가야가 쇠퇴하고 낙동강 서쪽의 여러 가야는 고령의 대가야를 중심으로 다시 연맹체를 이루었습니다. **대가야**를 중심으로 한 가야 연맹은 5세기 후반에 크게 성장하여 그 세력 범위를 소백산맥 서쪽까지 확장시켰습니다. 6세기 초에는 백제, 신라와 대등하게 세력을 다투었고, 신라와 결혼 동맹(522)을 맺어 국제적 고립에서 벗어나려 하였습니다. 가야 연맹은 백제와 신라의 침략으로 영토가 점차 축소되다가 신라 법흥왕 때에는 금관가야(532)가, 진흥왕 때에는 대가야(562)가 멸망하였습니다

신라에 편입된 가야 지배층과 지식인들은 뒷날 신라가 삼국을 통일하고 문화를 발전시키는 데 큰 공헌을 하였습니다. 또, 가야의 일부 세력은 일본에 진출하여 일본의 고대 문화 발전에 이바지하였습니다.

판갑옷

수레토기

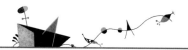

2 대외 항쟁과 신라의 삼국 통일

출제 포인트

7세기 전반기의 각국의 정세를 자세하게 알아두자.
신라의 통일 전쟁과 고구려·백제의 부흥 운동을 꼼꼼하게 정리하자.

■ 삼국 통일

수·당과의 전쟁	• 수의 침입 : 고구려의 요서 선제 공격(598) → 살수 대첩(612, 을지문덕) • 당의 침입 : 연개소문의 대당 강경 외교(천리장성) → 안시성 싸움(645)
통일 전쟁	• 백제 멸망(660) → 백제 부흥 운동(복신, 도침, 흑치상지), 왜의 지원(백강 전투) • 고구려 멸망(668) → 고구려 부흥 운동(검모잠, 안승, 고연무), 신라의 지원
나·당 전쟁	• 당의 야욕(웅진 도독부, 계림 도독부, 안동 도호부 설치) • 매소성 싸움(675), 기벌포 싸움(676)

고구려와 수·당의 전쟁

6세기 중엽에 한강 유역을 차지한 신라는 고구려와 백제의 협공으로 고립되었습니다. 한편 중국에서는 여러 국가로 분열되었던 상태를 수나라가 통일하였습니다. 수의 등장에 위협을 느낀 고구려는 유목 민족인 돌궐과 연합하여 수에 대항하였습니다. 신라와 적대 관계에 있던 백제는 고구려와 힘을 합쳐 신라를 공격하였습니다. 이에 따라 6세기 말 이후 동북아시아의 국제 정세는 고구려, 백제, 왜, 돌궐을 연결하는 남북 세력과 신라, 수(당)를 연결하는 동서 세력 간 다툼의 양상을 띠었습니다.

중국을 통일한 수는 동북쪽으로 세력 확대를 꾀하였습니다. 고구려는 수의 침입을 미리 막고 전략상 유리한 지역을 차지하기 위해 요서 지방을 선제 공격하였습니다(598). 이에 수 문제가 침공해 왔으나, 고구려는 요하를 굳게 지켜 이를 물리쳤습니다.

612년에는 수 양제가 직접 113만 대군을 동원하여 고구려를 침공하였습니다. 요동성 공격에 실패하고 수군마저 평양성 부근에서 참패하자, 수 양제는 30만 명의 별동대를 투입하여 평양성을 치게 하였습니다. 을지문덕은 우중문 등이 거느린 별동대를 **살수 대첩**을 통해 크게 격파하여 결정적인 승리를 거두었습니다. 그 뒤에도 고구려는 수의 공격을 몇 차례 더 물리쳐 나라의 위기를 극복하였습니다. 결국 수나라는 무리한 전쟁으로 인한 국력 소모와 내란으로 멸망하고 말았습니다.

*천리장성 고구려가 당의 침략에 대비하여 647년(보장왕6)에 16년의 공사 끝에 완성한 성으로 북쪽의 부여성(농안)에서 남쪽의 비사성(대련)에 이른다. 연개소문은 이 성곽 축조를 감독하면서 요동 지방의 군사력을 장악하여 정권을 잡을 수 있었다.

*대막리지 고구려 말기에 행정권과 군사권을 장악한 최고 관직

수가 망한 뒤에 중국을 통일한 당은 건국 초기에는 고구려와 친선 관계를 맺었습니다. 그러나 당 태종이 즉위한 뒤부터는 두 나라의 관계가 점차 악화되었습니다. 이에 고구려는 랴오허 강 주위의 국경선에 **천리장성***을 쌓고 당의 침략에 대비하였습니다. 이 무렵 고구려에서는 연개소문이 정변을 일으켜 보장왕을 세우고 자신은 대막리지*가 되어 권력을 장악하였습니다. 645년 당의 태종은 직접 수십만 명의 군대를 이끌고 고구려에 쳐들어왔습니다. 당의 군대는 요동성, 백암성 등을 차례로 함락한 후 안시성을 공격하였습니다. 안시성에서 3개월 동안 당군을 막고 있는 동안에 전열을 정비한 고구려는 대대적인 반격을 펼쳐 마침내 당의 군대를 물리칠 수 있었습니다(645, 안시성 전투).

그 후에도 당은 여러 차례 고구려를 침입하였지만 고구려는 이를 모두 물리쳤습니다. 고구려가 수와 당의 침략을 막아 낸 것은 고구려의 국가 보위뿐 아니라 중국의 한반도 침략을 저지했다는 점에서도 의의가 큽니다.

고구려와 수의 전쟁   고구려와 당의 전쟁

백제와 고구려의 멸망

고구려가 당과 치열한 전쟁을 계속하고 있는 동안, 신라에서는 선덕여왕이 즉위해 황룡사 9층 목탑과 첨성대를 세우는 등 문화 융성에 힘썼습니다. 백제 의자왕은 여러 차례 군사를 일으켜 신라를 공격하였습니다. 신라는 고구려의 힘을 빌려 백제를 견제하고자 하였으나 실패하고 이후에는 당과의 외교에 총력을 기울였습니다. 고구려 침략에 실패한

당도 신라와 연합하여 백제와 고구려를 친 후 한반도를 차지하려는 전략을 세움으로써 **나·당 연합**이 성립되었습니다(648).

660년 김유신이 이끈 신라군과 소정방이 이끈 당군은 먼저 백제를 공격하였습니다. 신라군은 황산벌에서 계백이 이끈 결사대를 격파한 뒤 사비성으로 진출하였고, 당군은 금강 하구로 침입하였습니다. 정치 질서의 문란과 지배층의 향락으로 국가적 일체감을 상실한 백제는 결국 사비성이 함락되면서 멸망하였습니다.

당은 웅진 도독부 등 5도독부를 두고 백제의 옛 땅을 직접 지배하고자 하였으나 각 지방에서 백제 부흥 운동이 일어났습니다. 왕족 **복신**과 승려 **도침**은 주류성에서, **흑치상지**는 임존성에서 각각 군사를 일으켜 당군을 몰아내려는 싸움을 시작하였습니다. 이들은 일본에 가 있던 왕자 풍을 왕으로 추대하고 200여 성을 회복하여 사비성과 웅진성의 당군을 공격하면서 4년간 저항하였으나 나·당 연합군에 의하여 진압되었습니다. 이때 왜의 수군이 백제 부흥군을 지원하기 위해 백강 입구까지 왔으나 패하여 쫓겨갔습니다(663).

백제를 멸망시킨 후, 신라와 당은 고구려에 대한 공격을 시작하였습니다. 고구려는 거듭된 전쟁으로 국력이 약해진데다가, 연개소문이 죽은 뒤 그의 아들 사이에 권력 다툼이 벌어져 국론이 분열되어 있었습니다. 이 기회를 틈타 나·당 연합군은 평양성을 함락하고, 고구려를 멸망시켰습니다(668).

고구려 멸망 이후 보장왕의 서자 안승을 받드는 **검모잠**과 **고연무** 등은 고구려의 유민을 모아 한성(황해도 재령)과 오골성을 근거지로 부흥 운동을 전개하였습니다. 이들은 한때 평양성을 탈환하기도 하고, 뒤에는 신라의 도움을 받으면서 기세를 떨치기도 했지만 결국 실패하였습니다.

신라의 삼국 통일

백제와 고구려가 멸망한 후, 당은 백제의 옛 땅에 웅진 도독부를 두고, 평양에는 안동 도호부를 설치하였습니다. 또, 경주에도 계림 도독부를 두고 신라 귀족의 분열을 획책하여 한반도 전체를 지배하려는 야심을 드러냈습니다.

이에 신라는 고구려와 백제의 유민과 연합하여 당의 군대를 몰아내기

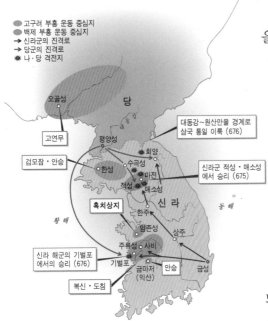

부흥 운동과 나·당 전쟁

위한 전쟁에 나섰습니다. 신라는 고구려의 왕족 안승을 금마저(전북 익산)에 머물게 하여 고구려의 부흥 운동을 지원하였습니다. 아울러 신라군은 당군이 주둔하고 있던 사비성을 함락하여 웅진 도독부를 없애고 백제의 옛 땅을 완전히 지배하게 되었습니다(671).

그 후 당은 말갈군과 거란군을 앞세워 계속 침범하였으나, 신라군은 당의 20만 대군을 매소성에서 크게 물리치고, 당의 수군을 금강 하류 기벌포에서 격파하였습니다. 곧이어 신라는 평양에 있던 안동 도호부도 요동성으로 밀어내는 데 성공함으로써 삼국 통일을 이룩하였습니다(676). 이로써 신라는 대동강과 원산만을 잇는 선 이남의 땅을 차지하게 되었습니다.

신라의 삼국 통일은 당의 도움을 얻었다는 점과 대동강 이남 지역에 한정되었다는 점에 한계가 있으나, 우리 민족이 이룬 최초의 통일로서 새로운 민족 문화를 이루는 중요한 계기가 되었습니다.

삼국의 통치 체제

삼국 초기에는 고구려와 백제의 5부, 신라의 6부가 중앙의 지배 집단이 되었습니다. 각 부는 국왕에 예속되었으나, 각 부의 귀족들은 각자 관리를 거느리고 자신의 영역을 지배하였습니다. 각 부의 귀족들로 구성된 회의체에서 전쟁과 같은 국가의 중요한 일을 결정하였습니다. 고구려의 제가 회의, 백제의 정사암 회의, 신라의 화백 회의가 주요 국사를 처리하던 귀족 회의체였습니다.

중앙 집권 체제가 형성되면서 각 부는 행정적 성격으로 바뀌고, 각 부의 귀족과 그 밑에 있던 관리들은 왕의 신하가 되었습니다. **관등제**가 정비되어 고구려는 10여 관등, 백제는 16관등, 신라는 17관등을 두었으며, 관리들은 복색과 장식을 통해 구별하였습니다. 삼국은 왕 아래에 여러 관청을 두었는데, 고구려의 대대로(또는 막리지), 백제의 상좌평, 신라의 각간(상대등)은 국정을 총괄하는 관직이었습니다.

*관등제 관등제는 관리들의 등급을 정한 것으로, 종래 족장적 성격을 띤 다양한 세력 집단이 왕 아래 하나의 체계로 조직되어 상하 관계를 이룬 것이다.

백제는 일찍부터 6좌평 제도를 두어 고구려나 신라에 비하여 훨씬 정비된 정치 체제를 갖추었습니다. 사비로 천도한 후에는 6좌평 외에 새로 22부의 실무 관청을 두어 행정을 분담하였습니다. 신라는 국가가 발전해 감에 따라 병부와 집사부 등 여러 관서를 차

구분	고구려	백제	신라
귀족 회의	제가 회의	정사암 회의	화백 회의
국정 총괄	대대로(막리지)	상좌평	상대등
관등	10여 관등	16관등	17관등
지방 통치	5부(욕살)	5방(방령)	5주(군주)
군사 조직	군사적 지배 (지방 행정 조직=군사 조직)		

삼국의 통치 체제

례로 두었습니다. 귀족 세력을 대표하는 상대등은 화백 회의를 주관하면서 왕권을 견제하였습니다.

삼국의 관등제와 관직 체계의 운영은 신분제에 의하여 제약을 받았습니다. 신라의 관등제는 골품제와 밀접하게 결합하여 운영되었습니다. 골품에 따라 개인이 승진할 수 있는 관등의 상한을 정하고, 일정한 관직을 맡을 수 있는 관등의 범위를 한정하였습니다. 고구려와 백제에서도 신라와 비슷하게 운영하였습니다.

삼국은 정복 지역을 성이나 촌 단위로 개편하여 지방 통치의 중심으로 삼고, 지방관을 파견하여 지방민을 직접 지배하였습니다. 그러나 지방에 대한 중앙 정부의 지배력은 강력하지 못하였고, 원래 성이나 촌을 지배하던 지방 세력가의 자치가 오랫동안 유지되었습니다.

이후 최상급 지방 행정 단위로 5부(고구려), 5방(백제) 또는 5주(신라)를 두고 지방 장관을 파견하였으며, 그 아래의 성이나 군에도 지방관을 파견하였습니다. 말단 행정 단위인 촌에는 지방관을 파견하지 않고 토착 세력을 촌주로 삼았습니다. **촌주**는 지방관을 보좌하면서 촌락 내의 행정과 군사 실무의 처리에 중요한 역할을 담당하였습니다.

삼국의 지방 행정 조직은 곧 군사 조직이었기 때문에 지방에 파견된 지방관은 행정과 함께 군사의 일도 맡았습니다. 신라의 경우 주 단위로 편성된 6정이 국방의 핵심을 맡았으며, 서당이라고 불리는 중앙군이 있었습니다.

이 밖에도 삼국은 3경(고구려), 22담로(백제)*, 2소경(신라)이라는 특별 행정 구역을 두었습니다.

***22담로** 백제가 방, 군, 성의 지방 제도를 마련하기 이전에 설치한 행정 구역으로, 지방에 대한 통제를 강화하기 위해 왕자나 왕족을 지방의 요지에 보내 다스리게 하였다.

③ 남북국 시대의 정치 변화

출제 포인트

통일 신라의 정치 발전은 중대와 하대로 구분하여 알아두자.

발해의 정치 발전은 무왕 시기와 문왕 시기를 구분하여 알아두자.

■ 통일 신라의 정치 발전

중대(654~780)	시기	하대(780~935)
전제 왕권의 확립(신문왕)	특징	나말 여초의 이행기
• 무열계 왕위 계승 • 집사부 강화 (상대등〈시중)	정치	• 왕위 쟁탈전 격화 → 왕권 약화, 귀족 연합 정치 • 지방 통제력 약화
• 신문왕 : 관료전 지급, 녹읍 폐지 • 성덕왕 : 정전 지급	경제	• 자연재해, 사치·향락 생활 → 재정 악화, 강압적 수취 • 농민 몰락 → 노비, 초적·농민 반란
• 유교 이념의 도입(국학 설치) • 6두품의 전제 왕권 협력(집사부 시랑)	사회	• 6두품 출신과 선종 승려 → 골품제 사회 비판 • 호족 세력과 연계하여 사회 개혁 추구
• 김흠돌 모역 사건 • 만파식적(萬波息笛)	기타	• 지방 세력 성장(호족) • 김헌창의 난, 원종·애노의 난

■ 발해의 정치 발전

국왕	주요 활동
무왕(8세기 전반)	북만주 일대 장악, 당의 산둥 지방 공격(732, 장문휴), 연호(인안)
문왕(8세기 후반)	당과 친선 관계, 상경 천도, 신라와 상설 교통로(신라도) 개설, 연호(대흥)
선왕(9세기 전반)	요동 지역 진출, 지방 제도 완비(5경 15부 62주), '해동성국'

통일 신라의 발전

신라의 삼국 통일은 영토와 인구의 확대뿐 아니라 정치, 경제, 사회, 문화 전반에 걸쳐서 중대한 변화를 가져왔습니다. 이러한 변화를 신라인 스스로는 '일통삼한'이라 표현하였습니다.

　김부식의 《삼국사기》는 통일 신라를 중대와 하대로 구분하고 있습니다. 중대는 태종 무열왕부터 혜공왕까지의 시기로 무열왕계 직계 후손들이 왕위를 계승하면서 안정과 번영을 누렸던 시기입니다. 하대는 선덕왕부터 신라 멸망까지의 시기로 왕권이 약화되고 귀족 세력이 득세하면서 혼란이 지속되었습니다.

구분	혁거세~지증왕	법흥왕~진덕여왕	무열왕~혜공왕	선덕왕~경순왕
삼국사기	상대		중대	하대
삼국유사	상고(고유 왕명)	중고(불교 왕명)	하고(중국식 시호)	

신라의 시대 구분

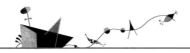

최초로 진골 출신으로서 왕위에 오른 태종 무열왕은 왕권 강화를 위해 노력하였습니다. 상대등에 측근 김유신을 임명하여 귀족 세력을 억제하고, 왕명을 받들어 기밀 사무를 관장하는 집사부 시중의 기능을 강화하였습니다. 이로써 통일 이후 진골 귀족 세력이 약화되고 왕권이 전제화 될 수 있는 바탕을 마련하였습니다.

신문왕(681~692)은 즉위 직후 김흠돌 모역 사건*을 계기로 귀족 세력을 숙청하고 전제 왕권의 확립을 꾀하였습니다. 중앙 정치 기구와 군사 조직(9서당 10정)을 정비하고, 9주 5소경 체제의 지방 행정 조직을 완비하였습니다. 그리고 문무 관리에게 관료전을 지급하고, 귀족의 경제 기반이었던 녹읍을 폐지하였습니다. 나아가 국학을 설립하여 유학 교육의 기초를 마련하였습니다.

8세기 초 **성덕왕**(703~737)은 당나라와의 관계를 돈독하게 하고, 백성들에게 정전을 지급하였습니다(722). 8세기 중엽 경덕왕 때에는 국학을 태학감으로 바꾸었으며, 김대성의 주도하에 불국사와 석굴암을 창건하였습니다. 한편 귀족층의 반발로 757년 관료전을 폐지하고 녹읍을 부활시켰습니다.

중대에는 왕권이 전제화되고 진골 귀족 세력이 약화되면서 그동안 소외되었던 6두품 세력이 왕권과 결탁하여 상대적으로 부각되었습니다. 이들은 학문적 실력을 바탕으로 왕의 정치적 조언자로 활동하거나 행정 실무를 맡아보았습니다. 이 시기에 활약했던 대표적인 6두품 출신으로는 강수, 설총 등이 있습니다.

신라 말기의 정치 변동

신라는 8세기 후반부터 귀족들의 권력 다툼에 휘말리게 되었습니다. 혜공왕 4년(768)에 일어난 '대공의 난'을 시작으로 96명의 각간이 권력 다툼을 벌였고, 그 과정에서 혜공왕은 살해되고 내물왕계의 김양상이 선덕왕으로 즉위하였습니다. 선덕왕의 뒤를 이어 역시 내물왕의 후손인 원성왕이 즉위함으로써 무열왕계의 왕위 세습은 끊어지고 말았습니다. 원성왕은 **독서삼품과**라는 국가 시험 제도를 실시하였으나 골품제의 벽을 넘지 못하고 좌절되었습니다.

이후 신라에서는 150여 년 동안에 20명의 왕이 바뀌는 혼란이 지속되

***김흠돌의 모역 사건** 신문왕이 즉위하던 해에 왕의 장인 김흠돌의 모역 사건이 있었다. 이 사건에 많은 귀족이 관련되어 있어서 귀족에 대해 대대적인 숙청이 행해졌다.

만파식적 신라 신문왕이 꿈에 아버지 문무왕과 김유신이 보낸 대나무로 만들었다는 전설의 피리

김헌창의 난(822, 헌덕왕 14) 김헌창은 자신의 아버지 김주원이 원성왕에 밀려 왕위에 오르지 못한 것에 원한을 품고 반란을 일으켜 나라 이름을 장안이라 하였다.

*장보고 당에서 무령군 소장으로 활동하다 흥덕왕 3년에 귀국하여 군사 1만 명을 얻어 현재의 완도에 청해진을 설치하였다(828). 이후 해적을 소탕하고 동북아시아 해상 무역권을 장악하였다.

초적 백성이 경제적인 이유로 토지를 떠나 도적이 되면, 백성을 풀에 비유하여 초적이라 불렀다.

있습니다. 진골 귀족들은 경제 기반을 확대하여 사병을 거느리고 권력 싸움을 벌였습니다. 왕권이 약화되고 귀족 연합적인 정치가 운영되었으며, 집사부 시중보다 상대등의 권력이 더 커졌습니다.

중앙 정부의 통제력이 약화된 틈을 이용하여 지방에서도 반란이 이어졌습니다. 9세기 초에는 무열왕의 후손인 웅주(공주) 도독 **김헌창**이 반란을 일으켰고, 청해진의 군진 세력이었던 **장보고***도 중앙 정부에 반기를 들었습니다.

신라 말의 사회 혼란은 9세기 말 진성여왕 때에 이르러 더욱 심해졌습니다. 중앙에서 재정 부족을 이유로 관리를 보내어 세금을 독촉하자, 농민들은 조세를 거부하고 곳곳에서 봉기하였습니다. 사벌주(상주)를 근거로 하여 원종과 애노 등이 반란을 일으켰고, '붉은 바지 도적'이라 불린 무리들은 경주 서남 방면까지 진격하여 기세를 떨쳤습니다.

후삼국의 성립

후삼국의 성립

사회 혼란을 틈타 북원(원주)의 양길, 죽주(죽산)의 기훤, 완산주(전주)의 견훤, 그리고 양길의 부하인 궁예 등이 잇달아 독자적인 세력을 형성하였습니다. 이들 중 견훤과 궁예는 세력을 크게 모아 나라를 세웠습니다.

견훤은 전라도 지방의 군사력과 호족 세력을 자신의 기반으로 흡수하여 완산주(전주)에 도읍을 정하고 후백제를 세웠습니다(900). 후백제는 차령산맥 이남의 충청도와 전라도 지역을 차지하여, 그 지역의 우세한 경제력을 토대로 군사적 우위를 확보할 수 있었습니다. 또한 중국과 외교 관계를 맺는 등 국제적 감각도 갖추었습니다. 그러나 견훤은 신라에 적대적이었고, 농민에게 지나치게 조세를 수취하였으며, 호족을 포섭하는 데 실패하였습니다.

궁예는 신라 왕족 출신으로, 한때 양길의 부하로 있다가 자립하여 송악을 근거지로 후고구려를 세웠습니다(901). 궁예는 영토가 확장되고 국가 기반이 다져지자, 도읍을 철원으로 옮기면서 국호를 마진으로 바꾸었다가 다시 태봉으로 바꾸었습니다. 궁예는 국정을 총괄하는 광평성을 비롯한 여러 관서를 설치하고 9관등제를 실시하였으며, 골품제를 대신할 새로운 신분 제도를 모색하였습니다. 그러나 궁예는 지나치게 조세

를 거두고, 죄 없는 관료와 장군을 살해하였을 뿐 아니라 미륵 신앙을 이용하여 전제 정치를 꾀하였습니다. 이에 따라 백성과 신하들의 신망을 잃게 되어 왕건을 중심으로 한 신하들에 의해 축출되었습니다(918).

발해의 건국과 발전

고구려가 멸망한 후 고구려 유민들은 당에 적극적으로 대항하여 당의 군대와 안동 도호부를 요동 지방으로 몰아냈습니다. 7세기 말에 이르러 요동 지역에 대한 당의 통제력이 약화되자, 고구려 장군 출신인 대조영은 고구려 유민과 말갈인들을 이끌고 길림성의 동모산 근처에 도읍을 정하고 발해를 건국하였습니다(698). 발해는 처음에는 국호가 '진국'이었고 '천통'이라는 연호를 사용하였습니다.

발해는 고구려를 계승한 국가라는 인식이 강하였습니다. 그래서 발해는 일본에 보낸 국서에 '고구려의 옛 땅을 수복하고, 부여의 전통을 이어받았다.'고 했으며, 고려 또는 고려국왕이라는 명칭을 사용하였습니다. 발해의 건국으로 남쪽의 신라와 북쪽의 발해가 공존하는 남북국의 형세를 이루게 되었습니다.

남북국의 형세

대조영의 뒤를 이은 **무왕**(719~737)은 동북방의 여러 세력을 복속하고 북만주 일대를 장악하였습니다. 이에 당은 신라와 흑수 말갈을 이용하여 발해의 세력 확대를 견제하였습니다. 무왕은 장문휴의 수군을 동원하여 먼저 당의 산둥 지방을 공격하고 요서 지역에서 당군과 격돌하였습니다. 발해는 돌궐, 일본 등과 연결하면서 당과 신라를 견제하여 동북아시아에서 세력 균형을 유지할 수 있었습니다.

8세기 후반 **문왕**(737~793) 때에는 당과 친선 관계를 맺고 당의 문물을 받아들여 체제 정비에 힘을 기울였습니다. 한편 신라와도 상설 교통로를 개설하여 대립 관계를 해소하려 하였습니다. 문왕은 수도를 중경 현덕부에서 상경 용천부로 옮기고 뒤에는 동경 용원부로 옮겼습니다. 발해는 이러한 발전을 토대로 인안(무왕), 대흥(문왕) 등의 독자적인 연호를 사용하여 중국과 대등한 지위에 있음을 대외적으로 과시하였습니다.

발해는 9세기 전반 **선왕**(818~830) 때 가장 흥성했습니다. 이 무렵 발해는 남쪽으로 신라와 국경을 접하고, 서쪽으로는 요동 지역까지 진출하였으며, 고구려와 부여 등의 옛 영토를 대부분 회복하여 영토를 크게 확장하였습니다. 또한 발해에 대항하던 대부분의 말갈족을 복속시키고, 5경 15부 62주의 지방 행정 체제도 완비하였습니다. 이후 중국은 발해를 '해동성국'이라고 불렀습니다. 당나라 빈공과*에서 신라 다음으로 많은 급제자를 낸 것도 이 무렵입니다.

발해는 9세기 후반부터 국력이 약화되어 결국 거란족이 세운 요나라의 침략을 받아 멸망하였습니다(926). 발해 멸망 후 대씨 왕족들을 포함한 5만여 명의 발해 귀족들은 고려로 대거 망명해 와서 고려 지배층의 일부로 편입되었습니다.

*빈공과 당나라 등 중국의 역대 왕조에서 외국 유학생을 대상으로 실시한 과거 시험이다.

남북국의 통치 체제

통일 신라는 집사부를 중심으로 하여 중앙 정치 기구를 재편하였습니다. **집사부** 시중*의 권한을 강화하고, 그 아래에는 위화부를 비롯한 13부를 두고 행정 업무를 분담시켰습니다. 집사부의 기능이 강화됨에 따라 화백 회의의 기능이 축소되고, 그 의장인 상대등의 권한도 약화되었습니다. 감찰 기구인 사정부를 두어 관리들의 비리와 부정을 방지하였고, 국학을 설립하여 유교 교육을 전담하게 하였습니다.

지방 행정 조직은 **9주 5소경** 체제로 정비하였습니다. 전국을 9주로 나누고 주 밑에는 군과 현을 두어 지방관을 파견하였습니다. 주의 장관은 군주에서 총관(뒤에 도독)으로 명칭이 바뀌었고, 군사 기능을 약화시키는 대신에 행정 기능을 강화하였습니다. 말단 행정 구역인 촌은 토착 세력인 촌주가 지방관의 통제를 받으면서 다스렸습니다. 또 특수 행정 구역으로 향, 부곡이 있었습니다.

군사·행정상의 요지에는 5소경*을 설치하였습니다. 이것은 수도가 남동쪽에 치우쳐 있는 것을 보완하고 각 지방의 균형 있는 발전을 꾀하기 위해서였습니다. 한편 외사정을 파견하여 지방관을 감찰하고, 상수리 제도*를 실시하여 지방 세력을 견제하였습니다.

군사 조직도 정비하여 9서당과 10정을 편성하였습니다. 중앙군인 9서당은 고구려와 백제 사람은 물론 말갈족까지 포함하여 민족 융합을 꾀

*시중 경덕왕 때 중시에서 시중으로 명칭이 바뀌었다.

통일 신라의 중앙 행정 통일 신라에는 위화부(이부), 조부와 창부(호부), 예부, 병부, 좌·우 이방부(형부), 예작부(공부) 등이 있어 중국의 6전 제도와 비슷하게 행정을 분담하였다.

*5소경 북원경(원주), 중원경(충주), 서원경(청주), 남원경(남원), 금관경(김해)을 두었다. 소경의 장관은 사신으로 진골 출신이 임명되었다.

*상수리 제도 지방 세력을 통제하기 위해서 이들을 일정 기간 금성에 와서 거주하게 하던 것으로, 고려 시대에는 기인 제도로 이어졌다.

하였습니다. 지방의 각 주에는 1개의 군단인 정을 배치하였는데, 북쪽 국경 지대인 한주(한산주)에는 2개의 정을 두었습니다.

구분	통일 신라	발해
중앙 정치 기구	집사부(시중), 사정부(감찰)	3성 6부제, 중정대(감찰)
지방 행정	9주(총관→도독), 5소경(사신)	5경, 15부, 62주
군사 제도	9서당 10정	10위(중앙군)

남북국의 통치 제도

구성인	명칭
신라	녹금서당 자금서당 비금서당
백제	백금서당 청금서당
고구려	황금서당
보덕	적금서당 벽금서당
말갈족	흑금서당

9서당

발해의 중앙 정치 기구는 왕 밑에 정당성, 선조성, 중대성의 3성을 두고, 정당성 아래에 6부를 설치하였습니다. 3성과 6부는 외형상 당의 제도를 모방하였으나 그 명칭과 운영은 발해의 특색을 살렸습니다. 귀족들이 국가 중대사를 의결하는 **정당성**이 최고 관부가 되고, 정당성의 장관인 대내상이 국정을 총괄하였습니다. 집행 기관인 6부는 좌사정이 충·인·의 3부를, 우사정이 지·예·신 3부를 각각 나누어 관할하였습니다. 이 외에도 관리들의 비위를 감찰하는 중정대, 서적 관리를 맡은 문적원, 최고 교육 기관인 주자감 등이 있었습니다.

지방 행정 구역은 5경, 15부, 62주로 조직되었습니다. 전략적 요충지에는 고구려의 5부제를 모방하여 5경을 두었고, 15부에는 도독을 파견하여 지방 행정의 중심지로 삼았습니다. 그 아래에는 주(자사), 현(수령)으로 나누어 지방관을 파견하였으며 말단의 촌락은 토착 세력가에 의해 다스려졌습니다.

발해의 군사 조직은 왕궁과 수도의 경비를 담당한 10위와 변경을 방비하는 지방군을 두었습니다.

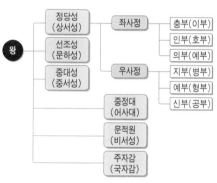

발해의 중앙 관제

2 고대의 경제와 사회

1 고대의 경제

출제 포인트

삼국과 통일 신라의 수취 제도를 구별하자.

■ 삼국의 경제

수취 제도	• 조세 : 재산의 정도에 따라 곡물과 포를 징수 • 역 : 15세 이상 남자 노동력
농업	• 철제 농기구 보급, 우경 확대 • 시비법 미발달로 휴한 농법이 일반적
수공업	관영 수공업(노비들이 무기와 장신구 생산)
상업	동시(시장) 설치, 동시전(감독) 설치
대외 무역	고구려	남북조 및 북방 유목 민족과 교류
	백제	남조 및 왜와 교류
	신라	6세기 이후 중국과 직접 교역(당항성)

■ 통일 신라의 경제

수취 제도	• 조세 : 생산량의 1/10 • 공물 : 촌락 단위로 특산물 징수 • 역 : 16세 이상 남자 노동력 징발
민정 문서	• 조세·공물 징수를 위한 기초 자료, 3년마다 작성 • 호구·인구·토지 면적·수목(잣·호두)·가축(말·소) 등
토지 제도	식읍 제한, 관료전 지급(녹읍 폐지), 백성에게 정전 지급
무역 활동	• 당과의 교역 활발(신라방), 울산항(국제 무역항) • 장보고의 활약(청해진, 법화원)

■ 발해의 경제

수취 제도	조세(곡물), 공물(특산물), 부역(노동력)
무역 활동	• 당 : 발해관(덩조우) • 모피·인삼·말 수출, 책·비단 등 사치품 수입 • 일본과 교역 활발, 신라와 교류(신라도)

삼국의 경제생활

삼국의 수취 제도는 대체로 조세와 역으로 구분합니다. 조세는 재산의 정도에 따라 가호를 상·중·하로 나누어 곡물과 포를 거두었으며, 특산

물도 거두었습니다. 15세 이상의 남자는 왕궁, 성, 저수지 등을 만드는
데에 동원되었습니다.

삼국 시대에는 새로운 농사 기술이 개발되고, 특히 6세기 이후에는 철
제 농기구가 널리 사용되고 우경도 확대되었습니다. 국가는 농민들을
동원하여 저수지를 확충하는 등 농업 생산력 증대에 노력하였습니다.
그러나 퇴비를 만드는 기술이 발달하지 못했기 때문에 대부분의 토지에
서 계속 농사짓지 못하고 1년 또는 수년 동안 묵혀 두어야 하였습니다.

삼국 시대의 수공업은 노비들이 국가가 필요로 하는 무기, 장신구 등
을 생산하는 방식으로 이루어졌습니다. 나중에는 수공업 물품을 생산하
는 관청에 수공업자를 소속시켜 필요한 물품을 생산하였습니다.

국가와 지배층의 필요에 따라 신라는 5세기 말 경주에 동시를 열었으
며, 6세기 초 지증왕 때 동시를 감독하는 동시전을 두었습니다.

삼국의 무역 활동은 4세기 이후 본격화되었는데, 주로 공무역의 형태
로 이루어졌습니다. 고구려는 남북조 및 북방 민족과, 백제는 남조 및
왜와 교역하였습니다. 신라는 처음 고구려와 백제를 통하여 중국과 교
역하였으나, 한강 유역으로 진출한 이후에는 당항성을 통하여 직접 교
역하였습니다.

> **자료** 삼국의 수취 제도
>
> 세(인두세)는 포목 5필에 곡식 5섬이다. 조(租)는 상호가 1섬이고, 그 다음이 7말이
> 며, 하호는 5말을 낸다. (고구려)
>   – 《수서》 –
>
> 세는 포목, 명주실과 삼, 쌀을 내었는데, 풍흉에 따라 차등을 두어 받았다. (백제)
>   – 《주서》 –
>
> 2월 한수 북부 사람 가운데 15세 이상 된 자를 징발하여 위례성을 수리하였다. (백제)
>   – 《삼국사기》 –

통일 신라의 경제

조세, 공물, 부역 등을 합리적으로 수취하기 위해 신
라는 **민정 문서**(신라 장적)를 만들었습니다. 민정 문
서는 토지의 종류와 면적, 인구와 호수, 소와 말의
수, 특산물 등을 파악하였는데, 변동 사항을 조사하
여 3년마다 촌주가 다시 작성하였습니다.

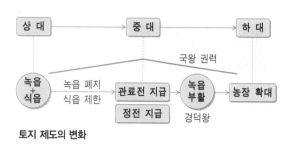

토지 제도의 변화

*식읍 왕족, 공신 등에게 국가에
서 준 토지와 가호를 말한다. 조세
를 수취하고 노동력을 징발할 권리
를 부여하였다.

*녹읍 국가에서 관료 귀족에게
지급한 일정 지역의 토지로서, 조세
를 수취할 뿐만 아니라 그 토지에
딸린 노동력을 징발할 수 있었다.

신라는 귀족들의 경제적 기반을 약화시키고 농민 경제를 안정시키기
위해 토지 제도를 정비하였습니다. 신문왕은 문무 관료들에게 **관료전**을
지급하고, 귀족에게 주었던 식읍*을 줄이고 녹읍*을 폐지하였습니다. 성
덕왕은 농민들에게 **정전**을 주어 경작하게 하고 국가에 조세를 바치게 하
였습니다. 그러나 귀족층의 반발로 경덕왕 때 녹읍을 부활시켰습니다.

> **자료 통일 신라의 토지 제도**
> - 신문왕 7년(687) 5월에 문무 관료전을 지급하되, 차등을 두었다.
> - 신문왕 9년(689) 1월에 내외관의 녹읍을 혁파하고 매년 조(租)를 내리되, 차등이 있
>   게 하여 이로써 영원한 법식을 삼았다.
> - 성덕왕 21년(722) 8월에 처음으로 백성에게 정전을 지급하였다.
> - 경덕왕 16년(757) 3월에 여러 내외관의 월봉을 없애고, 다시 녹읍을 나누어 주었다.
> – 《삼국사기》 –

통일 후 경주의 인구가 증가하고 상품 생산이 늘어나 서시와 남시가
새로 설치되었습니다. 한편 공장부를 설치하여 장인을 관리하고 전국의
수공업을 관장하게 하였습니다.

당과의 교류가 활발해지면서 공무역뿐 아니라 해상 세력에 의한 사무
역도 번성하였습니다. 신라는 당에서 비단과 옷, 책, 공예품 등을 수입
하였는데 대개가 귀족들의 사치품이었습니다. 신라인들이 자주 당을 왕
래함에 따라 산둥 반도와 양쯔 강 하류 일대에는 신라인 거주지인 신라
방과 신라촌이 생겼고, 신라소라는 감독 관청과 신라원이라는 절까지
있었습니다.

민정 문서 1939년 일본 도다이사
(東大寺) 쇼소인(正倉院)에서 발견된
민정 문서는 서원경(청주) 부근 4개
촌락의 면적, 인구, 전답 면적, 뽕나
무, 잣나무, 호두나무, 소, 말 등의
수가 기록되어 있다.

황남대총 출토 유리 그릇

미추왕릉 출토 금제 보검 황남대
총 출토 유리 그릇과 미추왕릉 출토
금제 보검은 아라비아 상인들을 통
해 신라에 전해진 것으로 추정된다.

> **자료 장보고**
> 흥덕왕 3년(828) 4월에 청해대사 장보고는 당의 서주에 들어가 군중소장이 되었다
> 가 후에 신라에 돌아와 왕을 찾아뵙고 군사 1만 명으로 청해(완도)를 지켰다.
> – 《삼국사기》 –
>
> 적산의 동쪽에 배를 정박하였다. 적산에는 절이 있는데 적산 법화원이다. 본래 장보
> 고가 처음 세웠다. 오랫동안 토지를 소유하고 있어서 식량을 충당하였다. 법화원에
> 서는 겨울에 법화경을 강의하고, 여름에는 금광명경을 강의한다.
> – 엔닌, 《입당구법순례행기》 –

일본과의 무역은 한때 감소하였으나, 8세기에 이르러 활발해졌습니다.
한편 **울산항**은 아라비아 상인까지 드나들던 국제 무역항이었습니다.

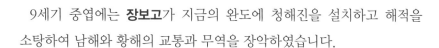

9세기 중엽에는 **장보고**가 지금의 완도에 청해진을 설치하고 해적을 소탕하여 남해와 황해의 교통과 무역을 장악하였습니다.

발해의 경제 활동

발해의 수취 제도는 신라와 마찬가지로 조세, 공물, 부역이 있었습니다.

9세기 이후 농업, 수공업, 상업 등의 산업 활동이 발달하였습니다. 농업에서는 콩, 조, 보리, 기장 등을 재배하는 밭농사가 중심이었으나, 일부 지역에서는 벼농사도 지었습니다. 목축이 발달하여 돼지, 말, 소, 양 등을 길렀는데 말은 주요 수출품이었습니다. 수렵도 활발해 모피, 녹용, 사향 등도 많이 생산되어 수출되었습니다.

수공업은 철, 구리, 금·은 등 금속 가공업과 삼베, 명주, 비단 등의 직물업, 도자기업 등 다양한 분야가 발달하였습니다. 상경과 주요 교통 요충지에서는 상업이 발달하였습니다.

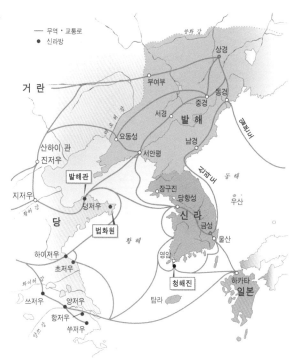

남북국 시대의 무역로

발해의 대외 무역은 주로 사신이 왕래할 때 예물을 교환하거나 이때 동행한 상인들이 직접 교역하는 방식으로 진행되었습니다. 당은 산둥 반도의 덩저우에 **발해관**을 설치하고 발해 사람들이 이용하게 하였습니다. 신라와는 동해안을 따라 신라에 이르는 신라도*라는 교통로를 통해 교류하였습니다. 일본과는 바닷길(일본도)을 통해 여러 차례 사신이 오가고, 무역도 활발하게 전개하였습니다.

발해의 수출품은 주로 모피, 인삼 등 토산물과 불상, 자기 등 수공업품이었습니다. 특히 발해의 자기는 가볍고 광택이 있는데, 그 종류나 크기, 모양, 색깔 등이 다양하여 당나라에서도 선호하는 물품이었습니다. 수입품은 귀족들의 수요품인 비단, 책 등이었습니다.

*****신라도** 발해의 상경을 출발하여 동경과 남경을 거쳐 동해안을 따라 신라에 이르던 교통로를 신라도라 한다. 문왕 때 개설되어 8세기 후반부터 9세기 전반까지 자주 이용되었다.

② 고대의 사회

출제 포인트

골품제를 이해하는 것이 핵심이다.

■ 삼국의 사회

고구려		진대법, 형사취수제와 서옥제
신라	화백 회의	국가 중대사를 귀족들이 만장일치로 결정, 국왕과 귀족의 권력 조절 기능
	화랑도	원시 사회의 청소년 집단에서 기원, 계급 갈등 조절(귀족+평민), 세속 5계
	골품제	• 성립 : 족장 세력을 통합·편제하여 성립된 폐쇄적인 신분 제도 • 특징 : 개인의 사회 활동(가옥, 복색, 수레)과 정치 활동(관직의 승진 상한선) 제한 • 6두품 : 대족장 출신(득난), 학문과 종교 분야에서 활약, 도당 유학생(숙위 학생)

■ 남북국 시대의 사회

통일 신라	중대	• 민족 통합 노력 : 9서당 편성(고구려·백제계 유민 포함) • 왕권의 전제화(신문왕) : 국왕의 군사 지휘권 강화, 진골 귀족 숙청 • 6두품의 활약(국왕의 정치적 조언자 역할)
	하대	• 귀족들의 농장 확대, 자연재해, 강압적 수취 → 농민 몰락, 농민 봉기 확산 • 호족의 성장
발해		• 지배층 : 왕족인 대씨, 고구려계 귀족 중심 • 피지배층 : 말갈인이 대다수

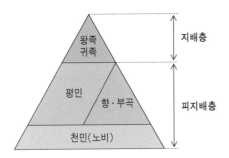

친족 공동체 중심의 철저한 계급 사회

사회 계층과 신분 제도

고대 국가 초기에는 자신의 관리와 군사력을 보유하고 정치에 참가하였던 권력자들이 있었습니다. 이들은 중앙 집권 국가가 성립하는 과정에서 차츰 귀족으로 편제되었습니다. 그리하여 삼국이 중앙 집권 체제를 형성한 시기에 사회는 크게 귀족, 평민, 천민의 신분 구조를 갖추었습니다.

귀족은 정치 권력과 사회·경제적 특권을 독점하였습니다. 귀족들은 본래 소유하고 있던 토지와 노비 외에 국가에서 지급한 녹읍, 식읍, 노비를 기반으로 풍족한 생활을 하였습니다. 귀족은 고리대를 이용하여 농민의 토지를 빼앗거나 농민을 노비로 만들어 재산을 늘려 갔습니다.

삼국 시대에는 골품제와 같이 지배층만을 대상으로 한 별도의 신분제가 운영되었습니다. 귀족들은 출신 가문의 등급에 따라 관등 승진에서 특권을 누리거나 제한을 받았고, 국가에서 받는 경제적 혜택에도 차등이 있었습니다.

평민층은 대부분 농민으로서 신분적으로는 자유민이었으나, 귀족층에

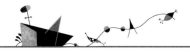

비하여 정치적으로나 사회적으로 많은 제약을 받았습니다. 이들은 조세를 납부하고, 성이나 저수지를 쌓는 일, 삼밭을 경작하고 뽕나무를 기르는 일 등에 동원되었습니다. 이로 인해 농민의 생활은 매우 어려웠으며, 몰락하여 노비가 되거나 유랑민, 도적이 되기도 하였습니다.

천민의 대다수는 노비로, 대개 죄를 짓거나 귀족에게 진 빚을 갚지 못하여 노비가 되는 경우가 많았고, 전쟁 포로 노비도 많았습니다.

고대 국가는 통치 질서와 사회 기강을 유지하기 위해 형법을 엄격하게 시행하였습니다. 고구려의 경우 반역을 꾀하거나 반란을 일으킨 자는 화형에 처한 뒤에 다시 목을 베었고, 그 가족들은 노비로 삼았습니다. 적에게 항복한 자나 전쟁에서 패한 자도 사형에 처하였고, 도둑질한 자는 훔친 물건의 12배를 물게 하였습니다(1책 12법).

백제는 반역한 자나 전쟁에서 퇴각한 군사 및 살인자는 목을 베었고, 도둑질한 자는 귀양을 보내고 훔친 물건의 2배를 물게 하였습니다. 뇌물을 받거나 국가의 재물을 횡령한 관리는 3배를 배상하고 종신토록 금고형에 처하였습니다.

신라의 골품제와 화랑도

신라는 초기 사회의 전통이 오랫동안 유지되었습니다. 초기 사회의 촌락 회의에서 유래한 **화백 회의**는 왕의 폐위와 선출 등 국가 중대사를 귀족들의 만장일치로 결정하였습니다. **화백 회의**는 귀족들의 단결을 굳게 하고 국왕과 귀족간의 권력을 조절하는 기능도 담당하였습니다.

신라는 왕경 귀족을 대상으로 **골품제**를 운영하여 개인의 사회 활동과 정치 활동을 제한하였습니다. 골품은 관등 승진의 상한선은 물론, 가옥의 규모와 장식물, 복색이나 수레 등 신라인의 일상생활까지 규제하였습니다.

원시 사회의 청소년 집단에서 기원한 **화랑도**는 진흥왕 때 국가 조직으로 발전하였습니다. 화랑도는 세속 5계*를 행동 규범으로 삼아 무술과 도의를 닦고, 전쟁에서는 나라를 위하여 목숨을 바쳐 싸웠습니다. 화랑도는 귀족 자제 출신의 화랑을 지도자로 하여 많은 낭도들이 그를 따랐는데, 여러 계층이 같은 조직 속에서 일체감을 갖고 활동함으로써 계층 간의 대립과 갈등을 조절하는 구실도 하였습니다.

*세속오계
- 충성으로써 임금을 섬긴다.
- 효도로써 어버이를 섬긴다.
- 믿음으로써 벗을 사귄다.
- 싸움에 임해서는 물러남이 없다.
- 산 것을 죽임에는 가림이 있다.

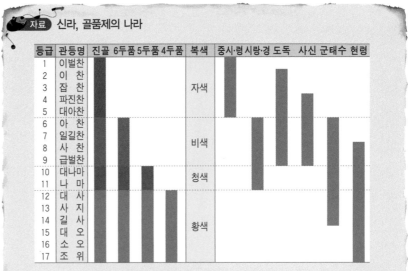

자료 신라, 골품제의 나라

등급	관등명	진골	6두품	5두품	4두품	복색	중시·령 시랑·경 도독	사신	군태수	현령
1	이벌찬									
2	이 찬									
3	잡 찬					자색				
4	파진찬									
5	대아찬									
6	아 찬									
7	일길찬					비색				
8	사 찬									
9	급벌찬									
10	대나마					청색				
11	나 마									
12	대 사									
13	사 지									
14	길 사					황색				
15	대 오									
16	소 오									
17	조 위									

신라의 관등제는 철저히 골품제의 테두리에서 운용되었다. 1관등(이벌찬)부터 5관등 (대아찬)까지는 오직 진골만이 차지할 수 있었고, 6두품은 6관등(아찬)까지 오를 수 있었다.

신분에 따른 관등 승진의 규제는 관직에 나아가는 데에도 직접적인 영향을 미쳤다. 집사부 장관인 시중이나 중앙 관서의 장관인 영은 대아찬 이상만이 될 수 있었으므로 자연히 진골 귀족만이 취임할 수 있었다. 주의 장관인 도독이나 소경의 책임자인 사신의 경우 급벌찬 이상이면 가능했으나 신분의 제약으로 진골 귀족들이 대다수 임명되었다.

통일 신라의 사회

신라는 통일 직후 민족 통합을 위해 노력하였습니다. 백제와 고구려의 옛 지배층에게 신라 관등을 주어 포용하였고, 백제와 고구려의 유민들을 9서당에 편성하기도 하였습니다.

통일 전쟁 과정에서 국왕의 군사 지휘권이 강화되었으며, 이를 바탕으로 신문왕은 진골 귀족들을 대대적으로 숙청하기도 하였습니다. 그러나 진골 귀족은 여전히 최고 신분층으로 정치적, 경제적 특권을 독점하였습니다. 그들은 중앙 관청의 장관직을 독점하였고, 합의를 통하여 국가의 중대사를 결정하는 화백 회의의 전통도 여전히 유지하였습니다.

6두품 출신은 국왕을 보좌하면서 정치적 진출을 활발히 하였습니다. 그렇지만 신분의 제약으로 인하여 중앙 관청의 우두머리나 지방의 장관 자리에는 오를 수 없었습니다.

신라 하대에 들어 귀족들 간의 격심한 왕위 다툼은 사회의 혼란을 가

져왔습니다. 이에 6두품 세력과 지방의 호족 세력이 사회 변화를 앞장서서 이끌었습니다.

6두품 세력은 중앙 귀족이지만 관직 승진에 제한을 받았기 때문에 진골 위주의 사회 체제에 큰 불만을 품고 있었습니다. 최치원, 최승우, 최언위 등 당에 유학하였던 일부 6두품 출신의 학자들은 골품제의 모순을 비판하면서 새로운 정치 이념을 제시하였습니다. 그러나 진골 귀족에 의하여 자신들의 뜻을 펼 수 없게 되자 은거하거나 지방의 호족 세력과 연계하여 새로운 사회 질서 수립을 추구하였습니다.

한편 지방에서 독자적인 세력을 키워 온 호족들이 신라 정부에 도전하면서 점차 새로운 사회를 준비해 나갔습니다. 이들은 자기 근거지에 성을 쌓고 군대를 보유하여 스스로 성주 혹은 장군이라고 칭하였습니다. 이들은 지방의 행정권과 군사권을 장악하였을 뿐 아니라 경제적 지배력도 행사하였습니다.

9세기 말 왕실과 귀족들의 사치와 향락으로 국가 재정이 바닥나면서 농민들에 대한 강압적인 수취가 뒤따랐습니다. 생활이 어려워진 농민들은 토지를 잃고 노비로 몰락하거나 고향을 버리고 떠돌거나 도적 떼에 들어가기도 하였습니다.

호족의 출신 성분 호족은 권력 투쟁에서 밀려나 지방에서 세력을 키운 몰락한 중앙 귀족, 무역에 종사하면서 재력과 무력을 축적한 세력, 군진 세력, 지방의 토착 세력인 촌주 출신 등으로 구분된다.

안압지 출토 주사위 각 면마다 주사위 놀이를 하면서 받는 벌칙이 새겨져 있다.

발해의 사회 구조

발해는 왕족인 대씨와 귀족인 고씨 등 고구려계 사람들이 주로 지배층을 이루었습니다. 이들은 중앙과 지방의 중요한 관직을 차지하고 수도를 비롯한 큰 고을에 살면서 노비와 예속민을 거느렸습니다.

발해의 주민 구성에서 다수를 차지한 것은 말갈인으로, 건국 과정에서 일부는 지배층이 되거나 자신이 거주하는 촌락의 우두머리가 되어 국가 행정을 보조하였습니다.

> **자료 발해의 주민 구성**
>
> "발해국은 고구려의 옛 땅이다. … (중략) … 그 넓이가 2천 리이고, 주·현의 숙소나 역은 없으나 곳곳에 마을이 있는데, 모두 말갈의 마을이다. 그 백성은 말갈인이 많고 원주민이 적다. 모두 원주민을 마을의 우두머리로 삼는데, 큰 촌은 도독이라 하고, 다음은 자사라 하고, (이들 마을의 우두머리를) 그 아래 백성들이 모두 수령이라 부른다."
>
> — 《유취국사》 —

3 고대의 문화

1 불교의 수용과 발전

출제 **포인트**

원효와 의상의 불교 사상을 구분해야 한다.
선종 불교를 하대 사회와 연결해서 알아두자.

■ 고대의 불교

삼국		중대	하대
•역할 : 국가 정신 확립에 기여, 왕권 강화의 이념적 토대, 선진 문화 수용 •신라 불교 : 업설, 미륵 신앙	원효	•일심 사상, 화쟁 사상 •아미타 신앙(불교 대중화)	•특징 : 선종 불교 (사색과 참선, 실천 수행 강조) •9산 선문(호족의 이념적 지주, 지방 문화의 역량 증대)
	의상	•화엄 사상 정립 (화엄일승법계도) •관음 신앙, 부석사 창건	

불교의 수용

삼국은 왕권을 강화하고 중앙 집권 체제를 정비하는 과정에서 불교를 수용하였습니다. 고구려는 소수림왕 때 중국의 전진을 통해, 백제는 침류왕 때 동진에서 불교를 받아들였습니다. 신라는 고구려를 통해 불교를 수용한 후 법흥왕 때 국가적으로 공인하였습니다.

불교는 새로운 국가 정신의 확립에 기여하고 강화된 왕권을 이념적으로 뒷받침해 주었습니다. 신라의 여러 왕들이 불교식 이름을 가졌으며, 승려 원광은 청소년들에게 세속 5계를 가르쳤습니다. 또 불교와 함께 인도와 서역, 중국의 음악, 미술, 건축, 공예, 의학 등 선진 문화도 전해져 불교는 고대 문화 창조에 중요한 역할을 하였습니다.

고구려와 백제는 사상적으로 높은 수준에서 불교를 이해하였습니다. 고구려의 승랑은 삼론종의 발전에 기여했고, 백제에서는 엄격한 계율을 통해 개인의 소승적 해탈을 강조하는 계율종이 성행하였습니다.

신라에서는 불교가 왕권과 밀착되어 성행하였습니다. 왕은 곧 살아있는 부처라는 '왕즉불 사상'은 왕과 왕실의 권위를 높여주었습니다.

신라에서 널리 받아들인 불교의 중심 교리는 '업설'과 '미륵불 신앙'

이차돈 순교 사실을 새긴 돌기둥(경주 박물관)

이었습니다. **업설***은 왕의 권위와 귀족들의 특권을 정당화해 주었습니다. 미륵불이 나타나 이상적인 불국토를 건설한다는 미륵불 신앙은 화랑도와 밀접한 관련을 가지면서 신라 사회에 정착되었습니다. 미륵불 신앙의 영향으로 이 시기에 미륵보살 반가사유상이 많이 제작되었습니다.

한편 삼국 시대의 불교는 호국적인 성격이 강하였습니다. 호국 사상을 담은 《인왕경》이 존중되고, **팔관회***를 승려가 주관한 것도 이런 측면과 관련 있습니다. 백제 무왕이 미륵사를 건립하고, 선덕여왕이 자장의 건의를 받아들여 황룡사 9층탑을 세운 것도 호국의 기원이 담겨져 있습니다.

***업설(業說)** 사람의 행위에 따라 업보를 받는다는 주장이다. 왕과 귀족이 높은 지위를 누리는 것은 전생에 선한 공덕을 많이 쌓은 결과라는 해석이 가능하여, 왕의 권위와 귀족의 특권을 인정하는 면이 있다.

***팔관회** 하늘과 명산대천의 신들에게 제사를 지내면서 나라의 평안을 빌었던 행사이다.

불교 사상의 발달

통일 신라 때에는 불교가 일반 백성들에게까지 널리 퍼지게 되었습니다. 이 시기 불교 대중화에 큰 공헌을 한 인물은 원효입니다. **원효**는 《대승기신론소》와 《금강삼매경론》 등을 저술하여 불교의 사상적 이해 기준을 확립하였습니다. 한편 종파 사이의 사상적 대립을 조화시키고 분파 의식을 극복하기 위해 화쟁 사상을 주장하고 《십문화쟁론》을 저술하였습니다.

의상은 〈화엄일승법계도〉를 저술하여, 모든 존재는 상호 의존적인 관계에 있으면서 서로 조화를 이루고 있다는 화엄 사상을 정립하였습니다. '일즉다·다즉일'의 원융 사상은 대립이나 갈등을 지양하는 사회 통합 논리를 제시하였습니다. 의상은 화엄 사상을 바탕으로 교단을 형성하여 많은 제자를 양성하고, 부석사를 비롯한 여러 사원을 건립하여 불교 문화의 폭을 확대하였습니다.

원효는 불경을 이해하지 못해도 '나무아미타불'이라는 염불만 외우면 극락에 왕생할 수 있다는 **아미타 신앙**을 직접 전도하며 불교 대중화의 길을 열었습니다. 그는 〈무애가〉라는 노래를 민간에 널리 퍼뜨려 대중을 교화시켰습니다. 의상은 화엄 종단에서 아미타 신앙과 함께 현세에서 고난을 구제받고자 하는 관음 신앙*을 이끌었습니다.

8세기 초 혜초는 10년간 인도와 중앙아시아 각 성지를 순례하고 당에 돌아와 《왕오천축국전》을 저술하였습니다. 인도와 중앙아시아 여러 나라의 풍물을 생생하게 기록한 《왕오천축국전》은 중국의 둔황 석굴에서

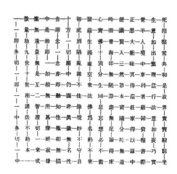

화엄일승법계도

***관음 신앙** 관음보살(관세음보살)을 신봉하는 불교의 신앙 형태로 관음보살은 현세에서 자비로 중생의 괴로움을 구제한다는 보살이다.

발견되어, 현재 프랑스 국립도서관에 보관되어 있습니다.

자료 원효

원효는 이미 계를 범하고 설총을 낳은 후로는 속인의 옷을 바꾸어 입고, 스스로 소
성거사라 일컬었다. … (중략) … 화엄경의 "일체 무애인은 한 길로 생사를 벗어난다"
란 문구에서 따서 이름지어 무애라 하며 곧 노래를 지어 세상에 퍼뜨렸다. 일찍이
이것을 가지고 많은 촌락에서 노래하고 춤추며 교화하고 음영하여 돌아왔으므로, 가
난하고 무지몽매한 무리들까지도 모두 부처의 호를 알게 되었고, 모두 '나무아미타
불'을 부르게 되었으니 원효의 법화는 컸던 것이다.   - 《삼국유사》 -

9산 선문

선종 불교

신라 중대에는 경전과 교리를 중시한 교종이 왕실과 귀
족들의 후원을 받으며 발전하였습니다. 그러나 신라 말
혼란기에는 참선을 통해 깨달음을 추구하는 선종이 크
게 성행하였습니다. 선종은 각 개인의 마음 속에 있는
불성을 깨닫는 것이 중요하다고 주장하였습니다(**불립문
자**, 견성오도). 사색과 참선이라는 실천 수행을 통해 해
탈할 수 있다는 선종의 주장은 전통적인 권위를 부정하
였으므로, 호족과 백성들의 환영을 받았고, 신라 말에는
9산이 성립되었습니다.

선종은 중앙 귀족 사회의 모순에 대한 혁신을 내세우며
등장한 호족과 뜻을 같이하였기 때문에 지방을 근거로 성
장하여 지방 문화 역량의 증대를 가져왔습니다. 선종 승려들
은 사회 변혁을 희망하던 6두품 지식인들과 함께 새로운 사회 건설에 사
상적 바탕을 마련해 주었습니다.

자료 도의

820년대 초에 승려 도의가 서쪽으로 바다를 건너가 당나라 서당 대사의 깊은 뜻을
보고 지혜의 빛이 스승과 비슷해져서 돌아왔으니, 그가 그윽한 이치를 처음 전한 사
람이다. … (중략) … 그러나 메추라기의 작은 날개를 자랑하는 무리들이 큰 붕새가
남쪽으로 가려는 높은 뜻을 헐뜯고, 기왕에 공부했던 경전 외우는데만 마음이 쏠려
선종을 마귀 같다고 다투어 비웃었다. 그래서 도의는 빛을 숨기고 자취를 감추어 서
울에 갈 생각을 버리고 마침내 북산에 은둔하였다.

                                           - 〈봉암사 지증대사적조탑비 비문〉 -

② 사상과 학문의 발달

출제 포인트

도교와 관련된 문화유산을 꼭 알아두자.

설총, 최치원 등 학자들의 활동을 알아두자.

➧ 도교와 풍수지리설

도교	• 고구려 : 사신도 벽화, 도덕경과 도사 초빙 • 백제 : 산수무늬 벽돌 , 금동대향로, 무령왕릉 매지권
풍수지리설	• 신라 말기 수용(도선) • 지방 호족의 입지 강화, 신라 정부의 권위 약화

➧ 교육 기관과 역사서

구분	고구려	백제	신라	통일 신라	발해
교육 기관	태학, 경당	5경 박사, 의박사	화랑도	국학	주자감
역사서	유기, 신집 5권	서기	국사		

➧ 유학자의 활약

김대문	화랑세기, 한산기, 고승전 저술 → 신라 문화를 주체적으로 인식
강수	외교 문서(답설인귀서)
설총	이두 정리, 화왕계 저술(유교적 합리주의)
최치원	빈공과 합격, 토황소격문, 개혁안 10여조 건의, 계원필경

도교와 풍수지리설

삼국 시대 도교는 산천 숭배나 신선 사상과 결합하여 귀족 사회를 중심으로 성행하였습니다. 고구려 벽화의 신선 그림이나 **사신도**를 통해 6세기 이전에 이미 중국으로부터 도교가 전래되었음을 확인할 수 있습니다. 7세기 초에는 당이 《도덕경》과 함께 도사를 보내와 도교를 체계적으로 이해할 수 있었습니다. 백제의 **산수무늬 벽돌**과 **금동 대향로**[*]는 도교의 이상 세계를 형상으로 표현하였습니다.

신라 말기에 선종 승려인 도선이 중국에서 **풍수지리설**을 들여왔습니다. 풍수지리설은 산세나 지형이 인간의 길흉화복에 많은 영향을 끼친다는 학설로서 도읍, 주택, 묘지 등을 선정하는 데 활용되었습니다. 풍수지리설은 경주 중심의 지리 개념에서 벗어나 다른 지방의 중요성을 자각하는 계기를 제공하여 신라 정부의 권위를 약화시켰습니다.

이후 풍수지리설은 도참 신앙과 결부되어 산수의 생김새로 미래를 예측하는 경향이 나타나게 되었습니다. 이것은 지방 중심으로 국토를 재

[*]**백제 금동 대향로** 1993년 부여 능산리에서 발굴된 금 도금 청동 향로이다. 하늘을 향해 날려는 큰 용과 연꽃 봉오리, 신선이 산다고 하는 삼신산의 74개 봉우리와 그 정상에 서서 날갯짓을 하는 봉황의 모습을 청동을 부어 만들었다.

편성하려는 주장으로까지 발전하였습니다.

사신도(현무도)

산수무늬 벽돌

한자의 보급과 교육

중국과 교류하던 동아시아 각국은 모두 한자를 받아들여 국제적 문자로 사용하였습니다. 한자를 통해 중국의 고급 문화를 이해하게 됨으로써 삼국의 학술과 종교가 비약적으로 발전할 수 있었습니다. 그러나 한자와 한문은 우리의 언어 구조와 다른 점이 있었기 때문에 우리 조상들은 이두나 향찰*을 만들어 사용하기도 하였습니다.

한자의 보급과 함께 교육 기관이 설립되었습니다. 고구려는 수도에 **태학**을 세워 유교 경전과 역사서를 가르치고, **지방**에는 경당*을 세워 청소년들에게 한학과 무술을 가르쳤습니다. 백제는 5경* 박사와 의박사, 역박사 등을 두어 유교 경전과 기술학 등을 가르쳤습니다. **임신서기석**은 신라에서도 청소년들이 유교 경전을 공부하였던 사실을 보여 줍니다.

통일 신라는 신문왕 때 **국학**을 설립하였습니다. 경덕왕 때는 국학을 태학감으로 고치고 박사와 조교를 두어 유교 경전을 가르쳤습니다. 원성왕 때는 유교 경전의 이해 수준을 시험하여 관리를 채용하는 독서삼품과를 실시하였습니다.

발해는 주자감을 설립하여 귀족 자제들에게 유교 경전을 가르쳤습니다.

역사 편찬과 유학의 진흥

삼국은 나라의 정통성과 왕실의 권위를 과시하고 백성들의 충성심을 모으기 위해 국가적 사업으로 역사서를 편찬했습니다. 고구려는 국초에 《유기》 100권을 편찬하였는데, 영양왕 때 이문진이 이를 간추려 《신집》 5권을 편찬하였습니다. 백제는 근초고왕 때 고흥이 《서기》를, 신라는

***향찰** 한자의 뜻과 소리를 빌려 우리말을 적는 방식. 삼국유사와 균여전에 실린 향가는 모두 향찰로 쓰여졌다.

***경당** 고구려 평양 천도 이후 설립한 사립 교육 기관이다.

***5경** 유교의 다섯 가지 기본 경전으로 시경, 서경, 역경, 예기, 춘추를 가리킨다.

진흥왕 때 거칠부가 《국사》를 편찬하였습니다.

통일 신라의 **김대문**은 화랑들의 전기를 모은 《화랑세기》, 유명한 승려들의 전기를 모은 《고승전》, 한산주 지방의 지리지인 《한산기》 등을 지었습니다. 그는 당 중심의 역사·문화 인식에 대항하여 신라의 문화를 주체적으로 인식하려는 경향을 보여 주었습니다.

신라의 유학자는 6두품 출신들이 많았습니다. 강수는 외교 문서를 잘 지은 문장가로 유명하였으며, 설총은 유교 경전에 조예가 깊었고 이두를 정리하여 한문 교육의 보급에 공헌하였습니다. 이들 6두품 출신의 유학자들은 도덕적 합리주의를 내세웠습니다. **설총**은 신문왕에게 〈화왕계〉라는 글을 바쳐 임금도 향락을 멀리하고 도덕을 엄격하게 지킬 것을 강조하였습니다.

통일 이후 신라와 당의 문화 교류가 활발해지면서 당에 건너가 공부한 유학생들이 많아졌습니다. **최치원**은 당에서 빈공과에 급제하고 〈토황소격문〉이라는 문장으로 이름을 떨쳤습니다. 귀국 후 그는 진성여왕에게 개혁안 10여 조를 올려 유교적 정치 이념을 실현하려 하였습니다. 하지만 자신의 뜻이 받아들여지지 않자 그는 벼슬을 버리고 은둔 생활을 하면서 《계원필경》 등의 저술을 남겼습니다. 최치원은 유학자이면서 불교와 도교에도 조예가 깊었습니다.

도당(渡唐) 유학생 당에 건너가 공부한 유학생. 숙위 학생이라고도 하며, 이들은 대부분 6두품 출신이었다.

③ 고대인의 자취와 멋

출제 포인트

나라마다 고분 양식과 벽화를 구분해서 알아두자.
석굴암, 불국사, 미륵사, 첨성대 등 주요 문화유산을
묻는 문제가 자주 출제된다.

고분

고구려	돌무지무덤(장군총) → 굴식 돌방무덤(벽화)
백제	• 한성 : 계단식 돌무지무덤(석촌동 고분, 온조 설화) • 웅진 : 굴식 돌방무덤, 벽돌무덤(무령왕릉, 남조 영향) • 사비 : 굴식 돌방무덤(능산리 고분)
신라	돌무지덧널무덤(천마총) → 굴식 돌방무덤(둘레돌, 12지신상)
발해	• 정혜공주 묘(굴식 돌방무덤, 모줄임구조) • 정효공주 묘(벽돌무덤, 벽화)

탑

구분	탑명	특징
백제	익산 미륵사지 석탑	목조탑 양식
	부여 정림사지 5층탑	안정되면서도 경쾌한 모습
신라	분황사 모전 석탑	석재를 벽돌 모양으로 만들어 쌓은 탑
	황룡사 9층 목탑	삼국 통일 염원, 몽골 침입 때 소실
통일 신라	감은사지 3층 석탑	통일 직후, 장중하고 웅대함, 삼국 통일의 기상
	석가탑(불국사 3층탑)	통일 신라 3층탑의 전형
	다보탑	높은 예술성과 건축술
	양양 진전사지 3층 석탑	하대, 기단과 탑신에 불상을 주조

불상과 공예

삼국	• 금동 연가 7년명 여래 입상(고구려), 서산 마애 삼존불(백제), 경주 배리 석불 입상(신라) • 금동 미륵보살 반가 사유상
통일 신라	• 불상 : 석굴암 본존불 • 석조물 : 불국사 석등, 법주사 쌍사자 석등 • 범종 : 상원사 종, 성덕대왕 신종
발해	이불 병좌상, 온돌 장치(고구려 영향), 석등

*돌무지무덤(장군총) 돌로 쌓아 만든 무덤인데, 청동기 시대부터 삼국 시대까지 만들어졌다.

고분과 고분 벽화

고구려는 초기에 주로 돌무지무덤을 만들었는데, 만주의 집안 일대에 1만 2,000여 기가 남아 있습니다. 다음은 돌을 계단식으로 7층까지 쌓아 올린 장군총이 대표적인 **돌무지무덤***입니다. 평양 천도 이후에는 굴식 돌방무덤을 많이 만들었습니다. **굴식 돌방무덤**은 돌로 널방을 짜고 그

위에 흙으로 덮어 봉분을 만든 것으로, 만주 집안, 평안도 용강, 황해도 안악 등지에 남아 있습니다. 널방의 벽과 천장에는 벽화를 그리기도 하였습니다. 고구려 고분의 천장은 모줄임 구조를 가지고 있는 것이 많습니다.

고구려인들은 현세의 부귀영화가 내세에서도 이어지기를 소망하여 고분 벽화를 많이 남겼습니다. 초기에는 주로 무덤 주인의 초상화와 생활을 표현한 그림이 많았는데, 후기로 갈수록 사신도와 같은 상징적인 그림으로 변해갔습니다.

백제는 한성 시기에 계단식 돌무지무덤을 만들었는데, 이는 건국의 주도 세력이 고구려 계통이라는 건국 설화를 뒷받침합니다. 웅진 시기에는 굴식 돌방무덤과 함께 벽돌무덤이 만들어졌습니다. 널방을 벽돌로 쌓은 벽돌무덤은 중국 남조의 영향을 받은 것으로, **무령왕릉***이 완전한 형태로 발견되었습니다. 사비 시기에는 규모는 작아지고 건축 기술과 벽화가 더욱 세련된 굴식 돌방무덤을 만들었습니다. 백제에서도 굴식 돌방무덤과 벽돌무덤의 벽과 천장에 그림을 그려 넣기도 하였습니다.

신라는 돌무지 덧널무덤을 많이 만들었으며, 삼국 통일 직전에는 굴식 돌방무덤도 만들었습니다. **돌무지 덧널무덤***은 돌널방이 없이 나무로 곽을 짜고 그 위에 돌을 쌓는 양식이므로 벽화가 그려질 수 없었습니다.

통일 신라 시대에는 불교의 영향으로 화장이 유행하였고, 규모가 작은 굴식 돌방무덤이 많이 만들어졌습니다. 무덤의 봉토 주위를 둘레돌로 두르고, 그 둘레돌에 12지신상*을 조각하는 양식이 나타났습니다.

건축

장수왕이 평양에 세운 안학궁은 고대 궁궐 건축 가운데 가장 규모가 큽니다. 발해의 궁궐은 상경 유적지에서 확인할 수 있는데 당의 수도인 장안성을 모방하여 건설하였습니다.

사원 건축으로는 신라의 황룡사와 백제의 미륵사가 가장 웅장하고 규모가 컸습니다. 황룡사는 진흥왕 때 세워졌고, 선덕여왕이 9층 목탑을 세웠으나 몽골 침입 때 불타 없어졌습니다. 익산의 미륵사는 무왕이 건설한 동양 최대 규모의 사찰이었습니다. 중앙에 목탑을 세우고 동서에 거대한 석탑을 세웠지만, 지금은 서탑의 일부만이 남아 있습니다.

***무령왕릉** 왕과 왕비의 지석이 출토되어 무덤의 주인공과 축조 연대가 확실히 밝혀졌다. 금관 장식과 석수(진묘수) 등 많은 부장품이 출토되었다.

***돌무지 덧널무덤** 나무로 덧널을 만들고, 그 안에 시신을 담은 널과 껴묻거리 상자를 넣었다. 그리고 덧널 위에 돌을 쌓고, 그 위에는 흙을 산처럼 쌓아 무덤의 형태를 만들었다. 구조상 도굴이 어려워 부장품이 많이 남아 있다.

***십이지신상(十二支神像)** 12지를 상징하는, 얼굴은 동물이고 몸은 사람인 상. 12지는 쥐, 소, 범, 토끼, 용, 뱀, 말, 양, 원숭이, 닭, 개, 돼지이다.

안압지

7세기 중엽 선덕여왕 때 축조된 첨성대*는 현존하는 가장 오래된 천문 관측 시설입니다.

통일 신라 시대의 건축물로는 불국사와 석굴암이 유명합니다. 경덕왕 때 건립된 것으로 알려진 불국사는 불국토의 이상을 조화와 균형 감각으로 표현한 사원입니다. 정문 돌계단인 청운교와 백운교는 직선과 곡선을 조화시켰으며, 대웅전 앞에는 간소하고 날씬한 불국사 3층 석탑(석가탑)과 복잡하고 화려한 다보탑이 마주 서 있습니다. 불국사의 목조 건물들은 임진전쟁 때 불타 없어진 것을 해방 후 다시 지었습니다.

석굴암은 인공으로 축조한 석굴 사원으로, 네모난 전실과 둥근 주실을 갖추고 있습니다. 석굴암은 불교의 이상 세계를 잘 표현한데다 고도의 수학적·자연적 지식을 이용한 세계적 걸작입니다.

안압지는 연못, 인공섬, 구릉과 건물들을 매우 자연스럽게 어울리도록 꾸며 통일 신라인의 뛰어난 조경술을 엿볼 수 있습니다.

불탑과 불상

탑은 본래 부처의 사리를 봉안한 것으로, 초기에는 목탑 양식이 유행하였으나 점차 화강암으로 만든 석탑이 많이 만들어졌습니다.

백제의 **미륵사지 석탑***은 목탑의 모습을 많이 지니고 있으며 이를 계승한 부여 정림사지 5층 석탑은 안정되면서도 경쾌한 모습을 하고 있습니다. 선덕여왕 때 건립된 **분황사 모전석탑**은 돌을 벽돌 모양으로 다듬어 쌓은 탑으로 지금은 3층까지만 남아 있습니다.

통일 신라의 석탑은 높은 이중 기단 위에 3층으로 몸체를 세우는 양식이 유행하였습니다. 신문왕 때 건립된 **감은사지 3층 석탑**은 장중하고 웅대한 모습으로 통일을 달성한 기상을 반영하고 있습니다. 통일 신라 석탑의 전형인 **불국사 3층 석탑**(석가탑)*은 날씬한 상승감 및 넓이와 높이의 비례가 아름다운 석탑입니다. 정교하고 섬세하며 화려한 여성미를 뽐내는 다보탑은 통일 신라의 높은 예술성과 건축 기술을 보여 줍니다. 신라 말기에 세워진 **양양 진전사지 3층 석탑**은 기단과 탑신에 부조로 불상들을 새겨 넣었습니다.

신라 말기에 선종이 널리 퍼지면서 승려들의 사리를 봉안하는 **승탑**(부도)과 선승의 행적을 기록한 탑비가 많이 만들어졌습니다. 승탑은 팔각원

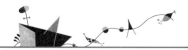

당형을 기본형으로 삼고 있으며 세련되고 균형감이 뛰어납니다. 승탑과 탑비는 지방 호족들의 정치적 역량이 성장하였음을 반영하고 있습니다.

팔각원당형 승탑 기단부, 탑신부, 옥개석, 상륜부까지 모두 팔각형으로 만들어진 승탑이다.

미륵사지 석탑

정림사지 5층 석탑

분황사 모전 석탑

감은사지 3층 석탑

불국사 석가탑

불국사 다보탑

진전사지 3층 석탑

쌍봉사 철감선사 승탑

고구려의 금동 연가 7년명 여래 입상은 두꺼운 의상과 긴 얼굴 모습에서 북조 양식을 따르고 있으나, 강인한 인상과 은은한 미소에는 고구려의 독창성이 보입니다. 백제의 **서산 마애 삼존불상**은 온화하고 부드러운 미소가 특징이고, 신라의 경주 배리 석불 입상(경주 배동 석조 여래 삼존 입상)도 푸근한 자태와 은은한 미소를 띠고 있습니다.

삼국 시대에는 미륵보살의 수행 모습을 형상화한 반가사유상이 많이 만들어졌는데, 이는 당시 유행한 미륵사상과 관련이 있습니다. 현재 남아있는 것 중에서는 삼산관(三山冠)과 탑 모양의 관을 쓰고 있는 금동 미륵보살 반가사유상*이 가장 뛰어납니다.

통일 신라 시대의 불상은 균형미가 뛰어나고 사실감이 살아있는 석굴암 본존불상과 보살상이 대표적입니다.

*금동 미륵보살 반가사유상(국보 83호) 미륵보살은 미래에 부처로 태어나 중생을 구제하기로 정해져 있는 보살이다. 미륵보살 반가사유상은 도솔천에서 정진과 사색에 매진하고 있는 미륵보살의 모습을 형상화한 것이다.

금동 연가 7년명 여래 입상

서산 마애 삼존불
(서산 용현리 마애 여래 입상)

석굴암 본존불상

법주사 쌍사자 석등

음악과 그림

삼국의 음악가로는 신라의 백결 선생, 고구려의 왕산악, 가야의 우륵이 있습니다. 백결 선생은 〈방아타령〉을 지었으며, 왕산악은 거문고를 만들고 100여 곡을 작곡하였습니다. 대가야의 악사였던 우륵은 신라에 귀화하여 가야금을 전하였습니다.

서예가로는 신라의 김생이 굳센 서체로 유명하며, 화가로는 황룡사 벽에 소나무 그림을 그린 솔거를 꼽을 수 있습니다.

발해의 문화

발해는 고구려 문화를 계승하면서 당의 문화를 수입하여 수준 높은 고대 문화를 창조했습니다.

발해의 문화 수준은 상경의 유적과 유물을 통해 가늠할 수 있습니다. 상경은 당의 수도인 장안성을 본떠 건설하였는데, 외성을 쌓고 남북으로 넓은 주작 대로를 내고 그 안에 궁궐과 사원을 세웠습니다. 궁궐 터에서는 고구려의 영향을 받은 벽돌과 기와, 그리고 온돌 장치가 발견되었습니다. 상경에 남아 있는 석등은 발해 석조 미술을 대표합니다.

상경에서 발굴된 10여 개의 웅장한 절터와 불상은 발해의 불교가 융성했음을 보여 줍니다. 발해의 불교는 왕실과 귀족을 중심으로 성행하였는데, 문왕은 스스로 불교적 성왕으로 일컫기도 하였습니다. 발해의 불상은 흙을 구워 만든 것으로, 두 분의 부처가 나란히 앉아 있는 모습을 하고 있습니다(이불병좌상).

발해의 고분은 도읍지를 중심으로 많이 남아 있습니다. 첫 수도인 돈화 부근에서 발견된 정혜공주 무덤은 굴식 돌방무덤으로, 모줄임 천장 구조가 고구려 고분과 닮아 있고, 매우 힘차고 생동감이 있는 돌사자상도 발견되었습니다. 정효공주 묘에서는 4·6 변려체*로 쓰여진 묘지*와 벽화가 발굴되어 발해의 높은 문화 수준을 보여 줍니다.

고대 문화의 일본 전파

삼국의 문화는 일본에 전래되어 일본의 고대 국가 성립과 문화 발전에 큰 영향을 주었습니다.

백제는 근초고왕 때 왜와 외교 관계를 수립하고 적극적으로 선진 문화

발해의 석등

이불 병좌상

정혜공주묘 출토 돌사자상

*4·6 변려체 형식을 소중히 여겨 주로 4자 내지 6자의 대구를 사용하여 문장을 구성하는 한문의 문체이다. 중국의 남북조 시대와 수·당 시대에 유행하였다.

*묘지(墓誌) 묘지 또는 지석은 죽은 자의 생애와 가족 관계 등을 기록하여 관과 함께 무덤에 묻은 유물을 말한다.

를 전해 주었습니다. 4세기에 아직기는 일본의 태자에게 한자를 가르쳤고, 왕인은 《천자문》과 《논어》를 전하고 가르쳤습니다. 무령왕 때에는 단양이와 고안무가 유학을 전해주었으며, 성왕 때 노리사치계는 최초로 불경과 불상을 전하였습니다. 이렇게 전래된 백제 문화를 바탕으로 일본의 고류사 미륵보살 반가사유상과 호류사 백제 관음상이 만들어졌습니다.

**고류사 미륵보살반가
사유상**　　**호류사 백제 관음상**

　고구려 문화의 일본 전래에는 승려들이 큰 역할을 하였습니다. 7세기 초에 담징은 종이와 먹의 제조 방법을 전하고, 호류사의 벽화를 그렸다고 전해집니다. 승려 혜자는 쇼토쿠 태자의 스승이 되었으며, 혜관은 일본 삼론종의 시조가 되었습니다. 고구려 수산리 고분 벽화와 흡사한 다카마쓰 고분 벽화에서 고구려의 영향을 살펴볼 수 있습니다.

호류사 금당 벽화 복원도　　**다카마스 고분 벽화**

　신라는 일본과 군사적으로 대립하였기 때문에 상대적으로 문화 교류가 활발하지 못하였습니다. 그러나 일본은 견신라사를 파견하여 배 만드는 기술과 제방 쌓는 기술 등을 배워 갔습니다. 신라의 제방 축조술이 전파되어 '한인의 연못' 이라는 이름까지 생기게 되었습니다.

　삼국의 문화는 6세기경 야마토 조정의 성립과 7세기경에 나라 지방에서 발전한 아스카 문화의 형성에 큰 영향을 끼쳤습니다.

　한편 통일 신라의 문화는 일본에 전해져 하쿠호 문화*의 성립에 기여하였습니다. 원효, 강수, 설총이 발전시킨 불교와 유교 문화가 일본에 전해졌고, 승려 심상은 일본에 건너가 화엄 교리를 강의하고 불법을 전하여 일본의 화엄종을 성립시켰습니다.

***하쿠호(白鳳) 문화**　7세기 후반에 발달한 일본의 고대 문화를 하쿠호 문화라고 한다. 불상, 가람 배치, 탑, 율령과 정치 제도에서 당과 통일 신라의 영향을 많이 받았다.

고구려	담징(호류사의 금당 벽화), 다카마스 고분 벽화(수산리 벽화)
백제	• 아직기와 왕인, 노리사치계(불교) • 고류사 미륵보살 반가 사유상, 호류사 백제 관음상
신라	배 만드는 기술, 제방 쌓는 기술(한인의 연못)
가야	스에키 토기에 영향(수레 토기)
통일 신라	• 원효 · 강수 · 설총 → 하쿠호 문화 성립에 기여 • 심상의 화엄 사상 → 일본 화엄종 성립에 기여

일본으로 건너간 우리 문화

금 강 유역에 위치한 공주는 석장리 유적에서 확인할 수 있듯이 구석기 시대부터 한반도 사람들의 생활 터전이었다. 475년부터는 백제의 도읍이 되었으며, 무령왕이 백제의 중흥을 위해 노력했던 곳이다. 비록 성왕 때 부여(사비)로 천도하며 공주가 더 이상 수도의 역할을 수행하지는 않았지만, 이후 고려 시대 신분 해방 운동인 공주 명학소의 난과 조선 시대 동학 농민 운동 2차 봉기의 최대 전투였던 우금치 전투가 발생했던 장소로 우리 기억 속에 남아 있다.

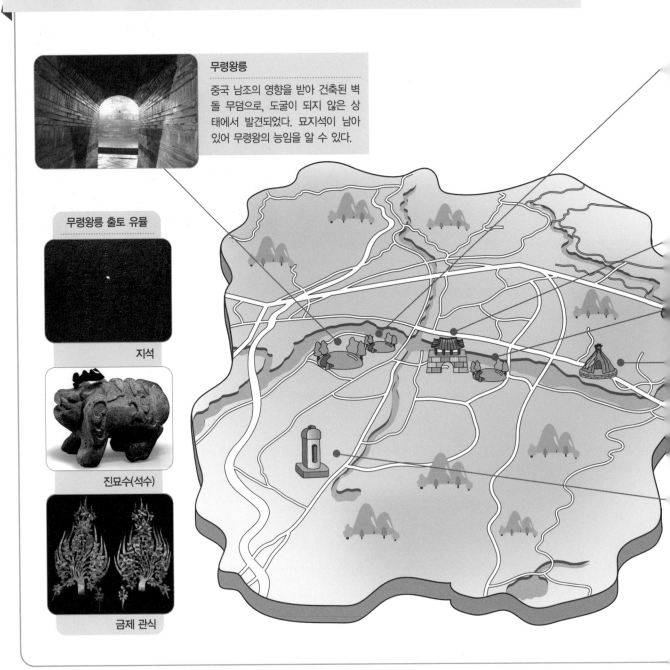

무령왕릉

중국 남조의 영향을 받아 건축된 벽돌 무덤으로, 도굴이 되지 않은 상태에서 발견되었다. 묘지석이 남아 있어 무령왕의 능임을 알 수 있다.

무령왕릉 출토 유물

지석

진묘수(석수)

금제 관식

송산리 고분군

무령왕릉을 비롯한 왕 혹은 귀족의 것으로 추정되는 7기의 무덤이 모여 있다. 특히 6호분의 경우 벽에 회칠을 하고 사신도를 그려 넣은 것을 확인할 수 있다.

공산성

백제의 웅진(공주) 천도 당시 수도를 보호하기 위해 축성된 산성이다.

공산성 왕궁터

공산성 내에 있는 백제 시대 왕궁지로 추정되는 곳이다.

석장리 유적

남한에서 최초로 발견된 구석기 시대 유적으로, 다양한 뗀석기, 막집 등이 출토되어 구석기 문화를 확인할 수 있다.

우금치 전적비

동학 농민 운동 2차 봉기 당시 농민군과 일본군의 전투가 벌어졌던 곳이다.

(글·사진 조승준)

III 한국 중세사

중세의 정치

① 중세 사회의 성립

출제 포인트

태조, 광종, 성종의 정책은 자주 출제된다.
특히, 최승로의 시무 28조는 반드시 분석해야 한다.

■ 고려의 성립

고려 건국	• 왕건 : 송악 지방의 호족 출신, 나주 점령, 광평성 시중 • 궁예의 실정 → 궁예 축출, 왕건을 국왕으로 추대(918), 송악 도읍
민족의 재통일	발해 유민 포용 → 신라 항복·견훤 귀부(935) → 후백제 정벌(936)

■ 시대 개관

시기	전기		후기		
	초기 (918~1018)	중기 (1018~1170)	무신 집권기 (1170~1270)	원 간섭기 (1270~1351)	말기 (1351~1392)
구분	체제 정비기	문벌 귀족 시대	하극상의 혼란기	자주성의 상실기	개혁·보수 갈등기
세력	호족	문벌 귀족	무신	권문세족	신진 사대부
사건	최승로 시무 28조	묘청의 난	• 하층민의 봉기 • 신분 해방 운동	성리학 도입	전민변정도감

■ 고려 초기

태 조	광 종	성 종
• 민생 안정(취민유도) • 호족 통합(사심관, 기인 제도) • 북진 정책(서경 중시)	• 노비안검법 • 과거제 • 공복 제도, 칭제 건원	• 최승로의 시무 28조 수용 • 12목 설치, 향리 제도 • 국자감·과거제 정비

고려의 건국과 민족의 재통일

후백제를 세운 견훤은 전라도와 충청도의 대부분을 점령하고 우세한 군사력으로 신라를 압박하였습니다. 한편 궁예가 세운 태봉은 한때 지금의 경기도, 황해도, 강원도, 충청도의 일부까지 영역을 넓혀 세력을 떨쳤습니다. 그리하여 태봉, 후백제, 신라가 각축을 벌이는 후삼국 시대가 펼쳐졌습니다.

왕건은 송악 지방의 호족 출신으로, 궁예의 신하가 되어 후백제의 배후 지역인 금성(나주)을 점령하는 등 큰 공을 세워 시중의 지위에 올랐습니다. 궁예가 실정을 거듭하자 신하들이 궁예를 내쫓고 왕건을 국왕으로 추대하였습니다. 왕건은 고구려를 계승한다는 뜻으로 나라 이름을 고려로 고치고 연호를 천수라 하였으며(918), 이듬해에 철원에서 송악으로 도읍을 옮겼습니다.

태조는 궁예와는 달리 신라에 대해서는 화친 정책을 쓰고, 후백제와는 대립하는 정책을 취했습니다. 후백제의 공격에 시달리던 신라의 경순왕은 스스로 고려에 항복하였습니다(935). 한편 후백제에 내분이 일어나 견훤이 귀순하자, 고려는 후백제를 정벌하여 후삼국을 통일하였습니다(936).

고려의 민족 재통일

왕건은 민족 통합을 위해 다양한 지방 세력을 지배 세력으로 받아들였습니다. 한편 발해가 거란에 멸망하여(926) 고구려계 유민을 비롯하여 많은 사람들이 고려로 망명해 왔습니다. 태조는 이들을 받아들여 민족의 완전한 통합을 꾀하였습니다. 이로써 고려는 후삼국을 비롯하여 발해의 고구려계 유민들까지 포함한 민족의 재통일을 이룩하였습니다.

발해 유민의 포섭 고려 태조는 발해 왕자 대광현이 수만 명의 발해 유민을 이끌고 망명해 오자 '왕' 씨 성을 내리고 후하게 대우하였다.

태조의 정책

태조는 민생의 안정과 호족 세력의 통합에 힘썼습니다. **취민유도***를 내세워 호족들이 지나치게 세금을 거두지 못하도록 하고, 조세 제도를 조정하여 세율을 10분의 1로 낮추었습니다. 아울러 빈민을 구제하기 위해 흑창을 설치하였습니다.

태조는 태봉의 관제를 중심으로 신라와 중국의 제도를 참고하여 정치 제도를 마련하고, 개국 공신과 지방의 호족들을 관리로 등용하였습니다. 공신들에게는 **역분전**을 지급하여 경제적 기반을 마련해 주었습니다.

지방 세력을 포섭하기 위해 호족과 혼인 관계를 맺기도 하고, 왕씨 성을 주어 왕족으로 포섭하기도 하였습니다. 지방의 중소 호족들에게는 향촌 사회에서의 지배권을 부분적으로 인정해 주었습니다. 그러나 다른 한편으로는 **사심관***과 **기인 제도***를 활용하여 지방 호족들을 견제하고 지방 통치를 보완하였습니다.

***취민유도(取民有度)** 백성에게 조세를 수취할 때에 일정한 법도가 있어야 한다는 뜻으로, 태조 왕건이 내세운 조세 정책의 기본 이념이다.

***사심관** 개국 공신이나 고관들을 출신 지역의 사심관으로 삼아 부호장 이하의 향직 임명권을 부여하는 한편, 지방의 치안을 책임지도록 하였다.

***기인 제도** 지방 호족의 자제를 볼모로 삼아 수도에 두고 출신지의 일에 대하여 자문하게 한 제도이다.

*훈요 10조 훈요 10조에는 유교 정치 진흥, 농민 생활 안정, 불교 보호, 풍수지리 사상 존중, 서경 중시, 그리고 인사 정책의 방향 등이 제시되어 있다.

태조는 관리들이 지켜야 할 의무를 기술한 〈정계〉와 〈계백료서〉를 반포하고, 아울러 후대 왕들이 지켜야 할 정책 방향을 제시하는 〈**훈요 10조**〉*를 남겼습니다.

태조는 건국 직후부터 고구려의 옛 땅을 회복하기 위해 북진 정책을 추진하였습니다. 이를 위해 고구려의 수도였던 평양을 서경으로 삼고 이 곳을 북진 정책의 전진 기지로 삼았습니다. 그 결과, 태조 말년에는 청천강에서 영흥에 이르는 선까지 영토를 넓혔습니다.

광종의 개혁 정치

*왕규의 난 경기도 광주의 호족인 왕규가 자신의 외손인 광주원군으로 왕위를 계승하게 하려고 일으킨 반란이다.

혜종(943~945)이 즉위 3년만에 병으로 죽자, 정종(945-949)이 그 뒤를 이어 왕이 되었습니다. 동생 왕소(광종) 및 서경의 왕식렴과 함께 왕규의 난*을 진압하고 왕위에 오른 정종은 왕권 강화에 힘쓰는 한편, 서경 천도를 추진하였으나 재위 5년 만에 병사하였습니다.

광종(949~975)은 불안정한 왕권을 강화하기 위해 노력하였습니다. 광종은 **노비안검법**을 실시하여 후삼국 시대의 혼란기에 불법으로 노비가 된 자를 조사하여 다시 양인으로 해방시켜 주었습니다. 이 정책은 공신과 호족 세력의 경제적, 군사적 기반을 약화시켜 왕권 강화에 기여하였습니다. 노비들이 양인이 되어 조세와 부역의 의무를 지게 되어 국가의 재정 기반도 확충되었습니다.

광종은 쌍기의 건의를 받아들여 **과거제**를 시행하였습니다. 이를 통해 광종은 유학을 익힌 신진 인사를 등용하여 신구 세력의 교체를 도모하였습니다. 또한 관리의 공복을 제정하여 관료의 위계 질서를 확립하였습니다.

광종은 이러한 왕권 강화 정책에 불만을 가진 공신과 호족 세력을 대대적으로 숙청하였습니다. 그리고 국왕의 권위를 높이기 위해 황제를 칭하고, 개경을 황도, 서경을 서도라 하였으며, 광덕 · 준풍 등 독자적인 연호를 사용하였습니다. 이로써 공신과 호족 세력이 크게 약화되고 왕권이 강화될 수 있었습니다.

광종의 정치 개혁은 경종(975~981) 시대의 경제 개편으로 이어져, 새로 개편된 중앙 관료들의 경제적 안정을 위한 **전시과 제도**가 시행되었습니다.

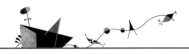

성종 ; 유교적 정치 질서의 강화

성종(981~997)은 **최승로***의 건의를 받아들여 유교 정치 사상을 통치의 근본 이념으로 삼고 각종 제도를 정비하여 중앙 집권 체제를 확립하였습니다.

최승로는 시무책을 올려 태조부터 경종까지 다섯 왕의 치적을 평가하여 교훈으로 삼게 하고, 정치·사회·문화 전반에 걸친 28개조의 개혁안을 제시하였습니다. 성종은 이를 수용하여 국가의 재정을 낭비하는 불교 행사를 억제하고, 우리나라의 현실에 맞는 통치 체제를 정비하였습니다. 당의 제도를 모방하여 2성 6부의 중앙 관제를 마련하고, 전국에 12목을 설치하여 처음으로 지방관을 파견하였습니다(983). 또한 향리 제도를 마련하여 호족들을 지방관을 보좌하는 향리로 편입하여 지방 세력을 견제하였습니다.

또 국자감을 정비하고 12목에 경학 박사와 의학 박사를 파견하여 유학 교육의 진흥에 노력하였습니다. 아울러 과거제를 정비하고 과거 출신자들을 우대하여 유학에 조예가 깊은 인재들의 적극적인 정치 참여를 유도하였습니다.

한편 성종 때에는 흑창이 의창으로 확대 개편되고, 물가 조절 기관인 상평창이 설치되어 민생 안정에 기여하였습니다.

*최승로 신라 6두품 출신의 유학자로서, 유교 사상에 입각한 28조의 개혁안을 성종에게 건의하였다. 그는 호족 세력의 억제와 외관 파견 등 중앙 집권적 정치 행태를 구상하면서도 왕권의 전제화는 견제하여 귀족 관료를 중심으로 고려의 정치 제도와 사회 질서를 재편성하려 하였다.

> **자료 최승로의 시무 28조**
>
> 7. 태조께서 나라를 통일한 후에 군현에 수령을 두고자 하였으나 대개 초창기에 일이 번다하여 미처 이 일을 시행할 겨를이 없었습니다. 청컨대 외관(外官 : 지방관)을 두소서.
>
> 11. 중국의 제도를 따르지 않을 수는 없지만 사방의 풍습이 각기 토성(土性)에 따르게 되니 다 고치기는 어려울 것 같습니다. 그 예악(禮樂)·시서(詩書)의 가르침과 군신·부자의 도리는 마땅히 중국을 본받아 비루한 것은 고치도록 하고, 그 밖의 거마(車馬)·의복의 제도는 우리의 풍속을 따르게 하여 사치함과 검소함을 알맞게 할 것이며 구태여 중국과 같이 할 필요가 없습니다.
>
> 13. 봄에는 연등을 설치하고, 겨울에는 팔관을 베풀어 사람을 많이 동원하고 노역이 심하오니, 원컨대 이를 감하여 백성이 힘을 펴게 하소서.
>
> 20. 불교를 행하는 것은 수신(修身)의 근본이며, 유교를 행하는 것은 치국(治國)의 근원이니, 수신은 내생(內生)을 위한 것이며, 치국은 곧 오늘의 일입니다.

2 통치 체제의 정비

출제 포인트

제도사 중 가장 자주 출제되는 것은 중앙 정치 기구이다. 각 기구의 역할을 꼼꼼하게 알아두자.
지방 행정 제도, 군사 조직, 과거제의 뼈대를 꼭 알아두자.

■ 고려의 통치 제도

중앙 정치 기구	• 2성 6부(당 모방+독자성) : 중서문하성(최고 관서), 상서성(6부 관할) • 중추원 : 군사 기밀(추밀), 왕명 출납(승선) • 삼사(회계 담당), 어사대(감찰) • 도병마사(국방), 식목도감(법제) : 귀족 정치(재추 합좌 회의 기구) • 대간(어사대+중서문하성 낭사) : 간쟁, 봉박, 서경
지방 행정 조직	• 2원적 : 경기, 5도(안찰사), 양계(병마사) • 중앙 집권 미흡(주현＜속현) • 특수 행정 구역 설치(향, 부곡, 소) • 향리 : 조세나 공물 징수 등 실질적인 행정 담당
관리 등용	• 과거제 : 제술업(한문학), 명경업(유교 경전), 잡업(기술학) • 음서 : 공신과 종실의 자손, 5품 이상의 고위 관리의 자제 대상
군사 제도	• 중앙군(직업 군인, 군인전 지급) : 2군(친위 부대), 6위(수도 경비, 국경 방어) • 지방군(16세 이상 양인 농민) : 주현군(5도), 주진군(양계)

중앙 정치 조직

*중서문하성 중서문하성의 재신은 국가의 정책을 심의하고, 낭사는 정치의 잘못을 비판하였다.

고려는 당의 3성 6부제를 받아들여 중앙 정치 기구를 갖추었지만, 고려의 실정에 맞게 중서문하성과 상서성의 2성으로 운영하였습니다. 최고 관부인 **중서문하성***은 장관인 문하시중과 2품 이상의 재신, 3품 이하의 낭사로 구성되었습니다. 상서성은 이·병·호·형·예·공의 6부를 거느리고 정책의 집행을 담당하였습니다.

이 밖에 중추원, 어사대, 삼사 등의 관청을 두었습니다. 송의 추밀원을 모방한 **중추원**은 군사 기밀을 담당하는 추밀과 왕명의 출납을 담당하는 승선으로 구성되었습니다. **어사대**는 정치의 잘잘못을 논하고 관리들의 비리를 감찰하는 임무를 맡았습니다. 어사대의 관원은 중서문하성의 낭사와 함께 **대간***으로 불렸는데, 이들은 간쟁, 봉박, 서경의 권한을 통해 정치 운영에 견제와 균형을 이루었습니다. **삼사**는 송과는 달리, 단순히 화폐와 곡식의 출납에 대한 회계만을 맡았습니다.

도병마사와 식목도감은 중서문하성과 중추원에 소속된 고

고려의 중앙 관제

관이 함께 모여 중요한 정책을 의논하는 회의 기구였습니다. **도병마사**는 국방 문제를 담당하는 임시 기구였으나, 고려 후기에 도평의사사(도당)로 개편되면서 구성원이 확대되고, 국정 전반에 걸친 중요 사항을 담당하는 최고 정무 기구로 발전하였습니다. **식목도감**은 국내 정치에 관한 법의 제정이나 각종 시행 규정을 다루었습니다. 이러한 회의 기구의 존재는 고려 귀족 정치의 특징을 보여 줍니다.

*대간 대간은 왕의 잘못을 논하는 간쟁, 잘못된 왕명을 시행하지 않고 되돌려 보내는 봉박, 관리의 임명과 법령의 개정·폐지 등에 동의하는 서경권을 갖고 있었다.

지방 행정 조직

고려는 전국을 5도와 양계, 경기로 크게 나누고, 그 안에 3경 4도호부 8목을 비롯하여 군·현·진 등을 설치하였습니다.

고려의 지방 편제

5도는 일반 행정 단위로서 **안찰사**가 파견되었습니다. 5도는 상설 행정 기관이 없었기 때문에 안찰사는 도내의 군·현을 순찰하며 업무를 수행하였습니다. 5도에는 목과 주, 군, 현 등을 두고 수령을 파견했는데, 수령은 행정 단위의 격에 따라 명칭을 달리하였습니다. 수령이 파견되지 않은 속군·속현이 주군·주현보다 더 많았는데, 이것은 중앙의 지방 통제력이 미약했다는 것을 의미합니다.

북방의 국경 지대에는 군사 행정 단위로서 동계와 북계의 양계를 두고, 병마사를 파견하였습니다. 양계 아래에는 방어군, 진 등의 군사적인 행정 기구를 두었습니다.

수도인 개경과 주변의 군, 현을 묶어 경기 지역이라 하였습니다. 한편 고려는 개경, 서경, 동경(경주)의 3경제를 운영하였습니다. 문종 때 지금의 서울에 남경을 설치하여 동경 대신 3경에 포함시켰습니다.

■ 수도
● 3경
▲ 4도호부
○ 8목

고려의 5도 양계

고려 시대에는 향·소·부곡이라 불리는 특수 행정 구역이 존재하였습니다. 특수 행정 구역은 일반 군현으로 승격되기도 하고, 일반 군현이 반란을 일으켜 특수 행정 구역으로 강등되기도 하였습니다.

속현과 특수 행정 구역은 지방관이 파견되는 주현의 통제를 받았습니다. 따라서 조세나 공물의 징수와 노역 징발 등 실제적인 행정 사무는 속관과 향리*들이 담당하였습니다.

*향리 향리는 원래 신라 말, 고려 초기의 중소 호족 출신이었는데, 중앙 집권적 지배 체제가 정비되면서 주민과 직접 접촉하는 행정 실무자가 되었다.

군역 제도와 군사 조직

고려는 중앙군과 지방군으로 나누어 군사 조직을 운영하였습니다. 중앙군은 국왕의 친위 부대인 **2군**(응양군·용호군)과 수도 경비와 국경 방어를 담당하는 **6위**로 구성되었습니다. 2군 6위의 경군은 직업 군인으로 편성되었는데, 이들은 군적에 올라 군인전을 지급받고 그 역은 자손에게 세습되었으며, 전공을 세워 무신으로 신분을 상승시킬 수도 있는 중류층이었습니다.

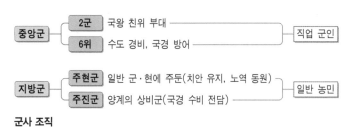

군사 조직

군적에 오르지 못한 16세 이상의 일반 농민은 지방군으로 편성되었습니다. 양계에 주둔하는 주진군은 좌군·우군·초군으로 구성되어 국경 지역의 방비를 맡았습니다. 5도의 일반 군현에 주둔하는 주현군은 지방관의 지휘를 받아 외적을 방비하고 치안을 유지하였으며, 각종 노역에 동원되었습니다.

관리 등용 제도

고려는 과거와 음서를 통하여 관리를 등용하였습니다.

과거는 문관을 뽑는 **제술업**과 **명경업**, 기술관을 뽑는 **잡업**, 승직자를 뽑기 위한 승과가 있었으며, 무관을 뽑는 시험은 사실상 시행되지 않았습니다. 제술업은 문학적 재능과 정책 등을 시험하고 명경업은 유교 경전의 이해 능력을 시험하였는데, 명경업보다 제술업이 중시되었습니다. 잡업은 법률, 회계, 지리 등 실용 기술학을 시험하여 기술관을 뽑았습니다.

법제적으로 양인 이상은 과거에 응시할 수 있었습니다. 제술과나 명경과에는 주로 귀족과 상층 향리의 자제들이 응시하였고, 하급 향리와 평민 자제들은 주로 잡과에 응시하였습니다. 부곡민이나 노비, 승려의 자제 등은 응시할 자격이 없었습니다. 과거를 통한 관리의 등용은 신분을 중시하던 고대 사회와는 달리 능력이 중시되었음을 뜻합니다.

음서의 범위 고려 시대에는 공신과 종실의 자손 외에도 5품 이상 관료의 아들, (외)손자, 사위, 동생, 조카 등에게도 음서의 혜택을 주었다.

한편 공신과 종실의 자손, 5품 이상의 고위 관료의 자손 등은 **음서**의 혜택을 받아 과거를 거치지 않고도 관료가 될 수 있었습니다. 고려 시대에는 과거보다 음서를 거쳐 관리가 되는 경우가 더 많고, 음서 출신자가 고위 관직에 오르는 경우도 자주 있었습니다.

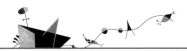

③ 문벌 귀족 사회의 성립과 동요

출제 포인트

묘청의 난을 당시 국제 정세와 관련지어 알아두자.
무신 권력자들이 설치한 기구와 정책을 알아두자.
무신 집권기에 일어난 하층민의 봉기를 알아두자.

■▶ 시대 개관

시기	전기		후기		
	초기 (918~1018)	중기 (1018~1170)	무신 집권기 (1170~1270)	원 간섭기 (1270~1351)	말기 (1351~1392)
구분	체제 정비기	문벌 귀족 시대	하극상의 혼란기	자주성의 상실기	개혁·보수 갈등기
세력	호족	문벌 귀족	무신	권문세족	신진 사대부
사건	최승로 시무 28조	묘청의 난	하층민의 봉기, 신분 해방 운동	성리학 도입	전민변정도감

고려 중기	무신 집권기
• 문벌 귀족 사회의 성숙(문종~인종) • 이자겸의 난(1126) • 서경 천도 운동(1135)	• 무신 집권자 : 정중부 → 경대승 → 이의민 → 최충헌 • 중앙 정부의 통제력 약화 → 농민과 천민의 대규모 봉기 • 최씨 정권 시대(4대 60년간) : 최충헌(봉사 10조, 교정도 감), 최우(정방, 서방, 삼별초)

문벌 귀족 사회의 성립

거란과의 전쟁이 끝나고 현종(1009~1031) 대부터 인종(1122~1146) 대에 이르는 100여 년간은 평화가 지속되고 유교 문화가 크게 꽃피었습니다. 정치, 경제, 문화 모든 면에서 안정과 번영이 계속된 이 시기를 '고려 중기'라고 부릅니다.

고려 중기가 되면서 **문벌 귀족**이라는 새로운 지배 세력이 형성되었습니다. 이들은 지방 호족 출신으로 중앙 관료가 된 계열과 신라 6두품 계통의 유학자들로, 여러 세대에 걸쳐 중앙에서 고위 관직을 차지하면서 하나의 사회 계층으로 자리 잡았습니다. 문벌 귀족은 과거와 음서를 통하여 관직을 독점하고, 중서문하성과 중추원의 재상이 되어 정국을 주도하였습니다. 이들은 과전과 공음전을 지급받아 경제적 혜택을 누렸으며, 권력을 이용하여 불법적으로 개인이나 국가의 토지를 차지하여 경제적 기반을 확대해 나갔습니다. 한편 이들은 서로 혼인 관계를 맺어 세력을 더욱 공고히 하였습니다.

특히, 왕실과 혼인 관계를 맺어 외척으로서의 지위를 이용하여 정권을 장악하기도 하였습니다. 대표적인 문벌 귀족인 이자연은 세 딸을 모두 문종의 비로 들이면서 문하시중에 공신까지 겸하였습니다. 그의 손자 이자겸도 자신의 큰 딸을 예종의 비로 들이고, 인종에게도 두 딸을 보내어 중첩된 외척 관계를 맺었습니다.

문벌 귀족 사회의 성립

이자겸의 난과 서경 천도 운동

이자겸은 예종 사후 자신의 외손자인 인종(1122~1146)을 즉위시킨 뒤 막강한 권한을 휘둘렀습니다. 이자겸은 대내적으로는 문벌 중심의 질서를 유지하고 대외적으로는 금과 타협하는 정치적 성향을 보였습니다. 왕위 유지에 위협을 느낀 인종이 이자겸을 제거하려 하였으나, 이자겸은 척준경과 함께 난을 일으켜 권력을 장악하였습니다(1126). 그러나 이자겸이 척준경에 의해 쫓겨나고 척준경 역시 탄핵을 받고 축출됨으로써 이자겸 세력은 몰락하였습니다. 이자겸의 난은 중앙 지배층 사이의 분열을 드러냄으로써 문벌 귀족 사회의 붕괴를 촉진하는 계기가 되었습니다.

이자겸의 난으로 궁궐이 불타 개경은 황폐화되고 사회 분위기는 어수선했습니다. 인종은 실추된 왕권을 회복하고 민생을 안정시키기 위한 정치 개혁을 추진하였습니다. 이 과정에서 김부식을 중심으로 한 보수적 관리들과 정지상을 중심으로 한 지방 출신의 개혁적 관리들 사이에 대립이 벌어졌습니다. **묘청**과 정지상* 등 서경파는 인종에게 고려를 황제국이라 칭하고, 독자적 연호를 사용하며 금을 정벌하자고 건의하였습니다. 그리고 풍수지리설을 내세워 서경으로 수도를 옮길 것을 주장하였습니다. 이에 인종은 서경에 대화궁을 짓고 자주 행차하였습니다. 반면, 김부식이 중심이 된 개경 세력은 유교 이념에 충실함으로써 사회 질서를 확립하자고 주장하였습니다. 이들은 민생 안정을 내세워 금과의 사대 관계를 유지하였습니다.

서경 천도가 어렵게 되자 묘청 세력은 서경에서 나라 이름을 대위국이라 하고, 연호를 천개라 하면서 난을 일으켰습니다(1135). 묘청의 반란은 김부식이 이끈 관군의 공격으로 약 1년 만에 진압되었습니다. 서경 천도 운

***정지상** 서경 출신의 문신으로, 척준경을 몰아낸 공로로 출세하였다. 묘청과 함께 풍수지리설을 근거로 서경 천도를 주장하였다. 시에도 뛰어나 〈송인〉 등의 작품을 남겼다.

서경파	개경파
묘청·정지상 중심	김부식 중심
지방 신진 세력	기성 중앙 문벌 귀족
풍수지리설, 불교	유교 정치 사상
진취적(금 정벌론)	보수적(금에 사대 주장)
고구려 계승 의식	신라 계승 의식

서경파와 개경파

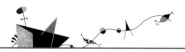

동이 진압된 이후 보수적·친신라적 성향의 문벌 귀족이 정치·사회를 주도하였습니다.

묘청의 서경 천도 운동은 문벌 귀족 사회 내부의 분열과 지역 세력 간의 대립, 풍수지리설이 결부된 자주적 전통 사상과 사대적 유교 정치 사상의 충돌, 그리고 고구려 계승 이념에 대한 이견과 갈등 등이 얽혀 일어난 것으로 귀족 사회 내부의 모순을 드러낸 것이었습니다.

무신 정권의 성립

묘청의 난 이후에도 문벌 귀족들은 사회 모순에 대한 개혁을 외면하고, 의종은 실정을 거듭하였습니다. 무신들은 오랫동안 계속되어 온 차별 대우와 문신 위주의 정치에 불만을 품고 있었습니다. 하급 군인은 군인 전도 제대로 지급받지 못한 채 잡역에 빈번히 동원되어 불만이 높았습니다. 마침내 정중부, 이의방 등 무신들은 정변을 일으켜 문신들을 제거하고 의종을 귀양 보낸 다음 명종을 세워 정권을 장악하였습니다(1170).

정중부·이의방·이고 등 무신 권력자들은 중방*을 중심으로 권력을 행사하면서 주요 관직을 독차지하였습니다. 무신들은 이전 문신들이 가졌던 토지·노비 등을 차지하고, 저마다 사병을 길러 권력 쟁탈전을 벌였습니다. 무신들이 권력을 장악하자 김보당 등 일부 문신 세력이 의종을 복위시키려고 봉기했으나 실패하여, 도리어 의종과 많은 문신들이 살해되었습니다. 그 후 무신들 사이에 내분이 일어나 정중부가 피살되고, 경대승, 이의민이 차례로 무신 정권의 최고 권력자가 되었습니다.

무신 권력자들의 권력 다툼으로 중앙 정부의 지방 통제력이 약화되면서 농민과 천민의 대규모 봉기가 곳곳에서 일어났습니다.

무신 정권에 반발하여 서경 유수 **조위총**이 반란을 일으키자 서북 지방 일대의 주민들이 대규모로 참여하였습니다. 조위총의 난이 진압된 뒤에도 농민의 항쟁은 여러 해 동안 계속되었습니다.

공주 명학소에서는 무거운 조세 부담에 시달리던 주민들이 망이·망소이 형제를 중심으로 봉기하였습니다. 정부는 명학

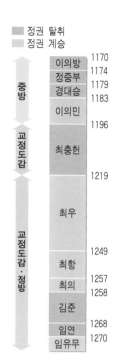

무신 집권자의 변화

	이의방	1170
	정중부	1174
	경대승	1179
	이의민	1183
		1196
	최충헌	
		1219
	최우	
		1249
	최항	
	최의	1257
		1258
	김준	
	임연	1268
	임유무	1270

정권 탈취 / 정권 계승
중방 / 교정도감 / 교정도감·정방

*중방 2군 6위의 지휘관인 상장군, 대장군들이 모여 군사 관계의 일을 협의하던 회의기구이다. 무신 정변 직후부터 최충헌이 권력을 잡을 때까지 최고 권력 기구의 구실을 하였다.

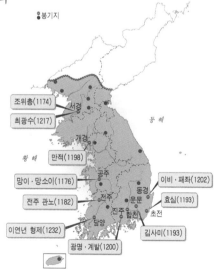

농민과 천민의 저항 운동

봉기지

조위총(1174)
최광수(1217)
서경
만적(1198)
망이·망소이(1176)
전주 관노(1182)
이연년 형제(1232)
광명·계발(1200)
이비·패좌(1202)
효심(1193)
김사미(1193)
개경
동경

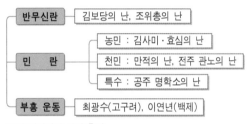

반무신란	김보당의 난, 조위총의 난
민 란	농민 : 김사미·효심의 난
	천민 : 만적의 난, 전주 관노의 난
	특수 : 공주 명학소의 난
부흥 운동	최광수(고구려), 이연년(백제)

무신 집권기의 사회 혼란

소를 충순현으로 승격시켜 주민의 불만을 무마하였습니다. 경상도의 운문(청도)과 초전(울산)에서는 김사미와 효심이 봉기하여 신라 부흥을 내세워 세력을 떨쳤습니다.

신분 해방을 부르짖은 노비들의 저항 운동도 일어났습니다. 전주에서는 지방관의 가혹한 사역에 반발하여 관노비들이 봉기하였으며, 개경에서는 최충헌의 사노비 만적이 신분 해방 운동을 시도하였으나 사전에 발각되어 실패하였습니다.

최씨 무신 정권

최충헌이 이의민을 제거하고 권력을 장악한 이후 4대 60여 년간 최씨 정권이 지속되었습니다. 최충헌은 **봉사 10조**와 같은 사회 개혁책을 제시하는 한편 농민 항쟁의 진압에도 적극적으로 나서 혼란을 극복하려 하였습니다. 최충헌은 최고 집정부의 구실을 하는 **교정도감***을 설치하고 자신이 교정별감이 되어 권력을 행사하였습니다. 또, 경대승 사후 폐지되었던 도방*을 부활시켜 신변을 보호하였습니다.

최충헌의 뒤를 이은 최우는 자기 집에 **정방**을 설치하고 정부의 모든 인사 행정을 처리하였습니다. 한편 최우는 문학적인 소양과 함께 행정 실무 능력을 갖춘 문신들의 등용을 확대하고, 서방을 설치하여 문사들로 하여금 숙위하면서 정치적 자문 역할을 담당하게 하였습니다. 또한, 좌별초·우별초·신의군으로 편성된 **삼별초***를 조직하여 무력 기반을 확충하였습니다. 삼별초는 도방과 함께 최씨 정권을 유지하는 군사적 기반이 되었습니다.

최항, 최의로 이어진 최씨 정권은 고종 45년(1258)에 무너졌습니다. 김준과 임연, 임유무 등의 무인들이 잠시 권력을 잡았지만 원종 11년(1270)에 무신 정권 시대는 완전히 종식되고 왕정이 회복되었습니다.

***교정도감** 최씨 정권의 반대 세력을 제거하고, 국정을 총괄하는 최고의 정치 기구

***도방** 처음 경대승에 의해 조직되었는데, 최씨 무신 정권 시기에 크게 확대되었다. 무신 집권자의 신변을 보호하고 무신 정권을 무력으로 뒷받침하였다.

***삼별초** 최우가 야간 경비를 위하여 설치한 야별초에서 비롯되었다. 야별초의 수가 늘어나자 좌별초·우별초로 나누었으며, 몽골군에 포로가 되었다가 탈출한 병사들로 신의군을 조직하여 삼별초를 구성하였다.

4 대외 관계의 변화

출제 포인트

시대별로 외적의 침략과 항전을 자세하게 공부하자.
특히, 거란과 몽골의 침입을 문화 파트와 연결하여 공부하자.

대외 관계의 변화

시기	초기(11세기 초)	중기(12세기 초)	무신 집권기(13세기 중엽)
이민족	거란(요)	여진(금)	몽골(원)
전개	• 1차(993) : 서희의 담판 (강동 6주) • 3차(1019) : 귀주 대첩	• 윤관의 여진 토벌 (동북 9성) • 금의 사대 요구(수용)	• 몽골의 침입(강화 천도) • 저항(다인철소, 처인부곡)
결과	천리장성, 나성 축조	묘청의 서경 천도 운동	문화재 소실, 팔만대장경 조판

거란의 침입과 격퇴

10세기 초에 통일 국가를 세운 거란(요)은 고려와 국경을 접하게 되자 고려에 사신을 보내 친교를 맺으려 하였습니다. 그러나 태조는 발해를 멸망시킨 거란을 적대시하여 거란 사신을 귀양 보내고 조공품으로 보내온 낙타 50필을 만부교 밑에서 굶겨 죽였습니다(만부교 사건). 정종 때에는 30만의 병력으로 광군을 조직하여 거란의 침입에 대비하였으며, 송이 건국되자 고려는 적극적인 친송 정책을 추진하였습니다.

거란 침입 격퇴와 강동 6주 획득

고려의 북진 정책과 친송 정책은 거란을 자극하였습니다. 이에 거란은 먼저 정안국*을 정벌하고, 성종 때 고려를 침략해 왔습니다(993). 고려 조정에서는 서경 이북의 땅을 거란에 내주고 화친을 맺자는 의견도 있었으나, 서희는 거란의 장수 소손녕과 협상에 나섰습니다. 서희는 고려가 고구려의 계승 국가임을 밝히고, 여진이 차지하고 있는 땅을 확보해 통로가 열리면 거란과 통교하겠다는 조건으로 압록강 동쪽의 **강동 6주**를 확보하였습니다.

거란군이 퇴각한 뒤에도 고려는 송과 친선 관계를 계속 유지하면서 거란과 교류하려 하지 않았습니다. 거란은 강조의 정변*을 구실로 다시

*정안국 발해가 멸망한 뒤 발해의 유민들이 부흥 운동의 일환으로 압록강 일대를 중심으로 세운 나라이다.

*강조의 정변 목종의 모후인 천추 태후와 김치양이 불륜 관계를 맺고 왕위를 빼앗으려 하자, 강조가 군사를 일으켜 김치양 일파를 제거하고 목종을 폐위시킨 사건이다.

고려를 침략하였습니다(1010). 개경이 함락되고 현종이 나주까지 피난하였지만, 양규가 이끄는 고려군이 강화를 맺고 물러가는 거란군을 크게 격파하였습니다. 거란은 3차 침입 때에는 개경 부근까지 쳐들어왔으나, 강감찬이 지휘한 고려군이 귀주에서 거란군을 거의 전멸시켰습니다(1019, **귀주 대첩**).

이후 고려는 거란과 국교를 수립하여 조공하고, 일시적으로 송과는 관계를 단절하는 한편, 북방 민족의 침입에 대비하기 위해 국방 강화에 힘썼습니다. 강감찬의 건의에 따라 개경 주위에 나성을 쌓아 도성 수비를 강화하였고, 압록강 하구에서 동해안의 도련포에 이르는 천리장성을 쌓아 거란은 물론 여진의 침입까지 대비하였습니다.

> **자료 서희의 외교 담판**
> 우리나라는 곧 고구려의 땅이오. 그러므로 국호를 고려라 하고 평양에 도읍하였으니 만일 영토의 경계로 따진다면 그대 나라의 동경이 모두 우리 영토 안에 있거늘 어찌 침략이라 하리요. 그리고 압록강의 내외도 또한 우리 영토인데, 지금 여진이 가로막고 있어 바다를 건너는 것보다 더 심하오. … (중략) … 만일 여진을 내쫓고 우리 옛 땅을 돌려보내어 도로를 통하게 하면 감히 국교를 맺지 않으리요.

여진 정벌과 9성 개척

12세기 들어 거란이 쇠퇴하고 여진족이 점차 강성하기 시작하였습니다. 여진족은 원래 고려를 상국으로 모시고 있었으나, 완옌부가 여진족을 통일하면서 그 세력이 천리장성 부근까지 남하하여 고려와 충돌하게 되었습니다. 고려는 윤관을 보내 이들을 정벌하려 하였지만 실패하였습니다. 이에, 고려는 윤관의 건의에 따라 **별무반*** 을 편성하여 여진 정벌을 준비하였습니다. 윤관은 별무반을 이끌고 천리장성을 넘어 여진족을 북방으로 쫓아 버리고(1107), 동북 지방 일대에 9성을 쌓았습니다. 그러나 고려는 여진족의 간청을 받아들여 1년만에 9성을 돌려주었습니다.

그 뒤 강성해진 여진족은 금을 건국하고(1115), 그 여세를 몰아 거란을 멸망시키고(1125), 송의 수도 변경까지 함락하였습니다(1127). 거란을 제압한 금은 고려에 군신 관계를 맺자고 압력을 가해 왔습니다. 고려는 금의 사대 요구를 둘러싸고 정치적 분쟁을 겪기도 했지만, 무력 충돌을 피하기 위해 결국 금의 요구를 받아들였습니다. 금의 사대 요구를 수용함으로써 건국 이후 추진해 온 북진 정책은 좌절되었습니다.

***별무반** 기병 부대인 신기군, 보병 부대인 신보군, 승병 부대인 항마군으로 편성되었다.

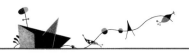

몽골과의 전쟁

13세기 초 몽골 초원에서 칭기즈칸이 몽골 제국을 수립하고 세력을 확장하기 시작하였습니다. 몽골은 금을 공격하여 북중국을 점령하고 곧이어 거란족을 복속시켰습니다. 이 때, 거란족의 일부가 몽골에 쫓겨 고려에 침입하자, 고려는 몽골군과 연합하여 이들을 물리쳤습니다(강동의 역, 1219). 이 일을 빌미로 몽골은 은인을 자처하며 고려에 막대한 공물을 요구해왔습니다. 1225년 고려에 왔던 몽골 사신 저고여가 귀국하던 길에 압록강변에서 살해된 사건이 일어나 고려와 몽골의 외교 관계는 단절되었습니다.

몽골은 저고여 피살 사건을 빌미로 1231년에 고려를 침입하였습니다. 몽골군은 귀주성에서 박서*의 완강한 저항에 부딪히자 길을 돌려 개경을 포위하였습니다. 이에 고려는 몽골의 요구를 받아들이게 되었고, 몽골군도 큰 소득 없이 물러갔습니다.

***박서** 1231년 서북면 병마사로 있을 때 몽골 장수 살리타가 귀주를 공격하자, 한 달 동안의 격전 끝에 이를 물리쳤다.

몽골의 무리한 조공 요구와 간섭에 반발하여 당시 집권자인 최우는 강화도로 천도하여 몽골과의 장기 항전에 대비하였습니다(1232). 몽골군이 다시 침입해 왔으나 처인성 (경기 용인) 전투에서 **김윤후***가 부곡민들과 합세하여 몽골군 사령관 살리타를 사살하여 몽골군을 퇴각시키는 큰 전과를 거두었습니다.

몽골군의 침입은 1259년 강화가 이루어질 때까지 계속되었습니다. 강화도의 고려 정부는 주민들을 산성과 섬으로 피난시키고 항전과 외교를 병행하면서 저항하였습니다. 한편 민심을 모으고 부처의 힘으로 몽골군을 물리치기 위해 강화도에서 **팔만대장경** 조판 사업을 시작하였습니다.

고려가 몽골의 침입에 끈질기게 저항할 수 있었던 것은 일반 민중들이 용감하게 대항하였기 때문이었습니다. 특히, 사회적으로 천대받던 노비와 부곡 지역의 주민들까지도 몽골에 대항하여 싸웠습니다. 충주성에서는 다인철소의 주민들이 힘을 합쳐 몽골 군대의 침입을 물리쳤는데, 그 공으로 다인철소는 익안현으로 승

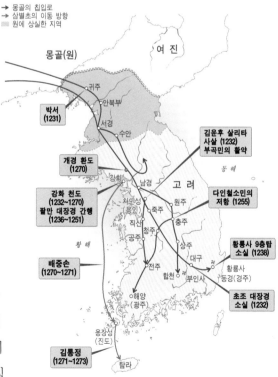

→ 몽골의 침입로
→ 삼별초의 이동 방향
■ 원에 상실한 지역

몽골의 침입과 대몽 항쟁

*김윤후 1232년(고종 19) 처인 부곡의 처인성에서 주민을 이끌고 몽골군의 공격을 막아내는 한편 적장 살리타를 사살하였다. 이 때 처인 부곡은 처인현으로 승격하였다. 1253년(고종 40) 충주산성의 방호별감이 되어 충주성을 포위한 몽골군과 치열한 공방전을 벌였다. 항전이 장기화하자 김윤후는 노비 문서를 불사르며 노비들을 독려하여 몽골군을 막아 내었다.

격되기도 하였습니다.

몽골군의 침략 과정에서 많은 문화재가 소실되었습니다. 2차 침입 때는 대구 부인사에 보관하고 있던 초조대장경과 교장이, 3차 침입 때는 경주의 황룡사와 9층 목탑이 몽골군에 의해 불타는 피해를 입었습니다.

강화도의 고려 정부는 수로를 통하여 조세를 거둬들여 명맥을 유지할 수 있었으나, 장기간의 전쟁으로 국토는 황폐해지고 백성들은 도탄에 빠지게 되었습니다. 하지만 최씨 정권은 백성들의 어려움을 외면한 채 사치한 생활을 하고 정권 유지를 위해 조세를 더 거두어들이는 등 무리한 정책을 펴 민심을 잃었습니다. 마침내 최의가 피살되고 몽골에 대한 항전을 주도해온 최씨 정권이 무너지자 몽골과 강화가 이루어졌습니다(1259). 고려 정부는 마지막 무신 권력자인 임유무가 피살되고 난 후 개경으로 환도하였습니다(1270).

고려 정부가 개경 환도를 결정하자, 몽골과의 항쟁에 앞장섰던 삼별초는 **배중손**의 지휘 아래 반기를 들었습니다. 삼별초는 왕족인 승화후 온을 왕으로 옹립하고 항몽 정권을 수립하였습니다. 이들은 진도로 옮겨 용장성을 쌓고 항전하다 김방경이 이끄는 여·몽 연합군에 패배하였습니다(1271). 진도가 함락된 뒤에는 다시 제주도로 근거지를 옮겨 김통정의 지휘 아래 항쟁을 계속하였으나 결국 진압되었습니다. 삼별초의 장기 항쟁은 몽골군이 접근하기 어려운 지리적 이점과 몽골에 굴복하는 것에 반발하는 일반 민중들의 적극적인 지원이 있었기 때문에 가능했습니다.

자료 몽골과의 항쟁(처인성과 충주성)

김윤후는 고종 때의 사람으로 일찍이 중이 되어 백현원에 있었다. 몽골병이 이르자, 윤후가 처인성으로 난을 피하였는데, 몽골의 원수 살리타가 와서 성을 치매 윤후가 이를 사살하였다. 왕은 그 공을 가상히 여겨 상장군의 벼슬을 주었으나, 이를 사양하고 받지 않았다.
— 《고려사》 —

처음 충주 부사 우종주가 매양 장부와 문서로 인하여 판관 유홍익과 틈이 있었는데, 몽골병이 장차 쳐들어온다는 말을 듣고 성 지킬 일을 의논하였다. 그런데 의견상 차이가 있어서 우종주는 양반 별초(兩班別抄)를 거느리고, 유홍익은 노군(奴軍)과 잡류 별초(雜類別抄)를 거느리고 서로 시기하였다. 몽골병이 오자, 우종주와 유홍익은 양반 등과 함께 다 성을 버리고 도주하고, 오직 노군과 잡류만이 힘을 합하여 쳐서 이를 쫓았다.
— 《고려사》 —

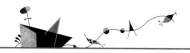

5 고려 후기의 정치 변동

출제 포인트

공민왕의 개혁 정치를 자세하게 알아두자.

고려 말 홍건적과 왜구의 침략을 물리치는 과정을 꼭 알아두자.

■▶ 시대 개관

시기	전기		후기		
	초기 (918~1018)	중기 (1018~1170)	무신 집권기 (1170~1270)	원 간섭기 (1270~1351)	말기 (1351~1392)
구분	체제 정비기	문벌 귀족 시대	하극상의 혼란기	자주성의 상실기	개혁·보수 갈등기
세력	호족	문벌 귀족	무신	권문세족	신진 사대부
사건	최승로 시무 28조	묘청의 난	하층민의 봉기, 신분 해방 운동	성리학 도입	전민변정도감

원 간섭기	• 2차례 일본 원정 : 태풍으로 실패, 정동행성 설치(내정 간섭 기구로 변질) • 영토 축소 : 쌍성총관부(철령 이북), 동녕부(자비령 이북), 탐라총관부(제주) • 관제 격하(첨의부, 4사), 만호부(군사 간섭), 다루가치(감찰관) • 인적 물적 수탈 : 공녀, 응방(매)
공민왕의 개혁 정치	• 배경 : 14세기 후반 원·명 교체기 • 반원 정책 : 친원파 숙청, 정동행성 이문소 폐지, 쌍성총관부 무력 탈환, 요동 공략 • 내정 개혁 : 정방 폐지, 전민변정도감 설치(권문세족의 농장 개혁), 교육·과거제 정비

원 간섭기의 정치

몽골은 북경에 도읍하고 국호를 원(元)으로 바꾸었습니다. 삼별초의 항쟁이 진압되고 나서 고려는 이후 80여 년간 원의 간섭을 받아야 했습니다.

원은 고종 말기에 화주(영흥)에 **쌍성총관부**를 설치하여 철령 이북의 땅을 직속령으로 편입하고, 자비령 이북의 땅을 차지하여 서경에 동녕부를 설치하였습니다. 또, 삼별초의 항쟁을 진압한 뒤 제주도에 탐라총관부를 설치하고 목마장을 경영하였습니다. 동녕부와 탐라총관부는 곧 돌려받았으나 쌍성총관부는 공민왕 때 무력으로 회복할 때까지 원의 지배를 받았습니다.

고려는 원의 일본 원정에 동원되어 함선과 군대, 그리고 군량미를 부담해야 했습니다. 원은 일본 원정을 위해 설치했던 **정동행성***을 계속 유지하여 내정 간섭 기구로 삼았으며, 다루가치라는 감찰관을 파견하였습니다.

고려 국왕은 원의 공주를 왕비로 맞아들였기 때문에 왕실의 호칭과

***정동행성** 원은 외지의 통치와 대규모의 군사 행동을 위해서 여러 가지 성격의 행성을 설치하였다. 정동행성은 일본 원정을 위해 충렬왕 6년(1280)에 설치하였다.

원 간섭 전	원 간섭 후
중서문하성·상서성	첨의부
6부	4사
중추원	밀직사
도병마사	도평의사사
조(祖), 종(宗)	왕
폐하, 태자, 짐	전하, 세자, 고

관제 및 관직 칭호 변화

격이 부마국에 걸맞은 것으로 바뀌었습니다. 조·종을 붙였던 묘호를 왕으로 고치고, 원에 충성한다는 의미로 앞에 '충' 자를 붙였습니다. 원의 압력으로 관제도 개편되고 격도 낮아졌습니다. 중서문하성과 상서성은 **첨의부**로 합쳐지고, 중추원은 밀직사로, 6부는 4사로 개편되었습니다.

한편 원은 **결혼도감**을 설치하여 고려의 처녀를 공녀로 뽑아 끌고 갔으며, 금·은·베를 비롯하여 인삼·약재 등의 특산물을 징발하여 농민들의 고통을 가중시켰습니다. 또 매를 징발하기 위해서 **응방**이라는 특수 기관을 설치하기도 하였습니다.

원과의 교류가 확대되면서 고려에서는 몽골어가 사용되고, 몽골식 의복이나 변발 등 몽골풍이 유행하였습니다. 한편 몽골에 건너간 고려 사람들에 의하여 고려의 풍습, 즉 고려양이 몽골에 전해졌습니다.

원 간섭기에는 원의 세력을 등에 업은 권문세족이 새로운 지배층으로 등장하였습니다. 권문세족은 백성들의 토지를 빼앗아 농장을 확대하고, 가난한 백성들을 노비로 만들어 농장을 경작하게 하였습니다. 이 때문에 조세를 내야 할 백성들이 줄어들고 국가의 조세 수입도 감소하여 나라의 재정이 매우 궁핍해졌습니다.

이러한 문제를 해결하기 위해 **충선왕**(1298, 1308~1313)은 사림원을 설치하고 토지 제도와 수취 제도에서 발생한 폐단을 시정하려 하였습니다. 그러나 충선왕의 개혁은 권문세족이 거세게 반발하고 개혁 추진 세력이 미약하였기 때문에 성공할 수 없었습니다.

공민왕 때의 개혁 정치

14세기 중반 중국에서는 명나라가 새로 일어나고 원나라의 세력이 위축되어 갔습니다. 이런 국제 정세 속에서 공민왕(1351~1374)은 원의 간섭에서 벗어나기 위해 반원 개혁을 추진하였습니다. 공민왕의 개혁은 변발과 호복 등 몽골 풍속을 금지하고, 권문세족이 장악하고 있던 정방을 폐지하는 것으로부

공민왕의 영토 수복

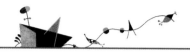

터 시작되었습니다. 이어 원의 연호 사용을 폐지하고, 원의 간섭으로 바뀌었던 관제를 복구하였습니다. 고려의 내정을 간섭하던 정동행성 이문소를 폐지하고, 기철 등 친원 세력을 숙청하였습니다. 또 쌍성총관부를 공격하여 철령 이북의 땅을 수복하였으며, 더 나아가 고구려의 옛 땅을 되찾기 위해 요동 지방을 공략하였습니다.

공민왕의 개혁 정책은 홍건적*의 침입과 잦은 왜구*의 출몰, 친원파 권세가의 반발로 어려움에 처하기도 하였습니다. 공민왕은 권문세족을 누르고 왕권과 민생을 안정시키기 위해 승려 신돈을 기용하여 다시 개혁 정치를 추진하였습니다. 신돈은 **전민변정도감**을 설치하여 권문세족이 불법적으로 빼앗은 토지를 원주인에게 돌려주고, 불법적으로 노비가 된 자를 양인으로 해방시켰습니다. 이를 통하여 권문세족들의 경제 기반을 약화시키고 국가 재정 수입의 기반을 확대하였습니다.

공민왕을 지지하는 신진 사대부의 세력이 미약하고, 잔존하는 권문세족의 세력이 강했기 때문에 공민왕의 개혁은 순탄하게 진행되지 못하였습니다. 공민왕 때의 개혁은 권문세족들의 강력한 반발로 신돈이 제거되고, 개혁 추진의 핵심인 공민왕까지 시해되면서 중단되고 말았습니다.

신진 사대부와 신흥 무인 세력

공민왕 때에는 과거제 정비와 성균관의 개편으로 신진 사대부의 정계 진출이 확대되었습니다. 지방에서 성장한 중소지주 출신의 **신진 사대부**는 무신 집권기 이후 과거를 통해 중앙 관리로 진출하기 시작하였습니다. 이들은 성리학을 수용하여 학문적 기반으로 삼고 불교의 폐단을 시정하려 하였습니다. 또 신진 사대부는

*홍건적 원 말기에 백련교도가 중심이 되어 봉기한 한족의 농민 반란군으로 머리에 붉은 수건을 둘러 홍건적이라 하였다.

*왜구 13세기부터 16세기에 걸쳐 한반도와 중국 대륙의 연안 지방을 조직적으로 자주 침략하여 노략질을 일삼았던 일본인 해적을 가리킨다.

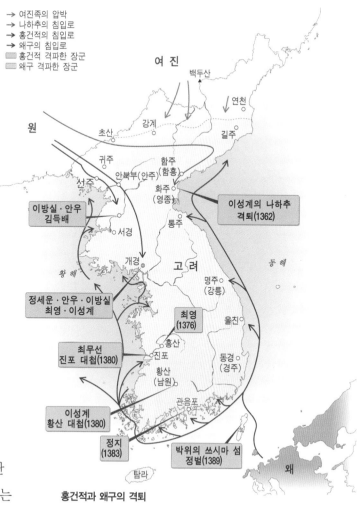

홍건적과 왜구의 격퇴

원의 세력을 빌려 권력을 행사하는 권문세족의 불법성을 비판하고, 새로운 정치 질서와 사회 건설을 주장하였습니다.

공민왕 때에는 홍건적과 왜구가 고려에 자주 침입하였습니다. 홍건적의 2차 침입 때는 개경이 함락되어 공민왕은 안동까지 피난했지만, 정세운, 이방실 등이 적을 격퇴하고 개경을 수복하였습니다. 한편 왜구의 침입으로 강화도가 약탈당하고 조세의 해상 운송이 어려워져 국가 재정이 궁핍하게 되었고, 해안에서 멀리 떨어진 내륙까지 큰 피해를 입었습니다. 이때 최영, 이성계 등이 나서서 왜구를 토벌하였고, **최무선**은 진포에서 화포를 사용하여 왜구를 격퇴하는 데 큰 공을 세웠습니다. 박위는 전함 100척을 이끌고 왜구의 소굴인 쓰시마 섬을 토벌하여 그 기세를 꺾었습니다. 이와 같이 홍건적과 왜구의 침입을 격퇴하는 과정에서 최영, 이성계 등의 무인 세력이 성장하게 되었습니다.

고려 왕조의 멸망

공민왕 사후 권문세족 이인임의 추대로 나이 어린 우왕이 즉위하였습니다. 이인임은 공민왕의 개혁 정책을 무력화시키고 친원 정책으로 회귀하면서 친명파 신진 사대부를 몰아내었습니다. 이에 우왕의 장인이었던 최영이 이성계 등의 도움을 받아 이인임 일파를 축출하고 문하시중이 되어 실권을 장악하였습니다.

원을 멸망시킨 명이 철령 이북의 땅을 직속령으로 삼으려 하자, 최영은 이성계를 시켜 요동 정벌을 단행하였습니다. 요동 출병에 반대하였던 이성계는 압록강의 위화도에서 군사를 돌려 개경을 점령하고 최영을 제거하여 권력을 장악하였습니다(**위화도 회군**, 1388).

이 무렵 신진 사대부는 개혁의 방향을 둘러싸고 온건파와 혁명파로 나뉘었습니다. 이색·정몽주·길재 등 대부분의 온건파들은 고려 왕조의 틀 안에서 점진적인 개혁을 추진하려고 하였습니다. 반면, 정도전·조준 등 혁명파는 토지 제도를 근본적으로 개혁하여 재분배하고 고려 왕조

고려의 멸망

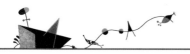

자체를 바꾸자는 입장이었습니다.

　이성계를 중심으로 모인 혁명파 사대부 세력은 우왕과 창왕을 잇달아 폐하고 공양왕을 세운 후 전제 개혁을 단행하여 **과전법**을 마련하였습니다(1391). 이를 바탕으로 혁명파 사대부 세력은 이성계를 왕으로 추대하여 조선을 건국하였습니다(1392).

2 중세의 경제와 사회

① 수취 제도와 토지 제도

출제 포인트

수취 제도와 전시과 제도를 알아두자.

▶ 수취 제도

조세	• 부과 기준 : 논과 밭의 비옥한 정도에 따라 3등급(상, 중, 하) • 과세 : 생산량의 1/10
공물(공납)	• 호 단위로 토산물 징수, 필요한 공물을 종류와 액수를 나누어 주현에 부과 • 별공과 상공
역	정남(16~60)의 노동력 동원, 인구와 장정의 다과에 따라 9등호로 구분, 군역과 요역

▶ 전시과 제도

지급 대상 · 결수가 점차 줄고 있다. →

역분전(태조) → 시정 전시과(경종) → 개정 전시과(목종) → 경정 전시과(문종)

• 개국 공신 • 논공행상	• 전 · 현직 관리 • 관품＋인품	• 18관등 • 전 · 현직 관리	• 현직 관리 • 완성

▶ 전시과의 종류

과전	문무 관리(18관등)	공음전	5품 이상의 고위 관리	내장전	왕실 경비
한인전	하급 관리 자제	군인전	직업 군인	공해전	중앙 관청 경비
구분전	하급 관리 및 군인의 유가족	외역전	향리	사원전	사원

수취 제도

고려는 관리의 녹봉, 국방비, 왕실 경비 등의 재정 운영을 위해 조세와 공납, 역으로 나누어 수취 제도를 운영하였습니다. 재정 운영을 위해 호부*, 삼사 등의 관청을 두고, 토지와 호구를 조사하여 토지 대장인 양안*과 호구 장부인 호적*을 작성하였습니다.

조세는 토지에 부과된 세금으로 생산량의 10분의 1을 납부하였습니다. 각 군현에서 거둔 조세는 조창까지 옮긴 다음, 조운을 통해 개경으로 운반하였습니다. 공물은 집집마다 특산물 등을 바치게 한 제도입니다. 중앙 관청에서 필요한 공물의 종류와 액수를 나누어 주현에 부과하

*호부 호적과 양안을 작성하여 인구와 토지를 파악 관리하였다.

*양안 경작지의 소유자와 크기를 적은 토지 대장이다.

*호적 부부를 중심으로 이루어진 가족을 등재하되, 때에 따라서는 여러 세대의 가족이 한 호적에 기록되기도 하였다.

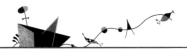

면, 주현은 속현과 향, 부곡, 소에 이를 할당하고, 각 고을에서는 향리들이 집집마다 공물을 거두었습니다. 공물의 종류로는 매년 내야 하는 상공과 필요에 따라 수시로 거두는 별공이 있었습니다. 16세에서 60세까지의 평민 남자는 정(丁)이라 하여 군역과 요역을 지게 하였습니다. 이밖에, 어민에게 어염세를 거두거나 상인에게 상세를 거두어 재정에 사용하였습니다.

> **자료 고려의 수취 제도**
>
> 대사헌 조준 등이 상소를 올리기를 … (중략) … "(고려) 태조가 즉위한 지 34일 만에 여러 신하를 맞이하면서 '최근 백성에 대한 수탈이 가혹해지면서 1결의 조세가 6석에 이르러 백성의 삶이 너무 어려우니, 나는 이를 매우 가련하게 여긴다. 지금부터 마땅히 10분의 1세로 하여 밭 1부의 조를 3되로 하여라.'라고 한탄하여 말하였는데 ……."라고 하였다
>
> — 《고려사》 —
>
> 편성된 호는 인구와 장정이 많고 적음에 따라 9등급으로 나누어 부역을 시킨다.
>
> — 《고려사》 —

전시과 제도와 토지 소유

고려는 관직에 복무하거나 또는 직역을 부담하는 자들에게 토지를 나누어 주는 **전시과 제도**를 운영하였습니다.

태조 왕건은 후삼국 통일에 공을 세운 사람들에게 역분전을 나누어 주었습니다. 역분전은 공로와 인품을 따져 토지를 지급하여 논공행상의 성격이 강하였습니다. 경종 때에 공복 제도와 역분전 제도를 토대로 전시과 제도를 만들었습니다(시정전시과). 이때는 관직의 높고 낮음과 함께 인품을 반영하여 전·현직 관리에게 토지를 지급하였습니다. 목종 때에는 전시과를 개정하여 관직만을 기준으로 토지를 지급하고, 지급량도 재조정하였습니다(개정전시과). 그러나 관료에게 줄 토지가 부족하게 되자, 문종 때에 현직 관료에게만 토지를 지급하도록 다시 조정하였습니다(경정전시과).

전시과 제도에 따라 관리들은 등급을 기준으로 전지와 시지를 지급받았습니다.

수조권 토지에서 조세를 수취할 수 있는 권리

과전 문·무반 관료에게 지급한 토지

시기	등급		1	2	3	4	5	6	7	8	9	10	11	12	13	14	15	16	17	18
경종 (976)	시정 전시과	전지	110	105	100	95	90	85	80	75	70	65	60	55	50	45	42	39	36	33
		시지	110	105	100	95	90	85	80	75	70	65	60	55	50	45	40	35	30	25
목종 (998)	개정 전시과	전지	100	95	90	85	80	75	70	65	60	55	50	45	40	35	30	27	23	20
		시지	70	65	60	55	50	45	40	35	33	30	25	22	20	15	10			
문종 (1076)	경정 전시과	전지	100	90	85	80	75	70	65	60	55	50	45	40	35	30	25	22	20	17
		시지	50	45	40	35	30	27	24	21	18	15	12	10	8	5				

전시과의 토지 지급 액수 전시과 제도는 경종 원년에 관품과 인품에 따라 토지를 지급한 것을 시작으로 이후 여러 번 개정되어 문종 때 완비되었다. 관료에게 줄 토지가 부족해지면서 점차 지급량이 줄어들었고, 문종 때에는 현직 관료만을 대상으로 토지를 지급하였다.

관리들은 지급받은 토지에서 조세를 수취하고 시지에서 땔감을 얻을 수 있었습니다. 관직 복무와 직역에 대한 대가로 지급되었으므로 토지를 받은 자가 죽거나 관직에서 물러날 때에는 국가에 반납하였습니다.

5품 이상의 관료에게는 세습이 가능한 **공음전**이 주어졌습니다. 공음전은 음서제와 함께 고려의 귀족들이 정치적·경제적 특권을 유지하는 기반이 되었습니다. 군역의 대가로 지급된 **군인전**은 군역의 세습과 함께 자손에게 물려주었습니다.

6품 이하 하급 관료의 자제 중 관직에 오르지 못한 사람에게는 **한인전**을 지급하고, 하급 관료와 군인의 유가족에게는 구분전을 지급하여 생활 기반을 마련해 주었습니다. 한편 왕실의 경비를 충당하기 위해 내장전*을 두었고, 중앙과 지방의 각 관청에는 공해전을 지급하여 경비를 충당하게 하였습니다.

민전은 소유권이 보장된 사유지로서 매매, 상속, 기증, 임대 등이 가능하였습니다. 민전의 소유자는 국가에 조세를 내어야 했습니다. 대부분의 경작지는 민전이었지만, 왕실이나 관청의 소유지도 있었습니다.

귀족들이 토지를 독점하여 세습하는 경향이 커지면서 전시과 제도는 원칙대로 운영되지 못하였습니다. 무신 정변 이후 전시과 제도가 완전히 붕괴되자, 고려 후기에는 대책으로 녹과전*을 지급하기도 하였습니다. 고려 말에는 권문세족이 토지를 독점하여 국가 재정이 파탄 지경에 이르렀습니다.

***내장전** 장(莊) 또는 처(處)라 불려 특수 행정 구획으로 관리되었다.

***녹과전** 원종 때인 1271년에 관료들의 부족한 녹봉을 보충해 주기 위해 경기 8현의 토지를 대상으로 수조권을 나누어 준 제도이다.

② 중세의 경제생활

▶ 경제 활동

농업 기술	• 우경에 의한 깊이갈이 일반화 • 윤작법(2년 3작) 시작, 남부 지방에서 모내기법 시작 • 시비법(퇴비법, 녹비법) 발달로 휴경지 감소, 상경지 증가		
수공업	• 전기 : 관청 수공업, 소(所) 수공업 • 후기 : 사원 수공업, 민간 수공업		
상업	• 시전 : 개경, 관청과 귀족들이 이용 • 관영 상점 : 개경, 서경 등 대도시에 서적점, 주점, 다점 등 설치 • 경시서(상행위 감독), 소금 전매제(충선왕)		
화폐 정책	• 성종 : 건원중보(철전) • 숙종(주전도감) : 해동통보, 삼한통보, 활구(은병) 등 • 한계 : 유통 부진, 일반 농민들은 삼베나 곡식 사용		
무역	특징 : 주로 송·요와 무역, 벽란도(국제 무역항)		
	송	• 수입 : 비단, 약재, 책, 악기 등 • 수출 : 금·은 세공품, 인삼, 종이, 화문석 등	
	여진, 거란	은·모피·말 수입, 농기구와 식량 수출	
	일본	수입(수은, 황), 수출(식량, 인삼, 서적)	
	아라비아	수은과 향료 수입	

농업

고려는 건국 초부터 농업을 중시하는 정책을 추진하였습니다. 새로 개간한 땅은 일정 기간 세금을 면제해 주고, 농사에 지장을 주지 않기 위해 농번기에는 잡역 동원을 금지하였습니다.

농민들은 소득을 늘리기 위해 황무지를 개간하고 새로운 농업 기술을 배웠습니다. 12세기 이후에는 연해안의 저습지와 간척지가 활발히 개간되었습니다. 특히, 강화도 피난 시기에는 강화도 지방의 간척 사업이 활발하였습니다.

농업 기술의 발달에 따라 생산량이 증가하였습니다. 소를 이용한 깊이갈이가 일반화되고, 시비법(녹비법*, 퇴비법*)이 발달하면서 휴경지가 감소하고 상경지가 증가하였습니다. 밭농사에서는 2년 3작의 윤작법이

고려 후기 강화도의 간척지

*녹비법 콩 등의 작물을 심은 뒤 갈아엎어 거름으로 사용하는 방법이다.

*퇴비법 풀과 동물의 배설물을 모아서 썩힌 것을 거름으로 주는 방법이다.

점차 보급되었고, 논농사에서는 직파법이 주류를 이루었으나 고려 말에는 남부 지방 일부에 모내기법이 보급되었습니다.

고려 후기에는 이암이 원에서 《**농상집요**》를 들여와 중국의 농법을 소개하였습니다. 문익점은 원에서 목화씨를 들여와 목화 재배에 성공하였습니다.

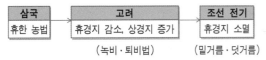

삼국	→	고려	→	조선 전기
휴한 농법		휴경지 감소, 상경지 증가		휴경지 소멸
		(녹비 · 퇴비법)		(밑거름 · 덧거름)

시비법의 발달

수공업

고려 전기에는 관청 수공업과 소(所) 수공업이 활발하였습니다.

전국의 장인들은 **공장안***에 등록되고 중앙과 지방의 해당 관청에 소속되어 국가에서 필요로 하는 물품을 생산하였습니다. 장인들은 물품 생산의 대가로 토지 또는 곡식을 지급받았습니다. 소(所)는 금, 은, 철, 구리, 각종 옷감, 종이, 먹, 차, 생강 등과 같이 특정 물품을 생산하여 공물로 바치는 특수 행정 구역이었습니다. 무신 집권기 이후 특수 행정 구역이 해체되면서 소(所) 수공업도 쇠퇴하였습니다.

고려 후기에는 사원 수공업과 민간 수공업이 활발하였습니다. 사원에서는 기술이 뛰어난 승려와 노비가 베, 모시, 기와, 술, 소금 등 품질 좋은 제품을 생산하여 민간에 팔았습니다. 민간 수공업은 농촌의 가내 수공업이 그 중심이었습니다. 농민들은 삼베, 모시, 비단 등을 생산하여 공물로 바치거나 시장에 판매하였습니다.

상업

고려는 시전과 관영 상점을 열고, 금속 화폐를 유통시키는 등 상업 발전에도 관심을 기울였습니다. 개경에는 **시전**을 설치하여 관청과 귀족들이 이용하게 하였고, **경시서**를 두어 상행위를 감독하였습니다. 개경, 서경(평양), 동경(경주) 등의 대도시에는 관청의 수공업장에서 생산한 물품을 판매하는 서적점, 약점과 술, 차 등을 파는 주점, 다점 등 **관영 상점**을 두기도 하였습니다. 지방의 요지에는 관아를 중심으로 비상설 시장이 열렸습니다. 지방민들은 이 곳에 모여 쌀, 베를 화폐로 삼아 필요한 물품을 교환하였습니다.

고려 후기에 이르러 도시와 지방의 상업 활동이 더욱 활발해졌습니다. 개경의 시전은 규모도 확대되고 업종별 전문화가 나타났습니다. 예

***공장안** 국가에서 필요한 물품 생산에 동원할 수 있는 기술자를 조사하여 기록한 장부

각염법 충선왕 때 국가의 재정 수입을 늘리기 위해 소금의 전매제를 시행하였다.

성강 하구의 벽란도를 비롯한 항구들이 교통로와 산업의 중심지로 발달하였습니다. 지방 상업에서는 행상의 활동이 두드러졌습니다. 조운로를 따라 미곡, 생선, 소금, 도자기 등이 교역되었으며, 새로운 육상로가 개척되면서 여관인 원이 발달하여 상업 활동의 중심지가 되었습니다.

화폐 주조

상업과 대외 무역의 발달에 따라 화폐의 필요성이 늘어났습니다. 이에 성종 때에는 철전인 **건원중보***를 만들었으며, 숙종 때에는 의천의 건의를 받아들여 삼한통보, 해동통보, 해동중보 등 동전과 **활구**(은병)*라는 은전을 만들어 유통시키려 하였습니다. 공양왕 때는 우리나라 최초의 지폐인 저화*를 만들었습니다.

그러나 농민들은 화폐의 필요성을 거의 느끼지 않았으며, 귀족들도 국가가 화폐 발행을 독점하고 강제적으로 사용하게 하는 것에 불만이 많았습니다. 이 때문에 화폐는 도시의 다점이나 주점 등에서만 사용되었으며, 일반적인 거래에는 곡식이나 삼베를 사용하였습니다.

***건원중보** 철로 만들어졌으며 동근 모양에 가운데는 네모난 구멍이 뚫려 있었다.

***활구**(은병) 우리나라의 지형을 본떠서 은 1근으로 만든 고가의 화폐로서 은병 하나의 값은 포 100여 필이나 되었다.

***저화(楮貨)** 고려 말, 조선 초에 발행된 지폐

의천 숙종의 동생이었던 의천은 화폐 사용을 통해 국가가 유통 경제를 장악할 수 있으며, 세금을 걷거나 교역을 할 때 권세가나 부유한 상인이 백성을 수탈하는 것을 막을 수 있다고 역설하였다.

무역 활동

국내 상업이 안정적으로 발전하면서 송, 요 등 외국과 무역도 활발해졌습니다. 예성강 입구의 벽란도는 외국 상인이 드나드는 국제 무역항으로 번성하였습니다. **벽란도**를 드나들던 아라비아 상인들에 의해 고려의 이름이 서방 세계에 널리 알려지게 되었습니다.

고려와 가장 활발하게 교역을 한 나라는 송이었습니다. 고려는 송으로부터 비단과 약재, 서적 등 왕실과 귀족의 수요품을 수입하고, 종이, 인삼 등 수공업품과 각종 토산물을 수출하였습니다.

거란과 여진은 은을 가지고 와서 농기구, 식량 등과 교환하였습니다. 일본은 11세기 후반부터 수은, 황 등을 가지고 와 식량, 인삼, 서적 등과 교환하였습니다.

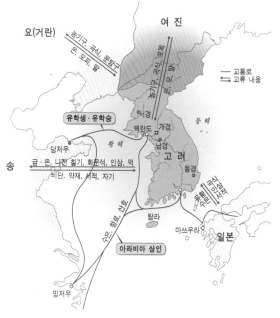

무역 활동

③ 중세의 신분 구조

출제 포인트

여러 신분(향리, 향·소·부곡민, 노비)의 사회적 지위와 역할에 대해 알아두자.

■ 신분 제도

귀족	왕족, 5품 이상의 관료(음서, 공음전 혜택)
중류층	• 구성 : 남반, 군반, 잡류, 향리, 역리 등 • 역할 : 통치 체제의 하부 구조 담당, 직역을 세습하고 그 대가로 토지 수급(군인전, 외역전) • 호족 출신 향리 : 지방의 실질적 지배층(호장층 형성)
양민	일반 농민(백정), 상공업자, 향·소·부곡민, 역·진의 거주민
천민	• 지위와 역할 : 노비가 대다수, 재산적 성격(매매, 상속), 일천즉천과 천자수모법 • 노비의 유형 : 공노비(입역 노비, 외거 노비), 사노비(솔거 노비, 외거 노비)

고려의 신분 구조

대가족 단위로 편제 / 지배층 / 피지배층

- 왕족 귀족
- 중류층 (서리, 남반, 향리, 하급 장교)
- 양인 (백정 농민, 상인, 수공업자)
- 향·소·부곡
- 천민 (노비, 화척, 진척, 재인)

귀족

고려의 사회 신분은 귀족과 중류층, 그리고 양민과 천민으로 구성되었습니다. 지배 신분 안에서도 계층 이동이 이루어졌으며 정치적 변동에 따라 신분이 변화하는 경우도 있어 고려의 신분제는 신라의 골품제와는 다른 한층 개방된 모습을 보였습니다.

고려의 지배층은 왕족을 비롯하여 5품 이상의 고위 관료들로 구성된 귀족이었습니다. 귀족은 음서나 공음전의 혜택을 받는 특권층으로 주로 개경에 거주하였습니다. 죄를 지으면 중앙 귀족에서 낙향하여 고향의 향리로 신분이 하락하는 경우도 있었습니다. 귀족들은 유력한 가문과 서로 중첩된 혼인 관계를 맺어 가문의 지위를 공고히 하였습니다. 귀족은 대대로 고위 관직을 차지하여 문벌 귀족을 형성하였는데, 대표적으로 현종 때의 김은부, 문종 때의 이자연 같은 외척 출신들이 있으며, 학문과 관직을 통해 재상의 반열에 오른 윤관, 최충, 김부식 등이 있습니다.

무신 정변 이후에는 종래의 문벌 귀족들이 약화되면서 무신들이 권력을 잡았습니다. 원 간섭기에는 권문세족이 새로운 지배층으로 성장하였

호족 → 문벌 귀족 → 무신 → 권문세족 → 신진 사대부

지배층의 변화

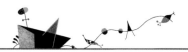

습니다. 권문세족은 도평의사사의 고위직을 장악하고 음서로써 신분과 관직을 세습시켜 갔습니다. 이들은 대규모의 농장을 소유하고도 국가에 세금을 내지 않았으며, 몰락한 농민들을 농장으로 끌어들여 노비처럼 부리며 부를 축적하였습니다.

구분	문벌 귀족	권문세족	신진 사대부
출신	호족·공신·6두품	친원파	향리, 하급 관리 출신
기반	과전, 공음전	대농장(부재 지주)	중소 지주
정치 성향	• 관직 독점 • 친송 정책	• 도평의사사 독점 • 친불교, 친원 정책	• 성리학 수용 • 친명 정책

주요 지배층 비교

고려 후기에는 향리 출신으로 과거를 거쳐 중앙에 진출한 신진 사대부가 주요 정치 세력으로 자리잡았습니다. 이들은 권문세족으로 대표되는 구질서와 여러 가지 모순을 비판하고, 전반적인 사회 개혁과 문화 혁신을 추구하였습니다.

> **자료** 권문세족
>
> 이제부터 만약 종친으로서 같은 성에 장가드는 자는 황제의 명령을 위배한 자로서 처리할 것이니, 마땅히 여러 대를 내려오면서 재상을 지낸 집안의 딸을 취하여 부인을 삼을 것이며, 재상의 아들은 왕족의 딸과 혼인함을 허락할 것이다. 만약 집안의 세력이 미비하면 반드시 그렇게 할 필요는 없다. … (중략) … 철원 최씨, 공암 허씨, 평강 채씨, 청주 이씨, 당성 홍씨, 황려 민씨, 횡천 조씨, 파평 윤씨, 평양 조씨는 다 여러 대의 공신 재상의 종족이니 가히 대대로 혼인할 것이다. 남자는 종친의 딸에게 장가가고 딸은 종비(宗妃)가 됨직하다.
>
> — 《고려사》 —

중류층

지배층과 피지배층 사이에 자리한 중류층에는 중앙 관청의 말단 서리(잡류), 궁중의 실무 관리(남반), 지방 행정의 실무를 담당한 향리와 직업 군인(군반) 등이 속하였습니다. 지배 기구의 말단 행정직을 담당한 중류층은 직역을 세습적으로 물려받았고, 그에 상응하는 토지를 국가로부터 받았습니다.

신라 하대의 호족은 고려 초 향리로 편제되었습니다. **향리**는 지방관을 보좌하여 부세 징수와 간단한 소송 등 행정 실무를 담당하였습니다. 호장*, 부호장 등 상층 향리는 지방의 실질적 지배층으로 혼인이나 과거 응시에 있어서 하위의 향리와는 구별되었습니다.

*호장(戶長) 향리직의 우두머리로 부호장과 함께 해당 고을의 모든 향리가 수행하던 말단 실무 행정을 총괄하였다.

양민

양민은 일반 주·부·군·현에 거주하면서 농업이나 상공업에 종사하는 사람을 가리킵니다.

양민의 대다수를 차지하는 농민은 일정한 직역이 없어 **백정**(白丁)*이라고도 불렀습니다. 이들은 상속이나 개간 등을 통해 토지를 소유할 수 있었습니다. 토지를 소유하지 못한 농민은 사유지나 국·공유지 등의 토지를 빌려 경작하고, 일정량의 소작료를 주인에게 납부하였습니다. 이들은 조세·공납·역의 의무를 져야 했습니다.

양민이면서도 일반 양민에 비하여 규제가 심한 특수 집단이 있었습니다. 향, 부곡의 주민은 농업에 종사하고 소의 주민은 국가에서 필요로 하는 물품을 생산하여 납부하였습니다. 향, 소, 부곡 등 특수 행정 구역에 거주한 이들은 양민에 비하여 더 많은 세금을 부담하고, 다른 지역으로 이주하는 것이 금지되었습니다. 무신 정변 이후 향·소·부곡이 일반 군현으로 승격하는 추세가 두드러졌습니다.

천민

천민의 대다수를 차지하였던 노비는 주인에게 예속된 비자유민이었습니다. 노비는 재산으로 간주되어 매매, 증여, 상속의 대상이 되었습니다. 귀족들은 노비를 늘리기 위해 부모 중의 한쪽이 노비이면 그 자식도 노비가 되게 하였습니다(**일천즉천**).

공노비	입역 노비	관청의 잡역에 종사, 급여 받음
	외거 노비	관청에 신공(身貢) 납부
사노비	솔거 노비	귀족·사원 등에 함께 거주
	외거 노비	주인과 따로 거주, 가족·재산 소유 가능

노비의 분류

공공 기관에 예속된 공노비는 입역 노비와 외거 노비로 나뉘었습니다. 입역 노비는 중앙과 지방의 관아에서 잡역에 종사하고 급료를 받아 생활하였습니다. 외거 노비는 지방에 거주하면서 농업에 종사하였는데, 관청에 일정한 액수의 신공*을 납부하였습니다.

사노비 가운데 솔거 노비는 주인의 집에서 살면서 잡일을 돌보았으며, 외거 노비는 주인과 따로 살면서 농업 등의 일에 종사하고 일정량의 신공을 바쳤습니다.

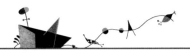

외거 노비는 신분적으로는 주인에게 예속되어 있었으나, 자기 재산을 소유할 수 있었고 다른 사람의 토지도 소작할 수 있었기 때문에 경제적으로는 양민 백정과 비슷한 경제 생활을 할 수 있었습니다.

> **자료 노비의 신분 상승**
>
> 평량은 평장사 김영관의 집안 노비로, 경기도 양주에 살면서 농사에 힘써 부유하게 되었다. 그는 권세가 있는 중요한 길목에 뇌물을 바쳐 천인에서 벗어나 산원동정의 벼슬을 얻었다. 그의 처는 소감 왕원지의 집안 노비인데, 왕원지는 집안이 가난하여 가족을 데리고 가서 의탁하고 있었다. 평량이 후하게 위로하여 서울로 돌아가기를 권하고는 길에서 몰래 처남과 함께 원지 부처와 아들을 죽이고, 스스로 그 주인이 없어졌으므로 계속해서 양민으로 행세할 수 있음을 다행으로 여겼다.   – 《고려사》 –

④ 중세의 생활 모습

출제 포인트

향도와 주요 사회 제도를 반드시 알아두자.

향도와 사회 제도

향도(香徒)	• 기원 : 불교의 신앙 조직(매향 활동하는 무리들) • 발전 : 불상, 석탑, 절을 지을 때 주도적 역할 • 변화 : 마을 노역, 혼례와 상장례, 마을 제사 등을 주관하는 공동체 조직
사회 제도	• 의창 : 춘대추납을 통한 빈민 구제 • 상평창 : 물가 조절(개경, 서경, 12목) • 의료 기관 : 동·서 대비원(환자 진료), 혜민국(의약) • 구제 기관 : 구제도감·구급도감(재해 발생 시 빈민 구제), 제위보(빈민 구제 기금)

*향도(香徒) 매향 활동을 하는 무리이다. 매향은 불교 신앙의 하나로, 미륵을 만나 구원받고자 향나무를 바닷가에 묻는 활동이다.

농민의 공동 조직

농민은 일상 의례와 공동 노동 등을 통하여 공동체 의식을 다졌습니다. **향도**(香徒)*는 고려 시대 향촌의 대표적인 농민 공동체 조직입니다. 불교의 신앙 조직이었던 향도는 향나무를 땅에 묻는 매향(埋香) 활동을 하였습니다. 향도는 매향 활동뿐 아니라, 대규모 인력이 동원되는 불상·석탑·사찰 건립 등에서 주도적인 역할을 하였습니다.

고려 후기에 이르러 향도는 신앙적 색채가 약화되고 자신들의 이익을 위한 조직으로 변모되었습니다. 향도는 마을 노역, 혼례와 상장례, 마을 제사 등을 주관하여 상호 부조적인 기능을 수행하였습니다.

사천 매향비

*상평창 곡식·포 등의 가격이 내렸을 때 사들여 저장했다가 값이 오르면 싸게 방출하여 물가를 조절하였다.

사회 시책과 사회 제도

농민 생활의 안정은 국가 안정에 필수적이므로, 이를 위한 여러 사회 시책이 펼쳐졌습니다. 농번기에는 잡역을 면제하여 주고, 자연재해를 입은 농민들에게는 조세와 부역을 감면해 주었습니다. 또 법으로 이자율을 정하여 고리대를 제한하였습니다.

어려움에 처한 사람들을 구제하기 위한 사회 구호 제도도 시행되었습니다. 태조 때 흑창을 설치하고, 성종은 흑창을 확대한 **의창**을 설치하여 평상시에 곡물을 비치하였다가 흉년에 빈민을 구제하였습니다. 개경과 서경 및 12목에는 **상평창***을 두어 물가를 안정시켰습니다.

환자 진료 및 빈민 구휼을 위해 개경에 **동·서 대비원**과 **혜민국**을 설치

하였습니다. 재해가 발생하였을 때에는 임시 구제 기관으로 구제도감이
나 구급도감이 설치되었습니다.

고려 시대에는 왕실, 귀족, 사원의 고리대가 성행하였는데, 이로 인한
폐해가 무척 컸습니다. 그래서 일정한 기금을 만들어 그 이자를 공적인
사업의 경비로 충당하는 보가 나타났는데, 광종 때 설치된 **제위보**는 기
금에서 발생하는 이자를 빈민 구제에 사용하였습니다

법률

고려는 당나라의 법률을 참고하여 만든 법률을 시행하였으나, 일상생활
과 관계되는 민사 사건의 경우 대체로 관습법을 따랐습니다. 형벌로는
태, 장, 도, 유, 사의 다섯 종류가 시행되었고, 지방관이 재량으로 사법
권을 행사할 수 있었습니다.

반역죄, 불효죄 등 사람의 기본 도리를 어긴 범죄는 무겁게 처벌하였
습니다.

고려 형벌의 종류
- 태 : 볼기를 치는 매질
- 장 : 곤장형
- 도 : 징역형
- 유 : 멀리 유배 보내는 형
- 사 : 사형(교수형, 참수형)

여성의 지위

고려 시대에는 일상생활에서 여성의 지위가 존중되고 자녀 사이에 차별
을 하지 않았습니다.

혼인 형태는 일부일처제가 일반적이었고, 사위가 처가의 호적에 입적
하여 처가에서 생활하는 경우가 적지 않았습니다. 친가와 외가·처가의
차별이 크지 않아 음서의 혜택이 사위와 외손자에게까지 주어졌습니다.
여성의 재가는 비교적 자유롭게 이루어졌고, 그 자식의 사회적 진출에
도 차별을 두지 않았습니다.

부모의 재산은 자녀에게 골고루 분배되었습니다. 자녀들이 돌아가며
부모의 제사를 지내고, 아들이 없을 경우 딸이 제사를 지냈습니다. 호적
은 태어난 차례대로 기재하여 남녀 차별을 하지 않았고, 여성도 호주가
될 수 있었습니다.

3 중세의 문화

1 유학의 발달과 역사서의 편찬

출제 포인트

역사서는 반드시 출제된다. 특히 삼국사기, 삼국유사, 제왕운기를 꼭 알아두자.
고려 말 성리학의 수용 과정을 잘 알아두자.

▶ 유학의 발달

성리학의 전래	• 전래 : 충렬왕 때 안향이 소개 • 영향 : 신진 사대부의 사회 개혁 사상, 실천적 기능 강조(소학과 주자가례 중시), 권문세족과 불교의 폐단 비판
교육 기관	국자감(개경), 향교(지방)
사학의 발달	최충의 문헌공도(9재 학당) 등 사학 12도가 융성하여 관학이 쇠퇴
관학 진흥책	• 예종 : '7재'라는 과거 전문 강좌 설치, 양현고(장학 재단) • 인종 : 경사 6학 정비, 향교 강화 • 충렬왕 : '성균관' 개칭, 문묘(공자 사당) 설치

▶ 역사서

구분		역사서	내용	역사의식
중기		삼국사기	김부식, 기전체, 현존하는 최고(最古)의 역사서	유교적 합리주의 사관, 신라 계승 의식
후기	무신기	동명왕편	이규보, 동명왕의 업적을 칭송한 영웅 서사시, 고구려 계승 의식	민족적 자주 의식을 바탕으로 전통문화를 올바르게 이해하려는 경향
		해동고승전	각훈, 삼국 시대 승려 30여 명의 전기 수록	
	원 간섭기	삼국유사	• 불교적 신이사관 • 단군 신화, 각종 설화와 전래 기록 수록	
		제왕운기	우리 역사를 중국사와 대등하게 파악하는 자주성	
말기		사략	이제현, 정통 의식과 대의명분을 강조하는 성리학적 유교 사관	왕권·국가 질서 회복

유학의 발달

고려 전기에 유학이 정치 이념으로 확립되고, 불교는 종교와 철학으로서 자리 잡았습니다. 따라서 유학과 불교는 서로 보완하는 기능을 수행하면서 함께 발전할 수 있었습니다.

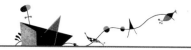

최언위, 최응, 최지몽 등 6두품 출신 유학자들은 태조를 도와 고려 건국에 참여하면서 유교주의에 입각한 국가 경영을 건의하였습니다. 광종 때에는 쌍기의 건의로 과거제를 실시하여 유학 능력을 기준으로 관료를 등용하였습니다.

성종 때에는 유교 정치 사상이 확고하게 정립되고, 유학 교육 기관이 정비되었습니다. 이때 최승로는 시무 28조를 올려 유교적 통치 이념에 따른 제도 정비에 이바지하였는데, 맹목적인 중국 문화 수용을 경계하여 자주적이고 주체적인 모습을 보였습니다.

고려 중기의 유학은 문벌 귀족의 지배를 옹호하고 귀족 사회의 안일을 찬미하는 보수적인 모습을 보였습니다. 문종 때 활약한 **최충**은 관직에서 물러난 후에 9재 학당을 세워 유학 교육에 힘썼습니다. 많은 제자를 양성해 '해동공자'라는 칭송을 들었던 최충은 고려의 훈고학*적 유학에 철학적 경향을 새로이 불어넣기도 하였습니다. 보수적이면서 현실적인 성격의 유학을 대표하는 이는 인종 때 활약한 김부식입니다. 이 시기의 유학은 한·당의 유학을 소화하고 나아가 북송의 신유학도 수용하는 단계에 이르렀습니다.

무신 정변 이후에는 문벌 귀족 세력이 몰락함에 따라 고려의 유학도 한동안 크게 위축되었습니다.

성리학의 전래

고려 후기에 원으로부터 성리학이 전래되었습니다. 성리학은 우주의 근본 원리와 인간의 심성 문제를 철학적으로 탐구하는 신유학으로 남송의 주희가 집대성하였습니다. 충렬왕을 따라 원에 갔던 **안향**이 고려에 성리학을 처음 소개하였고, 이제현 등은 만권당*에서 원의 유학자들과 교류하면서 성리학에 대한 이해를 높였습니다. 이제현은 귀국한 후에 이색 등에게 영향을 주어 성리학의 전파에 이바지하였습니다.

성리학이 크게 진흥된 것은 공민왕 때입니다. 공민왕은 성균관을 순수 유학 교육 기관으로 개편하고 **이색**, 정몽주, 정도전 등 학자들을 불러 모아 성리학을 연구하고 후학을 양성하도록 하였습니다.

권문세족의 횡포와 불교의 폐단을 경험한 신진 사대부들은 앞장서서 성리학을 수용하였습니다. 이들은 현실 사회의 모순을 시정하기 위한

초기	자주적·주체적
	최승로
↓	
중기	보수적·귀족적
	최충, 김부식

고려 유학의 변화

*훈고학 중국 한나라 때부터 당나라 때까지 성행하였던 유학의 경향으로 경전의 자구 해석에 치중하였다.

*만권당 왕위에서 물러난 충선왕은 1314년 원의 수도에 만권당을 설치하여, 이제현 등 고려 유학자와 조맹부 등 한족 출신 유학자를 불러 모아 서로 교류하게 하였다.

개혁 사상으로 성리학을 받아들였습니다. 이때 수용된 성리학은 형이상학적인 측면보다도 실천적인 측면이 강조되어 일상생활에 관계되는 《소학》과 《주자가례》가 중시되었습니다. 성리학이 확산되고 《주자가례》가 생활 규범으로 수용됨에 따라 상장제례에 유교 의식이 보급되었습니다.

교육 기관

고려 시대에는 관리 양성과 유학 교육을 위해 많은 학교를 세우고 교육을 장려하였습니다.

개경에는 최고 교육 기관으로 국자감(국학)을 설치하였습니다. **국자감**에는 국자학, 태학, 사문학과 같은 유학부를 두고 문무관 7품 이상 관리의 자제들에게 사서오경 등을 교육하였습니다. 한편 율학, 서학, 산학 등의 기술학부도 설치하여 8품 이하 관리나 서민의 자제를 대상으로 잡학 교육을 실시하였습니다. 의학, 외국어 등 나머지 기술 교육은 해당 관청에서 실시하였습니다. 지방의 군현에는 향교를 설치하여 지방 관리와 서민 자제들을 교육하였습니다.

고려 중기에는 문헌공도*를 비롯하여 사학 12도가 융성하여 국자감의 관학 교육이 위축되었습니다. 사학에서 공부한 학생들이 과거에서 좋은 성적을 거두자 귀족의 자제들은 사학 입학을 선호하였습니다.

정부에서는 위축된 관학 진흥을 위한 여러 시책을 추진하였습니다. 예종 때에는 국자감에 **7재**라는 전문 강좌를 설치하여 유학 교육을 전문화시키고, **양현고**라는 장학 재단을 두어 관학의 경제 기반을 강화하였습니다. 인종 때에는 국자감의 경사 6학을 정비하고, 지방에도 주요 군현에 향교를 증설하였습니다.

무신 정권기에는 교육 활동이 크게 위축되었으나, 충렬왕

국자감 유학부 국자학은 문무관 3품 이상 자제, 태학은 문무관 5품 이상 자제, 사문학은 문무관 7품 이상 자제가 입학할 수 있었다.

***문헌공도** 문종 때 최충이 세운 9재 학당으로, 12도 중에서 가장 번성하여 명성이 높았다.

고려의 교육 기관

때에 국학을 성균관으로 개칭하고 공자 사당인 문묘를 새로 건립하였습니다. 공민왕은 율학·서학·산학 등의 기술학부를 분리시켜 성균관을 경학 중심의 순수 유학 교육 기관으로 개편하고 유학 교육을 강화하였습니다. 그 결과 정몽주, 정도전 등 많은 신진 사대부들이 성균관을 통해 배출되었습니다.

역사서의 편찬

고려는 건국 초기부터 왕조 실록을 편찬하였으나, 지금은 전해지지 않습니다. 《삼국사기》는 인종 때 김부식 등이 왕명을 받고 편찬한 기전체*의 정사로서, 현존하는 가장 오래된 역사책입니다. 신라 계승 의식을 많이 반영하고 있는 《삼국사기》는 고려 초에 쓰여진 《구삼국사》를 기본으로 유교적 합리주의 사관에 기초하여 서술되었습니다.

무신 정변 이후의 사회 혼란과 몽골 침략의 위기를 겪은 후에는 민족 전통을 강조하는 역사 인식이 대두되었습니다. 이런 경향 속에서 우리 고유 문화와 전통을 중시하는 역사서들이 편찬되었습니다.

고종 때 각훈은 삼국 시대의 고승 30여 명의 행적을 기록한 《해동고승전》을 저술하였습니다. 이보다

*기전체 사마천의 《사기》에서 시작된 역사 서술 방식이다. 군주와 관련된 사실을 기록한 본기(本紀), 신하들의 전기인 열전(列傳), 통치 제도·관직·문물·경제·지리·자연 현상 등을 정리한 지(志)와 연표(年表)로 구성되었다.

구분	삼국사기	삼국유사
시기	중기(1145, 묘청의 난 직후)	원 간섭기(1281)
저자	김부식	일연(승려)
사관	유교적 합리주의 사관 (보수적, 사대적)	불교적 신이(神異) 사관 (기이편, 흥법편)
체제	기전체	기사본말체와 유사
의미	현존하는 최고(最古) 사서	단군 신화, 각종 설화와 향가 수록

삼국사기와 삼국유사

앞서 이규보는 〈동명왕편〉을 지어 고구려 건국의 영웅인 동명왕의 업적을 서사시로 노래하였습니다. 충렬왕 때에는 일연의 《삼국유사》와 이승휴의 《제왕운기》가 편찬되었습니다. 《삼국유사》는 우리 민족 시조인 단군의 건국 이야기를 수록하고 있으며, 불교사를 중심으로 민간 설화나 전래 기록을 수록하였습니다. 《제왕운기》도 단군을 민족의 시조로 서술하여 우리 역사를 중국사와 대등하게 파악하고, 요동 동쪽 지역을 중국과 다른 세계로 인식하여 우리 민족 문화의 독자성을 강조하였습니다.

고려 후기에는 정통 의식과 대의명분을 강조하는 성리학적 유교 사관이 대두되었습니다. 이제현은 고려 태조에서 숙종 때까지의 역대 임금의 치적을 정리한 《사략》을 비롯한 여러 권의 사서를 저술하였는데, 지금은 《사략》에 실렸던 사론만 전합니다. 그는 영토를 넓히고 도덕적인

유교 정치를 실현한 임금을 높이 평가하고, 사치와 낭비를 가져왔거나 간신들을 등용한 임금을 비판하였습니다.

자료 고려 시대의 역사서

《삼국사기》

군후(君侯)의 선악, 신하된 자의 충(忠)과 사(邪), 국가의 안위, 백성의 이난(理亂) 등을 잘 드러내어 뒷사람들에게 경계를 전할 수 없게 되었으니, 마땅히 삼장(三長)의 인재를 얻어 한 나라의 역사를 만세에 남겨 주는 교훈으로 하여 밝은 별과 같이 밝히고 싶다고 하셨습니다.

《삼국유사》

옛 성인들은 예(禮)·악(樂)으로 나라를 흥하며 번성하게 하고 인의로 가르쳤으며, 괴상한 힘이나 난잡한 귀신을 말하지 않았다. 그러나 제왕들이 일어날 때는 반드시 보통 사람과 다른 것이 있은 뒤에 기회를 타서 대업을 이루는 것이다. … (중략) … 그러니 삼국의 시조들이 모두 신기한 일로 태어났음이 어찌 괴이하겠는가. 이것이 신이(神異)로써 다른 편보다 먼저 놓는 까닭이다.

《제왕운기》

요동에 또 하나의 천하가 있으니, 중국의 왕조와 뚜렷이 구분된다.
큰 파도가 출렁이며 3면을 둘러쌌고, 북으로는 대륙으로 면면히 이어졌다.
가운데에 사방 천리 땅 여기가 조선이니, 강산의 형승은 천하에 이름났도다.
밭 갈고 우물 파며 평화로이 사는 예의의 집, 중국인들은 우리더러 소중화라 하네.

② 불교 사상과 신앙

출제 **포인트**

주요 승려(의천, 지눌, 혜심)의 사상과 활동을 반드시 알아두자.

대장경의 조판 과정을 당시 시대 상황과 연결지어 알아두자.

◀▶ 불교 사상과 승려

시대	주요 승려	활동
초기	균여	화엄종 성행, 보살의 실천행
중기	의천	교선 통합 운동(교관겸수), 국청사 창건, 해동 천태종 개창
무신 집권기	지눌	수선사(정혜결사) 주도, 조계종(정혜쌍수, 돈오점수) 개창
	혜심	유불 일치설(심성 도야 강조, 성리학 수용의 사상적 토대)
	요세	백련결사 주도, 법화 신앙 중시
말기	보우	임제종 도입, 개혁 시도(교단 정비 노력)

◀▶ 대장경

초조대장경	현종 때 거란 격퇴 과정에서 조판, 대구 부인사 보관 → 몽골 침입 때 소실
교장	• 의천 주도 : 송, 요의 대장경 주석서를 모아 불서 목록인 신편제종교장총록 간행 • 교장도감(흥왕사) 설치, 4700여 권의 전적 간행 → 몽골 침입 때 소실
재조대장경 (팔만대장경)	• 목적 : 고종 때 몽골의 침입을 불력으로 극복하고자 간행, 대장도감 설치 • 보관 : 현재 합천 해인사에 보존(유네스코 세계 문화유산 지정)

불교 정책

고려 시대 불교는 수신의 학문, 즉 종교와 철학으로 정착되어 국가의 지원을 받으며 발전하였습니다. 태조는 흥국사, 개태사 등 비보 사찰*을 건립하고, 훈요 10조에서는 불교를 숭상하고 연등회와 팔관회 등 불교 행사를 성대하게 개최할 것을 당부하였습니다. 광종은 승과 제도를 실시하여 합격한 자에게는 승계를 주고 승려의 지위를 보장하였습니다. 또 국사와 왕사 제도를 두어 이들로 하여금 왕실의 고문 역할을 맡도록 하였습니다. 사원에는 토지와 노비를 지급하고, 승려들에게 면세·면역의 혜택을 주었습니다.

　각종 불교 행사가 왕궁 혹은 사찰에서 거행되었는데, 전국적으로 열리는 연등회와 개경과 서경에서 열리는 **팔관회**가 중시되었습니다. 팔관회는 도교와 민간 신앙 및 불교가 융합된 행사로, 왕과 신하가 함께 춤과 노래를 즐기고, 부처와 천지신명 그리고 나라를 위해 목숨을 바친 영

*비보 사찰 풍수의 약점을 탑·사원 등의 건립을 통해 보완할 수 있다는 믿음에서 세워진 사찰이다.

웅들에게 제사하면서 국가와 왕실의 태평을 기원하는 행사였습니다. 이 행사에는 주변 여러 나라에서도 상인과 사신들이 와서 조공을 바치고 답례품을 받아가는 형식의 무역이 이루어지기도 하였습니다.

불교 통합 운동과 천태종

고려 초기에는 균여가 화엄 사상을 정비하고 보살의 실천행을 펼쳤습니다. 균여는 불교 종파의 통합을 위해 힘쓰는 한편, 〈보현십원가〉* 등 불교의 교리를 담은 향가를 지어 대중에 전파하는 데 힘썼습니다.

고려 중기에는 왕실의 지원을 받던 화엄종과 문벌 귀족의 지원을 받던 법상종의 반목이 심해졌습니다. 종파의 대립을 극복하기 위해 **의천**은 교단 통합 운동을 펼쳤습니다. 그는 화엄종을 중심으로 교종을 통합하려 하였으며, 국청사를 창건하여 해동 천태종을 창시하였습니다. 의천은 이론의 연마와 실천을 아울러 강조하는 **교관겸수***를 제창하여 교선 통합의 논리로 삼았습니다. 그러나 의천의 노력은 교종의 입장에서 선종을 통합하려는 학문적·이론적 차원에서 머물고, 선종을 실제적으로 통합하는 데는 실패하였습니다.

보현십원가 균여가 중생을 교화하기 위해 어려운 불경을 향가로 풀이한 것이다. 보현보살이 제시한 열 가지 이루고자 하는 바를 작자 스스로 실천할 것을 다짐하는 내용을 담고 있다.

교관겸수 교학과 선을 함께 수행하되, 교학의 수련을 중심으로 선을 포용하려는 통합 이론이다.

종파	천태종	조계종
발전 시기	고려 중기(11세기)	고려 후기(12세기)
창시자	의천	지눌
후원 세력	문벌 귀족	무신 정권
주장	교관겸수	돈오점수·정혜쌍수
특징	교종(화엄종)의 입장에서 선종 통합	선종을 중심으로 교종 통합(선·교 일치)

천태종과 조계종

돈오점수 단번에 깨닫고 꾸준히 실천하자는 주장이다. 선종은 본래 돈오를 지향하지만, 지눌은 사람들이 오래 익혀 온 잘못된 습관을 고치려면 깨달음의 꾸준한 실천이 필요하다는 뜻에서 점수를 아울러 강조하였다.

정혜쌍수 선종에서 중시하는 참선과 교종에서 중시하는 불경 연구를 병행해야 한다는 주장으로, 선을 중심으로 교학을 포용하자는 이론이다.

결사 운동과 조계종

무신 집권 이후 문신과 연결되었던 개경 중심의 교종이 쇠퇴하고, 선종이 무신들의 비호를 받으면서 두각을 나타내었습니다.

지눌은 명리에 집착하는 당시 불교계의 타락상을 비판하고, 수선사라는 신앙 결사를 조직하여 불교 혁신 운동을 전개하였습니다. 수선사 결사는 승려 본연의 자세로 돌아가 독경과 선 수행, 노동에 고루 힘쓰자고 주장하였습니다. 송광사에 중심을 둔 수선사 결사 운동은 개혁적인 승려들과 지방민들의 적극적인 호응을 얻어 활발하게 전개되었습니다.

이후 지눌은 송광사에서 조계종을 개창하고, **돈오점수***·**정혜쌍수***를 기치로 불교 통합 운동을 전개하였습니다. 선종을 중심으로 교종을 포용하여 교와 선의 대립을 극복하고자 한 지눌의 논리는 고려 불교가 지향하던 선교 일치 사상을 완성한 것이었습니다.

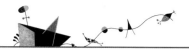

조계종은 혜심, 보우* 등으로 이어지면서 발전하였습니다. **혜심**은 유불 일치설을 주장하며 심성의 도야를 강조하여 장차 성리학을 수용할 수 있는 사상적 토대를 마련하기도 하였습니다.

이 무렵 천태종 승려인 요세는 강진 만덕사(백련사)에서 백련결사를 만들어 불교계 혁신 및 민중 교화에 노력하였습니다. 백련결사는 자신의 행동을 진정으로 참회하는 법화 신앙에 중점을 두었으며, 지방민의 적극적인 호응을 얻어 수선사와 함께 고려 후기 불교계를 이끌었습니다.

대장경 간행

불교 사상에 대한 이해 체계가 정비되면서 불교 경전을 경·율·논*의 삼장으로 집대성한 대장경이 편찬되었습니다.

현종 2년(1011) 부처의 힘을 빌려 거란의 침입을 물리치고자 하는 염원에서 **초조대장경** 간행을 시작하였습니다. 초조대장경은 70여 년의 조판 과정을 거쳐 6천여 권의 목판으로 완성되었습니다. 초조대장경의 판목은 대구 부인사에 보관하였는데, 몽골 침입 때에 불타 버리고 현재 인쇄본 일부가 전하고 있습니다.

의천은 초조대장경의 내용을 보완하기 위해 **교장**을 편찬하였습니다. 이를 위해 의천은 흥왕사에 교장도감을 설치하고, 고려는 물론 송과 요의 대장경에 대한 주석서를 수집하여 《신편제종교장총록》이라는 불서 목록을 만들고 이를 토대로 10여 년에 걸쳐 4,700여 권의 전적을 간행하였습니다. 교장은 초조대장경과 함께 몽골군의 침입 때 소실되었습니다.

고종 때에는 몽골 침공으로 불타 버린 초조대장경을 대신하여 대장경을 다시 만들었습니다. 강화도에 천도한 최우 정권은 선원사에 대장도감을 설치하고 16년에 걸친 노력 끝에 8만 장이 넘는 **재조대장경**(팔만대장경)을 새로이 판각했습니다. 재조대장경 목판은 선원사에 보관하다가

*보우(普愚) 공민왕 때 원으로부터 임제종을 도입하고, 교단을 정비하여 불교계의 폐단을 바로잡으려 하였으나 성과를 거두지 못하였다.

*경·율·논 경장은 부처가 설법한 근본 교리, 율장은 불제자와 교단의 계율, 논장은 경장과 율장에 대한 주석과 해석이다.

*팔만대장경판 팔만대장경은 유네스코 세계 기록 유산으로 지정되었고, 이를 보관하고 있는 합천 해인사의 장경판전은 세계 문화유산으로 등재되었다.

조선 초기에 합천 해인사로 옮겨졌습니다. 재조대장경은 방대한 내용을 담았으면서도 잘못된 글자나 빠진 글자가 거의 없고 글씨체가 아름다워 세계에서 가장 우수한 대장경으로 꼽힙니다.

> **자료 팔만대장경**
>
> 심하도다. 몽골이 환란을 일으키는 일이여! 그 잔인하고 흉포한 성품은 이미 말로 다할 수 없고, 어리석고 사리에 어두운 것이 또한 금수보다 심하니, 어찌 천하에서 공경하는 바 불법이란 것이 있는 것을 알겠습니까. 이런 때문에 그들이 지나가는 곳마다 불상과 불경을 모두 불태워버렸습니다. … (중략) … 그렇다면 대장경도 한 가지이고 판각한 것도 한 가지이며 군신이 함께 맹세하는 것도 또한 마찬가지인데, 어찌 유독 그때에만 거란병이 스스로 물러가고 지금의 몽골은 그렇지 않겠습니까.
>
> – 《동국이상국집》, 〈대장각판군신기고문〉 –

도교와 풍수지리설

도교는 불로장생과 현세의 복을 추구하는 것이 특징인데, 유학이나 불교에 미칠 정도는 아니었지만 크게 유행하였습니다. 도교는 고대의 산천 숭배 신앙과 신선 사상을 바탕으로 도가와 음양오행가의 이론이 가미되어 성립된 종교입니다. 도교는 불교를 모방하여 교리와 교단 정비를 시도하였지만 일관된 교리 체계와 교단을 갖추지는 못하였습니다.

고려 시대 도교는 하늘에 제사지내는 **초제**를 중심으로 성행하였습니다. 국왕들은 초제를 빈번히 거행하여 나라의 안녕과 왕실의 번영을 기원하였습니다. 초제 행사를 전담하는 관청이 설치되고, 예종 때에는 복원궁이라는 도교 사원도 창건하였습니다. 국가적으로 성대하게 열린 팔관회는 도교와 민간 신앙 및 불교가 어우러진 행사였습니다.

*도참사상 미래의 길흉화복에 대한 예언을 믿는 사상

풍수지리설은 도참사상*과 결부되어 땅의 기운이 왕성할 때 그곳에 자리 잡은 왕조나 사람은 흥성한다는 길지설이 유행하였습니다. 고려 초기에는 개경과 서경이 명당이라는 설이 유포되어, 태조는 개경을 도읍으로 삼는 한편 평양을 서경으로 삼아 북진 정책을 추진하였고, 정종은 서경 천도를 추진하였습니다.

북진 정책이 퇴조한 문종 시기에는 **한양 명당설**이 대두하여 한양을 남경으로 승격시켰습니다. 숙종은 남경에 궁궐을 짓고 몇 달씩 머물기도 하였습니다. 이러한 길지설은 묘청의 서경 천도 운동의 이론적 근거가 되어 개경 세력과 서경 세력의 정치적 투쟁에 이용되기도 하였습니다.

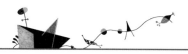

③ 과학 기술의 발달

출제 포인트

고려 시대 과학 기술을 조선 전기, 후기와 구별하여 암기하자.

고려의 과학 기술

천문	사천대(서운관) 설치	
역법	선명력(전기) → 수시력 채용(충선왕)	
의학	향약구급방(현존 最古 의서)	
인쇄술	목판 인쇄술	대장경 판각, 대량 인쇄에 적합
	금속 활자	소량 다종 인쇄 필요, 상정고금예문(1234), 직지심체요절(1377, 현존 最古)
농서	원의 농상집요 소개(이암)	
화약 무기	화통도감(최무선) → 진포 싸움에서 왜구 격퇴	

천문학과 의학

과학과 기술은 잡학으로 불리며 사회적으로 천시되었지만, 실생활과 밀접한 관련을 가진 천문학, 의학과 같은 분야에서는 상당한 발전을 이루었습니다.

천문 관측과 역법 계산은 국가에서도 상당한 관심을 기울인 분야였습니다. 천문 현상이 농경과 밀접한 관련이 있고, 천재지변은 국왕의 통치 행위에 대한 하늘의 뜻으로 인식하였기 때문입니다. 이에 **사천대***(서운관)을 설치하고, 관리들을 배치하여 천문과 기상 관측, 역법 계산을 맡아 보게 하였습니다. 사천대의 관리들은 일식과 월식, 혜성, 태양 흑점 등에 관한 풍부한 관측 기록들을 남겼습니다.

중국과 이슬람의 영향으로 역법 연구에서도 발전이 이루어졌습니다. 고려 초기에는 당의 선명력을 썼지만, 충선왕 때 원의 **수시력***을 채용하였습니다. 이들 역법들은 모두 다소간의 오차가 있어 독자적으로 역을 계산하기도 하였습니다.

의학 분야에서는 우리나라의 실정에 맞는 자주적인 의학으로 발달하였습니다. 태의감에서 의학 교육을 실시하고 의과를 주관하여 고려 의학이 발전할 수 있는 바탕이 마련되었습니다. 고려 중기에는 '향약방'이라는 고려의 독자적 처방이 이루어져 당·송 의학의 수준을 벗어날 수 있게 되었습니다. 강화도 천도 시기에 간행한 《**향약구급방**》*은 현존하

***사천대** 고려는 천문과 역법을 맡은 관청으로 사천대(서운관)을 설치하였는데, 이곳의 관리들은 첨성대에서 관측 업무를 수행하였다.

***수시력** 중국의 원나라 때 만들어진 역법에 해당한다. 1년의 길이를 365.2425일로 계산하였다.

***향약구급방** 본래 강화도의 대장도감에서 간행되었으나, 현재 전해지는 것은 일본에 소장된 중간본으로 조선 태종 때의 것이다. 종래에 많이 사용되어 오던 외국산 약재들을 우리나라에서 생산되는 약재로 대체하려는 의도가 담겨 있다.

는 우리나라 최고(最古)의 의학 서적입니다. 이 책에는 각종 질병에 대한 처방과 구하기 쉬운 국산 약재 180여 종이 소개되어 있습니다.

인쇄술의 발달

대장경의 간행에서 확인할 수 있는 것처럼 고려 시대 목판 인쇄술은 상당한 수준에 도달하였습니다. 고려는 목판 인쇄술을 한층 발달시켜 12세기 말 ~ 13세기 초에 금속 활자 인쇄술을 발명하였습니다. 목판 인쇄술은 한 가지의 책을 다량으로 인쇄하는 데 적합하고, 금속 활자 인쇄술은 여러 가지의 책을 소량으로 인쇄하는 데 효과적이었습니다. 목판 인쇄술과 청동 주조 기술의 발달, 그리고 인쇄에 적당한 먹과 종이의 제조가 가능했기 때문에 세계에서 최초로 금속 활자 인쇄술이 발명될 수 있었습니다.

기록으로 알려진 바에 의하면 1234년 금속 활자로 《상정고금예문》*을 인쇄하였는데, 오늘날 전하지는 않습니다. 현존하는 세계 최고의 금속 활자본은 《직지심체요절》*(1377)입니다. 이 책은 청주 흥덕사에서 간행되었는데, 현재 프랑스 국립도서관에 소장되어 있습니다.

당시 고려에서 만든 종이는 중국에 수출되어 호평을 받을 정도로 고려의 제지술은 뛰어났습니다. 정부는 종이를 전문적으로 제조하는 관서를 설치하고, 글을 쓰거나 인쇄하기에 적당한 우수한 종이를 만들도록 하였습니다.

*상정고금예문 12세기 인종 때 최윤의 등이 지은 의례서이다. 강화도 천도 당시 최우가 보관하던 것을 금속 활자로 28부를 인쇄하였다.

*직지심체요절(1377) 백운 화상이 석가모니의 뜻을 중요한 대목만 뽑아 해설한 책이다. 서양의 구텐베르크 성경보다 70여년 앞서 인쇄되었다.

화약 무기 제조

고려 말에는 화약 제조법이 개발되어 국방력을 강화하였습니다. 당시 중국에서는 화약 제조 기술을 비밀로 하고 있었지만, 최무선은 원나라 상인 이원을 통해 화약 제조법을 터득하였습니다. 최무선은 **화통도감**의 책임자가 되어 화약과 화포 제작을 담당하였습니다. 화통도감에서 제작한 화약 무기는 진포(금강 하구) 싸움 등에 이용되어 왜구를 격퇴하는 데 큰 위력을 발휘하였습니다.

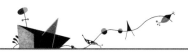

④ 귀족 문화의 발달

출제 포인트

주요 불교문화(건축, 불상, 탑)의 특징을 잘 알아두자.
공예(자기)는 특히 시대 파악이 중요하다.

■▶ 건축과 조각

건축	주심포식	안동 봉정사 극락전	현존하는 가장 오래된 목조 건축물
		영주 부석사 무량수전	배흘림 기둥 양식, 팔작 지붕
		예산 수덕사 대웅전	맞배 지붕, 배흘림 기둥
	다포식	성불사 응진전(사리원)	원의 영향, 조선 시대 건축물에 영향
석탑	전기	불일사 5층 석탑	고구려 영향
		월정사 8각 9층 석탑	송 영향
	후기	경천사 10층 석탑	원 영향, 조선 시대 원각사지 10층탑의 원형
불상	철불	하남 춘궁리 철불	고려 초기
	대형 석불	논산 관촉사 석조 미륵보살 입상	지방 문화(호족)
	대표 불상	부석사 소조 여래 좌상	신라 양식 계승

■▶ 공예, 회화

자기	• 11세기 : 순수 비색 청자 • 12세기 중엽 : 상감청자 → 원 간섭기 이후 퇴조
금속 공예	은입사 기술의 발달, 청동은입사포류수금무늬정병(대표적)
서예	구양순체(전기) → 송설체(후기)
회화	천산대렵도(공민왕), 관음보살도(혜허), 부석사 조사당 벽화

건축과 조각

고려 시대의 건축은 왕궁과 사원이 중심이었습니다. 궁궐 건축은 개성 만월대의 궁궐터가 남아 있습니다. 만월대는 경사진 곳에 축대를 높이 쌓고 계단식으로 건물을 배치하여 웅장하게 보이도록 하였습니다.

고려 시대의 목조 건축물은 주로 **주심포 양식**이 유행하였는데, 13세기 이후에 지은 안동 봉정사 극락전, 영주 부석사 무량수전, 예산 수덕사 대웅전 등이 지금까지 남아 있습니다. 안동 봉정사 극락전은 공민왕 12년(1363)에 중창했다는 기록이 발견되어 현존 최고의 목조 건물임이 확인되었습니다. 영주 부석사 무량수전은 주심포 양식에다 배흘림 기둥, 팔작 지붕이 조화를 잘 이루어 이 시대를 대표하는 건축물입니다.

고려 후기에는 기둥 사이에도 공포를 설치한 다포식 건물이 등장하였습니다. 이 양식은 건물의 규모가 클 때 많이 쓰며, 조선 시대 건축에까

부석사 무량수전

지 큰 영향을 끼쳤습니다. 황해도 사리원의 성불사 응진전이 고려 시대에 지어진 대표적인 다포식 건물입니다.

주심포 양식과 다포 양식 공포를 기둥 위에만 올린 것이 주심포 양식이며, 공포가 많아서 기둥머리 위, 기둥과 기둥 사이에도 배치한 것이 다포 양식이다.

석탑은 안정감은 부족하나 자연스러운 다각 다층탑이 많이 세워졌습니다. 개성 불일사 5층 석탑, 개성 현화사 7층탑이 유명하며, 송나라의 영향을 받아 **오대산 월정사 8각 9층 석탑**과 같은 다각 다층탑이 제작되기도 하였습니다. **경천사 10층 석탑**은 원의 석탑을 본뜬 것으로 조선 세조 때 만든 원각사지 10층 석탑에 영향을 주었습니다.

승탑은 고달사지 승탑과 같이 팔각원당형을 계승한 것이 많았습니다. 법천사 지광국사 현묘탑, 정토사지 홍법국사 실상탑은 특이한 형태를 띠면서 조형미가 뛰어난 승탑입니다.

불상은 시기와 지역에 따라 독특한 모습을 보여 줍니다. 고려 초기에는 **광주 춘궁리 철불**과 같은 대형 철불이 많이 조성되었습니다. 논산의 관촉사 석조 미륵보살 입상이나 안동의 이천동 마애 여래 입상처럼 지역 특색이 잘 드러난 거대한 불상들을 건립하기도 하였습니다. 신라 이래의 전통 양식을 계승한 작품으로는 **부석사 소조 여래 좌상**이 있습니다.

월정사 8각 9층탑 / 경천사 10층 석탑 / 고달사지 승탑

광주 춘궁리 철불(하남 하사 창동 철조 석가 여래 좌상) / 논산 관촉사 석조 미륵보살 / 부석사 소조 여래 좌상

청자와 공예

고려 시대에는 귀족들의 사치 생활을 충족하기 위해 자기 공예가 발달하였습니다. 신라와 발해의 전통과 기술을 토대로 송의 자기 기술을 받아들인 고려 자기는 귀족 사회의 전성기인 11세기에 독자적인 경지를 개척하였습니다. 별다른 장식 없이 순수 하늘색에 아름다운 선을 특색으로 하는 비색 청자는 중국인들도 천하의 명품으로 손꼽았습니다.

*상감 기법 나전 칠기나 은입사 공예에서 응용된 것으로, 그릇 표면을 파낸 자리에 백토, 흑토를 메워 무늬를 내는 방법이다.

12세기 중엽에는 상감 기법*을 자기에 적용한 **상감청자**가 출현하였습니다. 무늬를 훨씬 다양하고 화려하게 넣은 상감청자는 청자의 새로운 경지를 열었습니다. 상감청자는 강화도에 도읍한 13세기 중엽까지 주류

를 이루었으나, 고려 말에는 점차 소박한 분청사기로 바뀌어 갔습니다. 고려 자기 생산지로는 강진과 부안이 가장 유명하였습니다.

금속 공예에서는 은입사* 기술이 발달하였고, 옻칠한 바탕에 자개를 붙여 무늬를 나타내는 나전 칠기 공예도 크게 발달하였습니다.

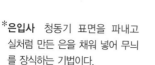

*은입사 청동기 표면을 파내고 실처럼 만든 은을 채워 넣어 무늬를 장식하는 기법이다.

> **자료** **송나라 사람이 본 고려청자**
>
> 도기의 빛깔이 푸른 것을 고려인들은 비색(翡色)이라고 하는데, 근년에는 만드는 솜씨와 빛깔이 더욱 좋아졌다. 술그릇의 형상은 오이 같은데, 위에 작은 뚜껑이 있는 것이 연꽃에 엎드린 오리의 형태를 하고 있다. 또, 주발, 접시, 술잔, 사발, 꽃병, 옥 술잔도 만들 수 있었으나, 모두 중국의 것을 모방한 것이기 때문에 생략하여 그리지 않고, 술그릇만은 다른 그릇보다 다르기 때문에 특히 드러내었다. – 《고려도경》 –

그림과 음악

고려 시대에는 그림을 관장하는 도화원 소속의 전문 화원이나 문인, 승려 중에서 우수한 화가가 많이 배출되었습니다. 고려 전기에는 〈예성강도〉를 그린 이령과 그의 아들 이광필이 뛰어난 화가로 꼽힙니다.

고려 후기에는 사군자 중심의 문인화가 유행하였으며, 왕실과 권문세족의 구복적 요구에 따라 불화도 많이 그려졌습니다. 문인화로 지금 남아 있는 것은 공민왕이 그린 것으로 전해지고 있는 〈천산대렵도〉가 있습니다. 불화는 극락왕생을 기원하는 아미타불도와 지장보살도 및 관음보살도가 많이 그려졌습니다. 대표적인 작품으로는 혜허가 그린 〈관음보살도〉로 현재 일본에 남아 있습니다. 불교 경전의 내용을 알기 쉽게 그림으로 설명한 사경화도 유행하였습니다. 이 밖에 사찰과 고분의 벽화가 일부 남아 있는데, 부석사 조사당 벽화의 사천왕상과 보살상이 유명합니다.

서예 수준도 높아서 고려 전기에는 구양순체, 후기에는 송설체(조맹부체)가 유행하였습니다. 인종 때의 탄연은 왕희지체의 대가로 유명하였고, 이암은 송설체의 대가로 이름을 날렸습니다.

고려 시대에는 송에서 수입된 대성악이 궁중 음악, 즉 아악*으로 발전하였습니다. 우리의 고유 음악은 당악의 영향을 받아 속악(향악)으로 발달하였는데, 당시 유행한 민중의 속요와 어울려 〈동동〉, 〈한림별곡〉, 〈정읍사〉, 〈대동강〉 같은 곡을 낳았습니다.

구양순체와 송설체 구양순체는 당나라 때 구양순의 굳세고 힘찬 글씨체이며, 송설체는 원나라 때 조맹부의 유려한 글씨체이다.

*아악 고려 때 송나라에서 수입된 궁중 음악으로, 주로 제사에 쓰였다. 고려와 조선 시대의 문묘 제례악이 여기에 해당한다.

성왕이 천도한 부여는 찬란했던 백제 역사의 마지막 흔적이 남아 있는 도시이다. 백제는 국호를 남부여로 개칭하고, 더욱 활발한 대외 정책을 통해 중흥을 꾀하였다. 그렇기 때문에 부여에는 부소 산성, 능산리 고분군, 정림사지 등과 같이 완전히 꽃피운 백제 문화의 진수를 느낄 수 있는 많은 문화재들이 남아 있다. 하지만 동시에 낙화암, 의자왕릉과 같이 나·당 연합군을 막아내지 못하고 역사의 뒤안길로 사라져버린 백제의 마지막 모습을 확인할 수도 있다. 또한 부여는 한반도의 중기 청동기 문화의 대표라고 할 수 있는 송국리 유적이 있어, 오래전부터 선진 문화를 수용한 교역의 중심지였음을 확인할 수 있다.

창왕명 석조 사리감

부여 능산리 절터에서 출토된 사리를 봉안한 석조 사리감이다. 석조 사리감에 새겨진 글을 통해 창왕(위덕왕) 시기에 능산리 절이 세워졌음을 알 수 있다.

정림사지 5층 석탑

부여 정림사지에 남아 있는 5층 석탑으로 백제 석탑 양식을 확인할 수 있는 중요한 유물이다.

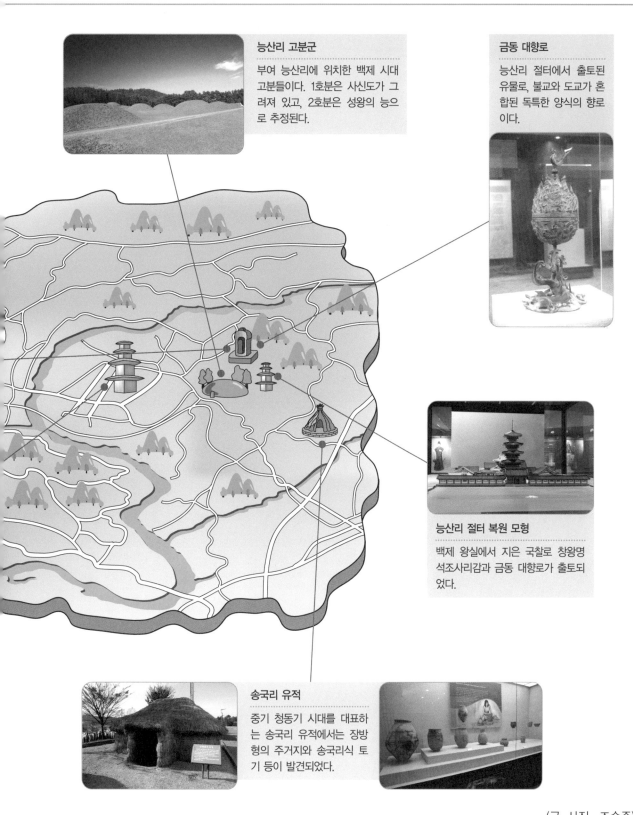

능산리 고분군

부여 능산리에 위치한 백제 시대 고분들이다. 1호분은 사신도가 그려져 있고, 2호분은 성왕의 능으로 추정된다.

금동 대향로

능산리 절터에서 출토된 유물로, 불교와 도교가 혼합된 독특한 양식의 향로이다.

능산리 절터 복원 모형

백제 왕실에서 지은 국찰로 창왕명 석조사리감과 금동 대향로가 출토되었다.

송국리 유적

중기 청동기 시대를 대표하는 송국리 유적에서는 장방형의 주거지와 송국리식 토기 등이 발견되었다.

(글·사진 조승준)

IV 한국 근세사

근세의 정치

① 근세 사회의 성립

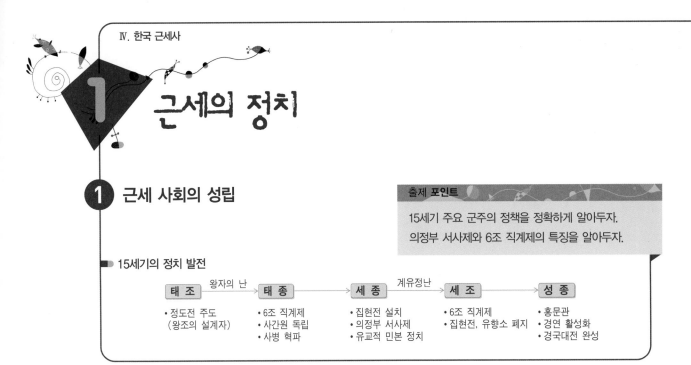

출제 포인트

15세기 주요 군주의 정책을 정확하게 알아두자.
의정부 서사제와 6조 직계제의 특징을 알아두자.

15세기의 정치 발전

태 조	왕자의 난 →	태 종	→	세 종	계유정난 →	세 조	→	성 종
• 정도전 주도 (왕조의 설계자)		• 6조 직계제 • 사간원 독립 • 사병 혁파		• 집현전 설치 • 의정부 서사제 • 유교적 민본 정치		• 6조 직계제 • 집현전, 유향소 폐지		• 홍문관 • 경연 활성화 • 경국대전 완성

조선의 건국

위화도 회군을 계기로 실권을 잡은 이성계와 신진 사대부들은 전제 개혁을 단행하여 과전법을 실시하였습니다. 이어서 그들은 새 왕조 건설을 반대한 정몽주 등을 제거하고, 이성계를 왕으로 추대하여 새 왕조를 수립하였습니다(1392). 새 왕조는 단군 조선을 계승한다는 뜻에서 나라 이름을 '조선'이라 정하고, 1394년에 한양으로 도읍을 옮겼습니다.

조선을 세운 사대부들은 성리학을 통치 이념으로 삼고, 이를 모든 제도와 문물을 정비하는 기본 원리로 삼았습니다. 이에 건국 초기부터 덕치주의를 내세워 유교적 이상 정치를 실현하고자 하였고, 일반 백성들의 생활에도 유교 예속을 많이 권장하였습니다.

태조 때는 정도전, 조준 등 소수의 재상들이 활약하여 왕조의 초석을 다졌습니다. 특히 **정도전**은 민본적 통치 규범을 마련하기 위해 노력하였으며, 재상 중심의 정치를 주장하였습니다. 또 《불씨잡변》을 통하여 불교를 비판하였으며, 성리학을 통치 이념 및 사회 이념으로 확립시켰습니다.

태종은 두 차례에 걸친 왕자의 난을 통하여 개국 공신 세력을 몰아내

1차 왕자의 난(1398) 이방원(태종) 일파가 사병을 동원하여 정도전 등을 죽이고 세자 방석을 제거한 사건

고 왕위에 올랐습니다. 태종은 공신과 왕족들이 소유하고 있던 사병을 없애 군사권을 장악하였습니다. 도평의사사를 의정부로 고치고 중추원을 삼군부로 개칭하여 정무와 군무를 완전히 분리하였으며, **6조 직계제**를 채택하여 재상의 권한을 약화시켰습니다. 또, 언론 기관인 사간원을 독립시켜 대신들을 견제하게 하였습니다.

태종은 세금과 군역을 확보하기 위해 백성에 대한 통제도 강화하였습니다. 호패*법을 실시하여 전국의 인구 동태를 파악하였으며 이를 조세 징수와 군역 부과에 활용하였습니다. 또, 사원의 토지를 몰수하고 억울한 노비를 조사하여 양인으로 해방시켰습니다. 이와 같은 정책들을 통해 태종은 왕권을 강화하고 건국 초기의 국가 기틀을 다질 수 있었습니다.

***호패** 오늘날의 주민등록증과 같은 것으로 16세 이상의 모든 남자가 착용하였다. 신분에 따라 호패의 재질과 기재 내용, 새겨진 위치 등이 달랐다.

문물 제도의 정비

안정된 왕권과 경제력을 바탕으로 세종은 유교 정치를 실현하였습니다. 궁중에 정책 연구 기관으로 **집현전***을 설치하고 유능한 젊은 학자들을 모아 깊이 있는 학문 연구를 장려하였습니다. 또한 **의정부 서사제**를 실시하여 왕의 권한을 의정부에 많이 넘겨 주고, 훌륭한 재상들을 등용하여 정치를 맡기고자 하였습니다. 그러면서도 인사와 군사에 관한 일은 직접 처리함으로써 왕권과 신권의 조화를 이루었습니다. 아울러 국가의 행사를 오례에 따라 유교식으로 거행하였으며, 《주자가례》의 시행을 사대부에게도 장려하여 유교 윤리가 사회 윤리로 자리 잡게 하였습니다. 세종은 대외적으로도 대마도 정벌과 4군 6진 개척 등 큰 업적을 남겼습니다.

***집현전** 고려 시대부터 조선 초기까지 궁중에 설치한 학문 연구 기관으로, 세종 때에 훈민정음을 창제하는 데 큰 역할을 하였다.

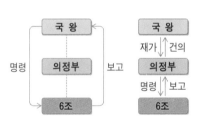

6조 직계제와 의정부 서사제

세종 이후 문종이 일찍 죽고 어린 단종이 즉위하면서 왕권이 크게 약화되었습니다. 이에 **계유정난***(1453)을 일으켜 김종서, 황보인 등을 제거하고 왕위에 오른 세조는 왕권을 강화하기 위해 노력하였습니다. 6조 직계제를 다시 실시하는 한편 공신이나 언관들의 활동을 견제하기 위해 집현전을 없애고 경연도 폐지하였습니다. 왕권 강화를 위해 그동안 정치 참여가 제한되었던 종친들을 등용하기도 하였습니다. 나라의 재정 수입을 늘리기 위해 직전법을 실시하고, 군사력을 강화하여 국방을 튼튼히 하였습니다. 한편 국가의 통치 체제를 확립하기 위해 《경국대전》의 편찬을 시작하였습니다.

***계유정난(1453)** 수양대군이 김종서를 죽이고 권력을 장악한 사건

성종은 《경국대전》을 완성하여 반포함으로써 성리학적 통치 체제를 완성하고 문물 제도의 정비를 마무리 지었습니다. 이어 **홍문관**을 확충하여 관원 모두에게 경연관을 겸하게 하고 간쟁 기능까지도 부여하였습니다. 경연에는 정승을 비롯한 주요 관리들도 다수 참여하여, 왕과 신하들이 함께 정책을 토론하고 심의하는 중요한 자리가 되었습니다.

자료 의정부 서사제와 6조 직계제

• 의정부 서사제
6조는 각기 모든 직무를 먼저 의정부에 품의하고, 의정부는 가부를 헤아린 뒤에 왕에게 아뢰어 (왕의)전지를 받아 6조에 내려 보내어 시행한다. 다만, 이조·병조의 제수, 병조의 군사업무, 형조의 사형수를 제외한 판결 등은 종래와 같이 각 조에서 직접 아뢰어 시행하고 곧바로 의정부에 보고한다. 만약 타당하지 않으면, 의정부가 맡아 심의, 논박하고 다시 아뢰어 시행토록 한다.   - 《세종실록》 -
해설ㅣ 의정부 서사제는 6조에서 올라오는 모든 업무를 의정부의 재상들이 논의한 다음, 합의된 사항을 국왕에게 올려 결재를 받는 형식이다. 세종은 의정부 서사제를 실시하여 의정부의 권한을 중시하였으나 인사와 군사에 관한 업무는 직접 처리함으로써 왕권과 신권의 조화를 이루었다.

6조 직계제
상왕(단종)이 어려서 무릇 조치하는 바는 모두 대신에게 맡겨 논의, 시행하였다. 지금 내(세조)가 명을 받아 왕통을 계승하여 군국 서무를 아울러 모두 처리하며, 조종의 옛 제도를 모두 복구한다. 지금부터 형조의 사형수를 제외한 모든 서무는 6조가 각각 그 직무를 담당하여 직계한다.   - 《세조실록》 -
해설ㅣ 6조 직계제는 의정부를 거치지 않고 곧바로 6조의 장관이 사안을 국왕에게 올려 재가를 받아 시행하는 형식이다. 태종과 세조는 강력한 왕권을 행사하기 위해 6조 직계제를 실시하였다.

2 조선의 통치 체제

출제 포인트

중앙 정치 기구는 각각의 역할을 정확하게 알아두자.
유향소의 역할에 대해 알아두자.

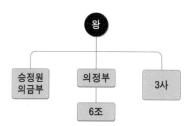

- 왕권과 신권의 조화 추구
- 재상합의제(의정부) 발달
- 언론 및 학습 중시

■ 중앙 정치 기구

기구	역할	
의정부	국정 총괄	
6조	일반 행정 사무	
승정원	왕명 출납(왕의 비서 기구)	왕권 강화
의금부	왕의 특명에 의해 죄인 심판	
3사 홍문관	학술, 정책 결정 자문, 경연 담당	
3사 사헌부	감찰	(양사 = 대간) 서경권 행사
3사 사간원	간쟁	서경권 행사
춘추관	역사 편찬	
한성부	서울의 행정과 치안 담당	

■ 지방 행정 조직

중앙 집권의 강화	• 모든 군현에 지방관 파견, 수령의 권한 강화 • 향·소·부곡 폐지, 면–리–통 설치 • 향리 세력 격하(세습 아전)
향촌 자치	• 유향소(수령 보좌, 향리 규찰, 풍속 교정) • 경재소(유향소와 정부 사이의 연락 기능 담당)

■ 관리 등용 제도

과거제	• 종류 : 문과, 무과, 잡과 • 응시 자격 : 양인 이상이면 응시 가능(문과의 경우 탐관오리의 아들, 재가한 여자의 자손, 서얼 등은 금지) • 실시 시기 : 식년시(3년 마다), 부정기시(증광시, 알성시)
기타	천거(고관 추천), 음서(고려보다 제한적)
인사 관리 제도	상피제, 서경 제도, 근무 성적 평가 제도

■ 군역 제도와 군사 조직

군역 제도	• 원칙 : 양인개병제, 병농일치 • 16~60세의 양인 남자를 정군이나 보인(봉족)으로 편성 • 군역 면제 : 현직 관료와 학생·향리 면제
군사 조직	• 중앙군(5위) : 정군 + 갑사 + 특수병 • 지방군(영진군) : 농민 의무병(정군) • 잡색군 : 서리, 잡학인, 신량역천인, 노비 등으로 구성된 예비군
교통과 통신	봉수제, 역참제 → 국방과 중앙 집권 강화

중앙 정치 체제

조선의 통치 구조는 중앙 집권 체제를 강화하는 동시에 권력의 집중을 방지하고 행정의 효율성을 높이는 방향으로 구성되었습니다.

*6조 이조는 문관의 인사, 호조는 호구와 조세, 예조는 의식·외교·학교·과거, 병조는 국방·무관의 인사, 형조는 법률·소송 및 노비 문제, 공조는 토목·공장(工匠) 등의 사무를 나누어 맡았다.

최고 통치 기관으로 의정부를 설치하고, 그 밑에 6조*와 여러 관청을 두었습니다. **의정부**의 재상들은 나라의 중요한 정책을 심의·결정하면서 국정을 총괄하였습니다. 6조는 왕의 명령을 집행하는 행정 기관으로, 그 아래에는 여러 관청들이 소속되어 업무를 나누어 맡음으로써 행정의 전문성과 효율성을 높일 수 있었습니다.

3사로 불린 사헌부, 사간원, 홍문관*은 관리의 비리를 감찰하고, 국정의 옳고 그름을 논하

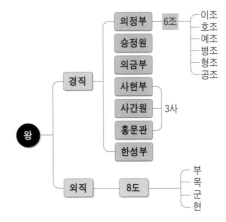

조선의 정치 기구

며, 경연을 통해 국왕을 교육하거나 정치적 자문에 응하는 활동을 하면서 언론 기능을 담당하였습니다. 3사는 언론과 문필의 자유가 보장되어 왕이라도 함부로 막을 수 없었습니다. 이와 같은 3사의 기능은 권력의 독점과 부정을 방지하기 위한 것이었습니다.

국왕 직속 기관으로 승정원과 의금부가 설치되어 왕권 강화에 기여하였습니다. **승정원**은 왕명을 출납하는 국왕의 비서 기관이고, **의금부**는 대역·모반죄 등 국가의 큰 죄인을 다스리는 국왕 직속의 특별 사법 기관이었습니다.

이 밖에 역사서 편찬과 보관을 담당하는 춘추관, 최고 교육 기관인 성균관, 서울의 행정과 치안을 담당하는 한성부 등이 설치되었습니다.

*홍문관 사간원, 사헌부와 함께 삼사라고 불렸던 기관으로, 국왕의 자문에 응하고 경연을 담당하였다. '옥당'이라고도 한다.

고려	조선
도평의사사	의정부
중서문하성 낭사	사간원
중추원(승선)	승정원(승지)
어사대	사헌부
순군부	의금부

정치 기구 비교

지방 행정 조직

조선은 전국을 8도로 나누고, 그 밑에 고을의 크기에 따라 부·목·군·현을 두었습니다. 그리고 고려와 달리 전국의 모든 군·현에 수령을 파견하였습니다. 이로 인해 중앙 집권 체제가 한층 강화되어 중앙 정부의 통치력이 지방 행정 말단까지 미칠 수 있었으며, 일반 백성들에 대한 지

방 세력가의 임의적인 지배를 배제할 수 있었습니다.

수령은 왕의 대리인으로, 그 지방의 행정뿐 아니라 사법과 군사에 관한 사무까지도 담당하였습니다. 수령은 지방의 농업 발전, 학교 진흥, 조세 징수, 치안 확보 등의 일곱 가지 업무를 수행하였는데, 이를 수령칠사(七事)*라 하였습니다.

지방 세력가였던 향리는 수령의 행정 실무를 보좌하는 세습적인 아전으로 지위가 낮아지고, 중앙의 6조처럼 6방*으로 나누어 각기 업무를 담당하였습니다.

군현 아래에는 면·이(里)·통을 두었습니다. 다섯 집을 하나의 통으로 편성하였고(오가작통제), 향민 중에서 각각의 책임자를 선임하여 수령의 명령을 받아 인구 파악과 부역 징발을 주로 담당하게 하였습니다.

한편 전국 8도에 **관찰사**를 파견하여 수령의 비행을 견제하고 백성들의 생활을 살피게 하였습니다. 관찰사는 감찰권, 행정권, 사법권뿐 아니라 병마절도사도 겸하여 군사권도 장악하고 있었습니다.

중앙 집권 강화와 아울러 지방민의 자치를 허용하여 지방의 각 군·현에서는 양반들이 중심이 되어 **유향소**(향청)를 운영하였습니다. 유향소에서는 좌수와 별감을 선출하여 자율적으로 규약을 만들고, 수시로 향회를 소집하여 지방의 여론을 모으고 백성을 교화하였습니다. 서울에는 경재소를 두고 그 지방 출신의 중앙 고관을 책임자로 임명하여 유향소와 정부 사이의 연락 관계를 긴밀하게 하고, 유향소를 중앙에서 통제할 수 있게 하였습니다.

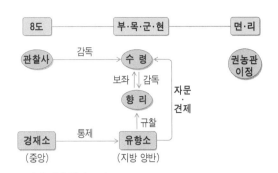

조선의 지방 행정 조직

*수령칠사
1. 농업의 장려
2. 향리의 부정 방지
3. 부역의 균등
4. 호구의 확보
5. 소송의 간결
6. 학교의 진흥
7. 군대의 정비

*6방 중앙의 6조처럼 지방의 관아에도 이방, 호방, 예방, 병방, 형방, 공방의 6방이 있었다.

암행어사 비밀리에 지방을 순행하면서 수령의 비행과 백성의 삶을 살핀 임시관직이다.

	고려	조선
지방관 파견	지방관이 전국에 파견되지 못함 (주현 < 속현)	중앙 집권 체제의 완성 (속군, 속현 소멸)
특수 행정 구역	향·소·부곡 존재	향·소·부곡 소멸
향리의 역할	실질적 토착 지배 세력 (조세 징수, 외역전 수급)	수령의 단순 보좌역으로 전락

지방 행정 비교

관리 등용 제도

조선 시대의 관리는 과거와 음서, 그리고 천거를 통하여 선발되었습니다.

과거 시험은 문과, 무과, 잡과로 나누어 치렀는데, 3년마다 정기적으로 시행하는 식년시와 수시로 시행하는 부정기 시험이 있었습니다. 문관을 뽑는 문과(대과)는 식년시의 경우 초시에서 각 도의 인구 비례로 뽑

조선 시대의 과거제

고, 예조에서 주관한 복시에서 33명을 선발한 다음, 국왕이 직접 주관하는 전시에서 순위를 결정하였습니다. 문과에 응시할 수 있는 자격은 소과에 합격한 생원이나 진사로 한정하였으나, 뒤에는 큰 제한이 없었습니다. 소과 합격자는 성균관에 입학하거나 문과에 응시할 수 있었으며, 하급 관리가 되기도 하였습니다.

고급 무관을 뽑는 무과는 소과를 거치지 않고 초시, 복시, 전시의 절차를 걸쳐 28명을 선발하였습니다. 무과는 무예와 병서뿐 아니라 유교 경전까지도 시험 과목으로 하였습니다. 기술관을 뽑는 잡과는 초시·복시만 있고 분야별로 정원이 있었습니다. 잡과 합격자들은 해당 기술관청에 근무하여 원칙적으로 최고 3품까지 승진할 수 있었습니다.

과거에 응시할 수 있는 자격은 천인을 제외하고는 특별한 제한이 없었습니다. 그러나 경제적인 여건이나 사회적 처지로 인하여 일반 백성들이 과거에 합격하여 관리가 되기는 쉽지 않았습니다. 반역 죄인이나 탐관오리의 아들, 재가한 여자의 아들과 손자 그리고 서얼은 문과에 응시할 수 없도록 법적으로 규제하였습니다.

과거를 거치지 않더라도 음서나 천거를 통하여 관직에 나갈 수 있었습니다. 그러나 **음서**는 2품 이상 관리의 자손으로 혜택의 범위가 줄어들었고, 문과에 합격하지 않으면 고관으로 승진하기도 어려웠습니다. **천거**는 대개 기존의 관리를 대상으로 하였기 때문에 벼슬하지 않은 사람이 천거되는 경우는 드물었습니다.

관직 제도가 정비되고 지배층이 증가함에 따라 인사 관리 제도도 새롭게 정비되었습니다. **상피제**를 두어 부자나 형제가 같은 관청에 근무하지 못하게 하고, 수령은 자기 출신 지역에 부임하지 못하며, 친족이 과거에 응시할 때에는 고시관이 될 수 없도록 하여 권력의 집중과 부정을 막았습니다. 인사의 공정성을 확보하기 위해 5품 이하 관리의 등용에는 **서경***을 거치도록 하였습니다. 아울러 고관들이 하급 관리들의 근무 성적을 평가하여 승진 또는 좌천의 자료로 삼았습니다.

***서경** 5품 이하 관리를 임명할 때 사헌부와 사간원에서 심사하여 동의해 주는 절차

군역 제도와 군사 조직

조선은 국방력 강화를 위해 태종 이후 사병을 모두 폐지하고, 16세 이상 60세까지의 양인 남자는 의무적으로 군역을 지도록 하였습니다. 이로써

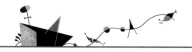

모든 양인은 현역 군인인 **정군**과 정군의 비용을 부담하는 **보인**(봉족)으로 편성되었습니다. 현직 관료와 학생, 향리 등은 군역을 면제받았으나, 종친과 외척, 공신이나 고급 관료의 자제는 고급 특수군에 편입되어 군역을 대신하였습니다.

군사 조직은 중앙군과 지방군으로 나뉘었습니다. 서울에는 중앙군으로 5위를 설치하여 궁궐과 서울을 수비하도록 하였습니다. 중앙군은 정군을 중심으로 갑사나 특수병으로 구성되었습니다. 일반 양인이나 농민 출신의 정군은 서울과 국경의 요충지에 배속되어 일정 기간 교대로 복무하였으며, 복무 기간에 따라 품계를 받기도 하였습니다. **갑사**는 간단한 시험을 거쳐 선발된 일종의 직업 군인으로, 근무 기간에 따라 품계와 녹봉을 받았습니다.

지방 각 도에는 병마절도사와 수군절도사를 파견하여 각각 육군과 수군을 통솔하게 하였습니다. 세조 이후에는 **진관 체제**를 실시하여 지역 단위의 방어 체제를 형성하였습니다. 진관 체제에 따라 각 도에 한두 개의 병영을 두고, 병영 아래에 몇 개의 거진을 설치하여 거진의 수령이 그 지역 군대를 통제하도록 하였습니다. 연해 각 도에는 해양 방위를 위해 수군을 설치하였습니다.

조선 초기에는 정규군 이외에 일종의 예비군인 **잡색군**이 있어서 평시에는 자기 생업에 종사하고, 일정한 기간 군사 훈련을 받아 유사시에 대비하였습니다. 잡색군에는 서리, 잡학인, 신량역천인, 노비 등이 배속되었습니다.

행정과 국방의 편의를 위해 교통과 통신 체계도 정비하였습니다. 주요 도로망을 따라 역을 설치하고, 교통의 요지에는 국영 여관인 원을 설치하여 출장 중인 관리에게 말과 숙소를 제공하였습니다. 육로와 연결되는 강가의 나루터에는 진이 설치되어 육로 수송을 보완하였습니다. 한편 군사적인 위급 사태를 급히 알리기 위해 연기와 횃불로 변경의 정세를 전달하는 봉수제가 정비되었습니다.

③ 사림의 대두와 붕당 정치

출제 포인트

사림의 특징에 대해서는 매번 출제된다.
4대 사화를 정치 상황과 관련지어 알아두자.

16세기 정치 발전

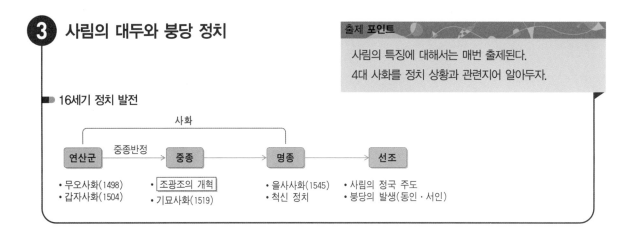

사화

연산군 ──중종반정──→ 중종 ──────→ 명종 ──────→ 선조

- 무오사화(1498)
- 갑자사화(1504)

- 조광조의 개혁
- 기묘사화(1519)

- 을사사화(1545)
- 척신 정치

- 사림의 정국 주도
- 붕당의 발생(동인·서인)

훈구파	사림파
중앙 집권과 부국 강병	왕도 정치와 향촌 자치
대농장(부재 지주)	중소 지주(재지 지주)
• 사장 중시 • 집현전 출신 • 불교·도교 포용	• 경학 중시 • 서원 출신 • 성리학 이외 학문 배격

훈구와 사림

*왕도 정치 인과 덕을 바탕으로
하는 정치로 유교에서 이상으로 삼
는 정치 사상

*훈구 세력 세조의 집권과 왕위
찬탈 과정에서 공을 세운 관료와
학자들을 가리킨다.

훈구와 사림

훈구 세력은 세조의 집권 이후 공신으로서 정치적 실권을 장악하고, 막대한 토지를 소유하고 있었습니다. 이들은 조선 초기 관학파의 학풍을 계승하여 문물 제도 정비에 크게 기여하였습니다.

한편 조선 건국에 협력하지 않고 지방에서 학문과 교육에 힘썼던 길재의 학통을 이어 받은 유학자들을 사림이라 불렀습니다. **사림**은 향촌 자치를 내세웠고, 도덕과 의리를 바탕으로 하는 왕도 정치*를 강조하였습니다.

성종이 훈구 세력*을 견제하기 위해 김종직과 그 문인들을 등용하면서 사림은 본격적으로 중앙 정계에 진출하였습니다. 과거를 통하여 중앙에 진출한 사림 세력은 주로 전랑과 3사의 언관직을 차지하고 훈구 세력의 비리를 비판함으로써 그들의 일방적인 독주를 견제하였습니다.

사림의 정치적 성장

성종에 이어 즉위한 연산군은 훈구 대신과 사림을 모두 누르고 왕권을 강화하려 하였습니다. 이에 연산군 재위 중 일어난 무오사화와 갑자사화를 겪으면서 영남 사림이 많은 피해를 입었습니다. **연산군**은 이후 언론을 극도로 탄압하고 재정을 낭비하는 등 폭압적인 정치를 펼치다 결국 중종반정으로 쫓겨났습니다(1506).

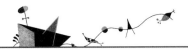

중종(1506~1544)은 유교 정치를 회복하고 훈구파 반정 공신들을 견제하기 위해 조광조 등 사림을 등용하였습니다. **조광조** 일파는 현량과를 통하여 자신들의 세력을 확대하고, 향약 실시와 《주자가례》, 《소학》 등의 보급을 통하여 사림들의 향촌 지배력을 확대시키려 하였습니다. 이들은 자신들의 의견을 공론이라 표방하면서 경연 강화, 소격서 폐지, 방납의 폐단 시정, 위훈 삭제* 등의 급진적 개혁을 추진하였습니다. 그러나 공신들의 반발로 조광조를 비롯한 사림 세력은 제거되었습니다(**기묘사화**, 1519). 그 뒤 중종이 훈구 대신들을 견제하기 위해 다시 사림을 등용하기도 하였으나 훈구 세력의 득세를 막을 수는 없었습니다.

인종이 재위 8개월 만에 죽고, 명종(1545~1567)이 즉위하였습니다. 명종은 나이가 어렸기 때문에 **문정왕후**가 수렴청정*하고, 외삼촌 윤원형 등 척신들이 정국을 주도하였습니다. 윤원형 등 소윤 세력은 인종의 외척인 대윤 세력을 제거하는 을사사화(1545)를 일으켰습니다. 이때 이언적 등 사림도 더불어 많은 피해를 당하여, 사림의 세력은 크게 꺾였습니다. 그러나 사림 세력은 서원과 향약을 통하여 향촌 사회에서 꾸준히 세력을 확대해 나갔습니다. 한편 명종 때는 윤원형 등 중신들의 부패가 극심하여 **임꺽정** 등 도적떼들이 기승을 부렸습니다.

사화	시기	발단·원인
무오사화	연산군 4년(1498)	조의제문, 사초 문제
갑자사화	연산군 10년(1504)	윤씨 폐출 사사 사건
기묘사화	중종 14년(1519)	조광조의 혁신 정치
을사사화	명종 1년(1545)	왕실 외척 간의 대립

4대 사화

*위훈 삭제 중종반정 공신 117명 가운데 뚜렷한 공로 없이 공훈을 제수받은 76명을 공신에서 삭제하여 작위를 삭탈하고 그들의 전답과 노비 등을 모두 국가에 귀속하도록 하였다.

*수렴청정 어린 왕이 즉위했을 때 왕의 어머니(대비)나 할머니(대왕대비)가 왕을 대신하여 정사를 살피는 정치 형태이다. 대비 또는 대왕대비는 신하들 앞에 얼굴을 보이지 않으려고 앞에 발을 늘이고 정사에 임하였다.

붕당의 출현

선조 즉위 이후 대거 중앙 정계로 진출한 사림 세력은 척신 정치의 잔재를 어떻게 청산할 것인가를 둘러싸고 갈등을 겪었습니다. 명종 이후 정권에 참여해 온 기성 사림은 척신 정치의 개혁에 소극적인 반면, 새롭게 정계에 등장한 신진 사림은 사림 정치의 실현을 내세워 훈구 세력을 배척하였습니다. 두 세력은 인사권을 가진 **이조 전랑***의 임명 문제와 공론을 둘러싸고 갈등이 심해졌습니다. 결국 김효원을 비롯한 신진 사림이 동인을 형성하고, 심의겸 등 기성 관료가 중심이 되어 서인을 형성하였습니다. 동인은 이황과 조식, 서경덕의 학문을 계승한 사람들이 참여하였고, 서인은 이이와 성혼의 문인이 가담하였기 때문에 붕당은 정파적 성격과 학파적 성격을 동시에 가지게 되었습니다.

*이조 전랑 이조 전랑은 삼사의 관리에 대한 인사를 좌우할 수 있었고, 스스로 자기 후임자를 추천할 수 있었다.

4 조선 초기의 대외 관계

출제 포인트

북방(4군 6진) 개척 과정을 알아두자.

조선 초기 대외 관계

대명 외교	• 태조 때 정도전이 추진한 요동 정벌 문제로 명과 갈등, 태종 이후 양국 관계 호전 • 사대 외교, 사절의 파견
여진과의 관계	• 회유책 : 귀순 장려, 무역소(경성, 경원) 설치, 북평관 설치 • 강경책 : 진(鎭), 보(堡) 설치, 여진 토벌 → 세종 때 4군 6진 설치 • 북방 사민 정책과 토관 제도 실시
일본과의 관계	• 강경책 : 대마도 정벌(이종무) • 회유책 : 제한된 무역 허용, 삼포 개항(부산포, 염포, 제포), 계해약조(1443)

명과의 관계

태조 때 정도전이 요동 정벌을 추진하면서 한때 조선과 명은 갈등을 빚었지만, 태종 이후 친선 관계를 유지하였습니다. 조선은 명에 대해서 기본적으로 사대 정책을 유지하였으나, 명의 구체적인 내정 간섭은 없었습니다. 매년 정기적, 부정기적으로 사절을 교환하면서 문화적·경제적 교류가 활발하게 이루어졌습니다.

사절 교환의 목적은 기본적으로 정치적인 것이었지만, 이를 통하여 중국의 앞선 문화가 수입되고 각종 물품이 교역되었습니다. 명에 대한 이와 같은 사대 외교는 왕권의 안정과 국제적 지위 확보를 위한 자주적인 실리 외교였고, 선진 문물을 흡수하기 위한 문화 외교인 동시에 일종의 공무역이었습니다.

사절의 종류 정기적으로 보내는 하정사(정월 초하루), 성절사(황제의 탄신일), 천추사(황태자 생일), 동지사(동짓날) 외에 필요할 때에 부정기적으로 보내는 사절이 있었다.

여진과의 관계

조선은 건국 초기부터 영토를 넓히려는 정책을 썼습니다. 이에 따라 태조 때부터 충청도, 전라도, 경상도의 백성들을 평안도와 함경도로 이주시켜 압록강과 두만강 지역을 개척하기 시작하였으며, 세종 때에는 최윤덕이 **4군**, 김종서가 **6진**을 설치하여 압록강과 두만강을 경계로 하는 국경선을 확정하였습니다.

이후 여진에 대하여 조선은 회유와 토벌의 양면

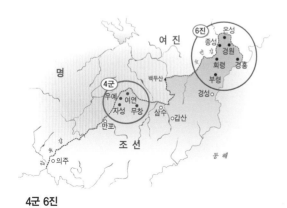

4군 6진

정책을 취하였습니다. 조선은 토지와 주택을 주어 여진족의 귀순을 장려하고, 토착민 중에서 유력한 사람을 **토관**으로 임명하여 민심을 수습하려 하였습니다. 또, 사절의 왕래를 통한 무역을 허용하였고, 국경 지방인 경성과 경원에 **무역소**를 두고 무역을 허락하였습니다. 그러나 이러한 교린 정책에도 불구하고 여진족은 자주 국경을 침입하여 약탈을 자행하였고, 이때마다 조선에서는 군대를 동원하여 이들을 정벌하였습니다.

일본과의 관계

조선 초기의 대일 관계는 왜구의 침략을 방지하는데 중점을 두었습니다. 이를 위해 조선은 수군을 강화하고 성능이 뛰어난 전함을 건조하여 왜구 격퇴에 노력하는 한편, 일부 항구를 개방하여 제한된 무역을 허용하였습니다.

그러나 이후에도 왜구의 약탈이 계속되자 세종 때에는 이종무가 왜구의 근거지인 쓰시마 섬을 토벌하여 왜구의 근절을 약속받고 돌아왔습니다. 침략과 약탈이 어려워진 왜구들이 평화적인 무역 관계를 요구해 오자, 조선은 부산포, 제포(진해), 염포(울산) 등 3포를 개방하여 제한된 범위 내에서 교역을 허락하였습니다(**계해약조**, 1443).

16세기 들어 일본과의 관계가 악화되었습니다. 왜구는 조선의 교역 통제에 불만을 품고 3포왜란(1510)이나 **을묘왜변**(1555) 같은 소란을 일으켰습니다. 이에 조선은 비변사*를 설치하여 군사 문제를 전담하게 하는 등 대책을 강구하였고, 일본에 사신을 보내 정세를 살펴보기도 하였습니다.

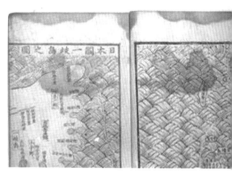

해동제국기 세종 때 서장관으로 일본을 다녀온 신숙주가 성종 때 편찬한 일본에 관한 책이다. 일본과 류큐, 쓰시마 등의 지세를 그리고 조선과의 관계나 문물, 풍습 등을 기록하였다.

*비변사 1510년 북방의 여진과 남방의 왜구 침입에 대비해 임시 기관으로 설치되었고, 1555년에 이르러 상설 기관이 되었다.

15세기	세종 1년(1419)	쓰시마 정벌	이종무
	세종 8년(1426)	삼포 개항	부산포, 염포, 제포
	세종 25년(1443)	계해약조	세견선 50척, 세사미두 200석
16세기	중종 5년(1510)	삼포왜란	비변사 설치(임시)
	중종 7년(1512)	임신약조	제포만 개항, 세견선 25척, 세사미두 100석
	명종 10년(1555)	을묘왜변	국교 일시 단절, 비변사 상설화
17세기	광해군 1년(1609)	기유약조	부산포 개항, 세견선 20척, 세사미두 100석

대일 관계 주요 사건

⑤ 왜란과 호란의 극복

출제 포인트

임진전쟁의 극복 과정과 영향을 알아두자.
특히, 주요 전투(의병, 관군, 해전)를 공부해 두자.

▶ 임진전쟁(1592~1598)

발발	왜군 침입(4. 13) → 한양 함락(5. 2) → 명에 원군 요청	
수군과 의병	• 수군의 승리 : 한산도 대첩 등 → 남해의 제해권 장악, 왜군의 수륙 병진 작전 좌절 • 의병 항쟁 : 곽재우, 조헌, 고경명, 정문부, 승병(유정, 휴정)	
반격	• 평양성 탈환(1593. 1), 행주 대첩(1593. 2) • 전열 정비 : 훈련도감 설치, 속오법 실시, 화포 개량·조총 제작	
정유재란	직산에서 왜군 격퇴, 명량 대첩, 노량 대첩	
영향	국내	• 정치 : 비변사의 기능 강화, 군영 정비(훈련도감, 속오법) • 경제 : 인구 격감, 양안과 호적 소실로 국가 재정 악화 • 문화 : 문화재 소실(불국사와 경복궁, 사고)
	국제	• 중국 : 명의 쇠퇴, 여진족의 성장 → 후금의 건국(1616) • 일본 : 도자기공(이삼평), 활자공, 성리학자(강항) 등이 포로로 잡혀감 → 문화적 자극

▶ 조선의 대청 관계

광해군	인조반정	인조	병자호란	효종
중립 외교	→	친명 배청	→	북벌 운동

▶ 두 차례의 호란

정묘호란 (1627)	• 원인 : 친명배금 정책 • 경과 : 후금군의 침략 → 의병(정봉수) • 결과 : 형제 관계를 맺고 강화
병자호란 (1636)	• 원인 : 후금(청)의 군신 관계 요구 → 거부 • 경과 : 청의 침략 → 한양 함락, 남한산성 항전 • 결과 : 삼전도에서 항복, 군신 관계 맺음

▶ 북벌론

구분	군주	중심 인물
1차	효종	송시열, 송준길, 이완
2차	숙종	윤휴

왜군의 침략

16세기 말 일본에서는 도요토미 히데요시가 전국 시대의 혼란을 수습하고 일본을 통일하였습니다. 도요토미는 국내의 불만을 밖으로 돌리고 대륙 진출 야욕을 펴기 위해 조선 침략을 준비하였습니다. 일본은 철저한 준비 끝에 20만 대군으로 조선을 침략해 왔습니다(임진전쟁, 1592).

전쟁에 미처 대비하지 못한 조선은 전쟁 초기에 일본군을 효과적으로 막아 낼 수 없었습니다. 부산진과 동래성을 함락한 일본군은 세 길로 나누어 북쪽으로 쳐들어 왔습니다. 신립 장군이 충주에 방어선을 치고 일본군의 북상을 막으려 하였으나 실패하고 말았습니다. 일본군이 한양 근처에 육박하자 결국 선조는 의주로 피난하여 명에 원군을 요청하였습니다. 한편 평양에서 왕세자로 책봉된 광해군은 각지를 돌아다니면서 의병 봉기를 촉구하고 군량미를 확보하였으며, 민심을 안정시켰습니다.

수군과 의병의 승리

일본군은 육군이 북상함에 따라 수군이 남해와 황해를 돌아 물자를 조달하면서 육군과 합세하여 북상하려 하였습니다. 그러나 **이순신**이 이끄는 수군은 옥포에서 첫 승리를 거둔 이후 사천, 당포, 한산도 등지에서 연승을 거두었습니다. 이로써 남해의 제해권을 장악하여 곡창 지대인 전라도 지방을 지키고 일본군의 침략 작전을 좌절시킬 수 있었습니다.

한편 전국 곳곳에서 의병이 일어나 일본군에 맞서 싸웠습니다. **의병**은 경상도에서 곽재우가 처음 일으킨 후 조헌, 고경명, 정문부, 유정(사명대사) 등이 조직하였고, 농민들도 국가를 지키기 위해 적극적으로 의병에 참여하였습니다. 의병은 향토 지리에 밝은 이점을 활용하면서 그에 알맞은 전술을 구사하여 적은 병력으로도 일본군에게 큰 타격을 주었습니다. 전란이 장기화되면서 의병 부대는 관군에 편입되어 조직화되었고, 관군의 전투 능력도 한층 강화되었습니다.

수군의 승리

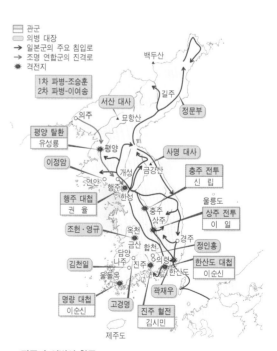

관군과 의병의 활동

전란의 극복과 영향

수군과 의병의 승전으로 조선은 전쟁 초기의 수세에서 벗어날 수 있었습니다. 이 무렵 명의 원군까지 도착하여 조선군과 합세하면서 전쟁은 새로운 국면으로 접어들었습니다. 1593년 초에 조·명 연합군은 평양성을 탈환하였으며, 권율은 행주산성에서 큰 승리를 거두었습니다. 조·명 연합군에게 반격을 당한 일본군은 경상도 해안 지방으로 물러나 휴전을 제의하였습니다.

명과 일본군 사이에 휴전 협상이 진행되는 동안 조선 조정은 일본군을 물리치는 데 효과적인 편제와 군사 훈련 방식을 모색하였습니다. 그 결과 기존의 활과 창으로 무장한 부대 외에 조총으로 무장한 부대를 추가하여 **훈련도감**을 설치하고, **속오법**을 실시하여 지방군 편제도 개편하였으며, 화포를 개량하고 조총도 제작하여 무기의 약점을 보완하였습니다.

3년간을 끌어오던 휴전 회담이 결렬되고 일본군이 다시 침입해 왔습니다(정유재란, 1597). 그러나 조·명 연합군이 일본군을 직산에서 격퇴하고 이순신이 명량에서 일본군을 대파하자, 일본군은 남해안 일대로 다시 후퇴하였습니다. 전세가 불리해진 일본군은 도요토미가 죽자 본국으로 철수하였습니다. 이때 이순신은 노량 해전에서 철수하는 적선 200여 척을 격파하고 순국하였습니다.

7년 동안 벌어진 전쟁은 국내에 많은 변화를 가져왔으며, 동아시아의 정세에도 커다란 영향을 주었습니다. 조선은 전 국토가 황폐화되어 경작지가 전쟁 전에 비해 3분의 1 이하로 줄고, 일본군에 의해 수많은 인명이 살상되었을 뿐 아니라 기근과 질병까지 겹쳐 인구가 크게 줄어들었습니다. 대부분의 토지 대장과 호적이 없어져 국가 운영이 마비 상태에 빠졌습니다. 이를 해결하기 위해 **공명첩**이 대량으로 발급되어 신분제의 동요를 가져왔으며, 이몽학의 난*과 같은 민란이 도처에서 일어나기도 하였습니다. 또한 일본군의 약탈과 방화로 불국사, 서적, 실록 등 수많은 문화재가 손실되었고, 수만 명이 일본에 포로로 잡혀갔습니다.

그러나 임진전쟁은 일본의 문화가 크게 발전할 수 있는 계기를 만들어 주었습니다. 일본은 조선에서 활자, 그림, 서적 등을 약탈해 갔고, 성리학자와 우수한 활자 인쇄공 및 도자기 기술자 등을 포로로 잡아가 일

*이몽학의 난 1596년(선조 29) 왕실 서얼 출신인 이몽학이 민심의 불만을 선동하여 충청도에서 일으킨 난이다.

일본에 잡혀간 도자기 기술자 이삼평을 비롯한 도자기 기술자들은 일본에 끌려가 일본 도자기의 발달에 결정적으로 기여하였다. 이에 임진전쟁을 도자기 전쟁이라고도 한다.

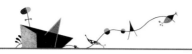

본의 성리학과 도자기 문화가 발달할 수 있는 토대를 마련하였습니다.

한편 조선과 명이 일본과 싸우는 동안 북방의 여진족이 급속히 성장하여 동아시아의 정세가 크게 변화하였습니다.

대일 국교 재개와 통신사 파견

왜란 이후 일본의 에도 막부는 경제적인 어려움을 해결하고 선진 문물을 받아들이기 위해 조선에 국교 재개를 요청해 왔습니다. 조선은 막부의 사정을 알아보고 전쟁 때 잡혀간 사람들을 데려오기 위해 유정(사명대사)*을 파견하여 일본과 강화하고 조선인 포로를 데려왔습니다. 곧이어 일본과 **기유약조**(1609)를 맺어 동래부의 부산포에 다시 왜관을 설치하고, 제한된 범위 내에서의 교섭을 허용하였습니다.

일본은 막부의 실권자인 쇼군이 바뀔 때마다 그 권위를 국제적으로 인정받기 위해 조선에 사절 파견을 요청해 왔습니다. 이에 조선은 1607년부터 1811년까지 12회에 걸쳐 **통신사**라는 이름으로 사절을 파견하였습니다. 통신사 일행은 적을 때에는 300여 명, 많을 때에는 400~500명이나 되었고, 일본에서는 국빈으로 예우하였습니다. 일본은 이들을 통하여 조선의 선진 학문과 기술을 배우고자 하였습니다. 따라서 통신사는 외교 사절뿐 아니라 조선의 선진 문화를 일본에 전파하는 역할도 하였습니다.

*유정 조선 시대의 승려로 사명대사라고도 한다. 임진왜란 때 금강산 유점사에서 승병을 모아 의병을 일으켰다. 1604년에 왕명을 받고 일본에 건너가 도쿠가와를 만나 강화를 맺고 조선인 포로 3,500명을 데리고 귀국하였다.

통신사의 행로 지도

광해군의 중립 외교

선조의 뒤를 이어 광해군이 즉위하였습니다. **광해군***은 토지 대장과 호적을 새로 만들어 국가 재정 수입을 늘렸고, 성곽과 무기를 수리하고 군사 훈련을 실시하는 등 국방에도 힘을 기울였습니다.

한편 광해군은 명이 쇠퇴하고 여진족이 강성해지고 있는 정세의 변화를 파악하고 외교적으로 신중하게 대처하였습니다. 여진족은 조선과 명의 힘이 약화된 틈을 타서 후금을 건국하고(1616) 명의 변경을 위협하였습니다. 명은 후금을 공격하는 한편 조선에 출병을 요구하였습니다. 왜란 때 명의 도움을 받은 조선은 명의 요구를 거절할 수 없었고, 새롭게 성장하는 후금과 적대 관계를 맺을 수도 없었습니다. 이에 광해군은 강홍립을 도원수로 삼아 원군을 파견하면서 상황에 따라 적절히 대처하도

*광해군 선조의 둘째 아들로, 후궁인 공빈 김씨의 소생이었다. 임진전쟁이 일어나자 세자로 책봉되어 많은 공을 세웠다. 서자로 즉위했기 때문에 정통성과 관련하여 붕당 정치의 소용돌이에 말려들어, 결국 서인에 의해 쫓겨났다.

록 명령하였습니다. 결국 조·명 연합군은 후금군에게 패하였고, 강홍립 등은 후금에 항복하였습니다. 이후에도 명의 원군 요청은 계속되었지만, 광해군은 이를 적절히 거절하면서 후금과 친선을 꾀하는 중립적인 정책을 취하여 외침을 피할 수 있었습니다.

호란과 북벌 운동

정묘호란과 병자호란

서인들은 광해군의 중립 외교 정책이 명에 대한 의리를 저버리는 것이라고 비판하였습니다. 더욱이 광해군과 북인 정권이 영창대군을 죽이고 인목대비를 유폐시키자, 서인은 이를 구실로 정변을 일으켜 광해군을 몰아내고 인조를 왕으로 추대하였습니다(1623, **인조반정**).

서인은 명을 가까이하고 후금을 배척하는 정책을 추진하여 후금을 자극하였습니다. 이에 후금은 광해군을 위해 보복한다는 명분을 내걸고 쳐들어왔습니다(정묘호란, 1627). 황해도 평산까지 진격한 후금의 군대는 보급로가 끊어지자 화의를 맺고 돌아갔습니다. 후퇴하던 후금의 군대는 철산의 용골산성에서 **정봉수**가 이끄는 의병 부대에 큰 타격을 입었고, 평안도 용천에서는 이립 부대에 의해 많은 손실을 입었습니다.

그 후, 국력이 더욱 커진 후금은 조선을 압박하여 임금과 신하의 관계를 맺을 것을 요구하였습니다. 조선에서는 외교 교섭을 통하여 문제를 해결하자는 주화론과 전쟁까지도 불사하자는 주전론이 대립하였으나 결국 대세가 주전론으로 기울었습니다. 후금은 국호를 청으로 바꾸고, 태종이 직접 10여만 명의 군대를 이끌고 침입해 왔습니다(**병자호란**, 1636). 인조는 남한산성으로 피난하여 청군에 대항했으나 결국 청에 굴복하고 삼전도에서 굴욕적인 강화를 맺었습니다. 이로써 조선은 청과 군신 관계를 맺게 되었고 소현세자와 봉림대군, 그리고 윤집·오달제·홍익한 등 척화론자들이 인질로 잡혀갔습니다.

척화 주전론	주화론
청과의 항전 주장	청과의 화친 주장
의리와 명분 중시	현실 우선(왕조 유지)
김상헌, 3학사	최명길

척화 주전론과 주화론

병자호란이 끝나고 조선은 청에 사대하는 형식의 외교를 추진했습니다. 그러나 내심으로는 청에 대한 적대 감정과 복수심에 불탔습니다. 이에 오랑캐에 당한 수치를 씻고 명에 대한 의리를 지켜 청에 복수하자는 **북벌론**이 일어났습니다.

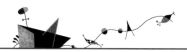

청에 인질로 잡혀 갔던 효종은 북벌을 중요한 정책 목표로 삼았습니다. 효종은 송시열, 이완 등을 중용하여 남한산성 및 북한산성을 보수하고 군대 양성에 힘을 기울였으나, 북벌을 실천에 옮기지는 못하였습니다. 한편 청은 만주 북부의 헤이룽 강 부근으로 러시아가 침략해 오자 조선에 원병을 요청하였습니다. 이에 조선은 1654년과 1658년 두 차례에 걸쳐 조총 부대를 흑룡강 일대로 출병시켜 큰 전과를 올렸습니다(나선 정벌).

18세기에 이르러 청은 국력이 크게 신장되고, 중국의 전통문화를 보호·장려하고 서양의 문물까지 받아들여 문화 국가로서의 면모를 갖추어 나갔습니다. 청에 다녀온 조선 사신은 기행문이나 보고서를 통하여 변화하는 청의 사정을 전하였고, 천리경·자명종·화포·만국지도·《천주실의》 등 여러 가지 새로운 문물을 소개하였습니다. 이후 학자들 중에는 청을 무조건 배척하지만 말고 우리에게 이로운 것은 적극적으로 배우자는 **북학론**을 제기하는 경우도 있었습니다.

자료 주화론(최명길)과 척화론(윤집)

주화론

화친을 맺어 국가를 보존하는 것보다 차라리 의를 지켜 망하는 것이 옳다고 하였으나, 이것은 신하가 절개를 지키는 데 쓰이는 말입니다. … (중략) … 늘 생각해 보아도 우리의 국력은 현재 바닥 나 있고, 오랑캐의 병력은 강성합니다. 정묘년(1627)의 맹약을 아직 지켜서 몇 년이라도 화를 늦추고, 그동안을 이용하여 인정을 베풀어서 민심을 수습하고 성을 쌓으며, 군량을 저축하여 방어를 더욱 튼튼하게 하되, 군사를 집합시켜 일사불란하게 하여 적의 허점을 노리는 것이 우리로서는 최상의 계책일 것입니다.
– 《지천집》 –

척화론

화의로 백성과 나라를 망치기가 … (중략) … 오늘날과 같이 심한 적이 없습니다. 중국(명)은 우리나라에 있어서 곧 부모요, 오랑캐(청)는 우리나라에 있어서 곧 부모의 원수입니다. 신하된 자로서 부모의 원수와 형제가 되어서 부모를 저버리겠습니까. 하물며 임진전쟁의 일은 터럭만한 것도 황제의 힘이어서 우리나라가 살아 숨쉬는 한 은혜를 잊기 어렵습니다. … (중략) … 차라리 나라가 없어질지라도 의리는 저버릴 수 없습니다.
– 《인조실록》 –

2 근세의 경제

1 경제 정책

출제 포인트

과전법은 자주 출제된다.

■ 경제 정책

중농 정책	농경지 확대와 양전 사업, 농업 기술 개발, 조세 부담 경감
상공업 통제	유교적 경제관으로 소비 억제, 화폐 유통·상공업 활동·무역 등은 부진

■ 과전법의 변화

과전법(1391)	직전법(세조)	직전법(성종, 관수관급제)	직전법 폐지(명종)
1. 전·현직 관리	1. 현직 관리	1. 국가가 수조 대행	1. 전주 전객제 소멸
2. 수신전, 휼양전 세습	2. 사적 소유 확대 계기	2. 국가의 토지 지배력 강화	2. 결과 : 지주 전호제의 발달

농본주의 경제 정책

조선은 재정 확충과 민생 안정을 위한 방안으로 농본주의 경제 정책을 내세웠습니다. 그리하여 건국 초부터 토지 개간을 장려하고 **양전 사업**을 실시한 결과, 고려 말에 50여만 결이었던 경지 면적이 15세기 중엽에는 160여만 결로 증가하였습니다. 또 농업 생산력을 향상시키기 위해 새로운 농업 기술과 농기구를 개발하여 민간에 보급하였으며, 농민의 조세 부담을 줄여 농민 생활을 안정시키려 하였습니다.

반면 상공업자가 허가 없이 마음대로 영업하는 것을 규제하였습니다. 더욱이 당시 사회에서는 사·농·공·상 간의 직업적인 차별이 있어 상공업자들이 제대로 대우받지 못하였습니다. 검소한 생활과 절약 정신을 미덕으로 여겨 소비는 억제되었고, 자급자족적인 농업 중심의 경제로 인하여 화폐 유통, 상공업 활동, 무역 등이 대체로 부진하였습니다.

16세기에 이르러 국가의 농민에 대한 통제력이 약화되고 상공업이 발전하면서 상공업에 대한 통제 정책도 해이해졌습니다. 이후 국내 상공업과 무역이 활발하게 전개되었습니다.

■ 실제 수세 결수
■ 원장부 결수

조선 초기 토지 결수의 변화

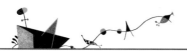

과전법의 시행과 변화

고려 말 위화도 회군으로 실권을 장악한 혁명파 신진 사대부는 **과전법**을 실시하였습니다. 과전법의 시행으로 종래 권문세족이 차지한 사전이 혁파되고, 국가 지배의 공전이 증가했으며, 관료들에게 과전을 지급하여 신진 사대부의 경제적 기반을 마련하였습니다. 과전법에 따라 관료들은 최고 150결에서 최하 10결의 토지를 수조지로 받게 되었습니다. 모든 토지는 1결당 30두의 전조를 받는 것으로 조세율을 내렸습니다.

과전은 경기 지방의 토지로 지급하였는데, 받은 사람이 죽거나 반역을 하면 국가에 반환하도록 하였습니다. 그러나 죽은 관료의 가족들이 생계를 유지할 수 있도록 하기 위해 받았던 토지 중 일부를 수신전*, 휼양전* 등으로 다시 지급하여 세습이 가능하였고, 공신전도 세습할 수 있었습니다. 이렇게 토지가 세습되자 새로 관직에 나간 관리에게 줄 토지가 부족하게 되었습니다. 이에 세조 때에는 현직 관료에게만 수조권을 지급하는 **직전법**을 시행하였습니다.

수조권을 받은 관리는 스스로 그 해의 생산량을 조사하여 10분의 1을 농민에게 세금으로 거두었습니다. 이 과정에서 양반 관료가 퇴직 또는 사망 후의 생활 안정을 위해 과다하게 수취하는 일이 잦았습니다. 이를 시정하기 위해 성종 때 지방 관청에서 그 해의 생산량을 조사하여 조세를 거둔 후, 관리에게 나누어 주는 방식으로 바꾸었습니다(1470, **관수관급제**). 이에 따라 양반 관료들이 수조권을 빌미로 토지와 농민을 지배하는 방식은 사라지고 국가의 토지 지배권이 강화되었습니다.

16세기 중엽에는 직전법이 폐지되어 수조권 지급 제도가 없어졌습니다.

전주 전객제 국가로부터 수조권을 분급받은 관리(전주)가 그 토지를 실제로 소유·경작했던 농민(전객)으로부터 조를 수취하는 제도.

***수신전** 과전을 지급받은 관리가 죽은 뒤에 재혼하지 않은 부인에게 지급한 수조지

***휼양전** 과전을 받은 관료들 중 부모가 다 죽고 자손이 어린 경우 이들을 보살피기 위해 지급한 수조지

> **자료** 과전법의 실시
>
> 공양왕 3년 5월, 도평의사사가 글을 올려 과전을 지급하는 법을 전할 것을 요청하니 왕이 따랐다. … (중략) … 경기는 사방의 근본이니 마땅히 과전을 설치하여 사대부를 우대한다. 무릇 경성에 거주하는 자는 시산(時散)을 막론하고 과에 따라 과전을 받는다. … (중략) … 무릇 수전자가 죽은 후, 그의 아내가 자식이 있고 수신하는 자는 부의 과전 모두를 전수받고, 자식이 없이 수신하는 자의 경우는 반을 감하여 전해 받으며, … (중략) … 부모가 모두 사망하고 그 자손이 유약한 자는 마땅히 휼양하여야 하니 그 아버지의 과전 전부를 전해 받고, 20세가 되는 해에 본인의 과에 따라 받는다.
>
> – 《고려사》, 〈식화지〉 –

2 근세의 경제 활동

출제 포인트

조선 전기 경제 활동의 주요 특징을 파악하자.
주로 조선 후기와 구별하는 문제가 출제된다.

경제 활동

양반	경제 기반	과전, 녹봉, 사유지와 노비
농민 생활	농업 기술	• 2년 3작이 널리 보급, 남부 지방에 모내기법 실시 • 시비법(밑거름, 덧거름) 발달로 휴경지 소멸 • 농서 간행(농사직설, 금양잡록)
	농민 생활 안정	• 구황 방법 보급(구황촬요) • 농민 통제 : 호패법, 오가작통법
수공업	관영 수공업	공장안에 장인을 등록시켜 관청 수요품 제작
상업	시전	• 왕실이나 관청에 물품을 공급하는 대신 특정 상품에 대한 독점 판매권 부여 • 경시서(평시서)에서 불법적인 상행위 감독
	장시	16세기 전국으로 확대, 보부상의 활약
	화폐	저화, 조선통보 보급 → 유통 부진
	무역	명(사신 왕래 시 공무역과 사무역), 여진(무역소), 일본(왜관 무역)

농업의 발달

고려 후기	농상집요(이암)
조선 초기	농사직설(정초)
	금양잡록(강희맹)
조선 후기	농가집성(신속)
	색경(박세당)
	산림경제(홍만선)
	임원경제지(서유구)

시대별 주요 농서

조선 시대에 가장 중요한 경제적 토대는 농업이었습니다. 이에 정부는 농업 생산력을 높여 백성의 생활을 안정시키고 국가의 안정을 도모하였습니다. 정부는 개간을 장려하여 농경지를 확대하고, 각종 수리 시설을 확충하여 안정적으로 농사지을 수 있는 기반을 마련하였습니다. 또한 농업 기술을 향상시키기 위해 《농사직설》,《금양잡록》 등 농서를 간행하여 보급하였습니다. 특히, 세종 때 정초 등이 편찬한 **《농사직설》**은 농민의 실제 경험을 종합하여 정리한 것으로, 우리나라 풍토에 맞는 씨앗의 저장법, 토질의 개량법, 모내기법 등이 실려 있습니다.

밭농사에서는 조, 보리, 콩의 2년 3작이 널리 행해졌으며, 남부 지방에는 모판에서 모종을 길러 이를 논에 옮겨 심는 모내기법이 보급되어 벼와 보리의 이모작이 가능해 생산량을 증가시킬 수 있었습니다. 시비법도 발달하여 밑거름*과 덧거름*을 주게 되면서 경작지를 묵히지 않고 계속해서 농사지을 수 있었습니다. 농촌 여러 곳에서 목화를 재배하여 의생활이 개선되었고, 과수나 약초 재배도 확대되었습니다.

이런 농업 기술의 발달에도 불구하고 농민 생활은 쉽게 나아지지 않

*밑거름 논·밭에 작물을 심기 전에 사용하는 비료

*덧거름 작물이 자라는 과정에 추가로 사용하는 비료

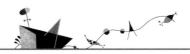

았습니다. 자연재해와 고리대, 그리고 세금 부담 때문에 자기 소유의 토지를 팔고 소작농이 되는 농민이 많았습니다. 이들은 지주에게 소작료로 수확의 반 이상을 내야 하는 어려운 처지에 놓여 있었습니다. 토지를 상실한 농민이 고향을 떠나 떠돌아다니게 되자, 정부에서도 대책을 마련하였습니다. 정부는 잡곡, 도토리, 나무껍질 등을 가공하여 먹을 수 있는 구황 방법을 제시하는 동시에 **호패법, 오가작통법** 등을 강화하여 농민의 유망을 막고 통제하였습니다. 지주인 지방 양반들도 향약과 사창을 시행하여 농촌 사회를 안정시키려 하였습니다.

구황촬요 흉년이 들었을 때 대처하는 방법을 기록한 책으로 명종 때 간행되었다. 영양실조로 중태에 빠진 사람들의 구급법, 비상 식량 조리법, 중환자의 소생에 필요한 비상용 술을 담그는 법 등을 담고 있다.

수공업의 발달

조선은 고려보다 관영 수공업 체제를 체계적으로 정비하였습니다. 전문적인 기술자를 공장안에 등록시켜 서울과 지방의 각급 관청에 소속시키고, 이들로 하여금 의류, 활자, 화약, 무기, 문방구, 그릇 등 관청에서 필요한 물품을 제조하여 납품하게 하였습니다. 관청에 등록된 장인(관장)들은 의무 국역으로서 1년에 몇 달 동안 교대로 관청에 나가서 관청의 수요품을 제조하고 식비를 지급받았습니다. 자신의 책임량을 초과한 생산품에 대해서는 세금을 내고 판매하여 가계를 꾸렸습니다. 국역을 마친 장인들은 의식주에 필요한 물품을 만들어 시장에 판매하고, 그 대신 국가에 일정한 공장세를 납부했습니다. 관영 수공업은 16세기에 들어와 부역제가 해이해지고 상업이 발전하면서 점차 쇠퇴하기 시작하였습니다.

관영 수공업자 이외에 민영 수공업자도 있었는데, 이들은 주로 농민을 상대로 농기구 등의 물품을 만들어 공급하였고, 양반의 사치품도 생산하였습니다. 이 밖에 농가에서 자급자족의 형태로 생활필수품을 만드는 가내 수공업이 있었습니다. 무명, 명주, 모시, 삼베 등이 주로 생산되었는데, 특히 목화 재배가 확대 보급되면서 무명 생산이 점차 증가하였습니다.

상업과 무역 활동

조선은 고려보다도 상업 활동에 대한 통제를 강화하였습니다. 한양으로 천도하면서 종로 거리에 시전을 조성하고, 개경의 시전 상인을 한양으로 이주시켜 장사하게 하는 대신에 점포세와 상세를 거두었습니다. 시전 상인은 왕실이나 관청에 물품을 공급하는 대신에 특정 상품에 대한 독점 판매권을 부여받았습니다. 이들 시전 중에서 명주, 종이, 어물, 모시, 삼베, 무명을 파는 점포가 가장 번성하였는데, 후에 이를 **육의전**이라 하였습니다. 한편 정부는 시전 상인들의 불법적인 상행위를 통제하기 위해 경시서를 두었습니다.

15세기 후반부터 지방의 농민들이 잉여 생산품을 사고 파는 **장시**가 등장하기 시작하였습니다. 장시는 16세기 중엽에 이르러서는 전국적으로 확대되고, 점차 며칠에 한번씩 열리는 정기 시장으로 발전하였습니다. 장시에서는 보부상*들이 농산물, 수공업 제품, 수산물, 약재 등을 판매하여 유통시켰습니다.

정부에서는 지폐인 **저화**와 함께 구리 돈인 **조선통보**를 발행하였으나, 농민들은 화폐 대신에 쌀과 무명을 지급 수단으로 사용하였기 때문에 화폐의 유통은 부진하였습니다.

조선은 기본적으로 주변 국가와의 무역을 통제하였습니다. 명과는 사신들이 왕래할 때 하는 공무역과 사무역을 허용하였습니다. 여진과는 국경 지역에 설치한 무역소를 통하여 교역하였고, 일본과는 동래에 설치한 왜관을 중심으로 무역을 하였습니다. 그러나 국경 부근에서 이루어지는 사무역은 엄격하게 감시를 받았습니다.

*보부상 보부상이랑 보상(봇짐장수)와 부상(등짐장수)를 말한다. 이들은 자신들의 이익을 지키고 단결을 굳게 하기 위하여 보부상단이라는 조합을 이루고 있었다.

	성종	건원중보(철전)
고려	숙종	• 해동통보 • 삼한통보 • 은병(활구)
조선	태종	저화
	세종	조선통보
	숙종	상평통보
근대	고종	• 당백전(1866) • 당오전(1883) • 백동화(1892)

주요 화폐

③ 수취 제도

출제 포인트

연분 9등법과 조운에 대해 알아두자.
대동법과 균역법은 자주 출제된다.

토지세의 변화

초기	조선 전기	조선 후기
과전법	연분 9등법(세종)	영정법(인조)
$\frac{1}{10}$ (최고 30두)	전분 6등법(세종)	
	(수등이척법)	

조선은 토지에 부과하는 조세, 집집마다 특산물을 현물 징수하는 공납, 정남에게 부과하는 군역과 요역 등을 통해 국가 재정을 운영하였습니다.

토지 소유자는 원칙적으로 국가에 조세를 납부할 의무가 있었습니다. 조세는 과전법의 경우에 수확량의 10분의 1을 내는데, 1결의 최대 생산량을 300두로 정하고, 매년 풍흉을 조사하여 납부액을 조정하였습니다.

세종 때에는 농민 부담의 경감과 공평 과세를 위해 공법을 시행하였습니다. 그 결과 토지의 비옥도를 6등급으로 나누고(**전분 6등법**), 풍흉의 정도를 9등급으로 나누어(**연분 9등법**), 조세 액수를 1결당 최고 20두에서 최하 4두로 정하였습니다.

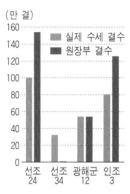

조선 중기 토지 결수의 변화

양 난 이후 많은 농경지가 황폐해지고 전세 제도가 문란해졌습니다. 임진전쟁 직전 150만 결에 이르던 전국의 토지 결수는 30여만 결로 크게 줄었습니다. 이에 정부는 개간을 권장하면서 전국적인 양전 사업을 전개하여 양안에 누락된 토지(은결)를 찾아내어 전세 수입원을 증대시키려고 노력하였습니다. 한편 농촌 사회의 안정을 위해 인조 때 **영정법**을 실시하였습니다(1635). 이에 따라 농민은 풍흉에 관계없이 토지 1결당 미곡 4두의 전세를 부담하게 되었습니다.

영정법의 시행으로 전세의 비율이 이전보다 다소 낮아졌지만, 대다수의 농민에게 크게 도움이 되지 못하였습니다. 전세를 납부할 때에 여러 명목의 수수료, 운송비, 자연 소모에 대한 보충

조운

비용 등이 함께 부과되었기 때문에 오히려 부담이 더 늘어났습니다.

군현에서 거둔 조세는 강가나 바닷가의 조창으로 모아져 전라도·충청도·황해도는 바닷길로, 강원도는 한강, 경상도는 낙동강과 남한강을 통하여 경창으로 운송하였습니다. 평안도와 함경도의 조세는 군사비나 사신 접대비로 현지에서 쓰고 경창으로 나르지 않았습니다. 이것을 '잉류 제도'라고 합니다.

> **자료　연분 9등법의 시행**
>
> 각 도의 수전(水田), 한(旱田)의 소출 다소를 자세히 알 수가 없으니, 공법(貢法)에서의 수세액을 규정하기가 어렵습니다. 지금부터는 전척(田尺)으로 측량한 매 1결에 대하여, 상상(上上)의 수전에는 몇 석을 파종하고 한전에서는 무슨 곡종 몇 두를 파종하여, 상상년에는 수전은 몇 석, 한전은 몇 두를 수확하며, 하하년에는 수전은 몇 석, 한전은 몇 석을 수확하는지, … (중략) … 각 관의 관둔전에 대해서도 과거 5년간의 파종 및 수확의 다소를 위와 같이 조사하여 보고토록 합니다.　– 〈세종실록〉 –

공납의 변화

15세기	불산과세	16세기	대공수미법	17세기 초
공납		방납의 폐단		대동법(쌀, 베, 돈)

- 공납의 전세화 경향
- 공인 → 상품 화폐 경제 발달

대동세의 징수와 운송

공납은 각 지역의 특산물을 현물로 거두어 국가가 필요로 하는 물품을 조달하는 제도였습니다. 공납은 중앙 관청에서 군현에 물품과 액수를 할당하면 각 군현은 이를 각 가호에 다시 할당하여 거두었습니다. 그런데 공물은 납부 기준에 맞는 품질과 수량을 맞추기 어려웠기 때문에 조세보다 부담이 훨씬 컸습니다. 16세기에 이르러 중앙 관청의 서리가 공물을 미리 국가에 대신 내고 그 대가를 비싸게 책정해서 농민에게 받아내는 방납의 폐단이 나타났습니다. 공납의 폐단을 개선하기 위해 어떤 지역에서는 공물을 현물 대신 쌀로 거두는 수령도 나타났고, 이이와 유성룡 등은 공물을 쌀로 거두는 수미법을 주장하기도 하였습니다.

임진전쟁 이후 부족한 국가 재정을 보완하고 농민의 부담을 경감시키기 위해 대동법이 실시되었습니다. **대동법**은 광해군 때 경기도에 시험적으로 시행되고, 점차 전국으로 확대되어 숙종 34년에 평안도와 함경

도를 제외한 전국에서 실시되었습니다. 정부는 대동법을 관할하는 관청으로 선혜청을 새로 설치하였습니다.

대동법의 실시로 과세 기준과 공물 납부 방식이 바뀌었습니다. 민호를 대상으로 현물을 징수하는 대신 토지 결수에 따라 쌀, 삼베나 무명, 동전 등으로 납부하게 하였습니다. 대동법에 따라 농민들은 대체로 토지 1결당 미곡 12두만을 납부하였습니다. 이 때문에 토지가 없거나 적은 농민에게 과중하게 부과되었던 공물 부담은 없어지거나 어느 정도 경감되었습니다.

대동법 실시 이후 어용상인인 **공인**이 등장하였습니다. 이들은 관청에서 공가를 미리 받아 필요한 물품을 사서 납부하였습니다. 공인들이 시장에서 많은 물품을 구매하였으므로 상품 수요가 증가하였습니다. 농민들도 대동세를 내기 위해 토산물을 시장에 내다 팔아 쌀, 베, 돈을 마련하였습니다. 이와 같이 물품의 수요와 공급이 증가하면서 상품 화폐 경제가 한층 발전하였습니다.

대동법의 시행으로 매년 정기적으로 바치는 상공은 없어졌지만, 진상이나 별공은 그대로 남아 현물 징수가 완전히 폐지되지는 않았습니다.

> **자료 방납의 폐단**
>
> 지방에서 토산물을 공물로 바칠 때 (중앙 관청의 서리들이) 공납을 일체 막고 본래 값의 백배가 되지 않으면 받지도 않습니다. 백성들이 견디지 못하여 세금을 못내고 도망하는 자가 줄을 이었습니다.
>
> — 《선조실록》 —

군역의 변화

16세에서 60세까지의 남자는 군역과 요역의 의무를 부담했습니다. 군역은 일정 기간 군사로 복무하는 정군과 정군을 경제적으로 지원하는 보인으로 나뉘었습니다. 양반, 서리, 향리 등은 관청에서 일하기 때문에 군역에 복무하지 않았습니다.

요역은 물자의 생산 및 수송, 토목 공사에 노동력을 무상으로 징발하는 제도입니다. 초기에는 가호를 기준으로 정남의 수를 고려하여 동원하였습니다. 그러다가 성종 때에 경작하는 토지 8결을 기준으로 한 사람씩 동원하고, 1년 중에 동원할 수 있는 날도 6일 이내로 제한하였습니다.

16세기 이후 농민 생활이 점차 어려워지고 요역 동원이 농사에 지장을 초래하게 되자 농민들이 요역 동원을 기피하게 되었습니다. 결국 정부는 왕릉 축조, 성곽 보수 등 각종 토목 공사에 농민 대신 군인을 동원하게 되었습니다. 그러나 군인 역시 이런 힘든 요역을 기피하였습니다. 이로 인해 다른 사람을 사서 군역을 대신하게 하는 대립제가 나타나고, 관청이나 군영에서 군역에 복무해야 할 사람에게 포를 받고 군역을 면제해 주는 방군수포가 불법적으로 행해졌습니다. 중종 때 이르러 국가가 군포 수취를 양성화하여 매년 군포 2필을 받고 군역을 면해 주는 **군적 수포제**를 시행하였습니다.

양 난 이후 5군영이 성립되어 모병제가 제도화되었습니다. 군영의 경비는 양인이 납부하는 군포에 의해 충당되었습니다. 그러나 5군영은 물론 지방의 감영이나 병영까지도 독자적으로 군포를 징수하였습니다. 이 때문에 장정 한 명에게 이중 삼중으로 군포를 부담시키는 경우가 많았고, 그들이 바치는 군포의 양도 소속에 따라 2필 또는 3필 등으로 달랐습니다.

국가는 군포의 총액을 미리 정해 놓고 이것을 마을 단위로 할당하여 부과하는 방법을 택하였습니다. 그러나 각 마을은 실제 장정 수보다 많은 군포를 연대 책임으로 징수하는 경우가 많았습니다. 공명첩을 사서 양반이 되거나, 군포를 피해 도망치는 농민들이 증가했기 때문입니다. 농민들은 양반이 내지 않는 군포나 이웃 혹은 친척의 군포까지 떠맡아야 하고, 이미 죽은 사람이나 어린아이조차 군포를 부담하였습니다. 이러한 군포의 폐단은 17세기 말에서 18세기 초에 걸쳐 가장 심하여, 군역은 양인의 부담 중에서 가장 큰 비중을 차지하였습니다.

이에 군역의 폐단을 시정하려는 개혁 방안이 논의되고 마침내 1750년(영조 26) **균역법**이 시행되었습니다. 이로 인해 농민들은 1년에 군포 1필만 부담하면 되었습니다. 균역법의 시행으로 감소된 재정을 보충하기 위해 정부는 지주에게 토지 1결당 미곡 2두를 결작으로 부담시키고, 일

군포의 폐단
- 인징·족징 : 도망간 농민 몫의 군포를 이웃이나 친척에게 대신 징수하는 행위
- 백골징포 : 죽은 자에게도 군포를 징수하는 행위
- 황구첨정 : 어린아이에게 군포를 징수하는 행위

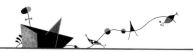

부 상류층에게 선무군관*이라는 칭호를 주고 군포 1필을 납부하게 하였으며, 어장세·선박세 등 잡세 수입을 균역청에서 관할하게 하였습니다. 그러나 토지에 부과되는 결작의 부담을 지주들이 소작 농민에게 전가하고, 군적 문란이 심해지면서 농민의 부담은 다시 가중되었습니다.

*선무군관(選武軍官) 군포 1필을 납부하는 선무군관은 양반층이 아니면서 양반 행세를 하였는데, 이들은 대체로 지방의 토호나 부유한 집안의 자제들이었다.

자료 균역법

나라의 100여 년에 걸친 고질적인 병폐로 가장 심한 것은 양역(良役)이다. 호포니 구전이니 유포니 결전이니 하는 주장들이 분분하게 나왔으나 적당히 따를 만한 것이 없다. 백성은 날로 곤란해지고 폐해는 갈수록 심해지니, 혹 한 집안에 부자조손(夫子祖孫)이 군적에 한꺼번에 기록되어 있거나, 혹은 3, 4명의 형제가 한꺼번에 군포를 납부해야 하며, 또한 이웃의 이웃이 견책을 당하고, 친척의 친척이 당하고, 황구(젖 먹는 아기)는 젖 밑에서 군정에 편성되고, 백골은 지하에서 징수당하며, 한 사람이 도망하면 열 집이 보전되지 못하니, 비록 좋은 재상과 현명한 수령이라도 역시 어찌할지를 모른다.

– 〈영조실록〉 –

시기	최대 부담	해결책
16세기	방납	대동법
17세기	군포	균역법
19세기	환곡	사창제

농민의 최대 부담과 해결책

3 근세의 사회

① 양반 관료 중심의 사회

출제 포인트
각 신분의 지위와 역할에 대해 간략하게 알아두자.

■ 조선의 신분 제도

양반	• 개념 변화 : 문무 관직자 → 신분적 개념으로 발전(가문, 사족) • 지위 : 관인층(정치)이자 지주층(경제), 생산 활동에 종사하지 않고 현직 또는 예비 관료 • 특권 : 각종 국역 면제
중인	• 구성 : 기술관 + 서얼 + 서리와 향리 • 서리, 향리, 기술관 : 직역 세습, 같은 신분 간 통혼, 전문 기술·행정 실무 담당 • 서얼 : 문과 응시 금지(서얼금고법), 무과나 잡과를 통해 관직 등용
상민	• 지위 : 평민, 법적으로 과거 응시 가능 • 유형 : 농민, 상인, 수공업자, 신량역천인
천민	• 유형 : 노비가 대다수 • 노비 : 일천즉천, 매매와 상속 가능

양천 제도와 반상 제도

조선 사회는 신분을 양인과 천민으로 구분하는 양천 제도를 법제화하였습니다. 양인은 과거에 응시하고 벼슬길에 오를 수 있는 자유민으로, 조세, 공납, 국역 등의 의무를 지고 있었습니다. 천민은 비자유민으로, 개인이나 국가에 소속되어 천역을 담당하였습니다.

그러나 양천제는 법적인 규정으로만 존재하였고, 실제로는 지배층인 양반과 피지배층인 상민 간의 차별을 두는 반상 제도가 일반화되고, 양반, 중인, 상민, 천민의 신분 제도가 점차 정착되었습니다. 조선 시대는 엄격한 신분제 사회였으나, 고려에 비해 신분 간 이동의 폭은 넓었습니다. 법적으로 양인이면 누구나 과거에 응시하여 관직에 진출할 수 있었고, 양반도 죄를 지으면 노비가 되거나 경제적으로 몰락하여 중인이나 상민이 되기도 하였습니다.

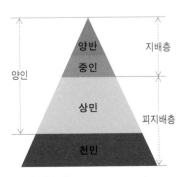

조선의 신분 제도

양반

양반은 본래 문반과 무반 관료를 아울러 부르는 명칭이었습니다. 그러나 양반 관료 체제가 점차 정비되자 그 가족이나 가문까지도 양반으로 부르게 되면서 지배층을 의미하는 하나의 신분 개념이 되었습니다.

양반은 토지와 노비를 소유하여 경제적으로 여유로웠으며, 생산에 종사하지 않고 유학이나 과거 공부에 전념할 수 있었습니다. 그리고 과거, 천거 등을 통하여 국가의 고위 관직을 독점하였으며, 사회적으로도 각종 국역을 면제받는 특권을 누렸습니다.

중인

중인은 넓은 의미로는 양반과 상민의 중간 신분 계층을 뜻하고, 좁은 의미로는 기술관만을 가리킵니다. 서리와 향리 및 기술관 등의 중인은 직역을 세습하고 같은 신분 안에서 혼인하였으며 관청에서 가까운 곳에 거주하였습니다.

양반과 그의 첩 사이에서 태어난 **서얼**은 중인과 같은 신분적 처우를 받았으므로 중서라고도 불렸습니다. 이들은 법적으로 문과에 응시하는 것이 금지되었고, 간혹 무반직에 등용되기도 하였습니다.

중인은 양반들로부터 멸시와 하대를 받았으나, 대개 전문 기술이나 행정 실무를 담당하였으므로 나름대로 행세할 수 있었습니다. 예를 들어 역관은 사신을 수행하면서 무역에 관여하여 이득을 보았으며, 향리는 토착 세력으로서 수령을 보좌하면서 위세를 부리기도 하였습니다.

상민

상민은 평민 또는 양인으로도 불렸는데, 백성의 대부분을 차지하는 농민, 수공업자, 상인 등이었습니다. 이들은 과거에 응시할 권리가 있었지만, 과거 준비에는 많은 시간과 비용이 들었으므로 상민이 과거에 응시하는 것은 매우 어려웠습니다. 따라서 전쟁이나 비상시에 공을 세우는 등의 경우가 아니면 상민의 신분 상승 기회는 그리 많지 않았습니다.

대부분의 농민들은 자영농민이거나 전호로서 조세, 공납, 부역 등의 의무를 지고 있었습니다. 수공업자는 공장으로 불리며, 관영이나 민영 수공업에 종사하였습니다. 상인은 시전 상인과 행상 등이 있었는데, 국가의 통제 아래 상거래에 종사하였으며 이들에게는 공장세와 상인세가 부과되었습니다. 한편 양인 중에도 천역을 담당하는 계층이 있었는데, 이들을 **신량역천***이라 하였습니다.

***신량역천** 수군, 조례(관청의 잡역 담당), 나장(형사 업무 담당), 일수(지방 고을 잡역), 봉수군(봉수 업무), 역졸(역에 근무), 조졸(조운 업무) 등 칠반천역은 신분상으로는 양인이면서 직업이나 부과된 역이 천역인 계층이다.

천민

최하층 신분인 천민은 대부분 노비였습니다. **노비**는 재산으로 취급되어 매매, 상속, 증여의 대상이 되었습니다. 노비는 학교와 벼슬길에 나갈 수 없었지만, 대신 국역의 의무도 없었습니다. 부모 중 한쪽이 노비일 경우, 그 자녀도 자연히 노비가 되는 제도가 일반적으로 시행되었습니다(일천즉천).

국가에 소속된 공노비는 관청의 잡무를 처리하거나 관청 소속의 토지를 경작하였으며, 일부는 관청의 물품을 제작하였습니다. 개인이 소유한 사노비는 주인의 집에서 거주하는 솔거 노비와 주인과 떨어져 독립된 생활을 하면서 신공을 바치는 외거 노비가 있었습니다. 외거 노비는 독립된 가정생활과 토지 경영이 보장되어 일반 농민과 비슷한 처지에 있었습니다. 한편 백정, 무당, 창기, 광대 등도 천대받는 신분이었습니다.

공노비	입역 노비
	납공 노비
사노비	솔거 노비
	외거 노비

노비의 종류

② 사회 정책과 사회 시설

출제 **포인트**

사회 제도를 꼭 구별하여 알아두자.

사회 구호 제도

사회 시설	• 환곡 제도 : 의창(15세기), 상평창(16세기) 이후 고리대로 변질 • 사창 제도 : 향촌 사회에서 주민 자치적으로 진휼 → 향촌 사회 통제, 농민 생활 안정
의료 시설	• 혜민국, 동·서 대비원 : 수도권에 거주하는 서민 환자의 구제와 약재 판매 • 제생원 : 지방민의 구호 및 진료 • 동·서 활인서 : 여행자, 유랑자의 수용과 구휼 담당

법률

형벌	• 대명률 적용, 반역죄와 강상죄를 중범죄로 규정 • 형벌의 종류 : 태(笞), 장(杖), 도(徒), 유(流), 사(死)
민법	• 지방관(관찰사, 수령)이 관습법에 따라 처리 • 노비 소송(초기) → 중기 이후 산송(山訟)

사회 구호 제도

조선은 농민의 안정을 위해 양반 지주들의 토지 겸병을 억제하고, 농번기에는 농민들의 잡역 동원을 금지하여 안정적으로 농사에 전념할 수 있도록 하였습니다. 각종 재해를 당한 농민에게는 조세를 덜어 주기도 하였습니다.

이러한 시책에도 불구하고 농민의 생활이 자주 어려움을 당하자 국가에서는 의창, 상평창 등을 설치하고 **환곡*제도**를 실시하여 어려운 농민들을 구제하였습니다. 일부 지역에서는 지방 양반이 주도하여 자치적으로 사창 제도를 시행하였습니다. **사창 제도***는 양반 지주들이 향촌의 농민 생활을 안정시켜 양반 중심의 향촌 질서를 유지하기 위한 것이었습니다.

의료 시설로는 혜민국, 동·서 대비원, 제생원, 동·서 활인서 등이 있었습니다. 혜민국과 동·서 대비원은 수도권 안에 거주하는 서민 환자의 구제와 약재 판매를 담당하였고, 제생원은 지방민의 구호 및 진료를 담당하였습니다. 동·서 활인서는 유랑자의 수용과 구휼을 담당하였습니다.

***환곡** 춘궁기에 양식과 종자를 빌려 준 뒤에 추수기에 회수하는 제도이다. 본래 의창에서 담당하였지만 의창은 빌려 준 원곡만을 받았기 때문에 곧 원곡이 없어지게 되었다. 그리하여 상평창에서는 모곡이라 하여 원곡의 소모분을 감안한 10%의 이자를 거두었다.

***사창 제도** 마을 단위로 설치되어 기근에 대비하고 빈민에게 대출하는 마을 공동 곡물 대출 제도이다.

법률

*대명률 명의 기본 법전으로 태·장·도·유·사의 5형 형벌 체제인 당률(唐律)을 계승하면서 자자(글자로 문신을 새기는 일)와 능지처사 같은 극형을 추가하였다.

관습법으로 사회 질서를 유지한 고려 시대와 달리, 조선 시대에는 《경국대전》 등 법전에 의거해 형벌과 민사에 관한 사항을 처리하였습니다.

형벌은 《대명률》*을 따랐는데, 죄의 경중에 따라 태, 장, 도, 유, 사의 5종이 기본으로 시행되었습니다. 반역죄와 강상죄는 가장 중한 범죄로 취급되어 범인은 물론 부모, 형제, 처자까지도 함께 처벌하는 연좌제가 시행되었습니다. 심한 경우 범죄가 발생한 고을의 호칭을 강등하거나 수령을 파면하기도 하였습니다.

민법에 관한 사항은 대개 관습을 따랐고 관찰사와 수령 등 지방관이 처리하였습니다. 초기에는 노비와 관련된 소송이 많았으나, 나중에는 남의 묘지에 자기 조상의 묘를 쓰는 데에서 발생하는 산송이 주류를 이루었습니다.

중앙	의금부	왕명에 의한 특별 재판소
	사헌부	감찰 기관, 관리의 풍기 단속
	형조	사법 행정의 감독 기관, 일반 사건에 대한 재심 기관
	한성부	수도의 치안과 일반 행정 담당, 토지·가옥에 대한 소송 담당
	장례원	노비의 관리와 소송
지방	관찰사와 수령이 각각 관찰 구역 내의 사법권 행사	
항소	• 재판 불복시 상부 관청에 소송 제기 가능 • 신문고로 임금에게 호소	

사법 기관

조선의 사법 기관은 행정 기관과 명확히 구분되지 않았습니다. 중앙에는 관리의 잘못이나 중대한 사건을 재판하는 사헌부, 의금부, 형조와 수도의 치안을 담당하는 한성부, 그리고 노비에 관련된 문제를 처리하는 장례원이 있었습니다. 지방에서는 관찰사와 수령이 각각 관할 구역 내의 사법권을 가졌습니다.

재판에 불만이 있을 경우에는 사건의 내용에 따라 다른 관청이나 상부 관청에 소송을 제기할 수도 있었고, **신문고**나 징을 쳐서 임금에게 직접 호소하는 방법도 있었으나, 일반적으로 시행되지는 않았습니다.

③ 향촌 사회의 조직과 운영

출제 포인트

향약과 서원은 자주 출제된다. 꼭 알아두자.

향촌 사회

주체	조직	활동
지방 양반 (사족)	유향소	• 역할 : 수령 보좌, 향리 규찰, 풍속 교정 • 변화 : 향소 또는 향청으로 명칭 변경, 향안 작성 · 향규 제정
	향약	• 중종 때 조광조가 보급, 유교적 농민 조직 • 향촌 사회의 질서 유지, 치안 담당, 지방 사림의 지위 강화
농민 공동체	두레	공동 노동의 작업 공동체
	향도	불교 신앙 조직이자 동계 조직, 상을 당했거나 어려운 일이 생겼을 때 상호 부조
국가의 통제	면리제, 오가작통제	

향촌 사회의 모습

향촌은 중앙과 대칭되는 개념으로, 향은 행정 구역상 군현의 단위를 말하며, 촌은 촌락이나 마을을 의미합니다.

조선의 건국에 참여하지 않았던 일부 신진 사대부들은 향촌에 살면서 중소 지주로서 학문과 교육에 힘쓰고 있었습니다. 이들은 향촌의 자치 기구로 유향소를 구성하여 수령을 보좌하고 향리를 감찰하며 지방의 백성들을 교화하는 역할을 하였습니다. 중앙 정부는 경재소를 두어 현직 관료로 하여금 연고지의 유향소를 통제하게 하였습니다. 한편 **유향소**는 점차 향소 · 향청으로 명칭이 변경되고 역할이 달라졌으며, 1603년에는 경재소가 폐지되었습니다.

유향소의 구성원은 향안*(사족 명부)을 작성하고 향회의 운영 규칙인 향규를 제정하였습니다. 향안에 이름이 오른 사족은 그들의 총회인 향회를 통하여 자신들의 결속을 다지고 지방민을 통제하였습니다.

지방 사족은 향촌 사회를 그들 중심으로 운영하기 위해 향약을 만들어 운영하였습니다. **향약**은 중종 때 조광조 등이 중국의 《여씨향약》을 번역하고 4대 덕목을 전파하면서 보급되기 시작하였습니다. 향약은 향촌 사회의 전통적 공동 조직과 미풍양속을 계승하면서 유교 윤리를 가미하여 구성하였습니다. 향약은 향촌 사회의 질서 유지와 함께 치안까지 담당하는 등 향촌의 자치 기능을 맡았습니다. 향약의 보급으로 지방

***향안** 조선 시대 지방에 거주하는 사족들의 명단으로, 여기에 이름이 오른 사람들의 모임을 향회라고 한다.

향약의 4대 덕목
• 착한 일을 서로 권한다.
• 잘못된 것을 서로 규제한다.
• 서로 예절을 지킨다.
• 어려운 일을 서로 돕는다.

사림의 지위는 강화되었으나, 지방 유력자가 주민을 위협, 수탈하는 배경을 제공하는 등 부작용도 적지 않았습니다.

촌락의 구성과 운영

촌락은 농민 생활의 기본 단위이자 향촌을 구성하는 기본 단위로, 자연촌으로 존재하면서 동(洞), 이(里)로 편제되었습니다. 정부는 촌락 주민에 대한 지배를 원활히 하기 위해 조선 초기에 면리제를 도입하고, 17세기 중엽 이후에는 오가작통제를 강화하였습니다. 향민 중에서 선임된 면장과 이정은 수령의 명령에 따라 조세, 군정, 환곡 징수 등의 임무를 담당하였습니다. **오가작통제**는 서로 이웃하고 있는 다섯 집을 하나의 통으로 묶고, 여기에 통수를 두어 통 내를 관장하게 한 것입니다.

조선 시대 향촌 사회에는 주로 양반이 거주하는 반촌(班村)과 평민이 거주하는 민촌(民村)이 나타나기도 하였습니다. 그러나 대개의 향촌에서는 두서너 개의 씨족이 서로 인척 관계를 맺고 있었으며, 양반과 평민, 천민이 섞여 살았습니다.

촌락의 농민들은 두레, 향도와 같은 농민 조직을 통해 어려운 일을 함께 하였습니다. **두레**는 모내기, 김매기 등 대규모 노동력이 필요할 때 공동 노동을 통해 생산력을 높이는 마을별 노동 조직이었습니다. **향도**는 마을 제사나 상장례 등 어려운 일이 생겼을 때 서로 돕는 활동을 하였습니다. 상여를 메는 사람인 상두꾼은 이 향도에서 유래하였습니다.

족보, 서원

성리학은 신분제 사회 질서를 유지하기 위하여 상하 관계를 중시하는 명분론을 강조하였습니다. 사족들은 가족과 친족 공동체의 유대를 통해서 문벌을 형성하고 양반으로서의 신분적 우위를 확보하고자 하였습니

다. 이 때문에 15세기 중엽부터 가족의 내력을 기록한 족보 편찬이 활발해졌습니다. **족보**는 안으로 종족 내부의 결속을 다지고 밖으로 다른 집안이나 하급 신분에 대해 우월 의식을 가지게 하였습니다. 족보는 혼인 상대자를 구하거나 붕당을 구별하는 데 중요한 자료로 활용되기도 하였습니다. 족보의 편찬과 보학의 발달은 조선 후기에 더욱 활발해져 양반 문벌 제도를 강화하는 데 기여하였습니다.

16세기 이후 각 지방에서 생겨나기 시작한 **서원**도 지방 사족들의 지위를 강화시켜 주었습니다. 선현의 제사와 교육을 주된 목적으로 하는 서원은 유교를 보급하고 향촌 사림을 결집시키는 역할도 수행하였습니다. 서원은 교육 기관이므로 정치적 반대 세력으로부터 견제를 적게 받는다는 이점과 자기 문중을 과시하는 효과도 있었기 때문에 시대가 내려올수록 더욱 번창하였습니다. 서원은 학문의 발달에 기여한 긍정적인 역할도 하였으나 같은 학파끼리의 결속을 강화시켜 붕당의 근거지가 되는 문제점도 낳았습니다.

지방 사족의 권력 기반

4 근세의 문화

1 민족 문화의 융성

> **출제 포인트**
>
> 교육 기관(향교, 서원)과 역사서(실록, 고려사, 동국통감)는 자주 출제된다.
> 주요 지도(혼일강리역대국도지도)와 지리서(동국여지승람), 윤리서(삼강행실도)를 꼭 알아두자.

▶ 역사서

시기	역사서	편찬자	활동
건국 초	고려국사	정도전	조선 건국의 정당성 옹호
15세기	고려사	김종서, 정인지	고려사를 자주적 입장에서 정리한 기전체 사서
	동국통감	서거정	고조선부터 고려 말까지의 역사를 정리한 편년체 통사
16세기	동국사략	박상	화이사관(기자 정통론)

▶ 지리서, 윤리·의례서

지리서	지도	혼일강리역대국도지도(태종), 팔도도(세종), 동국지도(세조), 조선방역지도(명종)
	지리서	신찬팔도지리지(세종), 동국여지승람(성종)
윤리, 의례서	15세기	삼강행실도(세종), 국조오례의(성종)
	16세기	이륜행실도(중종), 동몽수지(중종)

근세 문화의 특징

조선 초기의 문화는 성균관과 집현전을 통해 배출된 관학파 계열의 관료와 학자들이 주도하였습니다. 이들은 중앙 집권 체제의 강화나 민생 안정과 부국강병에 도움이 되는 것은 성리학 이외의 학문과 사상이라도 어느 정도 받아들였습니다. 이로써 민족적이면서 자주적인 성격의 민족 문화가 크게 발전할 수 있었습니다.

15세기 말부터 새로운 사회 세력으로 대두한 사림은 성리학의 이념에 충실한 사회를 건설하고자 노력하였습니다. 사림은 정몽주와 길재 계통의 학통을 계승하면서 의리와 도덕을 숭상하고, 성리학 이외의 불교나 다른 사상을 이단으로 간주하여 철저하게 배격하였습니다. 사림의 등장

으로 주자 중심의 성리학적 세계관이 조선 사회에 확립되고 의리명분과 실천을 중시하는 경향이 조선 성리학의 중요한 특징으로 자리 잡게 되었습니다.

훈민정음의 창제

우리나라는 일찍부터 한자를 이용하여 문자 생활을 하였습니다. 그러나 고유 문자가 없었기 때문에 우리말을 자유롭게 표현할 수 없었습니다. 이에 세종은 과학적이고 독창적이며 누구나 쉽게 배우고 익힐 수 있는 **훈민정음**을 창제하여 반포하였습니다(1446). 훈민정음은 그 우수성을 인정받아 1997년에 유네스코 세계 기록 유산으로 등재되었습니다.

세종은 훈민정음 보급을 위해 정음청을 설치하고, 〈용비어천가〉*, 〈월인천강지곡〉 등의 시가를 한글로 지어 간행하였습니다. 또, 한자음 연구서인 《동국정운》을 편찬하고, 불경, 농서, 윤리서, 병서 등을 한글로 번역하거나 편찬하였습니다. 그리고 서리들이 한글을 배워 행정 실무에 이용할 수 있도록 그들의 채용에 훈민정음을 시험으로 치르게 하기도 하였습니다.

*용비어천가 1445년(세종27) 편찬하여 1447년(세종29) 간행된 조선 왕조의 창업을 송영한 노래이다. 모두 125장에 이르는 서사시로 우리 국문학 작품의 첫 출발이 되었다.

역사서의 편찬

조선은 왕조의 정통성에 대한 명분을 밝히고 성리학적 통치 규범을 정착시키기 위해 역사서의 편찬에 힘썼습니다. 특히 **실록**의 편찬을 매우 중요하게 여기고 이를 국가적 차원에서 지속적으로 추진하였습니다. 왕위가 바뀌면 춘추관을 중심으로 실록청을 설치하고 사초, 시정기, 《승정원일기》 등을 모두 합하여 실록을 편찬했습니다. 《조선왕조실록》은 세계에 자랑할 만한 기록 문화유산으로 평가받고 있습니다.

조선 건국 직후 정도전은 《고려국사》를 편찬하여 고려 시대의 역사를 정리하고 조선 건국의 정당성을 밝히려 하였습니다. 이후에도 고려 시대

의의	유네스코 지정 세계 기록 문화유산(1997년 지정)
편찬	• 국왕 사후 춘추관에 실록청 설치, 편년체 • 사초(사관)와 시정기 + 보조 사료(승정원 일기, 비변사 등록, 일성록)
보관	• 4대 사고(춘추관, 충주, 성주, 전주) → 왜란 때 소실(전주 사고만 남음) • 5대 사고(춘추관, 태백산, 마니산 → 정족산, 오대산, 묘향산 → 적상산 사고)

조선왕조실록

의 역사를 자주적 입장에서 재정리하는 작업은 계속되어 15세기 중엽에 기전체의 《**고려사**》와 편년체의 《**고려사절요**》가 완성되었습니다.

우리나라의 전체 역사를 편찬하려는 노력도 계속되어 성종 때 《**동국통감**》이 간행되었습니다. 이 책은 고조선부터 고려 말까지의 역사를 정리한 편년체 통사로서, 서거정 등이 편찬에 참여하였습니다.

16세기에는 왕도 정치를 추구하는 사림들의 역사 의식을 반영하여 박상의 《**동국사략**》과 같은 역사서가 편찬 되었습니다.

> 자료 **고려사 서문**
>
> ……대개 지난 시기 흥망이 앞날의 교훈이 되기에 이 역사책을 편찬하여 올리는 바입니다, … (중략) … 이 책을 편찬하면서 범례는 사마천의 《사기》에 따랐고, 기본 방향은 직접 왕에게 물어서 결정했습니다. 〈본기〉라고 하지 않고 〈세가〉라고 한 것은 대의명분의 중요함을 보인 것입니다. 신우, 신창을 〈세가〉에 넣지 않고 〈열전〉으로 내려 놓은 것은 왕위를 도적질한 사실을 엄히 밝히려는 것입니다. 충신과 간신, 부정한 자와 공정한 자를 다 〈열전〉을 달리해 서술했습니다. 제도와 문물은 종류에 따라 나눠 놓았습니다.
> ─《고려사》─

지리서의 편찬

조선 초기에는 중앙 집권과 국방의 강화를 위해 지도와 지리책의 편찬에도 힘썼습니다.

혼일강리역대국도지도

태종 때에는 이회 등이 세계 지도인 〈**혼일강리역대국도지도**〉를 제작하였습니다. 이 지도의 필사본이 일본에 남아 있는데, 현재 남아 있는 세계 지도 중 동양에서는 가장 오래되었습니다.

세종 때에는 새로 편입된 북방 영토를 실측하여 한층 정밀한 전국 지도로서 〈팔도도〉를 만들었고, 세조 때에는 양성지 등이 〈동국지도〉를 완성하였습니다. 16세기에도 많은 지도가 만들어졌는데, 그 중에서 〈조선방역지도〉가 현재까지 전해지고 있습니다.

나라를 다스리는 데에 필요한 지리 정보를 얻기 위해 지리책의 편찬도 추진되어 세종 때 《신찬팔도지리지》, 성종 때 《**동국여지승람**》이 편찬되었습니다. 여기에는 군현의 연혁, 지세, 인물, 풍속, 산물, 교통 등이 자세히 수록되어 있습니다. 이를 보충한 《신증동국여지승람》은 중종 때 편찬되어 오늘날까지 전하고 있습니다.

윤리, 의례서와 법전의 편찬

유교적 질서를 확립하기 위해 윤리와 의례에 관한 서적의 편찬 사업도

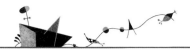

활발하게 이루어졌습니다.

세종 때에는 충신, 효자, 열녀 등의 행적을 그림으로 그리고 설명을 덧붙여 《**삼강행실도**》*를 편찬하였습니다. 성종 때에는 국가의 여러 행사에 필요한 의례를 정비하여 《**국조오례의**》*를 편찬하였습니다.

16세기에는 사림이 《소학》과 《주자가례》의 보급과 실천에 힘쓰면서 《이륜행실도》, 《동몽수지》 등을 간행하여 보급하였습니다. 《이륜행실도》는 윗사람에 대한 예절과 친구 사이에서 지켜야 할 윤리를 강조하였고, 《동몽수지》는 어린이가 지켜야 할 기본적인 도리와 예절을 기록하였습니다.

한편 조선은 유교적 통치 규범을 성문화하기 위해 법전의 편찬에 힘썼습니다. 건국 초기에 정도전은 《조선경국전》, 《경제문감》을 편찬하였고, 조준은 《경제육전》을 편찬하였습니다. 조선 왕조의 기본 법전이 된 《**경국대전**》은 세조 때부터 편찬이 시작되어 성종 때 완성되었습니다. 《경국대전》의 편찬으로 법치주의에 바탕을 둔 통치 규범이 확립되었고 각종 제도의 유교적 정비가 일단락되었습니다.

****삼강행실도** 충신, 효자, 열녀와 같이 유교 규범을 실천한 사례를 그림으로 그리고 설명을 덧붙여 쉽게 이해하도록 하였다.

****국조오례의** 제사 의식인 길례, 관례와 혼례 등의 가례, 사신 접대 의례인 빈례, 군사 의식에 해당하는 군례, 상례 의식인 흉례의 오례를 정리한 책이다.

② 과학 기술의 발달

출제 포인트

조선 전기의 과학 기술은 매우 중요하다. 분야별로 반드시 암기하자.
특히, 칠정산과 향약집성방, 농사직설이 중요하다.
인쇄술은 고려 시대와 비교하여 알아두자.

■ **조선 초기 과학 기술**

농업 관련 기구	혼의·간의(천체 관측), 자격루·앙부일구(시간 측정), 측우기(강우량 측정), 인지의·규형(토지 측량과 지도 제작에 활용)
천문	천상열차분야지도(고구려 천문도 바탕)
역법	칠정산(수시력과 회회력 참고)
의학	향약집성방(우리 풍토에 맞는 약재와 치료 방법 정리), 의방유취(의학 백과사전)
인쇄술	• 주자소 설치(계미자, 갑인자 주조), 식자판 조립 방식 창안 • 조지서 설치(종이 생산)
농서	농사직설(우리 실정에 맞는 농법 정리), 금양잡록(강희맹)
병서	총통등록(화약 무기), 병장도설(군사 훈련 지침서), 화차·화포 제작(최해산)

천상열차분야지도 각석

***칠정산** 우리나라 역사상 최초로 서울을 기준으로 7개 별의 운행과 위치를 살펴 천체 운동을 정확하게 계산한 천문 역법서이다.

천문, 역법과 의학, 농서

15세기 문화를 주도한 관학파 계열의 관료와 학자는 성리학을 지도 이념으로 내세웠으나, 민생 안정과 부국강병을 위해 과학 기술과 실용적 학문도 중시하였습니다. 이에 전통문화를 바탕으로 서역과 중국의 과학 기술을 수용하고, 국가적인 지원을 계속하여 과학 기술이 크게 발달하였습니다.

태조 때에는 고구려의 천문도를 바탕으로 〈**천상열차분야지도**〉를 돌에 새긴 별자리 지도로 만들었습니다. 세종 때에는 경복궁 안에 간의대라는 천문대를 설치하고, 천체의 운행을 관측하는 혼천의와 시간을 측정하는 물시계(자격루)와 해시계(앙부일구)를 제작하였습니다. 자격루는 노비 출신의 장영실이 제작한 것으로, 정밀 기계 장치와 자동 시보 장치를 갖춘 뛰어난 물시계였습니다. 또한 서양보다 200여 년이나 앞서 **측우기**를 만들고(1441) 강수량을 측정하여 농사에 활용하게 하였으며, 인지의와 규형을 제작하여 토지 측량과 지도 제작에 활용하였습니다.

천문학의 발달과 함께 새로운 역법이 마련되었습니다. 세종 때 중국의 수시력과 아라비아의 회회력을 참고로 하여 《**칠정산**》*이라는 독자적

혼천의

간의

앙부일구(해시계)

측우기

자격루(물시계) 복원모형

인 달력을 만들었습니다. 이로써 우리나라 역사상 최초로 서울을 기준으로 천체 운동을 정확하게 계산할 수 있었습니다.

의학에서는 전통 약방을 중국에서 수입한 한의방과 융합시켜 우리 의학의 자주적 체계를 수립하고자 하였습니다. 이에 우리 풍토에 알맞은 약재와 치료 방법을 개발, 정리하여 **《향약집성방》**을 편찬하고, 《의방유취》라는 의학 백과사전을 간행하였습니다.

세종 때에 정초 등이 편찬한 **《농사직설》**은 우리나라에서 편찬된 최초의 농서로서, 중국의 농업 기술을 수용하면서 우리의 실정에 맞는 독자적인 농법을 정리하였습니다. 성종 때 강희맹은 관직에서 물러나 금양(시흥)에서 직접 농사를 지으면서 경기 지방의 농사법을 정리하여 《금양잡록》을 편찬하였습니다.

활자 인쇄술과 제지술

조선 초기에는 각종 서적의 편찬 사업이 활발하게 추진되면서 활자 인쇄술과 제지술이 발달하였습니다.

태종 때에는 **주자소**를 설치하고 구리로 계미자를 주조하였습니다. 이어서 세종 때에는 글자 모습이 아름답고 인쇄에 편리한 **갑인자**를 주조하였습니다. 한편 밀랍으로 활자를 고정시키는 방법을 대신하여 식자판을 조립하는 방법이 창안되어 종전보다 두 배 정도 인쇄 능률을 올리게 되었습니다.

활자 인쇄술과 더불어 제지술이 발달하여 종이의 생산량이 크게 늘어났습니다. 종이를 전문적으로 생산하는 관청으로서 조지서가 설치되어 다양한 종이를 대량으로 생산하였습니다.

병서 편찬과 무기 제조

조선 초기에는 국방력을 강화하려는 노력의 일환으로 많은 병서를 편찬하였고, 이와 함께 각종 무기의 제조 기술이 발달하였습니다. 세종 때에는 화포의 주조법과 화약 사용법을 정리한 《총통등록》을 편찬하였고, 문종 때에는 고조선에서 고려 말까지의 전쟁사를 정리한 《동국병감》을 간행하였습니다. 성종 때에는 《진법》(병장도설)을 편찬하여 군사 훈련의 지침서로 사용하였습니다.

화차 복원 모형

고려 말 최무선에 의해 창안된 화약 무기는 조선 초기에 최해산의 활약으로 그 성능이 크게 높아졌습니다. 최해산은 태종 때에 관리로 특채되어 화약 무기의 제조를 담당하였습니다. 조선 초기에 만든 화포는 사정 거리가 최대 1,000보에 이르렀으며, 문종 때 개발된 바퀴가 달린 화차는 신기전이라는 화살 100개를 연속으로 발사할 수 있었습니다.

병선 제조 기술도 발달하여 태종 때에는 거북선을 만들었고, 작고 날쌘 비거도선이라는 전투선을 제조하여 왜구 격퇴에 큰 효과를 보았습니다.

③ 성리학의 발달

출제 포인트

주요 성리학자(이황과 이이)의 사상을 알아두자.

▶ 선구자

서경덕	기를 중심으로 세계 이해, 불교와 노장 사상에 개방적
조식	노장 사상에 포용적, 학문의 실천성 강조
이언적	이를 중심으로 이론 전개, 후대에 큰 영향

▶ 이황과 이이

구분	이황(주리론)	이이(주기론)
지향	도덕적 원리에 대한 인식과 실천 중시	관념 세계와 현실 세계 동시 존중
저서	주자서절요, 성학십도	동호문답, 성학집요
붕당	동인	서인
영향	• 일본 성리학의 발전에 영향 • 영남 학파(김성일, 유성룡) 형성	• 현실 문제 개혁(십만 양병설, 수미법 주장) • 기호 학파(조헌, 김장생) 형성

▶ 교육 기관

종류	성균관(최고 학부), 중등 교육(4학, 향교), 사립 교육 기관(서당, 서원)
향교	• 목적 : 성현 제사, 유생 교육, 지방민 교화 • 군현마다 하나씩 설립, 중앙에서 교관(교수, 훈도) 파견
서원	• 시초 : 백운동 서원(주세붕) • 역할 : 향음주례, 인재 교육, 선현(선비·공신) 제사, 향촌 사회 교화

성리학의 정착

조선 건국에 참여한 사대부들은 성리학을 통치 이념으로 삼아 새로운 문물 제도를 정비하고 부국강병을 추진하였습니다. 이들은 시대적 과제를 해결하기 위해 성리학에만 국한하지 않고 한·당 유학, 불교, 도교, 풍수지리 사상, 민간 신앙까지 포용하고, 《주례》*를 국가의 통치 이념으로 중요하게 여겼습니다. 이러한 흐름 속에서 세종 대에 실용적인 과학 기술이 발달하고 농업과 의학에 관한 서적들이 널리 간행될 수 있었습니다.

*주례(周禮) 주나라의 제도를 기록한 유교 경전

한편 조선의 건국에 참여하지 않고 재야로 물러난 온건 개혁파의 학문적 전통은 사림에게 계승되었습니다. 사림은 성리학 이외의 불교나 다른 사상을 이단으로 간주하여 철저하게 배격하였으며, 형벌보다는 교화에 의한 통치를 강조하였습니다. 성종 때에 본격적으로 중앙 정계에

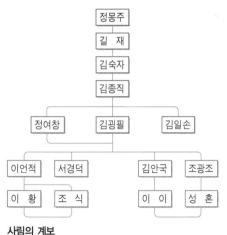

사림의 계보

이(理)와 기(氣) 기는 만물을 구성하는 요소이다. 이는 기가 존재할 수 있는 근거이자 운동 법칙이다.

사단칠정(四端七情) 논쟁 사단은 측은·수오·사양·시비의 마음을 각각 인·의·예·지의 실마리로 보는 이론이고, 칠정은 희·노·애·락·애·오·욕의 감정을 가리킨다. 1559년부터 퇴계 이황과 고봉 기대승은 서한을 주고받으면서 사단칠정에 대해 논쟁을 벌였다.

진출한 사림은 공신 및 외척의 비리와 횡포를 성리학적 명분론에 입각하여 비판하고, 당시의 사회 모순을 성리학적 이념과 제도의 실천으로 극복하려 하였습니다. 사림이 등장하여 중앙 정계와 지방 사회에서 세력을 확대해감에 따라 주자 중심의 성리학적 세계관이 조선 사회에 확립되었습니다.

성리학의 융성

사림은 훈척과 연산군의 비리를 경험하면서 도덕성과 수신의 중요함을 깨닫고 인간의 심성에 대하여 깊은 관심을 가졌습니다. 그 결과 16세기 들어 이기론과 심성론이 크게 발달하여 성리학 이론에 대한 이해를 높였습니다.

개성에 은거하며 연구와 교육에 전념했던 **서경덕**은 이(理)보다는 기(氣)를 중심으로 세계를 이해하고 기일원론(氣一元論)을 내세웠습니다. 그는 불교와 노장 사상에 대해서도 개방적인 태도를 보였으며, 신분에 관계없이 제자를 받아들여 그 문하에 다양한 사람들이 모여들었습니다.

경상도 산청에서 학문과 제자들 교육에 힘썼던 **조식**은 학문의 실천성을 특히 강조하였으며, 서경덕과 마찬가지로 노장 사상에 대해서도 포용적인 모습을 보였습니다. 서경덕과 조식을 중심으로 한 이러한 학문 경향은 16세기 중반 이후 북인과 초기 실학자들에게 계승되어 하나의 중요한 사상적 조류를 형성하였습니다.

이언적은 기보다는 이를 중심으로 자신의 이론을 전개하여 이황을 비롯한 후대 성리학자들에게 큰 영향을 미쳤습니다.

성리학이 조선 사회에 확고하게 뿌리내리는 데 결정적인 기여를 한 인물은 이황과 이이였습니다. **이황**은 주자의 이론에 조선의 현실을 반영시켜 나름대로의 체계를 세우려 하였고, 기대승과 사단칠정에 관한 논쟁을 벌여 인간의 본성에 대한 이해를 높였습니다. 그의 사상은 도덕적 행위의 근거로서 인간의 심성을 중시하고, 근본적이며 이상주의적인 성격이 강하였습니다. 그는 《주자서절요》, 《성학십도》 등의 저술을 남겼는데, 《성학십도》에서는 왕 스스로가 인격과 학식을 수양하기 위해 부단히 노력해야 한다는 점을 강조하였습니다. 이황의 사상은 임진전쟁

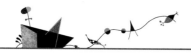

이후 일본에 전해져 일본의 성리학 발전에도 영향을 미쳤습니다.

이이는 이황에 비하여 상대적으로 기의 역할을 강조하여 현실적이며 개혁적인 성격을 갖고 있었습니다. 《동호문답》, 《성학집요》 등의 저술에서 이이는 16세기 조선 사회의 모순을 극복하는 방안으로 통치 체제의 정비와 수취 제도의 개혁 등 다양한 개혁 방안을 제시하였습니다. 그는 《**성학집요**》에서 현명한 신하가 왕의 수양을 도와주어야 한다고 주장하면서 신하의 적극적인 역할을 중시하였습니다.

성학십도와 성학집요
- 성학십도 : 군주 스스로가 성학을 따라야 한다.
- 성학집요 : 현명한 신하가 성학을 군주에게 가르쳐 그 기질을 변화시켜야 한다.

학파의 형성과 예학의 발달

16세기 중엽부터 학설과 지역적 차이에 따라 학파가 형성되기 시작하였습니다. 선조 때에 서경덕 학파와 이황 학파, 조식 학파가 동인을 형성하였으며, 이이 학파와 성혼 학파가 서인을 형성하였습니다.

광해군 때 북인은 중립 외교를 취하는 등 성리학적 의리 명분론에 크게 구애받지 않아 서인과 남인의 반발을 불러일으켰습니다. 인조반정으로 서인이 정국을 주도하자, 이황과 이이의 학문, 즉 주자 중심의 성리학이 조선 사상계에서 확고한 우위를 차지하게 되었습니다.

이후 서인과 남인은 명에 대한 의리 명분론을 강화하고 반청 정책을 추진하여 병자호

붕당		학풍	특징
동인	남인	이황 학풍	갑술환국으로 몰락, 정계보다 향촌 사회에서 영향력이 큼
	북인	조식 학풍	광해군 때 실권 장악, 성리학적 명분론에 구애받지 않음
서인	노론	이이 학풍	정계·학계의 주류를 이룸
	소론	성혼 학풍	성리학을 탄력적으로 이해(양명학과 노장 사상 수용), 실리 중시

붕당의 학풍과 특징

란을 초래하였습니다. 이후 인조 말엽부터 송시열 등 서인 산림이 정국을 주도하면서 척화론과 의리 명분론이 대세를 이루었습니다. 이 시기에 각 학파는 대동법과 호포법 등 사회·경제 정책을 둘러싸고 격렬한 논쟁을 벌이며 대립하기도 하였습니다.

17세기는 양난으로 말미암아 해이해진 유교 질서의 회복이 강조되면서 예학이 발달하였습니다. 예가 사회를 이끌어 가는 하나의 방도로서 부각되어, 학문은 예학보다 절실한 것이 없다는 생각이 널리 퍼지고 예치*가 강조되었습니다. 이처럼 예학 연구가 심화되어 각 학파 간 예학의 차이는 전례 논쟁을 통하여 표출되었으며, 현종 때에는 두 차례에 걸쳐 예송 논쟁이 전개되었습니다.

***예치** 개인, 사회, 국가를 예로 다스리는 것으로, 예교와 예학을 통해서 실현된다.

교육 기관

교육을 강조하는 유교 이념에 따라 조선은 국립 교육 기관으로 성균관과 4학, 향교를 설치하였습니다. 조선 시대의 관리는 주로 과거 시험에 의해 선발하였으므로 교육 기관은 관리 양성 기능도 수행하였습니다. 교육은 양인 이상이면 누구나 받을 수 있었으나, 실제로는 양반의 자제를 대상으로 이루어졌습니다.

서울에 설치된 **성균관**은 최고 국립 교육 기관으로서, 소과에 합격한 생원과 진사를 입학시켜 높은 수준의 유학 교육을 실시하였습니다.

중등 교육 기관으로는 중앙의 4부 학당과 지방의 군·현에 설치된 향교가 있었습니다. 고려 시대에는 주요 군현에만 향교가 있었으나 조선 시대에는 모든 군현에 향교가 설립되었습니다. **향교**는 성현에 대한 제사와 유생의 교육, 지방민의 교화를 담당하였는데, 그 규모와 지역에 따라 중앙에서 교관인 교수 또는 훈도를 파견하였습니다.

초등 교육을 담당한 서당에서는 양반과 평민의 자제들이 문자를 익히고 초보적인 유학 지식과 한문을 배웠습니다.

조선 중기 이후에는 서원이 중요한 교육 기관 역할을 하였습니다. **서원**은 성리학을 연구하고 선현을 제사 지내는 사립 교육 기관으로, 중종 때 풍기 군수 주세붕이 세운 백운동 서원이 시초입니다. 서원은 향촌 사회의 교화에 공헌하였기 때문에 국가에서는 사액 서원을 지정하고 토지와 노비, 서적 등을 지급하여 학문 연구를 장려하였습니다.

한편 의학, 법학, 천문학, 산학, 외국어 등의 기술 교육은 잡학이라 불렸는데, 전의감과 혜민서, 형조, 관상감, 호조, 사역원 등 해당 관청에서 직접 교육을 담당했습니다. 잡학은 평민 자제들이 주로 배웠으나 의학과 천문학은 양반 자제들도 많이 배웠습니다.

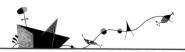

4 불교와 민간 신앙

출제 포인트

주요 용어(도첩제, 소격서, 산송) 정도는 알아두자.

불교의 정비

국가 통제	• 태조 : 도첩제 실시 • 세종 : 선교 양종 통합, 36사만 인정
불교의 명맥 유지	• 세종 : 내불당 건립 • 세조 : 간경도감 설치, 한글로 불경 간행, 원각사지 10층 석탑 • 명종 : 문정왕후의 지원(보우 중용, 승과 부활)

도교, 풍수지리설

도교	소격서 설치, 초제(참성단에서 일월성신에 제사)
풍수지리설	한양 천도에 반영, 산송(묘지 쟁탈전) 유발

불교의 정비

조선 시대 성리학이 통치 이념으로 자리 잡으면서 불교계는 크게 위축되었습니다. 조선 초기에는 **도첩제***를 실시하여 출가를 제한하고, 사원이 소유한 토지와 노비를 회수하여 사원의 경제적 기반을 축소하였습니다. 세종 때에는 교단을 정리하여 선종과 교종 두 종파에 모두 36개 사찰만 인정하였습니다.

이렇게 사찰과 승려에 대해서는 억압 정책을 썼으나 한편으로는 국가와 왕실의 안녕을 기원하고 왕족의 명복을 비는 행사가 자주 시행되었기 때문에 불교는 명맥을 유지할 수 있었습니다. 세조 때는 **간경도감**을 설치하여 불교 경전을 한글로 번역하여 간행하는 등 적극적인 불교 진흥책을 펴서 일시적으로 불교가 중흥되기도 하였습니다.

성종 이후 사림의 적극적인 비판으로 불교는 점차 왕실에서 멀어져 산간 불교로 바뀌어 갔습니다. 그러나 명종 때에는 문정왕후의 지원 아래 일시적인 불교 회복 정책이 펼쳐져 보우(普雨)가 중용되고 승과가 부활되기도 하였습니다.

16세기 후반, 휴정(서산대사)과 같은 고승이 배출되어 교리를 가다듬고, 임진전쟁 때 승병이 크게 활약함으로써 불교계의 위상이 새롭게 정립되었습니다. 그러나 전반적으로 사원의 경제적 기반 축소와 우수한

***도첩제** 곡식 납부, 노역 종사의 대가로 발부한 승려 허가증 제도로 태조 때 승려 수가 증가하는 것을 방지할 목적으로 실시되었다. 성종 때에는 도첩제 자체를 폐지하여 승려가 되는 길을 막아버렸다.

석보상절 수양대군이 세종의 명을 받아 한글로 석가모니의 일대기를 풀이한 책이다.

인재의 출가 기피는 불교의 사회적 위상을 크게 약화시켰습니다.

도교와 민간 신앙

도교 역시 크게 위축되어 도교 사원이 대폭 정리되고 행사도 줄어들었습니다. 그러나 제천 행사가 국가의 권위를 높이는 점이 인정되어 조선 초기에는 **소격서**를 설치하고 일월성신에 대한 제사인 초제를 주관하게 하였습니다. 궁중과 강화도 참성단에서 행해진 초제는 민족의식을 높여 주는 기능을 수행하였습니다. 그러나 16세기 이후로 사림의 활동이 활발해지면서 중종 때에는 조광조의 건의로 소격서가 폐지되고 제천도 중단되었습니다.

한편 풍수지리설과 도참 사상이 조선 초기 이래로 중시되어 한양 천도에 반영되었으며, 양반 사대부의 묘지 선정에도 작용하였습니다.

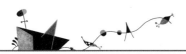

⑤ 건축과 예술

출제 포인트

15세기와 16세기, 조선 후기로 구별하여 알아두자.
건축, 그림, 도자기는 반드시 시기를 구분하여 암기하자.

▶ 조선 시대의 문화 예술

구분	초기(15세기)	중기(16세기)	후기(18세기)
건축	건물 규모 법적 규제(유교적 검약 정신)		• 17세기 : 다층 구조(금산사 미륵전, 화엄사 각황전, 법주사 팔상전) • 18세기 : 수원 화성
	공공 건축 (궁궐, 관아, 성문, 학교)	서원 건축	
도자기	분청사기	순백자	청화백자
그림	• 안견(몽유도원도) • 강희안(고사관수도)	• 사군자화 　(성리학적 미의식 표현) • 이상좌(송하보월도)	• 진경산수화(정선, 김홍도) • 풍속화(김홍도, 신윤복) • 서양화법(강세황), 민화

왕실과 양반의 건축

조선 초기에는 도성을 새로 건설하면서 궁궐, 관아, 성문, 학교 등의 건축물이 많이 만들어졌습니다. 궁궐은 국왕의 권위를 상징하여 대규모로 화려하게 지었습니다. 그러나 그 밖의 건물은 사치를 방지하기 위해 소박하게 짓도록 하였고, 건물주의 신분에 따라 크기와 장식에 일정한 제한을 두었습니다.

궁궐로는 경복궁, 창덕궁, 창경궁 등이 건국 초에 완성되었으나 임진전쟁 때 모두 불타버렸습니다. 선조 때 복구된 창덕궁은 자연환경과의 조화가 탁월하여 유네스코 세계 문화유산으로 지정되었습니다. 경복궁의 동쪽에는 역대 왕의 신주를 모신 **종묘**를 건립하고, 서쪽에는 토지신에 제사하는 사직단을 배치하였습니다.

창경궁 명정전과 숭례문, 돈화문 등이 당시의 모습을 간직한 채 현재전하고 있으며, 개성의 남대문과 평양의 보통문은 고려 시대 건축의 단정하고 우아한 모습을 지니고 있습니다.

불교 건축 중에서도 검박하고 단정한 특징을 지닌 무위사 극락전과 팔만대장경을 보관하고 있는 해인사의 장경판전이 이 시기에 세워졌습니다. 세조 때 경천사지 10층 석탑을 모방하여 만든 원각사지 10층 석탑은 이 시기를 대표하는 석탑입니다.

창덕궁 후원

16세기는 사림의 진출과 함께 서원의 건축이 활발해졌습니다. 대체로 서원은 교육 공간인 강당을 중앙에 두고 남쪽 좌우에 기숙 시설인 동재와 서재를 마주보도록 배치하고, 강당 북쪽에는 사당을 두고 사방을 담으로 둘렀습니다. 이런 구조는 가람 배치 양식과 주택 양식이 실용적으로 결합된 것으로, 산과 하천 등 주위의 자연과 조화를 이루고 있습니다. 경주의 옥산 서원과 안동의 도산 서원이 현재까지 남아 있습니다.

분청사기, 백자

조선 전기 궁중이나 관청에서는 금이나 은으로 만든 그릇 대신에 백자나 분청사기를 널리 사용하였습니다. 전국의 자기소와 도기소에서 분청사기와 옹기그릇을 만들어 관수용이나 민간용으로 보급하였는데, 경기도 광주의 사옹원 분원에서 만든 자기가 특히 우수하였습니다.

고려 말에 나타난 **분청사기**는 청자에 백토의 분을 칠하고 그 위에 투명한 유약을 발라 구운 자기입니다. 15세기 중엽에 그릇의 형태와 무늬를 넣는 기법이 크게 발전하여 절정을 이루었습니다. 분청사기는 안정감이 있으면서도 실용적인 형태와 소박하고 천진스러운 무늬가 어우러져 정형화되지 않은 멋을 나타내었습니다.

16세기부터 세련된 백자가 본격적으로 생산되면서 분청사기는 점차 그 생산이 줄어들었습니다. **백자**는 청자보다 깨끗하고 담백하며 순백의 고상함을 풍겨서 선비들의 취향과 어울렸기 때문에 널리 이용되었습니다.

분청사기

순백자

문학과 그림, 글씨

성종 때 삼국 시대부터 조선 초기까지의 시와 산문 중에서 빼어난 것을 골라 《동문선》을 편찬하였습니다. 이 책의 서문에서 서거정은 우리나라의 시문이 중국의 것과는 다른 특질을 가졌음을 강조하여 우리나라의 글에 대한 자주 의식을 나타내었습니다.

16세기에 이르러 사림이 정계의 주도권을 장악하면서 사림 문학이 주류가 되었습니다. 사림 문학의 대표적인 장르는 한시와 시조, 가사입니다.

조선 초기 도화서에 소속된 화원과 관료이자 문인인 선비들이 뛰어난 작품을 남겼습니다. 화원 출신인 안견은 역대 화가들의 기법을 체득하여 독자적인 경지를 개척하였습니다. 안견의 대표작인 〈**몽유도원도**〉는

서거정의 자주 의식 동문선 서문에서 서거정은 "우리나라의 글은 송이나 원의 글이 아니고 한이나 당의 글도 아니다. 바로 우리나라의 글일 따름이다."라고 하였다.

안평대군이 꿈에서 본 장면을 표현한 것으로, 현실 세계와 환상적인 이상 세계를 능숙하게 처리한 걸작입니다. 이 그림은 현재 일본에 남아 있습니다.

문인 화가인 강희안은 시, 서예, 그림에 모두 능통하였는데, 시적 정서가 흐르는 낭만적인 그림을 많이 그렸습니다. 그의 대표작인 〈**고사관수도**〉는 선비가 수면을 바라보며 무념무상에 잠긴 모습을 담고 있는데, 세부 묘사는 대담하게 생략하고 간결하고 과감한 필치로 인물의 내면 세계를 느낄 수 있게 표현하였습니다.

16세기에는 강한 필치의 산수화와 선비들의 정신 세계를 표현한 **사군자***가 많이 그려졌습니다. 이정은 대나무를, 어몽룡은 매화를 잘 그렸으며, 신사임당은 풀과 벌레를 소박하고 섬세하게 그려 여성의 심정을 잘 나타내었습니다.

노비 출신으로 화원에 발탁된 이상좌는 인물화에 특히 뛰어나서 중종과 공신들의 초상을 그려 이름을 날렸습니다. 그의 대표작으로 알려진 〈**송하보월도**〉는 바위틈에 뿌리박고 모진 비바람을 이겨 내고 있는 늙은 소나무를 통하여 강인한 정신과 굳센 기개를 표현하였습니다.

서예에서는 안평대군과 양사언, 한호가 명필로 이름이 높았는데, 특히 한호가 쓴 천자문은 석봉체로 불리면서 일반인에게까지 널리 보급되었습니다.

몽유도원도

고사관수도

*사군자 문인들이 매화, 난초, 국화, 대나무를 소재로 하여 그린 그림

음악

음악은 국가 및 궁중의 의례와 밀접한 관련이 있었을 뿐만 아니라, 백성을 교화하는 수단으로 여겨 중요시되었습니다.

세종 때 **박연** 등이 60여 종의 악기를 개량하고, 악곡과 악보를 정리하여 아악을 체계화하였습니다. 세종 자신도 〈여민락〉* 등 악곡을 짓고, 소리의 장단과 높낮이를 표현할 수 있는 **정간보**를 창안하였습니다. 성종 때 성현은 《**악학궤범**》을 편찬하여 음악의 원리와 역사, 악기, 무용, 의상 및 소도구까지 망라하여 정리하였습니다.

16세기 중엽 이후에는 민간에서도 당악과 향악을 속악으로 발달시켜 가사, 시조, 가곡 등 우리말로 된 노래를 연주하는 음악이나 민요에 활용하였습니다.

*여민락(與民樂) '백성과 더불어 즐기자' 라는 뜻의 여민락은 〈용비어천가〉의 일부를 노래로 부르기 위해 지었다.

경주 역사 유적 지구

경주는 신라의 천 년 고도로 지금까지도 옛 모습을 잘 간직하고 있는 도시이다. 곳곳에 위치한 신라 시대 고분과 부장품으로 남아있는 유물들은 신라인의 화려한 생활이 고스란히 반영되어 있다. 월성에 남아 있는 첨성대, 분황사의 모전 석탑, 그리고 황룡사 터에서는 신라인의 과학 기술과 높은 수준의 불교 미술의 멋을 감상할 수 있다. 또한 경주시 외곽에 위치한 남산의 다양한 불교 유적은 불국토를 지향했던 신라인의 정신 세계를 엿볼 수 있는 중요한 문화재들이다. 하지만 경주는 신라 시대 외에도 우리 역사의 체취가 고스란히 담겨 있는 곳이다. 고려 시대 무인 정권 시기에는 김보당의 난이 일어나 장순석 등이 의종을 받들어 이곳에 은거하였고, 동시에 신라 부흥 운동의 중심지가 되기도 하였다. 조선 후기에는 최제우가 동학을 창시했던 곳이기도 하다.

김유신 장군 묘

신라 삼국 통일의 주역인 김유신 장군의 무덤이다. 통일 신라 시대 고분의 원형으로 둘레돌에 12지신상을 새겨넣었다.

대릉원

경주 시내에 위치한 신라 시대의 고분군으로 금관총, 천마총, 황남대총 등 왕과 왕비, 귀족의 무덤 23기가 모여 있다.

무열왕릉

김유신과 함께 신라의 삼국 통일을 주도한 신라 29대 태종 무열왕의 능이다.

황남대총

대릉원에 위치하고 있는 신라 시대 돌무지 덧널무덤으로 경주 시내 고분군 중 가장 규모가 큰 무덤이다.

황룡사 목탑지

황룡사지에 남아 있는 목탑터로, 초석의 개수와 면적을 통해 웅장한 9층 목탑의 규모를 가늠해 볼 수 있다. 고려 시대 몽골의 침입 때 소실되었다.

분황사 모전 석탑

돌을 벽돌 모양으로 다듬어 쌓아 올린 모전 석탑이다. 634년(선덕여왕 3) 분황사 창건과 함께 만들어진 것으로 추측된다.

안압지

문무왕 대에 조성된 신라 시대의 연못으로, 당시 생활상을 파악할 수 있는 우수한 유물들이 많이 출토되었다.

첨성대

동양에서 현존하는 가장 오래된 천문대이다. 꼭대기에 관측 기구를 설치하여 천문을 측정한 것으로 추정된다.

남산 용장사지 3층 석탑

김시습이 한문 소설인 금오신화를 저술했다는 용장사 터에 남아 있는 3층 석탑이다.

(글·사진 조승준)

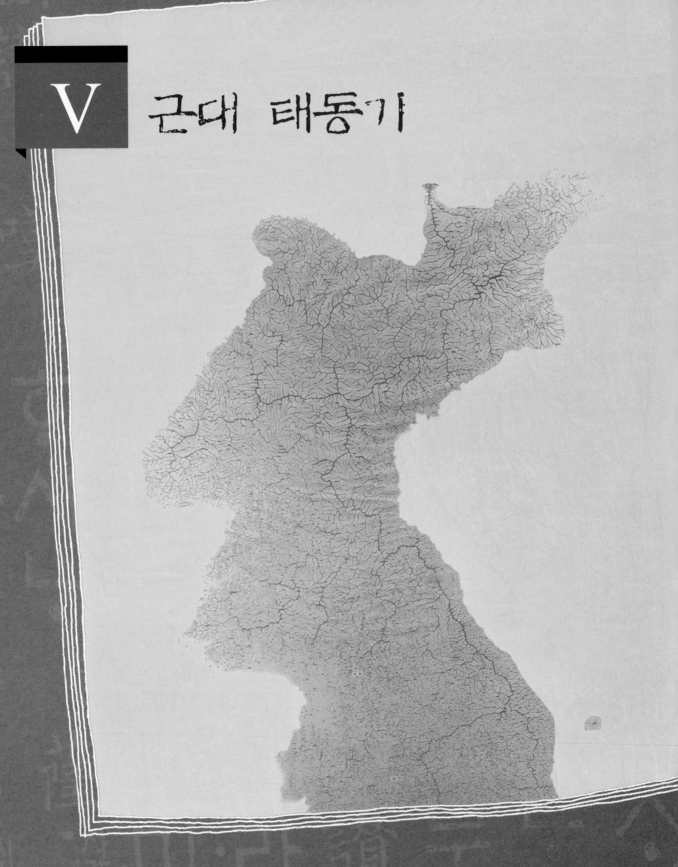

V 근대 태동기

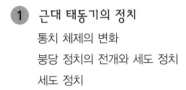

근대 태동기의 정치

1 통치 체제의 변화

▶ 통치 제제의 변화

비변사	• 16세기 여진과 왜구 문제를 대처하는 임시 기구였으나, 을묘왜변 이후 상설 기구화 • 임진전쟁 이후 국가 최고 합의 기구(국방, 외교뿐 아니라 내정까지 총괄)
중앙군(5군영)	• 훈련도감 : 임진전쟁 중 설치, 삼수병(급료병) 양성 • 후금과의 항쟁 과정에서 어영청(북벌), 총융청(북한산성), 수어청(남한산성) 설치 • 금위영(숙종, 궁궐 수비)
지방군(속오군)	• 양천 혼성군 편제(평시에는 생업 종사, 유사시에 전투 동원) • 양반들의 회피로 상민과 노비의 부담 증가
방위 체제	진관 체제(15세기) → 제승방략 체제(16세기) → 속오군 체제(17세기)

붕당 정치와 정치 구조의 변화

조선 후기에는 붕당을 중심으로 정치 운영이 이뤄지면서 비변사의 기능이 강화되고, 3사의 기능이 변질되는 등 정치 구조가 바뀌었습니다.

비변사는 임진전쟁을 거치면서 전·현직 정승을 비롯하여 공조를 제외한 5조의 판서, 각 군영 대장, 대제학, 강화 유수 등 국가의 중요 관원들로 구성원이 확대되었고, 그 기능도 군사 문제뿐만 아니라 외교·재정·사회·인사 문제 등 거의 모든 정무를 총괄하였습니다. 이와 같이 비변사가 최고 정치 기구로 자리를 굳히자, 왕권이 약화되고 의정부와 6조 중심의 행정 체계도 유명무실해졌습니다. 특히, 19세기에 이르러서는 비변사가 세도 정치의 중심 기구가 되었습니다.

한편 3사는 공론을 반영하기보다는 각 붕당의 이해 관계를 대변하는 경우가 많아졌습니다. 그리고 이조와 병조의 전랑들은 중하급 관원에 대한 인사권과 자기 후임자를 추천할 수 있는 권한을 행사하면서 자기 세력 확대

내용	시기	계기
임시 기구	중종	삼포왜란
상설 기구	명종	을묘왜변
기능 확대	선조	임진전쟁 후
기능 폐지	흥선 대원군	의정부, 삼군부 부활

비변사의 변천 과정

에 앞장섰습니다. 이러한 3사의 언론 기능과 전랑의 권한은 붕당 간의 대립을 격화시키는 장치로 인식되어 영조와 정조의 탕평 정치를 거치면서 축소되었습니다.

이조 전랑 정5품인 정랑과 정6품인 좌랑을 말하며, 문관의 인사를 천거하고 전형하는 큰 권한을 가졌다.

> **자료** 비변사
>
> 효종 5년 11월 김익희가 상소하였다. "요즈음 비변사가 큰 일이건 작은 일이건 모두 취급합니다. 의정부는 한갓 헛 이름만 지니고 육조는 할 일을 모두 빼앗기고 말았습니다. 이름은 '변방 방비를 담당하는 것[備邊]'이라고 하면서 과거에 대한 판정이나 비빈 간택까지도 모두 여기서 합니다. － 〈효종실록〉 －

군사 제도의 변화

임진전쟁을 거치면서 조정에서는 포수·사수·살수의 삼수병으로 편성된 훈련도감을 설치하였습니다. **훈련도감**의 군병은 장기간 근무를 하고 일정한 급료를 받는 상비군으로서, 의무병이 아닌 직업 군인이었습니다. 이후 인조 때 국방력 강화를 명분으로 어영청·총융청·수어청 등이 설치되었고, 숙종 때에 금위영이 추가로 설치되어 5군영 체제가 갖추어졌습니다.

지방군의 방어 체제도 변화가 있었습니다. 조선 초기에 실시되던 진관 체제는 많은 외적이 침입할 경우 방어에 어려움이 있었습니다. 이에 16세기 후반에는 **제승방략 체제**가 수립되어 유사시에 각 지역의 병력을 한곳에 집결시켜 외적의 침입을 방어하도록 하였습니다. 제승방략 체제는 전력을 한 곳에 집중할 수 있으나 전방 방어선이 무너지면 후방 방어선을 구축할 수 없다는 약점이 임진전쟁 중에 드러났습니다. 그러자 다시 진관을 복구하고, 속오군 체제로 지방군을 정비하였습니다.

속오군은 위로는 양반으로부터 아래로는 노비에 이르기까지 편제되어, 겨울철 농한기에 훈련을 실시하여 유사시에 대비하였습니다. 속오군은 평상시에는 생업에 종사하다가 적이 침입해 오면 소집되어 전투에 동원되었습니다. 그러나 점차 속오군 편제에서 양반들이 제외되어 나중에는 상민과 노비들만 남게 되었습니다.

② 붕당 정치의 전개와 세도 정치

붕당 정치의 전개

시기	16세기 후반	17세기				18세기				19세기		
왕	선조	광해군	인조	효종	현종	숙종	경종	영조	정조	순조	헌종	철종
주요 사건	임진전쟁	중립 외교	친명 배금 → 호란	북벌 운동	예송	환국		탕평 정치		세도 정치		
집권 세력	사림의 집권	북인	서인		남인	서인 → 남인 → 서인		탕평파	시파	소수의 외척 가문		
정치 상황	붕당의 형성	상호 비판적 공존 체제				일당 전제화		왕권 강화와 붕당 간의 세력 다툼 억압		권력과 이권의 독점		

붕당 정치의 전개

*공론 붕당 내부에서 토론 과정을 거쳐 형성된 여론을 의미한다. 지방 사족의 공론을 조성하는 역할은 서원과 향약이 담당하였다.

*정여립 모반 사건 1589년 전주 사람 정여립이 역모를 일으켰다는 사건이다. 이 사건으로 서경덕·조식 학파가 피해를 많이 입었으며, 호남 지역의 선비들이 중앙 정계로 진출하는 일이 급격히 줄어들었다.

학연에 따라 모인 사림들이 공론*을 내세우고 이를 바탕으로 국정을 이끌어가는 정치 형태를 붕당 정치라 합니다. 붕당 형성 초기에는 동인이 우세한 가운데 정국이 운영되었습니다. 동인은 정여립 모반 사건*(기축옥사, 1589)과 세자 책봉을 건의한 정철 일파의 실각 등을 계기로 온건파인 남인과 급진파인 북인으로 나뉘었습니다. 남인이 먼저 정국을 주도하였으나, 광해군 즉위 후에는 임진전쟁 중 의병 투쟁을 주도한 북인이 집권하여 정국을 주도하였습니다.

광해군은 국제 정세의 변화 속에서 명과 후금 사이에 중립 외교를 전개하는 한편, 대동법의 시행과 은광 개발, 양전 사업 등 전후 복구 사업을 추진하였습니다. 그러나 광해군은 영창대군을 살해하고 인목대비를 유폐하여 도덕적으로 비난을 받았고(1613, 계축옥사), 무리한 토목 공사를 벌여 재정의 악화와 민심의 이탈을 불러왔습니다. 결국 광해군과 북인은 서인이 주도한 인조반정으로 몰락하였습니다(1623).

인조(1623~1649)는 서인과 남인을 함께 등용하여 붕당 간의 견제를 유도하면서 왕권을 안정시켰습니다. 서인과 남인은 학문적 뿌리도 다르지만, 정치 사상에 있어서도 다른 점이 많았습니다. **서인**은 재상 중심의

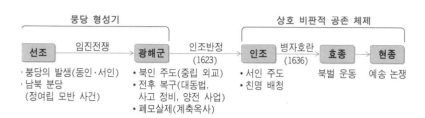

붕당 형성기		상호 비판적 공존 체제		
선조 → 임진전쟁 → 광해군 → 인조반정(1623) →	인조 → 병자호란(1636) →	효종 →	현종	
선조 ·붕당의 발생(동인·서인) ·남북 분당 (정여립 모반 사건)	**광해군** ·북인 주도(중립 외교) ·전후 복구(대동법, 사고 정비, 양전 사업) ·폐모살제(계축옥사)	**인조** ·서인 주도 ·친명 배청	**효종** 북벌 운동	**현종** 예송 논쟁

권력 구조를 지향하고, 재무 구조 개선과 국방력 강화를 위해 노비 속량과 서얼 허통에 적극적이었습니다. 이에 반해 **남인**은 왕권 강화와 삼사의 정책 비판 기능을 중시하였으며, 신분제 완화에는 소극적이었습니다.

인조 시대에는 서인과 남인 일부가 서로의 학문적 입장을 인정하는 토대 위에서 상호 비판적인 공존 체제를 이루었습니다. 정치적 여론은 주로 서원을 중심으로 모아져서 자기 학파의 관리들을 통하여 중앙 정치에 반영되었습니다. 각 학파에서 학식과 덕망을 겸비한 인물이 산림이라는 이름으로 재야에서 그 여론을 주재하였습니다. 서인이 우세한 가운데 남인과 연합하여 공존하는 붕당 정치의 구도는 현종 때까지 지속되었습니다. 효종은 북벌 계획을 수립하여 군사를 양성하고 군비를 확충하였으나 뜻을 이루지 못하였습니다.

효종(1649~1659)은 송시열, 송준길 등 충청도 지역의 젊은 산림* 인사들을 대거 등용하고 김자점 등 친청파 대신들을 몰아냈습니다. 허적, 허목 등 저명한 남인계 인사들도 등용하여 붕당 연합의 조화를 이루었습니다.

현종(1659~1674) 때 두 차례의 **예송***이 발생하면서 서인과 남인 사이에 대립이 격화되었습니다. 송시열 등 서인은 왕실도 사대부와 같이 《주자가례》를 따라야 한다고 주장했고, 허목 등 남인은 왕실의 예는 사대부의 예와 다르다고 주장하였습니다. 이들의 입장 차이는 신권을 강화하려는 서인과 왕권을 강화하려는 남인의 정치 노선에서 비롯된 것입니다. 1차 예송(1659, 기해예송)에서는 당시 정치적 실권을 장악하고 있던 서인의 주장이 받아들여졌습니다. 그러나 2차 예송(1674, 갑인예송)에서는 꾸준히 세력을 키워 온 남인의 주장이 받아들여져 서인이 약화되고 남인 중심의 정국이 운영되었습니다. 이러한 남인이 우세한 가운데 서인과 공존하는 정국은 숙종 초 경신환국이 일어날 때까지 유지되었습니다.

*산림 시골에 은거해 있던 학덕이 높은 학자 가운데 국가의 부름을 받아 특별 대우를 받던 사람으로 붕당의 사상적 지주였다.

*예송(禮訟) 예송은 왕실의 의례 문제, 즉 상복 입는 기간을 문제로 하여 일어난 학문적 논쟁이며, 정치적인 다툼이었다.

붕당 정치의 변질과 탕평론의 대두

숙종(1674~1720) 때에 이르러 붕당 사이의 견제와 균형을 유지하던 붕당 정치의 형태가 무너졌습니다. 숙종이 자신의 왕권을 안정시키기 위해 당파 연립 방식을 버리고 붕당을 자주 교체하는 방식을 택하였기 때문입니다. 현종 때 두 차례의 예송과 숙종 때 여러 차례의 환국을 겪으면서 붕당 정치는 자기 당을 절대시하면서 상대당을 정계에서 내쫓고자 하는 치열한 정쟁으로 변하였습니다.

숙종 즉위 초에 집권한 남인은 북벌론을 내세워 군사 훈련을 강화하는 등 군비 확장에 노력하였습니다. 서인은 남인 영수 허적이 역모를 꾸몄다고 고발하여 허적·윤휴 등을 처형하고 남인을 축출하였습니다(**경신환국**, 1680). 9년간 집권한 서인은 희빈 장씨가 낳은 왕자를 세자로 책봉하는 것에 반대하다 송시열·김수항이 처형당하고 정권에서 밀려났습니다(기사환국, 1689). 그러나 숙종이 폐위된 인현왕후를 복위하고 희빈 장씨를 처형함에 따라 남인이 축출되고 서인이 다시 권력을 장악하게 되었습니다(갑술환국, 1694).

이렇게 정국이 급격하게 바뀌는 환국*이 나타남으로써 특정 붕당이 정권을 독점하는 일당 전제화의 추세가 대두되었습니다. 처음에는 서인과 남인이 격렬하게 대립하였으며, 숙종 후기에는 서인에서 갈라져 나온 노론과 소론이 치열하게 경쟁하였습니다. **노론**은 송시열을 중심으로 결집하여 대의명분을 존중하고 민생 안정을 강조한 반면에, **소론**은 윤증을 중심으로 결집하여 실리를 중시하고 적극적인 북방 개척을 주장하는 경향을 보였습니다.

붕당 사이의 정치적 대립이 심해지면서 정치 기강이 문란해지고 왕권이 약화되었습니다. 이에 국왕이 정치의 중심에 서서 세력의 균형을 유지하려는 탕평론이 제기되었습니다. 숙종은 인사 관리를 통하여 세력 균형을 유지하려는 탕평론을 제시하였습니다. 그러나 숙종은 상황에 따라 한 당파를 내몰고 상대 당파에 정권을 모두 위임하는 편당적인 인사 관리로 일관하여 환국이 일어나는 빌미를 제공하기도 하였습니다. 숙종 말에서 경종에 이르는 동안에는 왕위 계승 문제를 둘러싸고 노론과 소론이 대립하였으며, 경종 때에는 왕세제(영조)의 대리청정 문제로 노론과 소론의 대립이 격화되었습니다.

***환국** 집권 세력이 급격히 교체되는 상황을 말한다.

영조의 탕평 정치

노론과 소론의 치열한 갈등 속에서 경종이 집권 4년 만에 죽고 영조 (1724~1776)가 즉위하였습니다. 영조는 붕당의 대립을 완화하기 위해 즉위 직후 탕평 교서를 발표하였으나, 소론과 남인의 일부 강경파는 영조의 정통성을 부정하고 이인좌의 난을 일으켰습니다.

영조는 이인좌의 난*을 계기로 붕당 간의 관계를 다시 조정하여 왕과 신하 사이의 의리를 확립할 필요가 있음을 절감하였습니다. 이에 영조는 자신의 탕평 정책에 동의하는 온건하고 타협적인 인물을 등용하여 정국을 운영하였습니다. 영조는 당론과 관련된 상소를 금지하고, 붕당의 뿌리를 제거하기 위해 당쟁의 소굴인 서원을 정리하였으며, 당쟁을 주도하던 산림을 정치권에서 배제하였습니다. 아울러 이조 전랑의 후임자 천거권*과 3사 관리 선발 관행을 없애고, 성균관에 붕당 간의 다툼을 금하는 탕평비를 세워 자신의 탕평책을 널리 알렸습니다.

탕평책의 실시로 소론과 남인이 진출하게 되면서 노론의 독주가 어느 정도 견제되었으며, 이에 따라 왕권도 강화되어 갔습니다. 탕평 정치를 통해 정국을 안정시킨 영조는 민생 안정과 산업 진흥을 위한 개혁을 추진하였습니다. **균역법**을 시행하여 백성들의 군역 부담을 줄였으며 (1750), 형벌 제도를 개선하여 가혹한 형벌을 폐지하고, 사형수에 대한 삼심제를 엄격하게 시행하였습니다. 또한 《**속대전**》,《동국문헌비고》 등을 편찬하여 시대의 변화에 맞게 문물 제도를 정비하였습니다. 노비종모법을 법제화하여 노비가 양인이 되는 길을 넓혀 주기도 하였습니다.

그러나 영조의 탕평책이 붕당 정치의 폐단을 근본적으로 해결한 것은 아니었습니다. 단지 강력한 왕권에 의해 붕당 사이의 치열한 다툼이 일시적으로 억제된 것에 불과하였습니다.

탕평의 의미 탕평은 서경에서 나온 말로, 임금의 정치가 한쪽을 편들지 않고 사심이 없으며, 당을 이루지도 않는 상태에 이르는 것을 의미한다.

***이인좌의 난** 1728년(영조 4) 소론 강경파와 남인 일부가 경종의 죽음에 영조와 노론이 관계되었다고 하면서 영조의 탕평책에 반대하여 일으킨 반란

***이조 전랑의 후임자 천거권** 이조 전랑이 후임자를 천거하는 권한은 이후 정조대에 가서야 완전히 폐지되었다.

> **자료 영조의 탕평교서**
>
> 붕당의 폐단이 요즈음보다 심한 적이 없었다. 처음에는 사문(유교)에 소란을 일으키더니, 지금은 한쪽 사람을 모조리 역적으로 몰고 있다. … (중략) … 근래에 들어 사람을 임용할 때 모두 같은 붕당의 사람들만 등용하고자 한다. 이와 같이 하고도 하늘의 이치에 합하고 온 세상의 마음을 복종시킬 수 있겠는가? … (중략) … 이제 귀양 간 사람들은 의금부가 잘잘못을 다시 살펴 석방토록 하고, 이조의 관리는 탕평의 정신으로 수용하도록 하라. 지금 나의 말은 종사와 조정을 위한 것이니 혹시 이를 의심하거나 글을 올려 서로 모함한다면 종신토록 금고할 것이다. ─ 《영조실록》 ─

정조의 탕평 정치

영조의 뒤를 이어 즉위한 정조(1776~1800)는 각 붕당의 주장이 옳은지 그른지를 명백히 가리는 적극적인 탕평책을 추진하였습니다. 정조는 영조 때에 세력을 키워 온 척신과 환관 등을 제거하고, 그 동안 권력에서 배제되었던 소론과 남인 계열을 중용하였습니다.

정조는 규장각을 설치하여 자신의 권력과 정책을 뒷받침할 수 있는 정치 기구로 육성하였습니다. **규장각**은 비서실의 기능과 문한 기능은 물론 과거 시험의 주관과 문신 교육의 임무까지 맡아 정조 시대의 문예 부흥과 개혁 정치의 중심이 되었습니다. 스스로 초월적 군주로 군림하고자 했던 정조는 **초계문신제**를 실시하여 신진 인물이나 중·하급 관리 중에서 유능한 인사를 뽑아 재교육하였습니다. 한편 정조는 친위 부대인 장용영을 설치하여 병권을 장악함으로써 왕권을 뒷받침하는 군사적 기반을 갖추었습니다.

정조는 강화된 왕권을 바탕으로 민생 안정과 문화 부흥에도 힘썼습니다. 서얼과 노비에 대한 차별을 완화하였으며, 상공업을 진흥시키기 위해 자유로운 상업 행위를 허락하는 통공 정책*을 시행하였습니다. 한편 지방 사림이 주관하던 군현 단위의 향약을 수령이 직접 주관하게 함으로써 지방 사족의 향촌 지배력을 억제하고 백성에 대한 국가의 통치력을 강화하였습니다.

정조 시대에는 전통 문화를 계승하면서도 중국과 서양의 과학 기술을 적극 받아들였습니다. 중국의 《고금도서집성》을 수입하여 학문 정치의 기초를 다졌고, 왕조의 통치 규범을 재정리하기 위해 《대전통편》을 편찬하였습니다. 그 밖에 외교 문서를 정리한 《동문휘고》, 병법서인 《무예도보통지》* 등을 편찬하였습니다. 규장각의 신하들이 매일 매일의 주요

시파와 벽파 시파는 사도세자의 잘못을 인정하면서도 죽음 자체는 지나치다는 입장이었고, 벽파는 사도세자의 죽음은 당연하고 영조의 처분은 정당하다고 하였다.

*통공 정책 육의전을 제외한 나머지 시전의 금난전권을 폐지하여 사상들이 자유롭게 상업 활동을 하도록 하였다.

*무예도보통지 조선 정조 때 왕명에 따라 규장각 검서관 이덕무와 박제가, 장용영 장교 백동수 등이 편찬한 책으로 무예의 24개 기술을 글과 그림으로 풀어 설명하였다.

구분		영조(1724~1776)	정조(1776~1800)
정치		• 탕평책 : 완론 탕평(탕평파 육성) • 산림 부정, 서원 정리 • 사법 제도 개혁, 군영 정비 • 이조 전랑의 권한 축소	• 탕평책 : 준론 탕평, 시파(소론, 남인 계열) 육성 • 규장각, 장용영 설치 • 초계문신 제도 • 화성 건설 • 수령의 권한 강화(향약 주관)
사회		균역법 실시	신해통공(금난전권 폐지)
문화		동국문헌비고, 속대전 편찬	대전통편, 동문휘고, 무예도보통지

영·정조의 탕평 정치 비교

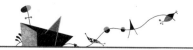

정사를 상세히 기록한 《일성록》도 이때부터 편찬이 시작되었습니다.

　정조는 아버지 사도세자의 묘를 수원으로 옮기고, 새로운 성곽 도시로 **화성**을 건설하였습니다. 정조는 최신의 과학적 공법으로 축성된 화성에 행궁과 장용영의 외영을 설치하고, 상공인을 유치하여 자신의 정치적 이상을 실현하는 상징적 도시로 육성하고자 하였습니다.

화성 능행도

3 세도 정치

출제 포인트

세도 정치기의 정치를 사회·경제사(삼정의 문란, 농민 봉기)와 연결시켜 출제된다.

■ 세도 정치

세도 정치의 전개	• 정치 참여 기반의 축소 : 소수의 유력한 가문이 권력과 이권을 독점 • 권력 구조의 변화 : 의정부와 6조의 유명무실화, 비변사로 권력 집중
세도 정치의 폐단	• 사회 통합에 실패 : 남인, 소론, 지방 선비들을 권력에서 배제 • 지방 정치 폐단 : 수령직의 상품화 → 삼정의 문란 → 봉기 발생

세도 정치의 전개

순조, 헌종, 철종 3대에 이르는 60여 년 동안 왕실과 혼인 관계를 맺은 몇몇 가문이 권력을 독점하는 세도 정치가 전개되었습니다. 안동 김씨와 풍양 조씨가 대표적인 세도 가문으로, 이들은 높은 관직을 독점하고 국가 정책을 좌우하였습니다.

순조(1800~1834)가 11세의 나이로 즉위하자 영조의 계비 정순왕후가 수렴청정을 하면서 노론 벽파 세력이 정국을 주도하였습니다. 이들은 **신유박해**를 일으켜 정조가 양성한 인물들을 대거 몰아내고, 장용영을 혁파하여 병권을 장악하였습니다. 정순왕후가 죽은 뒤에는 순조의 장인 김조순을 중심으로 안동 김씨 일파가 정치적 실권을 장악하였습니다. 김조순은 반남 박씨(박종경)와 풍양 조씨 등 일부 유력 가문의 협력을 얻어 정국을 주도하였습니다. 순조 말년에는 효명세자가 대리청정을 통하여 세도가들을 견제하고 권력 집단을 결집하려 했으나 요절함으로써 성공하지 못하였습니다.

헌종이 8세의 나이로 즉위하자 왕의 외조부인 조만영을 중심으로 풍양 조씨 가문이 한때 득세하였으나, 철종 때에 이르러 안동 김씨 세력이 다시 권력을 장악하였습니다.

세도 정치의 폐단

세도 정치하에서 왕은 허수아비와 같은 존재였습니다. 중앙 정치를 주도하던 정치 집단이 소수의 가문 출신으로 축소되고, 권력 구조에서도

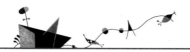

고위직만이 정치적 기능을 발휘할 수 있었습니다. 따라서 의정부와 6조를 중심으로 하는 체제는 이름만 남게 되었고, 비변사가 핵심적인 정치 기구로 자리 잡았으며 유력한 가문 출신의 몇몇이 실제 권력을 행사하였습니다.

세도 정권은 개혁 의지를 상실하고 현실에 안주하여 사회 변화에 따른 새로운 정치 질서를 만들어내지 못하였습니다. 오히려 정조가 등용하였던 남인, 소론, 지방 선비들을 권력에서 배제하여 사회 통합에 실패하였습니다. 또 지방 사회에서 성장하던 상인, 부농들을 포섭하지 못하고 그들을 수탈의 대상으로만 삼았습니다.

세도 정치기에는 정치 기강이 해이해져 과거제가 문란해졌으며 매관매직이 기승을 부렸습니다. 과거 시험에서는 실력보다는 부정에 의해서 합격이 좌우되는 일이 많았습니다. 뇌물을 바치고 관직을 산 관리들은 백성들로부터 더 많은 세금을 거두어 재산을 불렸습니다. 한편 삼정의 문란*으로 농촌 사회의 불만은 극에 달했고, 곳곳에서 봉기가 일어났습니다.

***삼정의 문란** 조선 후기의 대표적인 수취 제도 문란으로 전정(전세 수취 제도), 군정(군포 징수 제도), 환곡(구휼 제도)의 문란을 말한다.

> **자료** 세도 정치의 폐단
>
> 가을에 한 늙은 아전이 대궐에서 돌아와서 처와 자식에게 "요즘 이름 있는 관리들이 모여서 하루 종일 이야기를 하여도 나랏일에 대한 계획이나 백성을 위한 걱정은 전혀 하지 않는다. 오로지 각 고을에서 보내오는 뇌물의 많고 적음과 좋고 나쁨만에 관심을 가지고, 어느 고을의 수령이 보낸 물건은 극히 정묘하고 또 어느 수령이 보낸 물건은 매우 넉넉하다고 말한다. 이름 있는 관리들이 말하는 것이 이러하다면 지방에서 거둬들이는 것이 반드시 늘어날 것이다. 나라가 어찌 망하지 않겠는가."하고 한탄하면서 눈물을 흘려 마지않았다.
>
> ─《목민심서》─

V. 근대 태동기

근대 태동기의 경제

① 서민 경제의 발전

> **출제 포인트**
>
> 조선 후기 지주제의 변화, 농민 경제의 모습은 자주 출제된다.
> 조선 후기 민영 수공업의 발달, 광산 경영의 변화도 반드시 이해하자.

■ 서민 경제의 발전

양반 지주	• 18세기 이후 지주 전호제 일반화 • 지주제의 변화 : 소작권(도지권) 인정, 소작료의 정액화(도조법)
농민 경제	• 농업 기술의 발전 : 모내기법의 확대, 상품 작물의 재배 • 농업 경영의 변화 : 광작 성행, 농민층의 분화(경영형 부농, 임노동자)
민영 수공업	• 민영 수공업의 발달 : 납포장의 활약 • 선대제 성행, 독립 수공업자 출현
민영 광산	• 설점수세제(1651, 광산 개발 허용), 잠채 성행 • 분업과 협업(상인 물주, 덕대, 혈주, 제련업자)

농업 경영의 변화

조선 후기에는 지주가 토지를 소작 농민에게 빌려 주고 소작료를 받는 지주전호제 경영이 일반화되었습니다. 대부분의 농민들은 남의 토지를 빌어서 경작하는 소작농이거나 아니면 자작과 소작을 겸하는 경우가 많았습니다. 소작 농민들은 좀 더 유리한 경작 조건을 얻어 내기 위해 지주에게 소작 쟁의를 벌였습니다. 이러한 과정에서 소작권을 인정받아 지주가 함부로 소작지를 빼앗지 못하고, 수확량의 반이나 내던 소작료도 일정 액수를 곡물이나 화폐로 내도록 하는 **도조법**으로 바뀌어 갔습니다. 도조법의 등장으로 작인은 지주의 간섭 없이 자유로운 영농을 추구할 수 있었습니다. 이로써 농업 생산성이 더욱 향상되었으며, 지주와 작인의 관계도 지배와 종속의 신분적 관계에서 계약적 관계로 바뀌어 갔습니다.

조선 전기	상품 화폐 경제의 발달	조선 후기
신분적 관계		**경제적 관계**
소작료와 기타 부담 (경제 외적 지배)	소작인의 저항(항조 운동) →	소작권 인정, 소작료의 정액화(도조법)

지주 전호제의 변화

대체로 양반들은 소작료로 받은 미곡을 시장에 팔아 이득을 남겼습니다. 또 토지에서 생기는 수입으로 토지를 더 사들여 천석꾼, 만석꾼이라고 불리는 대지주들도 나타났습니다. 양반 중에는 물주로서 상인에게 자금을 대거나 고리대를 통하여 부를 축적하기도 하였습니다. 그러나 이러한 경제적 변동 과정에 제대로 적응하지 못하여 몰락하는 양반도 있었습니다.

양 난 이후 농민들은 생산력을 높이기 위해 새로운 영농 방법을 시도하였습니다. 농민들은 **모내기법**을 확대하여 벼와 보리의 이모작으로 단위 면적당 생산량을 증가시켜 소득을 증대시켰습니다. 논에서의 보리 농사는 대체로 소작료의 수취 대상이 되지 않았기 때문에 소작농들은 보리 농사를 선호하였습니다. 밭농사에서도 밭고랑에다 곡식을 심는 견종법이 보급되어, 노동력은 적게 들고 수확량은 크게 늘어나는 효과를 가져왔습니다.

18세기 경부터 상업적 농업이 발달하였습니다. 농민들은 쌀, 목화, 채소, 담배, 약초 등을 재배하여 시장에 내다 팔아 가계 수입을 늘렸습니다. 특히, 쌀은 이 시기에 이르러 그 수요가 크게 늘어나 장시에서 가장 많이 거래되었습니다. 쌀의 수요가 늘면서 밭을 논으로 바꾸는 현상이 활발하였습니다.

모내기법과 견종법이 널리 보급됨으로써 노동력이 절감되어 한 사람이 경작할 수 있는 경지 면적이 늘어나게 되었습니다. 이에 따라 넓은 토지를 경영하는 이른바 **광작**이 성행하였습니다. 지주들도 소작지를 회수하고 노비나 머슴을 통해 직접 경영하는 경우가 늘어났습니다. 광작의 유행으로 일부 농민들은 부농층으로 성장했고, 지주들도 더 많은 수익을 올릴 수 있었습니다. 그러나 다수의 농민은 경작지를 잃게 됨에 따라 농민층의 계층 분화 현상이 일어나게 되었습니다.

조선 후기의 외래 작물 담배, 고추, 고구마, 감자, 옥수수

> **자료** 조선 후기 농업의 변화
> 농민이 밭에 심는 것은 곡물만이 아니다. 모시, 오이, 배추, 도라지 등의 농사도 잘 지으면 그 이익이 헤아릴 수 없이 크다. 도회지 주변에는 파밭, 마늘밭, 배추밭, 오이밭 등이 많다. 특히 서도 지방의 담배밭, 북도 지방의 삼밭, 한산의 모시밭, 전주의 생강밭, 강진의 고구마밭, 황주의 지황밭에서의 수확은 모두 상상등전(上上等田)의 논에서 나는 수확보다 그 이익이 10배에 달한다.   - 《경세유표》 -

민영 수공업의 발달

전기	부역제 해이 상업 발달	후기
관영 수공업	→	• 민영 수공업(납포장) • 선대제, 독립 수공업자

수공업의 변화

조선 후기에는 장인들이 관청에 소속되어 일하는 관영 수공업 대신에 자신들이 물품을 만들어 판매하는 **민영 수공업**이 발달하였습니다. 이 시기는 도시의 인구가 급증하여 제품의 수요가 크게 늘어났고, 대동법의 실시로 관수품의 수요도 적지 않았기 때문입니다. 민간 수공업자들은 장인세만 부담하면 비교적 자유롭게 생산 활동에 종사할 수 있었습니다. 그들의 제품은 품질과 가격 면에서 관영 수공업장에서 만든 제품과 비교할 때 경쟁력도 높았습니다.

민간 수공업자들은 대체로 작업장과 자본의 규모가 소규모여서 원료의 구입과 제품의 처분에서 상업 자본의 지배를 받았습니다. 대부분 공인이나 상인으로부터 주문과 함께 원료와 자금을 미리 받아 제품을 생산하는 **선대제**가 성행하였습니다. 그러나 18세기 후반에 이르면서 수공업자 가운데서도 독자적으로 제품을 생산하고 이를 직접 판매하는 사람들이 나타났습니다. 농촌의 수공업은 자급자족을 위한 부업의 형태가 일반적이었으나, 점차 소득을 올리기 위해 상품으로 생산하는 경우가 늘었고, 더 나아가 전문적으로 생산하는 농가도 나타났습니다. 농촌에서는 주로 옷감과 그릇 종류가 생산되었습니다.

민영 광산의 증가

전기	부역제 해이 상업 발달	후기	
국가 직영	→	설점수세제	잠채
		분업과 협업(덕대, 혈주)	

광산 경영의 변화

광산은 본래 정부가 독점하여 개인의 광산 개발을 금지하였습니다. 조선 후기에 민영 수공업의 발달에 따라 그 원료인 광물의 수요가 급증하게 되고 특히, 청과의 무역으로 은의 수요가 늘어나면서 광산 개발이 촉진되었습니다. 그 결과 효종 때에는 민간인에게 광산 채굴을 허용하고 세금을 받는 **설점수세제**가 실시되었습니다. 허가를 받은 민간인은 정부가 설치한 광산에서 광물을 채굴하고, 호조에서 파견한 별장에게 세금을 납부하였습니다. 이로써 민간인의 광물 채굴이 어느 정도 가능하였으나 활발하지는 않았습니다.

18세기에 들어 정부는 민간인이 광물을 자유롭게 채굴할 수 있도록 하였습니다(1775). 돈을 가진 물주가 호조의 허가를 받아 직접 광산을

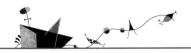

설치하여 운영하고, 그 지역 수령에게 정해진 세금을 바치게 한 것입니다. 그리하여 이후 민간인에 의한 광업이 활기를 띠게 되었습니다. 청과의 무역으로 은의 수요가 늘어나면서 은광의 개발이 활기를 띠어 17세기 말에는 거의 70개소의 은광이 개발되었고, 18세기 말에는 상업 자본이 채굴과 제련이 쉬운 사금 채굴에 몰리면서 금광의 개발도 활발해졌습니다.

광산의 개발은 이득이 많았기 때문에 합법적인 경우가 있었지만, 몰래 채굴하는 이른바 **잠채**도 성행하였습니다. 조선 후기의 광산 경영은 경영 전문가인 **덕대***가 대개 물주에게 자본을 조달받아 광산을 경영하는 것이 일반적이었습니다. 덕대는 채굴 노동자, 제련 노동자 등을 고용하여 자기 책임 아래 광물을 채굴하고 제련하였습니다. 이 작업 과정은 분업에 토대를 둔 협업으로 진행되었습니다.

***덕대** 광산의 주인과 계약을 맺고 광물을 채굴하여 광산을 경영하는 사람

② 상품 화폐 경제의 발달

출제 포인트

주요 상인들의 활동을 반드시 알아두자.
무역 활동에서 교역되는 물품과 관련된 상인들을 알아 두자.
전황의 개념에 대해 정확히 이해하자.

상업 경제의 발달

사상의 대두	• 조선 후기 상업 활동의 주역 : 공인과 사상 • 신해통공(1791) : 금난전권 혁파, 난전(사상)의 합법화 • 지방의 주요 사상 : 송상(인삼 판매)과 경강 상인(운송업)
장시의 발달	18세기 전국적으로 1000여 개소 번성, 보부상의 활약
포구 상업	• 지방 상업의 중심지, 선상의 활약(경강 상인이 대표적) • 객주와 여각 : 상품 중개, 운송, 보관, 숙박, 금융 등
대외 무역	• 대청 무역 : 개시(중강, 회령, 경원), 후시(중강, 책문) • 대일 무역 : 왜관 개시와 후시
화폐 유통	• 상평통보의 상용화, 신용 화폐(환, 어음)의 등장 • 전황(동전 부족 현상) 발생

사상의 대두

조선 후기 상업 활동의 주역은 공인과 사상이었습니다. 처음에는 공인들이 상업 활동을 주도하였습니다. **공인**들은 선혜청에서 공가를 받아 관청에서 필요로 하는 물품을 사서 납품하였습니다. 이들은 한 가지 물품을 대량으로 구입하는 관계로 큰 자본을 가지고 상품을 거래하였으며, 거래 규모만큼 이득도 커서 손쉽게 자본을 축적하였습니다.

18세기 이후에는 사상들의 활동이 활발하였습니다. **신해통공**(1791)으로 시전 상인의 금난전권*이 폐지되면서 사상들은 육의전 상품이 아닌 것은 자유롭게 시전 상인과 경쟁하면서 판매할 수 있게 되었고, 마침내 시전 이외의 새로운 시장을 형성하게 되었습니다. 사상들의 활동은 주로 칠패, 송파 등 도성 주변에서 이루어졌지만, 개성, 평양, 의주, 동래 등 지방 도시에서도 활발하였습니다. 그들은 각 지방의 장시를 연결하면서 물품을 교역하고, 각지에 지점을 두어 상권을 확장하였습니다.

개성의 **송상**은 전국에 지점을 설치하여 넓은 지역을 무대로 활동하였는데 주로 인삼을 재배·판매하고, 의주의 만상과 동래의 내상을 매개로 하여 청·일 간 중개 무역에도 종사하였습니다.

*금난전권 시전 상인이 서울 도성 안과 도성 밖 10리의 지역에서 난전(정부의 허가를 받지 않은 상행위)을 금지하고, 특정 상품을 독점 판매할 수 있는 권리이다.

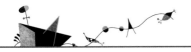

경강 상인은 한강을 근거지로 하여 주로 서남 연해안을 오가며 미곡, 소금, 어물 등을 거래하여 막대한 이득을 취하였습니다.

도고 대규모 자본을 바탕으로 매점매석을 통해 이윤을 극대화하던 상인이나 상인 조직

장시의 발달

조선 후기 사상의 성장은 전국적으로 발달한 **장시**를 토대로 하였습니다. 15세기 말 남부 지방에서 개설되기 시작한 장시는 18세기 중엽에 이르러서는 전국에 1000여 개소에 달하였습니다. 장시는 보통 5일마다 열려서 인근의 농민, 수공업자, 상인이 일정한 날짜에 일정한 장소에 모여 물건을 교환하였습니다. 일부 장시는 상설 시장이 되기도 하였지만, 인근 장시와 연계하여 하나의 지역적 시장권을 형성하는 것이 보통이었습니다.

농촌의 장시를 하나의 유통망으로 연결시킨 상인은 **보부상**입니다. 이들은 생산자와 소비자를 이어주는 행상으로서, 장날의 차이를 이용하여 일정 지역에서 활동하였습니다. 이들은 자신들의 이익을 지키기 위해 보부상단이라는 조합을 이루고 있었습니다.

포구에서의 상업 활동

조선 후기에 들어 연해안이나 큰 강 유역에 형성된 포구가 새로운 상업 중심지가 되었습니다. 종래의 포구는 세곡이나 소작료를 운송하는 기지로서의 역할을 하였으나, 18세기에 이르러 상거래가 활발해지면서 강경포, 원산포 등이 상업의 중심지로 성장하였습니다. 처음에는 가까이에 있는 포구 간에 또는 인근의 장시와 연계하면서 상거래가 이루어졌습니다. 그 후 선상의 활동이 두드러지면서 전국 각지의 포구가 하나의 유통권을 형성하기 시작했습니다.

포구를 거점으로 상행위를 하는 상인으로는 선상, 객주, 여각 등이 있었습니다. 선상은 선박을 이용해서 각 지방의 물품을 구입해 와 포구에서 처분하였는데, 운송업에 종사하다가 거상으로 성장한 경강 상인이 대표적이었습니다. 한편 **객주**나 **여각**은 각 지방의 선상들이 물화를 싣고 포구에 들어오면 그 상품의 매매를 중개하고 부수적으로 운송, 보관, 숙박, 금융 등의 영업도 하였습니다.

대외 무역의 발달

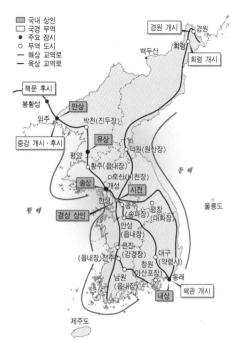

범례
- ■ 국내 상인
- □ 국경 무역
- ● 주요 장시
- ○ 무역 도시
- — 해상 교역로
- — 육상 교역로

조선 후기의 상업과 무역 활동

17세기 중엽부터 국경 지대를 중심으로 청과의 무역이 활발해졌습니다. 중강, 경원, 회령에서는 공적으로 허용된 **개시**가 열렸고, 중강과 책문에서는 사상들의 밀무역인 **후시**가 활발하였습니다. 청에서 수입하는 물품은 비단, 약재, 문방구 등이었고, 수출하는 물품은 은, 종이, 무명, 인삼 등이었습니다.

한편 17세기 이후로 일본과의 관계가 정상화되면서 왜관 개시를 통한 대일 무역이 이루어졌습니다. 조선은 인삼, 쌀, 무명 등을 팔고, 청에서 수입한 물품들을 넘겨주는 중계 무역을 하기도 하였습니다. 반면에 일본으로부터는 은, 구리, 황, 후추 등을 수입하였습니다.

이러한 국제 무역에서 두드러진 활동을 보인 상인들은 의주의 **만상**과 동래의 **내상**이었으며, 개성의 송상은 양자를 중계하며 큰 이득을 남기기도 하였습니다.

화폐 유통

상공업이 발달함에 따라 교환의 매개로서 금속 화폐, 즉 동전이 자연스럽게 전국적으로 유통되었습니다. 정부도 화폐의 유통에 힘써 인조 때 동전을 주조하여 개성을 중심으로 통용시켜 그 쓰임새를 살펴보고, **상평통보**를 본격 주조하고 전국에 널리 유통시켰습니다. 18세기 후반부터는 세금과 소작료도 동전으로 대납할 수 있게 하였습니다. 그리하여 동전은 쌀·베 등 현물 화폐를 제치고 일차적인 유통 수단이 되었습니다.

이 시기에 동전은 교환 수단일 뿐만 아니라 재산 축적의 수단이기도

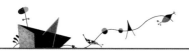

하였습니다. 지주와 대상인들이 동전을 사용하지 않고 이를 고리대나 재산 축적에 이용하였기 때문에 시중에서는 유통되는 화폐가 부족한 **전황**이 발생하였습니다.

상평통보

상품 화폐 경제가 발달하면서 환, 어음 등의 신용 화폐도 점차 보급되었습니다. 이는 이 시기 상품 화폐 경제의 진전과 상업 자본의 성장을 보여 주는 것입니다.

3 근대 태동기의 사회

① 사회 구조의 변동

출제 포인트

신분제의 동요, 중간 계층의 활동, 노비종모법 등을 이해하는 문제가 출제된다.
가족 제도를 고려 및 조선 전기와 비교하는 문제가 단골로 출제된다.

사회 구조의 변동

신분 제도의 동요	• 특징 : 양반 수 증가, 상민과 노비 수 감소 • 양반층의 분화 : 권반(벌열 양반), 향반, 잔반(몰락 양반)
중간 계층의 동향	• 서얼 : 서얼 허통 상소, 정조 때 일부 서얼 출신이 규장각 검서관으로 등용 • 중인 : 재력과 실무 능력을 바탕으로 신분 상승 추구, 철종 때 대규모 소청 운동(실패)
노비의 해방	• 신분 상승 : 군공과 납속, 도망, 노비종모법, 납공 노비로 전환 • 노비의 해방 : 공노비 해방(1801), 노비제 폐지(1894)

신분제의 동요

조선 후기에는 신분 변동이 활발해져 양반 중심의 신분 질서가 점차 의미를 잃어 갔습니다.

붕당 정치의 변질은 양반층의 분화를 가져오는 데 영향을 주었습니다. 붕당 정치는 양반들이 제한된 관직과 경제적 이권을 놓고 벌이는 권력 다툼의 성격을 지니고 있었습니다. 일당 전제화가 전개되면서 일부의 양반을 제외하고는 많은 양반들이 정권에서 밀려났습니다. 이들은 관직에 등용될 기회를 얻지 못한 채 향촌 사회에서나 겨우 위세를 유지하는 향반이 되거나 더욱 몰락하여 잔반이 되기도 하였습니다.

향촌 사회에서는 부를 축적한 상민들이 지위를 높이기 위해서, 또는 역의 부담을 모면하기 위해서 양반 신분을 사거나 족보를 위조하여 양반이 되었습니다. 정부도 재정 보충을 위해 공명첩을 남발하였습니다. 그 결과 양반의 수는 크게 증가하

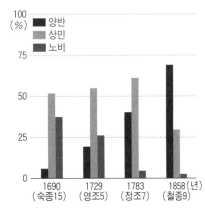

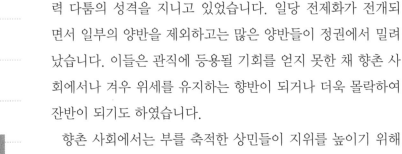

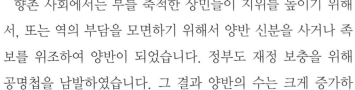

신분별 인구 구성비(대구 호적)

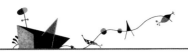

였고, 상민과 노비의 수는 갈수록 줄어들었습니다.

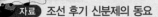
중간 계층의 신분 상승 운동

서얼에 대한 차별은 임진전쟁 이후 완화되기 시작하였습니다. 전란으로 재정적 타격을 받은 정부가 납속*책을 실시하고 공명첩*을 발급하자 서얼들은 이를 이용하여 관직에 나아갈 수 있게 되어 결국 철종 때 신해허통(1851)으로 서얼의 청요직 진출이 허용되었습니다.

영·정조 때 서얼들은 더욱 적극적으로 신분 상승을 시도하였습니다. 그들은 수차례에 걸쳐 집단 상소를 통해 동반이나 홍문관 같은 청요직*으로의 진출을 허용해 줄 것을 요구하였습니다. 그리하여 정조 때에는 유득공, 이덕무, 박제가 등 서얼 출신이 규장각 검서관으로 등용되었습니다.

서얼의 신분 상승 운동은 기술직 중인들에게도 자극을 주었습니다. 그들은 주로 기술직에 종사하며 축적한 재산과 탄탄한 실무 경력을 바탕으로 신분 상승을 추구하였습니다. 중인들은 철종 때 대규모의 **소청 운동**을 전개하였으나 성공하지 못하였습니다.

중인 중에서도 **역관**들은 청과의 외교 업무에 종사하면서 서학을 비롯한 외래 문화 수용에 있어서 선구적 역할을 수행하여 개화 사상의 성립에 커다란 영향을 주었습니다.

***납속** 부족한 재정 보충 및 빈민 구제를 목적으로, 돈이나 곡물을 납부한 사람에게 특혜를 준 정책. 신분을 올려 주거나 직역을 면해주었으며, 관직을 주는 경우도 있었다.

***공명첩** 나라의 재정을 보충하기 위하여 부유층으로부터 돈이나 곡식을 받고 팔았던 명예직 임명장

***청요직** 홍문관, 사간원, 사헌부 등의 관직을 말하며 조선 시대 관리들이 선망하는 자리였다. 이 청요직을 거쳐야만 판서나 정승으로 진출하는 데 유리하였다.

노비의 해방

노비는 군공과 납속 등을 통하여 부단히 자신의 신분을 상승시켰습니다. 국가에서는 공노비 유지에 비용이 많이 들어 그 효율성이 떨어지자, 공노비를 종래의 노동력을 제공하는 입역 노비에서 신공을 바치는 납공 노비로 전환시켰습니다.

신분 상승에 실패한 노비들은 도망을 통하여 신분의 속박에서 벗어나려고 하였습니다. 도망 노비들은 임노동자나 머슴, 행상이 되거나, 화전을 일구며 생계를 유지할 수 있었기 때문입니다.

노비가 자주 도망하자, 나라에서는 신공을 줄여 달래기도 하고 국가 공권력으로 이들을 찾아내려고도 하였으나 그다지 성과를 거두지 못하였습니다.

*노비종모법 아버지가 노비라도 어머니가 양인이면 자녀를 양인으로 삼는 법으로, 양인의 수를 늘리기 위해 도입되었다.

노비의 신분 상승 추세는 **노비종모법***이 실시되면서 더욱 촉진되었습니다. 노비종모법은 여러 차례 시행과 폐지를 거듭하다가 1731년(영조 7)에 정착되었습니다. 당시에는 양인과 노비 사이의 결혼이 성행하였기 때문에 이 제도로 양인이 되는 노비가 적지 않았습니다.

순조는 내수사를 비롯한 중앙 관서의 노비 6만 6,000여 명을 해방시켰습니다(1801). 1886년(고종 23) 노비 세습제가 폐지되었으며, 1894년 갑오개혁으로 노비제가 법적으로 폐지되었습니다.

가족 제도의 변화와 혼인

내용 \ 시기	1500	1600	1700	1800
혼인 제도	남귀여가혼	친영 제도 정착		
제사 상속	자녀 윤회 봉사	과도기	장자 봉사	
재산 상속	자녀 균분 상속	중간형	적장자 우선	여자 배제

가족 제도의 변화

조선 중기까지는 혼인 후에 남자가 여자 집에서 생활하는 경우가 있었으며, 재산 상속의 경우 집안의 대를 잇는 자식에게 5분의 1의 상속분을 더 준다는 것 외에는 모든 아들과 딸에게 재산을 똑같이 나누어 주었습니다. 재산을 균등하게 상속받은 자식들은 제사도 돌아가면서 지내거나 책임을 분담하기도 하였습니다.

친영(親迎) 남자가 여자를 자신의 집으로 데리고 와서 혼례를 올리고 남자 집에서 생활하는 혼인 형태를 가리킨다.

17세기 이후 성리학적인 의식과 예절이 확산되고 가부장적 가족 제도

가 확립되었습니다. 혼인 후에 곧바로 남자 집에서 생활하는 경우가 많아졌으며, 여성의 사회 활동은 제한되었습니다. 제사는 큰아들이 지내야 한다는 의식이 확산되었고, 재산 상속에서도 큰아들이 우대를 받았습니다. 아들이 없는 집안에서는 양자를 들이는 것이 일반화되었습니다. 부계 위주의 족보 편찬이 활발하였고, 같은 성을 가진 사람끼리 모여 사는 동성 마을이 늘어났습니다. 개인은 개인으로 인정받기보다는 친족 집단의 일원으로 인식되었습니다.

조선 시대의 혼인 형태는 일부일처를 기본으로 하였으나 엄밀한 의미의 일부일처제와는 거리가 있습니다. 양반들은 정실 부인 이외에 첩을 들이는 것이 일반적이었기 때문입니다. 성리학적 명분론에 따라 처와 첩은 물론 그 자식들 사이에도 엄격한 구별을 두었습니다. 첩의 자식인 서얼은 가정 내에서는 제사나 재산 상속 등에서 차별을 받았고, 사회적으로는 문과에 응시할 수 없도록 하여 관직 진출을 제한하였습니다.

> **자료 | 재가 금지**
>
> 경전에 이르기를 "믿음은 부인의 덕이다. 한번 남편과 결혼하면 종신토록 고치지 않는다."라고 하였다. 이 때문에 삼종(三從)의 의(義)가 있고, 한 번이라도 어기는 예가 없는 것이다. 세상의 도덕이 날로 나빠진 뒤로부터 여자의 덕이 정숙하지 못하여 사족(士族)의 딸이 예의를 생각지 아니해서 혹은 부모 때문에 절개를 잃고, 혹은 자진해서 재가하니, 한갓 자기의 가풍을 파괴할 뿐만 아니라, 실로 성현의 가르침에 누를 끼친다. 만일, 엄하게 금령을 세우지 않는다면 음란한 행동을 막기 어렵다. 이제부터 재가한 여자의 자손들은 관료가 되지 못하게 하여 풍속을 바르게 하라.
>
> — 《성종실록》 —

2 향촌 질서의 변화

출제 포인트

향전(鄕戰)을 이해하는 문제가 출제된다.

향촌 질서의 변화

양반의 기득권 유지 노력	• 동약 실시 • 족적 결합 강화(서원 건립, 동족 마을)
향전 (향촌 지배권의 변화)	• 부농층의 향권 도전 : 기존 사족층과 향회의 주도권을 놓고 대립, 관권과 결탁 • 결과 : 관권(수령) 강화, 향리의 역할 증대 • 향회의 변화 : 사족의 이익 대변 기구 → 부세 자문 기구로 변질

잔반 혈통은 양반이나 실제로는 각 지방에 흩어져 농업이나 상업에 종사하면서 생계를 이어나가는 계층으로 실제 생활은 상민과 다름이 없었다.

*사우 교육 기능이 있는 서원과 달리 가문의 이름 있는 인물에 대해 제사만 지내는 기능을 하였다.

양반의 향촌 지배 약화

사족 중심으로 운영되던 향촌 질서도 경제의 변동과 신분제의 동요에 영향을 받았습니다.

평민과 천민 중에 재산을 모아 부농층으로 등장하는 사람도 있는 반면, 양반 중에는 토지를 잃고 몰락하여 전호가 되거나 심한 경우에는 임노동자로 전락하는 경우도 있었습니다. 따라서 향촌 사회 내부에서 양반이 지녔던 권위도 점차 약해졌습니다. 양반들은 군현을 단위로 하여 농민을 지배하기 어렵게 되자, 촌락 단위의 **동약**을 실시하거나 족적 결합을 강화함으로써 자기들의 지위를 지켜 나가고자 하였습니다. 이에 따라 전국에 많은 **동족 마을**이 만들어지고 문중을 중심으로 서원, 사우*가 세워졌습니다.

종래에 향촌 사회를 지배하였던 양반은 새로 성장한 부농층의 도전을 받게 되었습니다. 부농층은 수령을 중심으로 하는 관권과 결탁하여 향안에 이름을 올리는가 하면 향회를 장악하고자 하였습니다. 이렇게 전통적인 사족층(구향)과 부농 출신 양반(신향)이 향촌 사회의 주도권 다툼을 벌인 것을 **향전**이라고 합니다. 이로 인하여 조선 후기 향촌 사회는 수령과 향리의 관권이 강화되었습니다. 종래 지방 양반의 이익을 대변했던 향회는 주로 수령이 세금을 부과할 때 의견을 물어보는 자문 기구로 변질되었습니다.

농민층의 분화

조선 후기 일반 농민 중에서 농지의 확대, 영농 방법의 개선 등을 통해

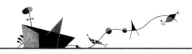

부를 축적하여 지주가 되는 사람도 있었습니다. 조선 후기에 등장한 이러한 부농층을 당시에 요호부민으로 불렀습니다. 이들은 경제적 능력은 갖추었지만, 아직 자신들의 권익을 보호할 수 있는 합법적인 방법이 없었습니다. 이에 부농층은 재력을 바탕으로 공명첩을 사거나 족보를 위조하여 신분을 상승시키기도 하였습니다. 양반이 되면 군역을 면할 수 있었으며, 양반 지배층의 수탈을 피해 부를 축적하는 데 각종 편의를 얻을 수 있는 이점이 있었습니다.

일부 농민이 부농층으로 성장하는 반면, 많은 농민들은 오히려 경작지를 잃고 농촌을 떠날 수밖에 없었습니다. 농촌에 그대로 머물러 있더라도 지주에게 머슴으로 고용되거나 품팔이로 생계를 유지해야 했습니다. 농촌을 떠난 농민은 도시로 이주하여 상공업에 종사하거나 임노동자가 되었으며, 국가나 관청에서 노임을 받고 성 쌓기나 도로 공사 등에 동원되기도 하였습니다. 광산이나 포구의 임노동자가 되는 농민도 많았습니다.

자료 향촌 질서의 변화

영덕의 구향(舊鄕)은 사족이며, 소위 신향(新鄕)은 모두 향리와 서리의 자식입니다. 근래 신향들이 향교를 주관하면서 구향들과 서로 마찰을 빚고 있습니다.
- 《승정원일기》, 영조 23년 -

요사이 수령들은 한 고을을 제멋대로 다스려 다른 사람이 그 잘못을 고칠 수가 없습니다. 수령이 옳다고 하면 좌수 이하 모두 그렇다고 합니다.
- 《비변사 등록》, 영조 36년 -

③ 사회 변혁의 움직임

출제 포인트

19세기 사회를 세도 정치와 연결시켜 출제한다.
동학과 천주교의 활동을 알아두자.

▶ 사회 변혁의 움직임

사회 불안의 심화	• 사회의 동요 : 신분제의 동요, 지배층의 수탈(삼정의 문란), 각종 재난과 질병 • 민중 사상의 대두 : 비기(정감록)와 도참 사상, 무격 신앙, 미륵 신앙
천주교의 전파	• 17세기 서학으로 소개 → 18세기 남인 실학자 일부가 신앙 활동 • 전례 문제(유교적 제사 의식 거부) → 박해 • 신유박해(1801) : 벽파(정순왕후 김씨)의 대탄압 → 실학자 및 양반층의 이탈
동학의 발생	• 발생 : 1860년 경주 출신의 몰락 양반 최제우가 창시 • 사상 : 시천주와 인내천 사상 • 탄압 : 최제우 사형(1864), 최시형의 교리 정비(동경대전, 용담유사)
농민의 항거	• 농민의 소극적 항거 : 소청, 벽서, 괘서 • 홍경래의 난(1811) : 서북민에 대한 차별 대우, 청천강 이북 점령 • 임술 농민 봉기(1862) : 단성과 진주 농민 봉기가 계기, 전국 확산

선운사 도솔암 마애불(전북 고창)
(선운사 동불암지 마애여래좌상)

정감록 조선 후기 민간에 널리 퍼진 예언서이다. 조선 왕조가 망하고 정씨가 나타나 계룡산으로 수도를 옮기고 새 왕조를 세울 것이라는 내용이 담겨 있다.

예언 사상의 대두

세도 정치로 인해 정치 기강이 문란해져 탐관오리들의 탐학과 횡포는 날로 심해 갔습니다. 자연재해와 질병도 거듭되었는데 특히 1820년의 전국적인 수해와 이듬해 콜레라의 만연은 많은 백성의 목숨을 빼앗았습니다. 이런 상황에서 서양의 이양선까지 연해에 출몰하자 민심은 극도로 흉흉해져 갔습니다. 사회 불안이 심해지자 각처에서 도적이 크게 일어났습니다. 화적들은 지방의 토호나 부상들을 공격하였고, 수적들은 조운선이나 상선을 약탈하였습니다.

이러한 분위기 속에서 비기, 도참 등을 이용한 예언 사상이 유행하였습니다. 새로운 세상이 오기를 바라는 예언 사상은 왕조의 교체, 말세의 도래 등 근거 없는 낭설로 민심을 혼란시켰습니다. 이씨 왕조가 망하고 정씨 왕조가 들어선다고 예언한 《정감록》*은 이때에 널리 유행한 비기였습니다.

개인의 구원과 복을 비는 무격 신앙이 번성하고, 미륵불이 지상 세계에 내려와서 중생을 구원한다는 미륵 신앙도 널리 퍼졌습니다. 심지어 살아 있는 미륵불을 자처하면서 농민과 노비를 끌어 모아 농민 반란을 계획하는 무리도 나타났습니다.

천주교의 전파

천주교는 중국을 왕래하는 사신들에 의해 서학이라는 이름으로 조선에 소개되었습니다. 처음에 천주교는 학문적 호기심에서 연구되기 시작하다가 18세기 후반에 이르러 신앙으로 받아들여졌습니다. 이승훈이 북경에서 서양인 신부에게서 영세를 받고 돌아온 뒤에는 조선 교회도 창설되었습니다.

정부는 처음에는 천주교가 유포되는 것을 방관하였습니다. 그러나 천주교가 유교의 제사 의식을 거부하자, 정부는 양반 중심의 신분 질서를 부정하고 국왕의 권위에 도전하는 것으로 받아들였습니다. 이에 정조는 천주교를 사교로 규정하여 북경으로부터 서적 수입을 금하고 어머니 제사에 신주를 없앤 윤지충 등을 사형에 처하였으나 심하게 탄압하지는 않았습니다.

순조 즉위 직후에 노론 벽파가 집권하면서 천주교에 대한 탄압이 가해졌습니다(1801, **신유박해***). 천주교는 안동 김씨의 세도 정치기에 탄압이 완화되면서 서울과 서해안 일대를 중심으로 백성들에게 활발히 전파되었습니다. 1831년 조선 교구가 설정되고, 서양인 신부들이 몰래 들어와 포교하면서 교세가 점차 확장되었습니다.

풍양 조씨가 집권하고 있던 1839년에는 프랑스 신부 3인을 비롯하여 수십 명의 천주교 신도가 처형된 기해사옥이 일어나고, 1846년에는 우리나라 최초의 신부가 된 김대건이 당진을 근거로 포교하다가 붙잡혀 처형되었습니다.

세도 정치로 말미암은 사회 불안과 어려운 현실에 대한 불만 속에서 일부 백성들은 천주교의 평등 사상과 내세 신앙 등의 교리에 공감하였습니다. 이에 천주교는 중인과 서민, 부녀자층을 중심으로 교세를 확대할 수 있었습니다.

북학파	과학 기술은 수용하되, 종교 · 윤리는 배격	
남인	이익, 안정복	배격
	권철신	신앙 활동

천주교에 대한 태도

천주실의 이수광, 유몽인 등에 의해 우리나라에 소개된 천주교 서적으로, 원래 마테오 리치가 한문으로 지었으나 18세기에 한글로 옮겨졌다. 《천주실의》는 천주에 대한 참된 토론이라는 뜻이다.

***신유박해(1801)** 이승훈, 이가환 등이 처형당하고, 정약용 등이 유배되었으며, 박지원, 박제가 등도 관직에서 쫓겨났다. 황사영은 북경의 천주교 주교에게 프랑스의 무력 개입을 요청하는 편지를 보내려다 발각되어 처형당하였다.

> **자료** 천주교
>
> 죽은 사람 앞에 술과 음식을 차려 놓는 것은 천주교에서 금하는 바입니다. 살아 있을 동안에도 영혼은 술과 밥을 받아먹을 수 없거늘, 하물며 죽은 뒤에 영혼이 어떻게 하겠습니까? 먹고 마시는 것은 육신의 입에 공급하는 것이요, 도리와 덕행은 영혼의 양식입니다. … (중략) … 사람의 자식이 되어 어찌 허위와 가식의 예로써 이미 돌아간 부모를 섬기겠습니까?
> – 《상재상서》 –

동학의 발생

1860년 경주 지방의 몰락 양반 최제우는 전통적인 민간 신앙과 유교, 불교, 도교를 융합하여 동학을 창시하였습니다. 동학은 모든 사람이 평등하다는 시천주(侍天主)와 **인내천**(人乃天) 사상을 강조하였습니다. 그래서 양반과 상민을 차별하지 않고, 노비 제도를 없애며, 여성과 어린이의 인격을 존중하는 사회를 추구하였습니다.

동학의 보국안민 사상은 천주교로 대표되는 서양 세력의 침략으로부터 나라를 구하고 백성을 편안하게 할 것이라는 등 반외세적인 성격도 지니고 있었습니다. 새로운 세상이 열린다는 후천개벽 사상은 당시 농민들의 사회 변혁 운동에 혁명적 기운을 불어넣었습니다.

조선의 지배층은 동학이 세상을 어지럽히고 백성을 속이는 종교라 하여 최제우를 처형하였습니다. 동학의 2대 교주 최시형은 《동경대전》과 《용담유사》를 펴내어 교리를 정리하는 한편 의식과 제도를 정착시켜 포 · 접 등 교단 조직을 정비하였습니다. 이리하여 동학은 경상도, 충청도, 전라도는 물론 강원도와 경기도 일대로 퍼져 나갔습니다.

> **자료 동학 사상**
>
> 사람이 곧 하늘이라. 그러므로 사람은 평등하며 차별이 없나니, 사람이 마음대로 귀천을 나눔은 하늘을 거스르는 것이다. 우리 도인은 차별을 없애고 선사의 뜻을 받들어 생활하기를 바라노라.   – 최시형의 설법 –
>
> 서양은 싸우면 이기고 치면 빼앗아 이루지 못하는 일이 없으니 천하가 멸망하면 또한 입술이 떨어지는 탄식이 없지 않을 것이니 보국안민의 계책이 장차 어디서 나올 것인가.   – 《동경대전》 –

농민의 항거

세도 정치하에서 **삼정의 문란**과 탐관오리의 착취는 농민들의 살림살이를 힘들게 하였습니다. 농촌 사회가 어려워지면서 농민들은 소청*, 벽서, 괘서* 등의 형태로 자신들의 불만을 드러내기 시작하였습니다. 그러나 사정이 개선되지 않자 농민들은 세금 납부를 거부하거나, 집단적으로 항의 시위를 하고, 수령에게 모욕을 주는 등 좀 더 적극적이고 과격한 방법으로 지배층의 압제에 저항하였습니다. 이렇게 농민의 항거는

*소청 농민들이 관리들의 조세 수탈이나 부정에 대해 관청에 시정을 요청하는 것이다.

*벽서, 괘서 남을 비방하거나 민심을 선동하기 위해 여러 사람이 보는 곳에 글을 쓰거나 붙이는 행위를 말한다.

점차 농민 봉기로 변화되어 갔습니다.

평안도에서 일어난 **홍경래의 난**(1811)은 몰락한 양반인 홍경래의 지휘 아래 영세 농민, 중소 상인, 광산 노동자 등이 합세하여 지방 차별 타파를 구호로 일으킨 봉기였습니다. 이들은 가산에서 봉기하여 청천강 이북의 9읍을 점령하였으나, 정주성 싸움에서 패하여 5개월 만에 진압되었습니다. 홍경래의 난은 실패로 끝났으나 이후 전국 각지에서 크고 작은 농민 봉기가 잇달아 일어났습니다.

> **자료 홍경래의 격문**
> 평서대원수는 급히 격문을 띄우노니 관서의 부로(父老)와 자제와 공·사 천민들은 모두 이 격문을 들으라. … (중략) … 그러나 조정에서는 관서를 버림이 분토(糞土)와 다름없다. 심지어 권세 있는 집의 노비들도 서토의 사람을 보면 '평안도 놈'이라 말한다. 어찌 억울하고 원통하지 않은 자 있겠는가. … (중략) … 대원수
> － 〈패림〉 －

임술 농민 봉기(1862)는 단성에서 시작되어 진주를 중심으로 확산되었는데, 경상 우병사 백낙신의 수탈에 견디다 못한 진주 농민들은 관아를 부수고 한때 진주성을 점령하기도 하였습니다. 이를 계기로 농민의 항거는 북쪽의 함흥으로부터 남쪽의 제주에 이르기까지 전국적으로 확산되었습니다.

정부는 안핵사를 파견하여 주동자를 찾아내 처벌하는 한편 삼정이정청*을 설치하여 민심을 회유하는 조치를 취하였습니다. 그 결과 농민 봉기는 다소 진정되었으나 근본적인 해결이 이루어진 것은 아니었습니다.

> **자료 임술 농민 봉기**
> 임술년 2월, 진주민 수만 명이 머리에 흰 수건을 두르고 손에는 몽둥이를 들고 무리를 지어 진주 읍내에 모여 … (중략) … 백성들의 재물을 횡령한 조목, 아전들이 세금을 포탈하고 강제로 징수한 일들을 면전에서 여러 번 문책하는데, 그 능멸하고 핍박함이 조금도 거리낌이 없었다.
> － 〈임술록〉 －

● 홍경래 반군의 점령지
■ 철종 때의 농민 봉기 지역
▲ 고종 때의 농민 봉기 지역

홍경래의 난
(1811)

개령 농민 봉기
(1862)

진주 농민 봉기
(1862)

19세기 농민 봉기

임술 농민 봉기의 주요 요구 사항
• 환곡의 폐단을 없앨 것
• 군포를 호마다 균등하게 부담시킬 것
• 군역과 환곡의 부족분을 토지에 부과하지 말 것

***삼정이정청** 진주 농민 봉기를 조사한 박규수가 농민들을 달래기 위해 삼정 개선을 건의하자 임시로 설치한 기관.

4 근대 태동기의 문화

1 성리학의 변화

출제 포인트

윤휴와 박세당, 호락 논쟁, 양명학에 대해 알아두자.

■ 조선 후기 성리학의 변화

성리학의 상대화	• 윤휴 : 유교 경전에 대한 독자적 해석(원시 6경 중시) • 박세당 : 양명학과 노장 사상의 영향을 받아 주자의 학설 비판, 사변록 저술
호락 논쟁	호론(인물성 이론) ↔ 낙론(인물성 동론)
양명학의 수용	• 수용 : 서경덕 학파와 왕실 종친에 확산 → 17세기 후반 소론 계열에 의해 본격적으로 수용 • 사상 체계 : 심즉리설 + 지행합일설 + 치양지설 • 정제두의 활동 : 일반인을 도덕 실천의 주체로 상정(양반 신분제 폐지 주장), 강화학파 형성 • 계승 : 역사학, 국어학 등에서 새로운 경지 개척, 실학자들과 교류

성리학의 절대화 경향

인조반정 이후 정국의 주도권을 잡은 서인은 당시 조선 사회가 안고 있던 모순을 해결하기 위해 명분론을 강화하고 주자 중심의 성리학을 절대화하였습니다. 이 중심에 서 있는 학자가 바로 송시열입니다.

*6경 원시 유학에서 중시한 《시경》, 《서경》, 《역경》, 《예기》, 《춘추》, 《악기》의 여섯 경전을 가리킨다.

반면, 17세기 후반부터 주자 중심의 성리학을 상대화하고 6경*과 제자백가 등에서 모순 해결의 사상적 기반을 찾으려는 경향도 본격화되었습니다. 서경덕의 영향을 받은 **윤휴**는 유교 경전에 대하여 독자적인 해석을 하였으며, 《사변록》을 저술한 **박세당** 역시 양명학과 노장 사상의 영향을 받아 주자의 학설을 비판하였습니다. 이들은 서인 집권 세력이 정통시해 오던 주자의 학설을 비판하였다는 명목으로 서인(노론)의 공격을 받아 사문난적*으로 몰렸습니다.

*사문난적 유교에서 교리를 어지럽히고 사상에 어긋나는 행동을 하는 사람

환국기를 지나면서 서인은 노론과 소론으로 분화하였습니다. 성혼의 사상을 계승한 소론은 양명학과 노장 사상 등을 수용하는 등 성리학을 탄력적으로 이해하려 하였습니다.

이이의 사상을 계승한 노론은 18세기에 들어와 인간과 사물의 본성이

같은가 다른가 등의 문제를 둘러싸고 **호락 논쟁**을 벌였습니다. 한원진 등 충청도 지역의 노론학자(호론)들은 인간과 사물의 본성이 다르다는 인물성이론을 주장하였습니다. 이들의 사상은 화이론을 바탕으로 한 것입니다.

이간·김창협 등 서울 경기 지역의 노론학자(낙론)들은 인간과 사물의 본성이 같다는 인물성동론을 주장하였습니다. 이들의 주장은 화이론을 극복하는 논리 체계를 제시하여 북학파 실학 사상으로 계승되었습니다.

구분	호론(湖論)	낙론(洛論)
주장	인물성 이론(人物性異論) → 인간과 사물의 본성이 다르다는 주장	인물성 동론(人物性同論) → 인간과 사물의 본성이 같다는 주장
지역	충청 노론(한원진)	서울 노론(이간, 김창협)
계통	화이론 사상	북학 사상

호락 논쟁

양명학의 수용

양명학은 '심즉리', '지행합일', '치양지'를 내세워 성리학의 절대화와 형식화를 비판하며 실천성을 강조하였습니다. 양명학은 이미 중종 때에 조선에 전래되어 주로 서경덕 학파와 종친들 사이에서 점차 확산되어 갔습니다. 그러나 이황은 양명학이 정통 주자학 사상과 어긋난다고 비판하였고, 그 후 양명학은 이단으로 간주되었습니다.

18세기 초에 **정제두**는 몇몇 소론 학자가 명맥을 이어가던 양명학을 체계적으로 연구하여 강화학파로 발전시켰습니다. 그는 《존언》, 《만물일체설》 등의 저술에서 일반민을 도덕 실천의 주체로 상정하였으며, 이를 바탕으로 양반 신분제의 폐지를 주장하기도 하였습니다.

정제두는 강화도로 옮겨 살면서 양명학 연구와 제자 양성에 힘썼습니다. 동국진체를 창안한 이광사, 《연려실기술》을 저술한 이긍익 등이 강화학파로서 이름이 높았습니다. 이들은 양명학을 바탕으로 역사학, 어문학, 서예, 문학 등에서 새로운 경지를 개척하였습니다.

양명학은 정권에서 소외된 소론 계열과 왕실 종친 그리고 서얼 출신 인사들 사이에서 가학으로 이어지면서 계승되었습니다. 한말과 일제 강점기에 이건창, 박은식, 정인보 등은 양명학을 계승하여 민족 운동을 전개하였습니다.

출제 **포인트**

실학의 핵심은 실학자이다. 이익과 정약용, 홍대용과 박지원을 반드시 알아두자.
국학 연구(역사, 지리)를 조선 초기와 구별하여 알아두자.

▶ **실학의 발달**

구분	중농 학파(경세치용 학파)	중상 학파(이용후생 학파)
출신	경기 남인, 농촌 선비	서인(노론), 도시인
주장	• 토지 개혁을 통한 자영농 육성 • 화폐 사용 부정적(이익)	• 영농 기술 개발, 농업의 전문 · 상업화 • 화폐 사용 긍정적(박지원)
지향	유교적 이상 사회	근대적 상공업 사회

실학의 등장

왜란과 호란을 겪은 후 성리학 중심의 학문 활동에 대한 반성이 일어났습니다. 이론과 형식에만 치우치는 성리학을 비판하고, 현실 사회의 어려움을 해결하는 데 도움이 될 수 있는 실용적이고 실증적인 학문을 연구해야 한다는 생각이 널리 퍼졌습니다. 이처럼 사회 모순을 해결하고 새로운 사회의 형성을 지향하는 현실 비판적이며 개혁적인 학문 활동과 학풍을 실학이라고 합니다.

실학은 처음 이수광, 한백겸, 김육 등에 의하여 제기되었습니다. 이수광은 《지봉유설》을 저술하여 우리나라와 중국의 문화를 폭넓게 정리하였고, 한백겸은 《동국지리지》에서 삼한의 위치를 치밀하게 고증하여 역사지리 연구의 단서를 열었습니다. 김육은 대동법을 확대 실시하고, 동전을 널리 사용하게 하는 데 힘썼습니다. 실학은 실사구시*의 자세로 생산과 생활에 실용적인 학문을 연구하였습니다. 이와 같은 실학의 형성에는 청의 고증학과 서양 과학도 영향을 미쳤습니다. 실학은 민생안정과 부국강병을 목표로 농업 중심의 개혁론, 상공업 중심의 개혁론 등의 사회 개혁론을 제시하고, 역사, 지리, 언어 등 국학 연구로 확산되었습니다.

***실사구시** 사실에 토대를 두고 진리를 탐구한다는 뜻으로 실학 사상의 기초가 되었다.

농업 중심의 개혁론

농업 중심의 개혁론은 대부분 경기 지방에서 활약한 남인 출신 실학자

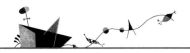

들이 제기하였습니다. 이들은 공통적으로 농민 중심의 제도 개혁을 주장하였기 때문에 경세치용 학파라고도 불립니다. 이들은 농민 생활의 안정을 위해 여러 가지 토지 제도의 개혁안을 제시하였습니다.

실학자	저서	내용
유형원	반계수록	• 균전론(均田論) : 신분에 따라 차등 있게 토지를 재분배 • 병농 일치의 군사 조직과 사농일치의 교육 제도 확립을 주장
이익	성호사설	• 한전론(限田論) : 영업전은 매매 금지, 나머지 토지는 매매 허용 • 좀론 : 노비제, 과거제, 양반 문벌, 사치와 미신, 승려, 게으름
정약용	목민심서	목민관(牧民官) 근무 지침서, 지방 행정 개혁 주장
	전론	여전론(閭田論) 주장(공동 농장 제도)
	탕론	통치권 강화 주장, 권력 구조 변화론 제시
	기예론	과학 기술(거중기 · 한강 주교 설계)과 상공업 발달에도 관심

중농 실학(경세치용 학파)

농업 중심 개혁론은 유형원에 의해 처음 체계화되었습니다. 그는 《반계수록》에서 균전제를 실시하여 관리, 선비, 농민 등 신분에 따라 차등 있게 토지를 재분배하고 조세와 병역도 조정하자고 주장하고, 양반 문벌 제도, 과거제, 노비 제도의 모순을 비판하였습니다.

농업 중심 개혁론은 18세기 전반에 활동한 **이익**에 의해 더욱 발전되었습니다. 그는 《곽우록》에서 농가 경제를 안정시키는 방법으로 한전론*를 주장하였습니다. 한편 이익은 육두론*을 통해 나라를 좀 먹는 여섯 가지 폐단을 지적하였습니다. 이익의 개혁 사상에 공감한 많은 학자들이 그의 문하로 모여들어 성호학파를 형성하였습니다.

정약용은 이익의 실학 사상을 계승하면서 이용후생을 강조하는 북학 사상도 적극 수용하여 가장 포괄적인 개혁안을 내놓았습니다. 그는 신유박해(1801)에 연루되어 전라도 강진에서 유배 생활을 하면서 《목민심서》, 《경세유표》 등 500여 권의 책을 저술하여 실학을 집대성하였습니다.

정약용은 토지 제도의 개혁론으로 처음에는 토지의 공동 소유 · 공동 경작을 골자로 한 **여전제**를 주장하였습니다. 나중에는 정전제*를 현실에 맞게 실시할 것을 주장하였습니다. 그는 통치자는 백성을 위해 존재한다고 주장하면서 백성의 의사가 반영될 수 있는 정치 제도의 개선 방안도 모색하였습니다. 정약용은 과학 기술과 상공업 발달에도 많은 관심을 보였습니다.

*한전론 농가마다 영업전을 갖게 하고, 영업전은 법으로 매매를 금지하고 나머지 토지만 매매를 허용하여 점진적으로 토지 균등을 이루도록 하자는 주장이다

*육두론(여섯 가지 좀벌레 이론) 이익은 노비 제도, 과거 제도, 양반 문벌 제도, 사치와 미신, 승려, 게으름 등을 나라를 좀먹는 여섯 가지의 폐단으로 지적하였다.

*여전론 봉건 지배층의 토지를 몰수하여 농민이 공동으로 소유 · 경작하며, 가을에 수확한 생산물을 기여한 노동량에 따라 분배하자고 주장하였다.

*정전제 전국의 토지를 점진적으로 국유화하여 정전(井田)을 편성한 후, 그중 1/9은 공전으로 만들어 조세를 충당하고, 나머지는 농민에게 분배하자는 토지 개혁론이다.

상공업 중심의 개혁론

18세기 후반에는 농업뿐 아니라 상공업의 진흥과 기술의 혁신을 주장하는 북학파(이용후생 학파) 실학자들이 나타났습니다. 이들은 주로 서울의 노론 집안 출신이 대부분이었으며 청나라의 문물을 적극적으로 수용하여 부국강병과 이용후생에 힘쓰자고 주장하였습니다.

실학자	저서	내용
유수원	우서	사농공상의 직업적 평등화와 전문화 주장
홍대용	임하경륜 의산문답	• 균전제 주장 • 기술 문화 장려, 신분제 철폐, 성리학 극복이 부국강병의 근본 • 지전설 주장(성리학 중심의 세계관 비판)
박지원	과농소초 열하일기	• 한전제(상한선) 주장 • 수레와 선박 이용, 화폐 유통의 필요성 주장 • 양반 문벌 제도의 비생산성 비판(양반전, 호질, 허생전)
박제가	북학의	• 서얼 출신 • 청과의 통상 강화, 절검보다는 소비 권장, 수레와 선박 이용

중상 실학(이용 후생 학파)

이용후생 학파의 선구자인 유수원은 《우서》를 저술하여 상공업의 진흥과 기술의 혁신을 강조하고, 사농공상의 직업 평등과 전문화를 주장하였습니다. 그는 농업에 있어서는 토지 제도의 개혁보다 농업의 상업적 경영과 기술 혁신을 통해 생산성을 높이자고 주장하였습니다.

홍대용은 청을 왕래하면서 얻은 경험을 토대로 《임하경륜》, 《의산문답》 등을 저술하였습니다. 그는 기술의 혁신과 문벌 제도의 철폐, 그리고 성리학의 극복이 부국강병의 근본이라고 강조하였으며, 지전설과 무한우주론 등 파격적인 우주관을 제시하여 중국이 세계의 중심이라는 생각을 비판하였습니다.

박지원은 《열하일기》에서 상공업의 진흥을 강조하면서 수레와 선박의

이용, 화폐 유통의 필요성 등을 주장하고, 양반 문벌 제도의 비생산성을 비판하였습니다. 또 농업에서도 영농 방법의 혁신, 상업적 농업의 장려, 수리 시설의 확충 등을 통하여 농업 생산력을 높이는 데 관심을 기울였습니다. 박지원은 농업 기술과 농업 정책을 다룬 《과농소초》에서 토지 소유의 상한선을 설정하는 한전론(限田論)을 주장하였습니다.

박지원의 실학 사상은 그의 제자 박제가에 의하여 더욱 확충되었습니다. **박제가**는 청에 다녀온 후 《북학의》를 저술하여 청의 문물을 적극적으로 수용할 것을 제창하였습니다. 그는 청과의 통상 강화, 수레와 선박의 이용, 신분제 타파 등 상공업 발전 방안을 역설하였습니다. 또, 생산과 소비와의 관계를 우물물에 비유하면서 생산을 자극하기 위해서는 절약보다 소비를 권장해야 한다고 주장하였습니다.

상공업의 진흥을 강조한 북학파의 실학 사상은 서유구, 이규경, 최한기를 거쳐 19세기 후반의 개화 사상으로 계승되었습니다.

> **자료 박제가의 소비론**
>
> 비유하건대, 재물은 대체로 샘과 같은 것이다. 퍼내면 차고, 버려 두면 말라 버린다. 그러므로 비단옷을 입지 않아서 나라에 비단 짜는 사람이 없게 되면 여공(길쌈질)이 쇠퇴하고, 찌그러진 그릇을 싫어하지 않고 기교를 숭상하지 않아서 공장(수공업자)이 도야(기술을 익힘)하는 일이 없게 되면 기예가 망하게 되며, 농사가 황폐해져서 그 법을 잃게 되므로, 사농공상의 사민이 모두 곤궁하여 서로 구제할 수 없게 된다.
>
> – 《북학의》 –

국학 연구의 확대

실학의 발달과 함께 민족의 전통과 현실에 대한 관심이 깊어지면서 우리의 역사, 지리, 언어, 풍속 등을 연구하는 국학이 발달하였습니다.

역사 연구에서는 이익, 안정복, 유득공 등이 활약하였습니다. 이익은 실증적이며 비판적인 역사 서술을 제시하고, 중국 중심의 역사관에서 벗어나 우리 역사를 체계화할 것을 주장하였습니다.

안정복은 《동사강목》을 지어 고조선부터 고려 말까지의 우리 역사를 체계적으로 정리하였습니다. 그는 이 책에서 단군-기자-마한으로 이어지는 독자적 정통론을 세워 이를 체계화하였으며, 역사 사실들을 치밀하게 고증하여 고증 사학의 토대를 닦았습니다.

	안정복(동사강목)	삼한 정통론(독자적 정통론), 고증 사학의 토대 마련
역사학 연구	한치윤(해동역사)	다양한 외국 자료 인용, 민족사의 인식 확대
	이긍익(연려실기술)	실증적, 객관적인 조선의 사회, 정치사
	유득공(발해고)	고대사 연구 시야를 만주와 연해주로 확대
	이종휘(동사)	→ 반도 중심의 사관 극복
지리 연구	• 지리서 : 동국지리지(한백겸), 아방강역고(정약용), 택리지(이중환) • 지도 : 동국지도(정상기), 대동여지도(김정호)	
언어 연구	훈민정음운해(신경준), 언문지(유희), 고금석림(이의봉)	
금석학	금석과안록(김정희)	
백과사전류	• 효시 : 지봉유설(이수광) • 성호사설(이익), 청장관전서(이덕무), 임원경제지(이덕무) • 오주연문장전산고(이규경), 동국문헌비고(한국학 백과사전)	

국학 연구

이긍익은 조선 시대의 정치와 문화를 객관적·실증적으로 정리하여 《연려실기술》을 저술하였습니다. 한치윤은 500여 종의 중국 및 일본의 자료를 참고하여 《해동역사》를 편찬하여 민족사 인식의 폭을 넓히는 데 이바지하였습니다.

이종휘는 《동사》에서 고구려 역사 연구를 심화하고, 유득공은 《발해고》에서 발해를 신라와 대등한 국가로 인정하여 남북국사를 체계화했습니다. 이들은 고대사 연구의 시야를 만주 지방까지 확대시킴으로써 한반도 중심의 협소한 사관을 극복하는 데 기여하였습니다.

한편 역사에 대한 관심은 금석문에 대한 관심을 촉발시켜 김정희는 《금석과안록》을 지어 북한산비와 황초령비 등 진흥왕 순수비를 소개하였습니다.

자료 안정복의 동사강목 범례

• 정통(正統)은 단군·기자·마한·신라 문무왕(9년 이후)·고려 태조(19년 이후)를 말한다. 무통(無統)은 삼국이 병립한 때를 말한다.
• 위만은 찬적(簒賊)인데, 통감에는 단군·기자와 함께 3조선이라 일컬어서 마치 덕도 같고 의리도 같은 것처럼 하였으나, 이제 폄출(貶黜)하여 참국(僭國)한 예에 따랐다.   - 《동사강목》 -

해설 | 안정복은 단군조선을 우리나라 정통 왕조의 시작으로 설정하여 국사의 상한을 중국과 대등하게 끌어올렸으며 단군 – 기자 – 마한으로 이어지는 정통론을 수립하였다.

국토에 대한 연구도 활발하여 우수한 지리서가 편찬되고, 정밀한 지도가 제작되었습니다. 한백겸의 《동국지리지》는 역사지리 연구의 선구가 되었고, 정약용의 《아방강역고》는 우리나라 고대사의 강역을 새롭게 고증하였습니다. 이중환의 **《택리지》**는 각 지역의 자연환경과 물산, 풍속, 인심 등을 분석하고, 어느 지역이 살기 좋은 곳인가를 논하였습니다.

〈곤여만국전도〉와 같은 서양식 세계 지도가 조선에 전해져 정밀하고 과학적인 지도 제작에도 공헌하였습니다. 정상기는 최초로 백리척* 축척법을 사용한 **〈동국지도〉**를 만들어 지도 제작 수준을 한 단계 높였습니다. 김정호의 **〈대동여지도〉**는 산맥, 하천, 도로망의 표시가 정밀해지고 거리를 알 수 있도록 10리마다 눈금이 표시되었습니다.

*백리척 100리를 1척으로 정한 지도 제작 방식

시대 구분	지도	지리서
조선 전기	• 혼일강리역대국도지도(태종) • 팔도도(세종), 조선방역지도(명종)	• 신찬 팔도지리지(세종) • 동국여지승람(성종)
조선 후기	• 정상기의 동국지도(영조) • 김정호의 대동여지도(철종)	• 이중환의 택리지(영조) • 정약용의 아방강역고(순조)

주요 지도와 지리서

국어에 대한 연구도 활발하여 음운 연구서인 신경준의 《훈민정음운해》와 유희의 《언문지》 등이 나왔고, 이의봉은 우리의 방언과 해외 언어를 정리한 《고금석림》을 편찬하였습니다. 실학이 발달하고 문화 인식의 폭이 넓어짐에 따라 백과사전류의 저서가 많이 편찬되었습니다. 이수광의 《지봉유설》을 시작으로 하여 이익의 《성호사설》, 이덕무의 《청장관전서》, 서유구의 《임원경제지》, 이규경의 《오주연문장전산고》 등이 편찬되었습니다. 영·정조 때 국가적 사업으로 편찬된 《동국문헌비고》는 우리나라의 역대 문물을 정리한 한국학 백과사전입니다.

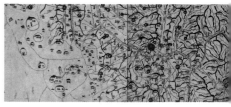

대동여지도

■ 과학 기술의 발달

천문학	지전설(김석문, 홍대용), 무한우주론(홍대용) → 근대적 우주관
역법	시헌력 도입(김육의 주장)
지도	곤여만국전도(세계 지도) 전래 → 세계관 확대
의학	• 17세기 : 동의보감(허준) • 18세기 : 마과회통(정약용), 종두법 연구(박제가, 정약용) • 19세기 : 동의수세보원(이제마, 사상 의학 확립)
농서	농가집성(신속), 색경(박세당), 산림경제(홍만선), 임원경제지(서유구)

*곤여만국전도 1602년 마테오 리치와 명의 학자 이지조가 만든 세계 지도이다. 경·위선을 사용하고 아메리카 대륙까지 표시한 최신 지도였다.

*벨테브레이(Weltevree) 인조 때 제주도에 표류하여 귀화하였다. 조선 여성과 결혼하여 1남 1녀를 두었다고 하며 박연이라는 이름을 사용하였다.

서양 문물의 수용

조선 후기에는 중국을 통하여 서양의 과학 기술이 전래되고 실학자들에 의해 이에 대한 연구가 활발해지면서 과학 기술면에서도 큰 진전이 있었습니다.

서양 문물은 17세기경부터 중국을 왕래하던 사신을 통해서 우리나라에 소개되었습니다. 선조 때 이광정이 세계 지도인 〈곤여만국전도〉*를 전하고, 인조 때 정두원은 화포, 천리경, 자명종 등을 전하였습니다. 조선의 사신은 북경에서 활동하던 서양 선교사를 통해 서양 문물을 소개받았습니다.

이익과 그의 제자들 및 북학파 실학자들이 먼저 서양 문물의 수용에 관심을 가졌습니다. 이익의 제자 중에서 이벽, 권철신, 이승훈, 정약용 등은 서양의 종교인 천주교까지 수용하였으나, 안정복을 비롯한 대부분의 학자는 서양의 과학 기술은 받아들이면서도 천주교는 배척하였습니다.

17세기에 우리나라에 표류해 온 벨테브레이와 하멜 일행도 서양 문물을 전했습니다. **벨테브레이***는 훈련도감에 소속되어 서양식 대포의 제조법과 조종법을 조선군에 가르쳐 주었습니다. **하멜** 일행은 네덜란드로 돌아간 뒤 《하멜 표류기》를 지어 조선의 지리와 풍속을 유럽에 소개하였습니다.

천문학과 지도 제작 기술의 발달

조선 후기에는 서양 과학의 영향을 받아 천문학이 크게 발전하였습니다. 외국 서적을 통해 우주에 대해 깊이 공부한 **김석문**은 《역학도해》라는 책에서 '지구가 둥글며, 1년에 366번이나 돈다.'라고 주장하였습니다. 김석문의 뒤를 이어 홍대용도 지전설(지구 자전설)을 주장하였습니다. 김석문과 홍대용의 지전설은 전통적인 중화 사상을 비판하는 근거가 되기도 하였습니다. 한편 **홍대용**은 《의산문답》에서 지구가 우주의 중심이 아니라 무수한 별 중의 하나라는 무한 우주론을 주장하였습니다. 이리하여 조선 후기의 천문학은 전통적 우주관에서 벗어나 근대적 우주관으로 접근해 갔습니다.

홍대용은 천문 관측 기구인 혼천의를 손수 제작하고, 《주해수용》을 저술하여 동서양의 수학 연구 성과를 정리하였습니다.

효종 때 김육 등의 노력으로 청나라에서 사용하던 **시헌력***이 도입되었습니다. 시헌력은 을미개혁(1895)으로 태양력이 채택될 때까지 조선의 기본 역법으로 사용되었습니다.

***시헌력** 태음력에 태양력의 원리를 부합시켜 24절기의 시각과 하루의 시각을 정밀히 계산하여 만든 역법

의학과 기술 개발

광해군 때에 허준이 《**동의보감**》을 펴내 우리나라뿐 아니라 중국 및 일본의 의학 발전에 큰 영향을 끼쳤습니다. 이 책은 우리의 전통 한의학을 체계적으로 정리한 것으로, 예방 의학에 중점을 두고 전통 약재를 사용한 치료 방법을 개발한 것이 특색입니다.

허준과 같은 시기에 허임은 침구술을 집대성한 《침구경험방》을 저술하였습니다. 정약용은 홍역에 대한 의서를 종합하여 《**마과회통**》을 편찬하였으며, 박제가와 함께 천연두를 예방하는 종두법을 연구하였습니다.

19세기에 이제마는 《동의수세보원》을 저술하여 사람의 체질에 따라 처방을 달리하여야 한다는 사상 의학을 확립하였습니다.

정약용은 과학과 기술의 중요성을 확신하고 기술의 개발에 앞장섰습니다. 그는 《기예론》이라는 책에서 기술의 발달이 인간 생활을 풍요롭게 한다고 주장하였습니다. 그리하여 그는 서양 선교사가 중국에서 펴낸 《기기도설》을 참고하여 거중기*를 만들고, 정조가 수원에 행차할 때 한강을 안전하게 건너도록 배다리도 설계하였습니다.

***거중기** 수원 화성을 쌓을 때 사용되어 공사 기간을 단축하고 공사비를 줄이는 데 크게 공헌하였다.

농서의 편찬

17세기 중엽에 신속은 《농가집성》을 펴내 벼농사 중심의 농법을 소개하고, 이앙법의 보급에 공헌하였습니다.

조선 후기 상업적 농업이 발달하고 농업의 영역이 확대됨에 따라, 채소, 과수, 원예, 양잠, 축산 등의 농업 기술을 소개하는 농서가 필요하게 되었습니다. 이런 필요에 따라 박세당의 《색경》, 홍만선의 《산림경제》, 서호수의 《해동농서》 등이 저술되었습니다.

북학파의 한사람이던 서유구는 서울 주변의 농촌에 거주하면서 《임원 경제지》라는 농촌 생활 백과사전을 편찬하였습니다. 이 책에서 그는 경영 방법의 개선, 기술 혁신을 통한 농업 생산력 향상, 농촌의 의료 및 문화 생활을 높일 것에 대한 광범위한 개혁안을 제시하였습니다.

구분	고려	조선 전기	조선 후기
천문	사천대(서운관)	천상열차분야지도, 관상감	지전설, 무한우주론
역법	수시력(충선왕)	칠정산(수시력 + 회회력)	시헌력(김육)
의학	향약구급방	• 향약집성방 • 의방유취	• 동의보감(허준) • 마과회통(정약용) • 동의수세보원(이제마)
농서	농상집요	농사직설, 금양잡록	농가집성, 색경, 산림경제
금속 활자	• 직지심경(1377) • 밀랍 방식	• 주자소 설치(계미자, 갑인자) • 식자판 조립 방식(세종)	
무기·병서	화통도감(최무선)	• 화차·화포 제작(최해산) • 총통등록, 진법(병장도설)	

과학 기술 총정리

4 문화의 새 경향

출제 **포인트**

서민 문화의 주요 장르를 알아보자
그림, 공예, 건축을 조선 전기와 구별하여 알아두자.

■ 조선 시대 문화 예술 정리

구분	초기(15세기)	중기(16세기)	후기(18세기)
건축	건물 규모 법적 규제(유교적 검약 정신)		• 17세기 : 다층 구조(금산사 미륵전, 화엄사 각황전, 법주사 팔상전) • 18세기 : 수원 화성
	공공 건축 (궁궐, 관아, 성문, 학교)	서원 건축	
도자기	분청사기	순백자	청화백자
그림	• 안견(몽유도원도) • 강희안(고사관수도)	• 사군자화(성리학적 미의식 표현) • 이상좌(송하보월도)	• 진경산수화(정선, 김홍도) • 풍속화(김홍도, 신윤복) • 서양화법(강세황), 민화

서민 문화의 발달

서당 교육이 보급되고, 서민의 지위가 향상됨에 따라 조선 후기에는 서민이 문화의 주체가 되었습니다. 양반을 중심으로 이루어지던 문예 활동에 역관이나 서리 등의 중인층 및 상공업 계층과 부농층이 활발하게 참여하였고, 상민이나 광대들의 활동도 활기를 띠었습니다.

문화 예술의 내용과 표현 양식에서도 변화가 생겼습니다. 정적이고 소극적이었던 모습을 탈피하여 조선 후기의 문예는 감정을 거리낌 없이 표현하는 경향이 강하였습니다. 양반들의 위선적인 모습을 비판하고, 사회의 부정과 비리를 풍자하고 고발하는 경향은 조선 후기 문예의 주된 흐름이 되었습니다.

조선 후기 **서민 문화**의 대표적인 장르로는 한글 소설, 사설시조, 판소리와 탈춤, 민화 등이 있습니다.

한글 소설과 사설시조

문학의 저변이 서민층에까지 확대되면서 민중들 사이에 한글 소설과 사설시조가 널리 유행하였습니다.

허균의 《홍길동전》을 비롯하여 김만중의 《사씨남정기》와 《구운몽》, 작자 미상의 《춘향전》, 《토끼전》, 《심청전》, 《장화홍련전》 등의 작품이 서민들 사이에 널리 읽혔습니다. 《홍길동전》은 서얼에 대한 차별의 철폐, 탐관오리의 응징을 통한 이상 사회의 건설을 묘사하는 등 당시의 현실을 날카롭게 비판하였습니다.

한편 격식에 구애받지 않고 서민들의 감정을 솔직하게 표현한 사설시조가 유행하였습니다. 사설시조는 주로 몰락한 양반이나 서리, 기생들에 의해 지어졌으며, 남녀 간의 사랑이나 현실에 대한 비판을 거리낌 없이 표현하였습니다.

문체반정 정조는 당시 일어나고 있었던 조선풍 문체(패관소품체)를 비판하고 역대 고문체로 돌아갈 것을 주장하였다.

양반층이 중심이 된 한문학도 사회의 부조리한 현실을 예리하게 비판하였습니다. 정약용은 삼정의 문란을 폭로하는 한시를 남겼고, 박지원은 《양반전》, 《허생전》 등의 한문 소설을 통해 양반의 무능과 허위 의식을 풍자하였습니다. 특히, 그는 우리의 고유한 정서를 그대로 표현할 수 있는 패관소품체 문체로 혁신할 것을 주장하였습니다.

*시사 시사란 시를 짓고 즐기기 위하여 모인 모임을 뜻하는데, 조선 중기 이후 역관 등 중인 계층을 중심으로 위항시사가 형성되었다. 옥계시사와 서원시사는 대표적인 위항시사이다.

중인과 서얼 층의 사회적 지위가 향상됨에 따라 중인들의 문학 활동도 활발해졌습니다. 중인들은 인왕산·삼청동 등에 많은 시사*를 결성하고, 양반들처럼 한시를 짓고 시집을 발간하는 등 활발한 문학 활동을 전개하였습니다.

> **자료** **양반전**
>
> 강원도 정선 고을에 한 양반이 살고 있었다. 워낙 가난해 관청에서 곡식을 꾸어 먹은 것이 천 섬이나 되었다. 이를 알게된 관찰사는 몹시 노하여 잡아 가두라고 하였으나 그는 밤낮으로 울기만 할 뿐 아무런 대책도 없었다. … (중략) … 그때 이웃의 부자가 "양반은 아무리 가난해도 존귀하고, 나는 아무리 돈이 많아도 비천하단 말이야. 그러니 내가 그 양반을 사서 행세하는 것이 좋겠다."고 하여 양반의 관곡을 갚아 주기로 하였다.
>
> – 《양반전》 –

판소리와 탈놀이

판소리는 조선 후기 서민 문화의 중심이 되었습니다. 판소리 작품으로는 열두 마당이 있었으나, 19세기 후반에 **신재효**가 판소리 사설을 창작하고 정리하여 여섯 마당을 확립하였습니다. 지금은 〈춘향가〉, 〈심청가〉, 〈흥보가〉, 〈적벽가〉, 〈수궁가〉 등 다섯 마당만 전하고 있습니다. 판소리는 '종묘제례 및 제례악'에 이어 유네스코 세계 무형 유산으로 선정되었습니다.

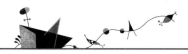

탈춤과 산대놀이 등 가면극도 판소리와 함께 서민들에게 큰 인기를 얻었습니다. 탈춤은 향촌에서 마을 굿의 일부로 공연되었고, 산대놀이는 가설 무대에서 공연되던 가면극이 민중 오락으로 정착된 민중극이었습니다. 가면극은 도시의 상인이나 중간층의 지원으로 성행하였는데, 황해도의 봉산탈춤, 안동의 하회탈춤, 양주의 별산대놀이, 함경도 북청의 사자춤이 특히 성행하였습니다. 이런 가면극에서는 승려의 부패와 위선을 풍자하기도 하고, 나아가 양반의 허구를 폭로하고 욕보이기까지 하였습니다.

그림의 새 경향, 서예, 청화백자

조선 후기에는 우리의 자연을 사실적으로 그리는 **진경산수화**가 발달하고, 사람들의 생활 모습을 사실적으로 표현한 풍속화가 유행하였습니다.

진경산수화는 18세기에 활약한 정선이 개척하였습니다. 그는 서울 근교와 강원도의 명승지들을 직접 돌아보고 〈인왕제색도〉와 〈금강전도〉 등의 작품을 남겼습니다.

인왕제색도

김홍도는 산수화, 기록화, 신선도 등의 작품도 많이 남겼지만, 밭갈이, 추수, 씨름, 서당 등에서 자신의 일에 몰두하는 서민들의 생활 정경과 일상적인 모습을 소탈하고 익살스러운 필치로 묘사하여 풍속화의 새 경지를 열었습니다.

신윤복은 주로 도시 양반들과 부녀자들의 생활과 유흥, 남녀 사이의 애정 등을 감각적이고 해학적으로 묘사하였습니다.

이 밖에도 장승업, 강세황 등의 화가가 개성 있는 그림으로 활약하였습니다. 장승업은 강렬한 필법과 채색법으로 뛰어난 기량을 발휘하였고, 강세황은 서양 수채화 기법을 동양화와 접목시켜 사물을 실감나게 표현하였습니다.

19세기에는 복고적인 문인화풍이 다시 유행하여 김정희의 〈세한도〉, 이하응(흥선 대원군)의 난초 그림이 유명합니다.

소원을 기원하고 생활 공간을 장식하기 위해 그린 민화도 널리 유행하였습니다. 민화는 해, 달, 나무, 꽃, 동물, 물고기 등을 소재로 삼아 민중의 미적 감각과 소박한 정서를 잘 나타내었습니다.

서예에서는 우리의 정서를 담은 글씨체가 등장하였습니다. 이광사는

민화(까치 호랑이)

단아한 글씨의 **동국진체**를 완성하였고, 김정희는 중국 서예의 모방에서 벗어나 굳센 기운과 다양한 조형성을 가진 **추사체**를 창안하였습니다.

조선 후기에는 백자가 널리 사용되어 민간에까지 확대되었습니다. 다양한 형태의 청화백자가 널리 유행하였는데, 제기와 문방구 등 생활 용품이 많았습니다. 안료도 청화, 철화, 진사 등으로 다채로웠는데, 흰 바탕에 푸른 유약을 발라 꽃·새·산수 등 다양한 그림을 넣어 예술성을 높였습니다. 서민들은 백자와 함께 옹기를 많이 사용하였습니다.

건축의 변화

조선 후기에는 서원 건축이 활발하였습니다. 한편 불교의 사회적 지위가 향상되어 사원 건축도 활발하였습니다.

17세기에는 김제 금산사 미륵전, 구례 화엄사 각황전, 보은 법주사 팔상전 등 규모가 큰 다층 건물이 많이 세워졌습니다. 이것들은 모두 불교의 사회적 지위 향상과 양반 지주층의 경제적 성장을 반영하고 있습니다.

18세기에는 장식성이 강한 논산 쌍계사, 부안 개암사, 안성 석남사 같은 사원이 세워졌습니다. 이 사찰들은 사회적으로 크게 부상한 부농과 상인의 지원을 받아 그들의 근거지에 세워졌습니다.

수원 **화성**은 정조 때의 문화적 역량을 집약시켜 만든 건축물입니다. 화성은 방어뿐 아니라 공격을 겸한 성곽 시설로 서울을 방어하는 남방 요새지의 구실을 하게 하였습니다. 또한 수리 시설과 국영 농장을 설치하여 평상시의 생활과 경제적 터전까지 조화시킨 종합적인 도시 계획 아래 건설되었습니다.

19세기의 건축으로는 흥선 대원군이 재건한 경복궁의 근정전과 경회루가 화려하고 장중한 건물로 유명합니다.

법주사 팔상전(충북 보은)

수원 화성

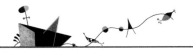

자료 **유네스코 등재 문화유산(2012년 6월 현재)**

문화유산	• 석굴암과 불국사 • 창덕궁 • 경주 역사 유적 지구 • 조선 왕릉 • 하회마을, 양동마을	• 종묘 • 수원 화성 • 고창 · 화순 · 강화 고인돌 유적 • 해인사 장경판전
기록 유산	• 훈민정음 • 직지심체요절 • 조선왕실의궤 • 동의보감 • 5 · 18 민주화 운동 기록물	• 조선왕조실록 • 승정원일기 • 해인사 대장경판 및 제경판 • 일성록
무형 유산	• 종묘제례 및 제례악 • 강릉 단오제 • 남사당놀이 • 제주 칠머리당 영등굿 • 가곡 • 매사냥 • 줄타기	• 판소리 • 강강술래 • 영산재 • 처용무 • 대목장 • 택견 • 한산 모시짜기

불국사와 석굴암

불국사와 석굴암은 신라의 불교를 대표하는 공간이다. 토함산에 위치한 불국사는 751년 김대성에 의해 중건된 사찰로 석가탑과 다보탑, 청운교와 백운교와 같이 구석구석 불교의 이상향을 담아 불국토를 형상화한 사찰이다. 비록 임진전쟁 때 많은 목조건물이 소실되었지만, 조선 시대를 거쳐 현대에 이르기까지 중건되어 지금 우리가 신라 불교의 아름다움을 확인할 수 있는 것이다. 석굴암은 세계 유일의 인조 석굴로 신라인의 건축 기술과 부조 조형물의 예술성을 살펴볼 수 있으며, 동시에 신라인들의 높은 수준의 과학적 사고를 느껴볼 수 있다. 일제 강점기 인위적인 보수 공사로 인해 보존상의 문제가 생겨 현재는 내부로 들어가 볼 수 없지만, 신라 문화의 정수가 담겨 있는 공간임에는 틀림없다. 석굴암과 불국사의 동쪽으로 가면 감은사지와 문무대왕암을 볼 수 있다.

석가탑

다보탑과 함께 대웅전 앞에 위치한 석탑으로, 통일 신라 석탑의 전형을 보여 주는 대표적인 문화재이다.

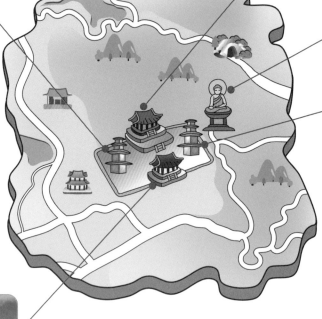

불국사의 연화교와 칠보교

불국사라는 불국토로 진입하는 사상적인 의미와 독특한 건축 기법을 확인할 수 있다.

불국사 대웅전

석가모니불을 모시고 있는 불국사의 법당이다. 대웅전 앞 석등은 신라 시대 양식을 그대로 보존하고 있는 귀중한 문화재이다.

석굴암

토함산에 위치한 인조 석굴로 본존 여래좌상을 비롯한 다양한 조각상을 모시고 있다.

다보탑

불국사 대웅전 앞에 위치한 다보탑은 독특한 다층 구조의 양식을 띄고 있다.

감은사지 3층 석탑

석굴암 동편에 위치한 감은사지의 3층 석탑으로 통일 신라 초기 석탑 양식을 확인할 수 있다.

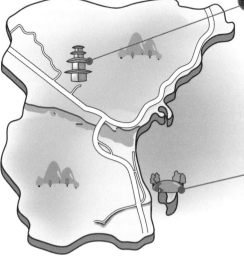

문무대왕암

경주 앞바다에 위치한 문무왕의 수중릉으로 호국적 성격을 확인할 수 있다.

(글 · 사진 조승준)

VI 한국 근대사

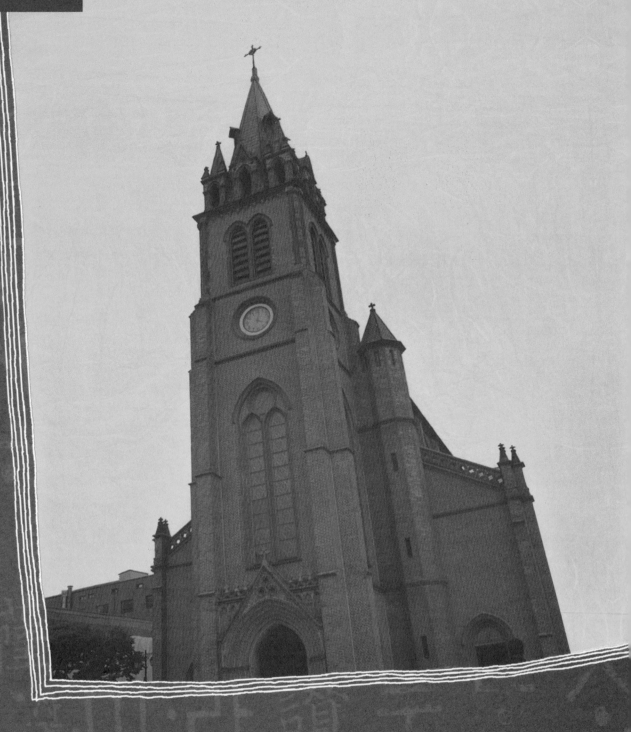

외세의 침략적 접근과 개항

① 흥선 대원군의 개혁과 통상 수교 거부 정책

출제 포인트

병인양요, 신미양요의 전개 과정(전투, 지휘관)을 정확하게 알아두자.

대원군의 개혁 정치

구분	내용	결과
정치 개혁	• 비변사 혁파(의정부, 삼군부 부활) • 법전 정비(대전회통, 육전조례) • 경복궁 중건(원납전, 당백전 발행)	• 전통적 통치 체제의 확립 • 경복궁 중건으로 백성의 고통 가중
민생 안정	• 전정 : 은결 색출(양전 사업) • 군정 : 호포법(양반에게도 군포 징수) • 환곡 : 사창제 실시 • 서원 철폐	• 삼정의 문란 시정 • 양반들의 반발(호포제, 서원 철폐)

병인양요와 신미양요

사건	병인양요(1866, 프랑스)	신미양요(1871, 미국)
배경	병인박해	제너럴 셔먼호 사건(1866)
전투	정족산성 전투(양헌수)	광성보 전투(어재연)
결과	외규장각 도서 약탈	척화비 건립

흥선 대원군의 개혁 정치

1863년 고종이 12살의 나이로 즉위하자, 고종의 아버지였던 흥선 대원군이 정치를 주도하였습니다. 고종이 즉위할 무렵 조선 왕조는 나라 안팎으로 어려움에 직면하고 있었습니다. 60여 년간 계속되어 온 세도 정치로 왕권이 약화되고 정치 기강이 해이해졌으며, 삼정의 문란으로 각지에서 농민 봉기가 계속 일어나고 있었습니다. 동학이 농민들 사이에 급속히 퍼져 나갔고, 천주교도 국가의 금지와 탄압에도 불구하고 널리 전파되었습니다. 밖으로는 이양선이 연해에 나타나 통상을 요구하며 위협하였습니다. 청과 일본이 서양 열강의 무력에 굴복하여 문호를 개방

하게 되자 조선 지배층은 충격과 위기감에 휩싸였습니다.

흥선 대원군은 권력을 잡은 후 세도 정치의 폐단을 바로잡고 왕권 강화를 위해 여러 개혁 정책을 과감하게 추진하였습니다. 대원군은 장기간 권력을 장악하고 있던 안동 김씨 가문을 몰아냈으며, 당파를 가리지 않고 남인계, 소론계 그리고 지방 선비를 적극적으로 등용하였습니다. 왕권 강화를 위해서 비변사를 혁파하고, 의정부와 삼군부를 부활시켜 정치·군사의 최고 기관으로 삼았습니다. 또 《대전회통》과 《육전조례》 등의 법전을 편찬하여 통치 체제를 정비하였습니다.

삼정의 문란을 바로잡기 위해 토지 대장에서 누락된 땅을 찾아내고, 일부 지방에서는 양전 사업을 실시하였습니다. 양반에게도 군포를 징수하는 **호포제**를 실시하였으며, 환곡 제도의 폐단을 없애기 위해 지역민들이 자치적으로 운영하는 **사창제***를 시행하였습니다. 이로써 국가 재정이 크게 늘어났습니다.

대원군의 개혁 중에서 가장 강도 높고 과감한 개혁이 바로 서원 철폐입니다. 서원은 면세·면역의 특권을 누려 국가 재정을 어렵게 하고 농민을 괴롭혀 원성이 높았습니다. 대원군은 대표적인 서원인 만동묘*를 비롯하여 대부분의 서원을 철폐하고 47개소만 남겼습니다. 서원 철폐는 백성들로부터 환영을 받았으나 양반 유생들이 대원군의 반대파로 돌아서는 계기가 되었습니다.

대원군은 왕실의 위엄을 높이기 위해서 임진왜란 때 불타버린 경복궁을 중건했습니다. 이에 필요한 자금을 마련하기 위해 원납전*을 징수하고, 당백전을 새로 주조해서 유통시켰습니다. **당백전*** 남발로 화폐 가치가 떨어지고 물가가 폭등하여 백성들의 원성을 사기도 하였습니다.

이러한 대원군의 개혁은 통치 체제를 재정비하여 국가 기강을 바로잡고 민생을 안정시키는 데 기여하였습니다. 그러나 그의 개혁은 조선 왕조의 전통적 사회 질서 안에서 전제 왕권 강화를 목표로 추진되었다는 한계가 있습니다.

천주교 박해와 병인양요

19세기 후반 서양 제국주의 열강의 아시아 침략이 진행되는 시기에 조선의 해안에도 이양선이 빈번하게 출몰하였습니다. 1860년에는 러시아

***사창제** 각 면별로 곡물을 대여하는 사창을 두고 면민 중에서 사수를 선발하여 관리하게 하였다. 아전의 간여없이 면민들이 자치적으로 운영하여 환곡의 폐단을 줄일 수 있었다.

***만동묘** 송시열의 유명을 받아 제자 권상하가 충청북도 괴산군에 세운 사당으로, 임진전쟁 때 군대를 보내 준 명의 신종과 마지막 황제인 의종의 신위를 두고 제시하였다.

***원납전** 경복궁 중건 비용을 마련하기 위해 강제로 징수한 기부금이다. 관리는 재력에 따라 납부하게 하였고, 거액을 기부하는 상민에게는 벼슬을 내려 주었다.

***당백전** 한 닢이 상평통보 100전에 해당하였다. 당백전의 남발로 화폐 가치가 떨어지고 물가가 폭등하였다.

가 베이징 조약으로 연해주를 차지하여 두만강을 사이에 두고 조선과 국경을 접하게 되었습니다.

대원군은 국내에서 활동 중인 프랑스 선교사를 통해 프랑스 세력을 끌어들여 러시아의 남하를 막아 보려 하였습니다. 그러나 이 교섭이 실패하고 유생들의 천주교 금지 요구가 거세게 일어나자, 대원군은 1866년 초 9명의 프랑스인 신부와 8,000명의 천주교도를 처형하였습니다. 이것을 '병인박해'라고 합니다.

프랑스는 선교사의 처형을 구실로 조선에 대한 무력 침공을 단행하였습니다. 로즈 제독이 이끄는 프랑스 함대가 9월 15일 양화진까지 거슬러 올라와 지형을 살피고 돌아갔고 10월 15일에는 프랑스 극동 함대 병력이 한강을 봉쇄하고 강화읍성을 점령하였습니다. 이에 김포의 문수산성에서 한성근 부대가 서울로 진격하는 프랑스군을 격퇴하였습니다. 한편 강화도 남쪽의 정족산성에서는 **양헌수** 부대가 프랑스군을 맞아 치열한 격전을 벌여 프랑스군 31명을 사살하였습니다. 우리 측도 피해가 컸지만 프랑스군을 물리쳤다는 역사적 의의가 있습니다. 이것이 바로 '병인양요' 입니다.

프랑스군은 40여일 만에 물러가면서 강화도 일대에 대한 약탈과 방화를 자행하여 행궁은 불타버리고 **외규장각 도서**들이 약탈되었습니다. 이때 약탈되었던 《조선왕실의궤》 등 주요 문서들은 2011년 영구 임대 형식으로 반환되었습니다.

어재연의 활약
(신미양요 때)

양헌수의 활약
(병인양요 때)

프랑스 함대의
제1차 침입로

프랑스 함대의
제2차 침입로

한성근의 활약
(병인양요 때)

신미양요 때의
미국 함대 침입로

강화만

강화성

갑곶
문수산성

광성보
덕진진
정족산성
초지진

고양

행주산성

김포현

양화진

영종도
영종진

제물포

프랑스와 미국의 침공로

신미양요

병인양요에 앞서 평양에서는 제너럴 셔먼호 사건이 일어났습니다. 미국의 상선 제너럴 셔먼 호가 대동강을 거슬러 올라가다가 모래톱에 난파되자, 승무원들은 통상을 요구하면서 관리를 포로로 잡고 주민을 살상하는 등 난동을 부렸습니다. 이에 분노한 평양 군민들은 배를 불태우고 선원 31명을 죽였습니다.

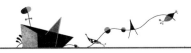

1868년, 미국은 다시 독일인 오페르트를 내세워 통상을 요구하였습니다. 오페르트 일당은 자신들의 뜻을 이루기 위해 충남 덕산에 있는 남연군(대원군 아버지)의 묘를 도굴하려 실패하고 달아났습니다. 이들은 남연군의 유골을 미끼로 삼아 조선 정부와 통상 조약을 체결할 속셈이었습니다. 하지만 이 사건은 오히려 조선인에게 반감을 불러 일으켰고 조선 정부의 통상 수교 거부 정책을 강화시키는 계기가 되었습니다.

1871년 미국은 제너럴 셔먼호의 책임을 묻겠다고 하면서 군함 5척을 이끌고 강화 해협의 조선군 진지를 공격하였습니다. 당시 미국 해병대는 초지진과 덕진진을 함락하고 광성보를 수륙 양면으로 공격하였습니다. 광성보를 수비하던 **어재연** 부대가 결사 항전하고, 조선 정부가 개항 거부 의지를 굽히지 않자 미군은 20여 일 만에 철수하였습니다. 이것이 '신미양요' 입니다.

일본과 중국은 서양 세력의 군사적 압력에 무릎을 꿇었지만 조선은 서양 세력의 침략을 두 번이나 당당히 물리쳤습니다. 대원군과 조선 정부는 전국 각지에 척화비를 세워 이러한 자부심을 표현하였습니다.

척화비 '서양 오랑캐가 쳐들어 왔는데 싸우지 않는 것은 화친하는 것이나 다름없고, 화친을 주장하는 것은 나라를 파는 것이다.'

> **자료** 반환되어 돌아오는 우리 문화재
>
> ▶ **외규장각 도서(왕실의궤)**
> 의궤는 국가나 왕실에서 거행한 주요 행사를 기록과 함께 그림으로 남긴 책으로 조선 후기에 많이 제작되었다. 정조는 왕실 관련 서적을 보관할 목적으로 강화도에 외규장각을 따로 설치하고 어람용 의궤를 보관하게 하였다. 국왕이 친히 열람하는 어람용 의궤는 일반 의궤보다 종이의 질이나 그림이 뛰어났다. 병인양요 때 프랑스군이 퇴각하면서 외규장각을 불태우고 보관중이던 왕실의궤를 약탈하였다. 프랑스 국립 도서관에 소장되어 있던 외규장각 의궤는 2011년 임대 형식으로 반환되었다.
>
>
> 145년 만에 국민의 품으로 돌아오는 외규장각 도서 행렬
>
> **136만에 돌아온 어재연 장군의 수자기(帥字旗)**
> 수자기는 조선 군영의 지휘관을 상징하는 깃발로 가로 세로 각 4.5m의 노란색 대형 천에 수(帥)자를 새겨 넣었다. 신미양요 때 광성보에서 어재연의 군대를 격파한 미군이 전리품으로 가져가 미 해군 사관학교 박물관에 보관하다 2007년 10년간 장기 임대 형식으로 반환하였다.
>
>
> 특별 전시 중인 수자기

② 개항과 불평등 조약 체제

출제 포인트

강화도 조약의 배경과 내용을 알아두자.

서구 열강과의 조약 체결, 특히 미국과의 조약 체결에 대해 자주 출제된다.

조선책략과 이를 비판한 영남 만인소를 결합시켜 알아두자.

■ 일본과의 조약 체결

조약명	내용	결과 및 의미
강화도 조약 (1876. 4)	• 조선을 자주국으로 규정 → 청의 종주권 배제 • 부산, 원산, 인천 등의 개항 → 정치, 군사적 거점 확보 • 연해 자유 측량권, 치외법권 허용	최초의 근대적 조약, 불평등 조약
조·일 통상장정 (1876. 6)	• 양곡의 무제한 유출 허용 • 일본 수출입 상품에 대한 무관세	일본의 경제적 침략 발판 구축
수호조규 부록 (1876. 8)	• 일본 외교관의 여행 자유 인정 • 개항장에서의 일본인 거주지(조계) 설정 • 개항장에서의 일본 화폐의 유통 허용	

■ 서구 열강과의 조약 체결

1882	조·미 수호 통상 조약	• 배경 : 황쭌셴의 조선책략(친중, 결일, 연미 ↔ 방러) • 청의 알선(러·일 견제, 조선에 대한 청의 종주권 확인) • 주요 내용 : 치외법권, 최혜국 대우, 협정 관세, 거중 조정
1883	조·영 수호 통상 조약	청의 알선, 치외법권, 최혜국 대우, 내지 통상권
1883	조·독 수호 통상 조약	청의 알선, 최혜국 대우
1884	조·러 수호 통상 조약	단독 수교, 1888년에는 조·러 육로 통상 조약 체결
1886	조·불 수호 통상 조약	단독 수교, 선교의 자유 인정

통상 개화론의 대두

1873년 대원군이 물러나고 왕비를 중심으로 한 민씨 세력이 권력을 장악하였습니다. 민씨 일족은 노론 북학파의 영향을 받아 문호 개방에 대해 어느 정도 공감대를 가지고 있었습니다. 이렇게 권력 실세의 성향이 쇄국파에서 개국파(개화파)로 바뀌면서 외교 정책에도 변화가 나타났습니다.

이 무렵 조선 안에서도 통상 개화의 필요성을 주장하는 초기 개화파가 등장하였습니다. 초기 개화파의 대표적인 사람은 연암 박지원의 손자 박규수, 통역관 출신 오경석, 한의사 유홍기(유대치)입니다. 오경석은 청나라를 오가면서 《해국도지》, 《영환지략》 같은 책을 들여와 유홍기에

게 전해 주었습니다. 유홍기는 이를 김옥균 등 젊은 양반 자제들에게 가르쳤습니다.

1867년 일본은 사쓰마 번과 조슈 번의 하급 사무라이들이 주도해 도쿠가와 막부를 타도하고 중앙 집권 체제를 수립하였습니다. 그 후 '메이지 유신'을 통해 근대적 개혁을 대대적으로 단행하여 새로운 국가 체제를 갖추었습니다.

메이지 유신 이후 일본은 새로운 외교 관계를 수립하자며 조선 정부에 외교 문서라고 할 수 있는 '서계'를 보내 왔습니다(1869). 조선 정부에서는 이 서계에 일본이 황제 국가임을 나타내는 문구가 있고, 조선 정부가 보내 준 인장을 사용하지 않았다는 이유로 서계 접수를 거부하였습니다. 이 서계 사건을 계기로 일본 정부 내에서 **정한론**(한국 정벌론)이 제기되었으나 실현되지는 않았습니다. 정한론의 배경에는 고대 일본이 조선을 지배하였다는 잘못된 역사 인식이 깔려 있었고, 다른 한편으로는 어차피 서양에 의해 점령당할 조선을 일본이 먼저 점령하는 것이 동양 평화를 위해 좋다는 터무니없는 발상이 담겨 있습니다.

강화도 조약

1875년 11월 일본은 서구의 포함 외교를 모방하여 조선에 군함을 보내 무력 시위를 벌였습니다. 조선 수비대가 경고 사격을 하자 운요 호는 함포를 발사하여 영종진을 파괴하고, 군대를 상륙시켜 관아와 민가를 노략질하였습니다(운요 호 사건).

운요 호 사건이 있은지 석 달 뒤 일본은 군함과 군대를 이끌고 강화도에 나타나 개항을 강요하였습니다. 조선 정부는 일본의 군사적 압력에 굴복하여 1876년 4월 일본과 근대적 조약을 맺게 되었는데, 이 조약을 **강화도 조약**, 또는 '조·일 수호조규'라고 부릅니다.

강화도 조약은 우리나라가 외국과 맺은 최초의 근대적 조약으로, 총 12개조로 구성되어 있습니다.

1조에서 조선은 일본과 동등한 권리를 가진 자주 국가임을 선언하였는데, 이는 조선에 대한 청의 영향력을 배제하려는 의도입니다.

4조는 부산 외에 2개 항구를 개항한다는 내용입니다. 이는 단순한 통상 교역의 목적을 넘어 정치·군사적 거점을 마련하려는 의도가 담겨 있습니다. 그리하여 1880년에 원산, 1883년에 인천을 개항하였습니다.

7조는 해안 측량권, 10조는 치외법권*(영사재판권)을 규정하고 있습니다. 이 두 개의 조항은 강화도 조약의 불평등성을 보여 주는 것입니다.

강화도 조약이 체결되고 나서 몇 달 뒤 조·일 통상장정*(조·일 무역규칙)과 조·일 수호조규 부록을 체결하였습니다. 조·일 통상장정에서 가장 중요한 것은 무관세 조항입니다. 이 무관세 조항은 1883년에 가서야 개정됩니다. 조·일 수호조규 부록에는 조계*지 설정, 일본 화폐의 유통, 일본 외교관의 내지 자유 통행권 등이 약속되었습니다.

강화도 조약은 일본에 다소 유리한 내용을 담고 있었지만, 조선으로서는 종전의 교린 정책을 약간 수정하는 선에서 타결되었기 때문에 비교적 무난하게 받아들였습니다. 최소한 일본을 상국으로 대우하는 형식은 아니었기 때문입니다.

자료 강화도 조약

제 1관 조선국은 자주국이며, 일본국과 평등한 권리를 가진다.
제 4관 조선국은 부산 이외에 두 곳의 항구를 개항하고 일본인이 왕래 통상함을 허가한다.
제 10관 일본국 인민이 조선국이 지정한 각 항구에서 죄를 범할 경우 일본국 관원이 재판한다.

서구 열강과의 통상 수교

1880년 2차 수신사로 일본에 간 김홍집이 황쭌셴의 《조선책략》을 들여왔습니다. 이 책의 기본 내용은 '조선은 러시아를 방어하기 위해서 중국과 더욱 친하고, 일본과 결속하고, 미국과 연대를 모색할 필요가 있다'는 것입니다. 김홍집이 《조선책략》을 고종에게 헌상하자, 고종은 이 책을 관리와 유생들에게 배포하여 의견을 물었습니다.

마침내 1882년 5월, 서양 나라들 중에서 최초로 미국과 통상 조약을 맺게 되었습니다. 청은 러시아와 일본을 견제하고 조선에 대한 종주권을 유지하기 위해 미국과의 수교 조약을 적극 알선하였습니다.

미국과의 조약도 곳곳에 불평등한 내용을 담고 있습니다. 조·미 수호 통상 조약은 치외법권뿐 아니라 강화도 조약에는 없는 **최혜국 대우**라는 것을 인정했습니다. 강화도 조약에 비해 조금 나아진 것은 수출입 상

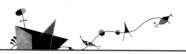

품에 대해 협정 관세를 부과하기로 한 것입니다.

조선은 1883년 영국, 독일과 잇달아 조약을 체결하였으며, 1884년에는 청을 거치지 않고 러시아와 직접 수교하였습니다. 프랑스와는 천주교 선교 인정 문제로 조약 체결이 지연되어 1886년에 수교하였습니다. 조선은 프랑스와 수교를 맺으면서 천주교 선교의 자유를 인정하였습니다.

이렇게 여러 나라들과 근대적 수교를 맺음으로써 조선은 중국 중심의 동아시아 질서에서 벗어나 국제법에 기반을 둔 세계 질서에 편입되었습니다.

자료 조선 말의 개화와 관련된 도서와 조약

황쭌센의 조선책략

조선이라는 땅덩어리는 실로 아시아의 요충을 차지하고 있어 그 형세가 반드시 다툼을 불러올 것이다. 조선이 위태로우면 중동(中東)의 형세도 위급해진다. 따라서 러시아가 강토를 공략하려 한다면 반드시 조선이 첫 번째 대상이 될 것이다. … (중략) … 러시아를 막을 수 있는 조선의 책략은 무엇인가? 오직 중국과 친하고 [親中] 일본과 맺고[結日] 미국과 연합[聯美]함으로써 자강을 도모하는 길 뿐이다.

조 · 미 수호 통상 조약

제 14조   조선국이 어느 때든지 어느 국가나 어느 나라 상인 또는 공민에게 항해, 정치, 기타 어떤 통상 교류에 연관된 것임을 막론하고 본 조약에 의하여 부여되지 않은 어떤 권리 특권 또는 특혜를 허가할 때에는 이와 같은 권리 특권 및 특혜는 미합중국의 관민과 상인 및 공민에게도 무조건 균점된다.

2 개화 정책의 추진과 반발

① 개화 세력의 대두

출제 포인트

개화당의 성향을 알아두자.
사절단, 특히 신사유람단과 보빙사절단이 자주 출제된다.

■ 개화파의 분화

구분	온건 개화파(사대당)	급진 개화파(개화당)
인물	김홍집, 어윤중, 김윤식	김옥균, 박영효, 홍영식
성향	친청	반청 친일
개혁 방법	청의 양무 운동 모방 → 동도 서기론	일본의 메이지 유신이 모델 → 입헌 군주제 지향
영향	갑오개혁	갑신정변

■ 초기 개화 정책

사절단 파견	• 일본 : 수신사, 신사유람단(1881) • 청 : 영선사(1881, 김윤식) • 미국 : 보빙사(1883, 민영익)
기구 설치	• 통리기무아문 설치, 12사를 두어 근대적 개혁과 외교 담당 • 군제 개혁 : 5군영을 2영으로 통합(무위영, 장어영), 별기군 설치
근대 시설 설치	• 기기창(1883) : 근대적 무기 제조 • 박문국(1883) : 한성순보 발간

개화 사상의 형성과 분화

*개화(開化) 일본의 메이지 유신에 중요한 영향을 끼친 후쿠자와 유키치의 〈문명개화론〉이란 글에서 유래하였으며, 새로운 사상, 문물, 제도 따위를 수용한다는 의미이다.

대원군 집권기 후반 무렵 박규수, 오경석, 유홍기 같은 개화* 사상가들이 등장하였습니다. 이들은 우리나라도 문호를 열고 서양의 제도나 문물을 적극적으로 받아들여서 근대화와 부국강병을 추구해야 한다고 주장하였습니다. 초기 개화파는 북학파 실학 사상의 흐름을 계승하는 한편, 일본의 메이지 유신과 청의 양무 운동이라는 외부적 영향도 받았습니다.

1880년경이 되면 개화 세력은 개화의 방법, 속도 및 외교 정책 등을

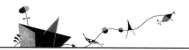

둘러싸고 온건 개화파(사대당)와 급진 개화파(개화당)로 나
뉘게 됩니다.

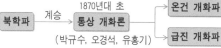

개화파의 형성

당시 집권 세력의 중심을 이루었던 민씨 척족들과 김홍
집, 어윤중, 김윤식 등은 청의 양무운동을 모델로 한 근대적 개혁을 추
구하였습니다. 온건 개화파는 서양의 종교를 금지하고 유교 도덕과 정
치 제도를 지켜나가면서 서양의 발달된 기술을 받아들여도 충분히 부국
강병을 이룰 수 있다고 생각했습니다. 이러한 입장을 **'동도서기론'** 이라
고 합니다. 그들은 청과의 전통적인 우호 관계를 유지하여 서양 및 일본
의 침투에 대응하려 하였습니다.

반면, 김옥균, 박영효, 홍영식, 서광범 등 젊은 양반 관료들은 일본의
메이지 유신을 모델로 근본적인 개혁을 추진하려 하였습니다. 이들 급
진 개화파는 가장 근본적인 문제가 낡은 정치 제도라고 보았습니다. 이
들은 군주권을 제한하고 내각의 책임하에 정치하는 **입헌 군주제**를 도입
하자고 주장했습니다. 이들은 청의 내정 간섭과 민씨 정권의 사대적인
태도를 비판하면서 청과의 사대 관계를 청산하는 것이 매우 중요하다고
보았습니다. 이러한 입장에서 급진 개화파는 스스로를 개화당이라 일컬
으면서, 온건 개화파를 사대당·수구당이라고 비판하였습니다.

초기 개화 정책(동도 개화 정책)

강화도 조약이 체결된 뒤 김기수와 김홍집이 일본에 수신사로 다녀왔습
니다. 김홍집은 《조선책략》을 도입하여 고종에게 헌상하였습니다. 제물
포 조약 직후에는 박영효가 파견되었는데, 이 때 태극기가 처음 사용되
었습니다.

1880년 조선 정부는 **통리기무아문**을 설치하고 그 밑에 12사를 두어
근대적 개혁과 외교를 담당하도록 하였습니다. 아울러 군제 개혁을 단
행하여 5군영을 무위영과 장어영의 2영으로 통합하였습니다. 또 **별기군**
(교련병대)을 창설하고 일본인 교관을 초빙하여 근대식 군사 훈련을 실
시하였습니다.

한편 조선 정부는 1881년 근대 문물 시찰을 위해 일본으로 조사 시찰
단(**신사유람단**)을 비밀리에 파견하였습니다. 이들은 4개월 동안 일본 곳
곳을 돌면서 정부 기구와 산업 시설, 교육 시설을 견학했습니다. 이들은

별기군 양반 자제 중에 선발된 별
기군은 신식 무기로 무장하고 일본
인 교관에게 근대식 군사 훈련을
받았다.

귀국 후 각자 여행기와 시찰 보고서를 작성하여 정부에 보고함으로써 개화 정책에 도움을 주었고, 실제로 통리기무아문의 주요 직책을 부여받았습니다. 이때 수행원으로 따라갔던 윤치호, 유길준은 일본에 남아 최초의 근대 유학생이 되었습니다.

청나라에는 **영선사** 김윤식과 함께 유학생을 파견하여 톈진에서 근대 무기 제조 기술과 군사 훈련법을 배우게 하였습니다. 이들은 귀국 후 우리나라 최초의 근대식 무기 공장인 기기창 설립에 기여하였습니다.

1882년 미국과 수교를 맺고 나서 초대 미국 공사가 부임하자, 조선 정부는 1883년 미국에 **보빙 사절단**을 보냈습니다. 보빙 사절단은 민왕후(민비)의 조카였던 민영익을 단장으로 하여 홍영식, 서광범 등이 뉴욕, 보스턴, 워싱턴을 다녀왔습니다. 이때 수행원으로 따라간 유길준이 보스턴에 남아서 유학하였는데, 이때의 경험을 쓴 책이 《서유견문》입니다.

보빙 사절단

② 개화 정책에 대한 반발

출제 포인트

위정척사 운동은 3차(영남 만인소)가 중요하다.
임오군란은 자주 출제되는 주제이다.

▶ 위정척사 운동

구분	시기	중심 인물	배경	내용
1차	1866	이항로	병인양요	척화주전론(통상 반대 운동)
2차	1876	최익현	강화도 조약	왜양일체론(개항 불가론)
3차	1881	이만손	조선책략의 유포	영남 만인소(개화 반대론)
4차	1895	유인석	을미사변, 단발령	을미의병

▶ 임오군란

성격	정부의 개화 정책과 외세 침략에 대한 구식 군인과 보수파(대원군)의 반발
전개	군인 폭동 → 민씨 고관 살해, 일본 공사관 습격 → 대원군 재집권(개화 정책 중단)
결과	• 청군이 출병하여 군란 진압, 민씨 정권의 재집권 • 청의 내정 간섭 본격화(마젠창, 묄렌도르프, 위안 스카이) • 조 · 청 상민 수륙 무역 장정 체결(청의 종주권 · 통상 특권 인정) • 제물포 조약(일본 공사관 경비 병력 주둔 인정)

위정척사 운동

조선 정부의 초기 개화 정책 추진에 대한 반발은 크게 두 가지입니다. 하나는 지방의 보수적인 유생들이 주도한 '위정척사 운동'입니다. 다른 하나는 구식 군인들과 보수파 관리들, 도시 빈민층이 결합한 임오군란 (1882)입니다.

정부에서 개화 정책을 추진하자 많은 유생들은 서양 여러 나라와 일본을 오랑캐로 여기고, 그들과 접촉하는 것을 반대하면서 우리 고유의 유교 문화와 질서를 지켜야 한다는 위정척사* 운동을 일으켰습니다. 위정척사 운동은 성리학적 질서를 지키면서 천주교 등 서양 문물을 배격하자는 보수적인 유생 주도의 반외세 반침략 문명 수호 운동입니다.

우리 근대사에서 위정척사 운동은 네 번 일어났습니다.

1차 위정척사 운동은 1866년 병인양요 즈음에 일어났습니다. 이항로, 기정진 등은 서양의 무력 침략에 대항해서 '척화주전론'을 주장하며 대원군의 쇄국 정책을 지지하는 상소를 올렸습니다.

2차 위정척사 운동은 1876년 조선 정부가 일본의 압력에 굴복해서 강

*위정척사(衛正斥邪) 바른 것 (正)을 지키고(衛), 그릇된 것(邪)을 배척(斥)한다는 뜻이다.

화도 조약을 체결하려고 할 때 일어났습니다. 최익현을 비롯한 유생들은 일본이 서양 오랑캐와 같다는 '왜양일체론'을 내세워 개항에 반대하였습니다.

3차 위정척사 운동은 《조선책략》이 유포되고 미국과 수교가 추진되던 1881년에 일어났습니다. 영남 지방의 유생들이 **이만손**을 중심으로 만인소를 올려 서양 열강과의 수교 반대, 《조선책략》을 도입한 김홍집의 처벌을 요구하였습니다. 유생 홍재학도 이와 유사한 상소를 올렸습니다. 정부는 상소 대표자를 사형, 유배에 처하여 척사 상소 운동을 단호하게 억압하였습니다.

4차 위정척사 운동은 일본이 민왕후(민비)를 살해한 을미사변과 그 직후 단행된 단발령이 계기가 되어 일어났습니다. 이때 유인석이 처음으로 의병을 일으켰는데(을미의병), 이것은 4차 위정척사 운동이자 개화기 최초의 의병으로 평가받고 있습니다.

> **자료** 영남 만인소
>
> 수신사 김홍집이 가져와서 유포한 황쭌셴의 사사로운 책자를 보노라면 어느새 털끝이 일어서고 쓸개가 떨리며 울음이 북받치고 눈물이 흐릅니다. … (중략) … 미국은 우리가 본래 모르던 나라입니다. 잘 알지 못하는데 공연히 타인의 권유로 불러들였다가 그들이 재물을 요구하고 우리의 약점을 알아차려 어려운 청을 하거나 과도한 경우를 떠맡긴다면 장차 이에 어떻게 응할 것입니까?
> 러시아는 본래 우리와 혐의가 없는 나라입니다. 공연히 남의 말만 듣고 틈이 생기게 된다면 우리의 위신이 손상될 뿐만 아니라 만약 이를 구실로 침략해 온다면 장차 이를 어떻게 막을 것입니까?

임오군란

개화 정책이 추진되는 가운데 5군영이 2영으로 통합되어 많은 구식 군인들이 실직하고, 급료가 13개월 이상 밀리면서 불만이 커졌습니다. 그런데 밀린 급료로 받은 쌀에 모래와 겨가 섞여 있자 분노한 군인들은 폭동을 일으켰습니다(임오군란, 1882). 임오군란은 구식 군인들에 대한 차별 대우와 민씨 정권의 개화 정책에 대한 보수파들의 불만이 겹쳐 일어난 사건이었습니다.

구식 군인들은 대원군을 찾아가 지지를 요청하였으며, 민씨 고관의 집을 공격하고 민겸호를 죽였습니다. 이 과정에서 도시 빈민들도 합류

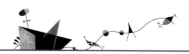

하여 일본 공사관을 습격하고, 별기군의 일본인 교관을 살해하였습니다. 그 후 군인들과 도시 빈민들이 궁궐로 쳐들어가자 민왕후(민비)는 장호원으로 피신하였습니다.

고종은 대원군을 불러 사태 수습을 위임하였습니다. 다시 권력을 잡게 된 대원군은 통리기무아문과 별기군을 폐지하고, 5군영을 부활시켰습니다.

한편 민왕후(민비) 측의 요청을 받아들인 청은 신속하게 군대를 파견하여 군란을 진압하였습니다. 청군은 대원군을 군란의 책임자로 지목하여 톈진으로 압송하였고, 민왕후는 한 달 만에 다시 권좌에 복귀하였습니다.

군란을 진압한 청은 군대를 용산에 주둔시키고 조선에 대한 본격적인 내정 간섭을 시작하였습니다. 이때 내정 고문으로 마젠창, 외교 고문으로 독일인 **묄렌도르프**를 두었습니다. 또 조선을 청의 속방국으로 명기한 **조·청 상민수륙무역장정**을 강제로 체결하여 청나라 상인의 통상 특권을 보장하였습니다.

군란 과정에서 도망간 일본 공사(하나부사)가 군함을 이끌고 제물포에 나타나 무력 시위를 하자, 조선 정부는 또다시 굴복하여 **제물포 조약**을 맺었습니다. 조선 정부는 임오군란 중에 일본측이 입은 피해에 대한 배상금을 지불하였으며, 나아가 일본 공사관의 경비를 구실로 일본군이 서울에 주둔하는 것을 허용하였습니다.

1876년	• 조·일 수호조규(강화도 조약) • 조·일 무역 규칙(조·일 통상장정) • 조·일 수호조규 부록
1882년	• 제물포 조약 • 조·일 수호조규 속약
1883년	조·일 통상장정(개정)
1884년	한성 조약

일본과의 조약 정리

자료 조·청 상민수륙무역장정

제 1조 청의 상무 의원을 서울에 파견하고 조선 대관을 톈진에 파견한다. 청의 북양 대신(이홍장)과 조선 국왕은 대등한 지위를 가진다.

제 2조 조선에서 청의 상무 위원의 영사 재판권을 인정한다.

제 4조 북경과 한성의 양화진에서의 객잔(외래 상인이 상품을 보관, 유숙하는 곳) 무역을 허락하되 양국 상민의 내지 판매를 금하고, 다만 필요한 경우 지방관의 허가서를 받아야 한다.

③ 개화당의 근대화 운동

출제 포인트

갑신정변은 매번 출제된다.
1880년대 중반 조선을 둘러싼 국내외 정세를 통합적으로 묻는 문제가 출제된다.

■ 갑신정변

전개	우정국 개국 축하연 계기로 정변 단행 → 개화당 정부 수립 → 청군 개입으로 실패
결과	청의 내정 간섭 강화, 한성 조약·톈진 조약 체결
혁신 정강	청에 대한 사대 폐지, 문벌 폐지·인민 평등권, 지조법 개혁, 내각의 권한 강화
한계	위로부터의 개혁, 외세 의존적(일본 세력을 끌어들임)
갑신정변 이후의 정세	• 거문도 사건(1885, 영국과 러시아의 대립) • 중립화론 대두(유길준, 부들러)

임오군란 이후의 정세

1880년대 초 조선 정부는 신문 발행을 위해 박문국을 세우고, 화폐를 주조하기 위해 전환국을 설치하는 등 근대적 개혁을 추진하였습니다. 그러나 조선 정부는 이러한 개혁을 실시할 자금이 부족해서 어려움을 겪었습니다. 자금 문제를 해결하기 위해 온건 개화파는 묄렌도르프의 주장을 받아들여 당오전을 발행하려 한 반면, 김옥균 등 급진 개화파는 일본으로부터 차관을 도입하려고 하였습니다. 그러나 김옥균의 차관 도입 시도는 일본 측의 비협조로 결국 실패하였습니다. 이 일로 개화당의 입지는 많이 좁아졌습니다.

임오군란 후 다시 집권한 민씨 정권은 급속히 '친청사대론'으로 기울고 개화 정책에 소극적인 모습을 보였습니다. 임오군란을 겪은 민왕후(민비)는 정권 유지를 우선시했고, 취약한 민씨 정권을 유지시켜 주는 것이 청나라였기 때문입니다. 민씨 정권의 이런 보수화 경향은 젊은 개화당의 불만을 증폭시켰습니다.

마침 베트남에서 청·프 전쟁이 일어나려 하자 조선에 주둔했던 청군의 일부가 베트남으로 이동하였습니다. 개화당은 이를 절호의 기회라고 생각하고 일본 공사의 병력 지원 약속을 믿고 정변을 단행하였습니다. 이것이 '갑신정변'의 시작입니다.

갑신정변

개화당은 1884년 10월 17일 우정총국 개국 축하연에서 정변을 일으켜 민씨 고관들을 살해하고 새로운 정부를 수립하였습니다. 다음 날에는 근대 국가를 지향하는 14개조 개혁 정강을 발표하였습니다. 여기에서 개화당은 청에 대한 사대 관계 청산과 문벌 폐지, 그리고 인민 평등권을 주장하였습니다. 또 3조에서는 지조법* 개혁을, 12조에서는 호조로 재정을 일원화할 것을 주장하였습니다. 13조에서는 군주권을 제한하고 내각의 권한을 강화하자고 주장하였습니다.

*지조법 토지에 부과하는 세금을 생산량 기준이 아니라 토지 가격에 따라 부과하는 방식. 종래의 삼정의 문란을 해결하려는 방안으로, 일본에서 실시된 것을 수용한 것이었다.

 자료 갑신정변 14개조 정강

1. 청에 대한 조공의 허례를 폐지한다.
2. 문벌을 폐지하고 인민 평등의 권리를 세워 능력에 따라 관리를 임명한다.
3. 지조법을 개혁하여 관리의 부정을 막고 백성을 보호하며 국가 재정을 넉넉히 한다.
8. 급히 순사를 두어 도둑을 방지한다.
9. 혜상공국*을 혁파한다.
12. 모든 재정은 호조에서 관할한다.
13. 대신과 참찬은 의정부에 모여 정령을 논의·결정하고 반포한다.

*혜상공국 보부상을 관리하기 위해 1883년 설치한 정부 기구로, 1885년에는 상리국으로 개칭되었다. 1898년 보부상들은 황국협회를 결성하여 독립협회 해산에 관여하였다.

갑신정변은 청군의 개입으로 3일 만에 실패하고, 김옥균, 박영효 등은 일본으로 망명하고 홍영식과 박영교는 피살되었습니다. 갑신정변은 백성들에게 개혁의 방향과 당위성을 알리려는 노력을 기울이지 않았다는 점이 큰 한계였습니다. 대다수의 백성들은 개화당이 외세를 등에 업고 국가 기강을 흔드는 역적이라고 생각하였습니다. 너무나 성급하게 일을 추진하다가 실패함으로써 막 자라나던 개화 세력의 싹이 완전히 잘린 것은 안타까운 일입니다.

갑신정변 과정에서 일본 공사관이 불타고 직원이 희생당하였습니다. 일본은 이를 트집 잡아 책임자 처벌과 막대한 배상금 지불을 요구하였습니다. 조선 정부는 일본과 **한성 조약**(1884)을 체결하여 공사관 신축 비용을 부담하고 배상금 지불을 약속하였습니다.

한편 일본은 청과 담판하여 **톈진 조약**(1885)을 체결하고, 조선에서 청·일 양국 군대를 철수하고 장차

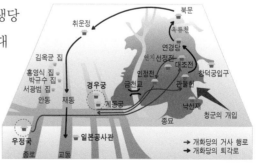

갑신정변 진행도

군대를 파병할 경우에는 서로 알릴 것을 약속하였습니다. 이는 일본에 대해서 청국과 대등한 조선 파병권을 인정한 것이어서 나중에 청·일 전쟁의 빌미가 되었습니다.

> **자료** **톈진 조약(1885)**
> 1. 청은 조선에 주둔시키고 있는 군대를 철수하고, 일본은 공사관 호위를 위해 조선에 주둔시킨 군대를 철수한다.
> 3. 장래 조선에 변란이나 중대한 사건이 있어 청·일본의 두 나라 또는 한 나라가 파병하고자 할 때에는 사전에 상호 문서를 보내 알게 할 것이요, 그 사건이 진정되면 즉시 철병하여 다시 주둔하지 않는다.

김옥균(1851~1894)
1884년 갑신정변을 주도하였으나 실패하자 일본으로 망명하였다. 1894년 상하이에서 홍종우에게 살해되었다.

서광범(1859~1897)
갑신정변이 실패하자 일본을 거쳐 미국에 망명하였다. 1894년 귀국하여 김홍집 내각의 법부 대신이 되었다.

박영효(1861~1939)
철종의 부마로 갑신정변에 가담하였다가 실패하자 일본으로 망명하였다. 1894년 김홍집과 연립 내각을 구성하여 내부 대신이 되었다.

홍영식(1855~1884)
1881년 조사 사찰단, 1883년 보빙사로 일본과 미국을 다녀왔다. 1884년 우정총국 총판으로 갑신정변의 주역이었으나 청군에게 살해되었다.

서재필(1863~1951)
갑신정변이 실패하자 미국으로 망명하였다가 12년 만에 귀국하여 독립협회를 조직하였다.

갑신정변 이후의 국제 정세

갑신정변 이후 청은 조선의 정치 및 외교에 대한 간섭을 강화하였습니다. 고종은 이런 상황을 타개하기 위해 러시아, 미국 측과 교섭을 시도하였습니다. 조선 정부는 러시아에게 영흥만을 조차*해 주는 대가로 러시아의 군사 교련단을 요구하는 교섭을 비밀리에 추진하는 한편 미국에 박정양을 전권 공사로 파견하여 공사관 개설을 시도하였습니다(1886). 이것은 조선 정부가 청국을 거치지 않고 서구 열강과 직접 접촉을 확대하려는 노력이었습니다. 그러나 박정양은 청나라의 방해로 공사관 개설에 실패하고 돌아오게 됩니다.

조선 정부가 러시아와 밀약을 추진한다는 소문이 퍼지자 영국은 이를

*조차 다른 나라 영토의 일부를 빌려 일정 기간 동안 통치하는 일

빌미로 1885년 거문도를 불법으로 점령하고 해군 기지를 건설하였습니다. 이것을 '**거문도 사건**'이라고 합니다. 2년 뒤 영국은 러시아가 조선에서 영토를 확보하지 않을 것을 약속하자 거문도에서 철수하였습니다.

이 무렵 독일 부영사 부들러가 조선을 영세 중립국으로 만들자는 주장을 하였으며, 미국에서 돌아온 **유길준**도 열강이 보장하는 중립 국가 구상을 펼치기도 하였습니다. 그러나 조선 정부와 열강들이 관심을 보이지 않아 실현되지는 않았습니다.

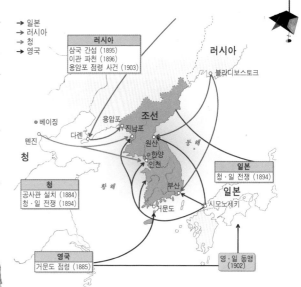

한반도를 둘러싼 외세의 각축

> **자료** **유길준의 중립화론**
> 우리나라가 아시아의 중립국이 된다면 러시아를 방어하는 큰 기틀이 될 것이고, 또한 아시아의 여러 대국들이 서로 보전하려는 정략도 될 것이다. 오직 중립만이 우리나라를 지키는 방책인데, 우리 스스로가 제창할 수도 없으니 중국에 청하여 처리해야 할 것이다.

3 동학 농민 운동과 갑오 · 을미개혁

1 동학 농민 운동

출제 포인트

동학 농민 운동의 핵심은 전개 과정이다. 3월 봉기와 9월 봉기를 구별하라.

■ 동학 농민 운동

배경	일본의 경제적 침투, 지배층의 수탈(탐관오리)
교조 신원 운동	삼례 집회, 복합 상소 → 보은 집회(1893)
전개	제1기(고부 민란기, 1894. 1) : 조병갑의 탐학(만석보)에 저항한 우발적 민란 제2기(반봉건 봉기, 1894. 3) : 고부 백산 봉기 → 황토현 전투 → 전주성 점령 제3기(전주 화약기, 1894. 5) : 집강소 설치, 폐정 개혁안 건의 ↓ **경복궁 쿠테타, 청 · 일 전쟁 발발, 일본의 내정 간섭** 제4기(반외세 봉기, 1894. 9) : 2차 봉기(삼례) → 우금치 전투
영향	갑오개혁에 영향, 의병에 가담

배경

1880년대 중반 이후 청과 일본 상인들이 조선의 내륙 시장까지 진출하였습니다. 특히 일본 상인들은 상하이나 광저우에서 영국산 면제품을 수입하여 조선 상인들에게 팔고 쌀을 대량으로 매입하였는데 이것을 미면 교환 무역이라고 부릅니다. 이로 인해 곡식 값이 폭등하고, 면포 수입이 증가하여 농촌의 토착 수공업이 붕괴되었습니다. 일부 지방에서는 방곡령*이 내려질 정도로 피해가 심각했습니다. 그 결과 농민들 사이에서는 일본의 경제 침탈에 대한 반감이 갈수록 커져 갔습니다.

이 무렵 정치 기강이 문란해져 지방관의 매관매직이 다시 성행하였습니다. 관직을 산 수령들이 가혹하게 농민들을 수탈하면서 다시 삼정이 문란해졌습니다. 동학 농민 운동의 발단이 되는 고부 민란이 탐관오리 조병갑 때문에 일어난 점도 이런 맥락에서 보아야 합니다.

이러한 분위기 속에서 각지에서 민란이 산발적으로 일어나고 있었습

*방곡령 흉년 등으로 쌀이 부족해질 경우, 지방관이 쌀의 수출을 금지하던 명령으로 조 · 일 통상장정에는 1개월 이전에 일본에게 통보하도록 규정되어 있었다.

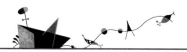

니다. 이런 자연 발생적인 민란이 전면적인 농민 항쟁으로 발전하게 되는 과정에서 동학의 평등 사상과 교단 조직(**포접제**)이 큰 역할을 하였습니다.

동학의 1대 교주인 최제우가 '혹세무민'의 죄로 처형당한 뒤 2대 교주 최시형은 교단 조직을 정비하고, 《동경대전》과 《용담유사》를 간행하여 교리를 정리하였습니다. 탐관오리의 수탈과 외세의 경제적 침투라는 이중고에 시달리던 삼남(충청도, 전라도, 경상도)의 농민들 사이에 동학은 빠른 속도로 확산되었습니다.

동학 교도들은 1892년 삼례에 모여 최제우의 억울한 누명을 벗겨달라는 교조 신원 운동을 벌였고, 이듬해 보은에서 집회를 열어 동학 교도에 대한 탄압 중지를 요구하였습니다. 보은 집회에서는 탐관오리 처벌과 외세 축출도 주장하여 동학은 이제 정치·사회 운동으로 발전하였습니다.

전개

고부 군수 조병갑의 탐학 때문에 우발적으로 일어난 **고부 민란**이 동학 농민 운동의 발단이 되었습니다. 조병갑이 농민들을 강제로 동원하여 저수지를 신축하고 과도하게 수세를 징수하자 농민들은 이에 항의하였습니다. 항의가 받아들여지지 않자 전봉준은 1894년 1월 농민들을 이끌고 고부 관아를 습격하여 군수를 내쫓고 만석보를 파괴하였습니다.

정부가 사태 수습을 위해서 조병갑을 파면하고 박원명을 신임 군수로 임명하자 농민들은 자진하여 해산하였습니다. 그런데 민란을 조사하러 온 안핵사 이용태가 민란의 참가자와 주모자를 색출하여 가혹하게 처벌하자 농민들의 불만이 폭발하였습니다.

> **자료** **전봉준의 고부 백산 봉기 격문**
> 우리가 의(義)를 들어 이에 이르렀음은 그 뜻이 결코 다른 데 있지 않다. 백성을 도탄에서 건지고 국가를 반석 위에 두고자 함이라. 안으로는 탐학한 관리의 머리를 베고 밖으로는 횡포한 강적의 무리를 구축하고자 함이라. 양반과 부호 앞에 고통을 받는 민중들과 수령과 방백 밑에 굴욕을 받는 아전들은 우리와 같이 원한이 깊은 자이라. 조금도 주저치 말고 이 시각으로 일어서라. ─ 오지영, 〈동학사〉 ─

농민군 4대 강령
1. 사람을 죽이지 말고 가축을 잡아 먹지 말라.
2. 충효를 다하여 세상을 구하고 백성을 평안하게 하라
3. 일본 오랑캐를 몰아내고 나라의 정치를 깨끗이 하라.
4. 군대를 몰고 서울로 들어가 권세가와 귀족을 모두 없애라.

1894년 3월 전봉준은 김개남, 손화중 등 동학 접주들에게 사발통문을 돌려 봉기를 호소하고, 고부의 백산에서 보국안민, 제폭구민을 기치로

농민 봉기의 깃발을 높이 들게 됩니다. 이것이 이른바 **3월 봉기**(1차 봉기)입니다.

농민 봉기는 삽시간에 전라도 전역으로 확산되어 전라도 수십 개 군현이 농민군의 수중에 떨어졌습니다. 농민군은 4월 7일 황토현에서 전라도 감영의 군대를 물리치고, 4월 23일 장성 황룡촌에서 초토사 홍계훈이 이끄는 경군을 격파하였습니다. 그리고 4월 27일에는 전주성에 입성하였습니다. 사태가 확대되자 민씨 정권은 청나라에 군사적 지원을 요청하였습니다.

청나라 군대가 5월 5일 아산만에 상륙하자, 일본군도 톈진 조약을 구실로 인천에 대규모 병력을 상륙시켰습니다. 농민군은 외세의 개입으로 사태가 악화될 것을 우려하여, 5월 8일 관군과 **전주 화약**을 맺고 스스로 해산하였습니다. 이 때 농민들은 정부에 '폐정 개혁 12개조'*를 제시하였습니다. 이 개혁안에는 '탐관오리와 악덕 지주 처벌, 봉건적인 신분 차별 폐지' 등이 담겨 있습니다. 전주 화약 이후 각지로 흩어진 농민군은 전라도 53개 지역에 **집강소***를 설치하여 행정과 치안을 담당하면서 자신들이 내세운 폐정 개혁안을 실천하였습니다.

한편 민씨 정권은 농민군과의 국정 개혁 약속을 지키기 위해서 6월 11일 교정청이라는 개혁 기구를 설치하였습니다. 만약 **교정청** 주도로 자주적 개혁이 추진된다면 일본은 군대를 주둔시킬 명분이 없어지게 됩니다. 이에 일본은 6월 21일 새벽에 일본군 3,000명을 동원해 경복궁을 포위하여 국왕과 왕비, 왕세자를 인질로 잡고 정부군을 무장 해제시켰습니다. 이것을 '경복궁 쿠데타' 또는 '**경복궁 점령 사건**'이라고 합니다.

청나라가 강력하게 항의하자 일본은 아산만에서 북양 함대를 기습 공격하였습니다(6월 23일 풍도 해전). 이후 일본군은 평양 전투(8월)와 황해 해전(8월)에서 연달아 청군을 격파하였습니다. 결국 청·일 전쟁은 8개월 뒤 일본의 일방적인 승리로 끝나게 됩니다.

일본군이 경복궁 점령과 내정 간섭을 자행하고, 농민군을 진압하기 위해 남하한다는 소식이 전해지자 농민군은 9월에 삼례에서

***폐정 개혁 12개조**
5. 노비 문서는 소각한다.
7. 청상 과부의 개가를 허용한다.
8. 무명 잡세는 일절 폐지한다.
10. 왜적과 통하는 자는 엄징한다.
12. 토지는 평균하여 분작한다.

***집강소** 전주 화약 이후 동학 농민군이 전라도 53개 군에 설치한 일종의 농민 자치 조직이다.

- 제1차 동학군의 활동 지역
- 제2차 동학군의 활동 지역
- → 제1차 동학군의 진로
- → 재2차 동학군의 진로
- 동학군의 주요 활동 지역

③ 해양도 해전 (1894.8)
평양 전투 (1894.8)
안악 재령 봉산
장연
신천 평산
일본군의 궁성 침범 1894. 6. 21.
한성
일본군의 상륙 1894. 5. 6. ① 인천
평창
풍도 해전 (1894.6)
청군의 상륙 1894. 5. 5. 평택 영월
목천 충주
공주 청주
우금치 전투 패전 우금치 옥천 보은
1894. 11 논산 청산
삼례 전주
고부 봉기 1894. 1. 10. 고부 태인
전주 화약 1894. 5. 7. 집강소 설치(전라도 53군)
황토현 전투 승리 1894. 4. 6. 정읍 순창
영광
나주
전봉준 체포 1894. 12. 2.
강진 장흥
해남

제주도

동학 농민 운동과 청·일 전쟁

2차 봉기를 일으켰습니다. 2차 봉기는 3월 봉기와는 달리 반침략 항일 구국 봉기의 성격을 띠었습니다. 삽시간에 수만 명의 농민군이 결집하였고, 그동안 봉기에 참여하지 않았던 충청도 지역의 북접*도 참여하였습니다. 농민군은 논산에서 남북접이 합세하여 북상하였는데, 공주 우금치에서 일본군과 관군의 연합 부대와 대치하였습니다. 이 전투에서 1주일 간 50여 회의 공방전을 벌였지만 우세한 무기를 가진 일본군에게 크게 패하였습니다. **우금치 전투**의 패배로 사실상 농민 항쟁은 막을 내렸습니다. 이후 농민군 지도자들이 체포되어 처형당했고, 일본군과 관군 및 민보군*은 농민군 잔당을 무자비하게 탄압하였습니다.

구분	1차 봉기	2차 봉기
성격	반봉건	반일
교단	남접 주도	남북접 연합
전투	황토현 전투	우금치 전투

농민 봉기 비교

*__북접__ 충청도 지역의 동학 조직으로 손병희가 이끌었다. 동학의 1차 봉기(3월 봉기)에는 합세하지 않았다.

*__민보군__ 동학 농민 운동 당시 농민군을 진압하기 위해 보수적 유생들이 조직한 군대

의의

동학 농민 운동은 농민들이 동학이라는 신흥 종교 조직을 이용하여 조선 사회를 변혁하고 외세 침략에 맞서려고 했던 반봉건, 반외세 민중 운동이었습니다. 비록 농민들의 봉기는 일본군과 관군에게 진압되었지만, 그들의 개혁 요구는 이후 갑오개혁에 상당한 영향을 주었습니다. 또한 일부 농민군 출신들은 이후 항일 의병 투쟁에 적극적으로 가담함으로써, 반침략 항일 투쟁의 토대를 마련하였습니다.

출제 **포인트**

갑오개혁과 을미개혁의 내용을 구별하라.

갑오 · 을미개혁을 동학 농민 운동, 청 · 일 전쟁과 유기적으로 연결시켜 알아두자.

■ 갑오 · 을미개혁

구분	제1차 갑오개혁	제2차 갑오개혁	을미개혁
전개	• 군국기무처 주도 • 대원군 섭정	• 김홍집 · 박영효 연립 내각 • 홍범 14조, 독립서고문	• 을미사변 직후 개혁 추진 • 친일 내각 주도
정치	• 왕실과 정부 사무 분리 • 개국 연호	• 내각제 시행 • 23부 개편	• '건양' 연호 • 우체사 설치
경제	• 재정 일원화(탁지아문) • 조세 금납화, 은본위제		
사회	공 · 사노비제 폐지	사법권과 행정권의 분리	태양력, 단발령, 종두법 실시

*교정청 조선 정부가 독자적으로 개혁을 추진하기 위해 설치한 기구로 주로 조세 개혁을 결정하였다. 군국기무처가 설치되면서 폐지되었다.

*군국기무처 초정부적인 회의 기구로 김홍집, 박정양, 김윤식, 유길준 등 17명이 위원으로 참여하였다. 군국기무처는 1894년 11월까지 5개월 동안 약 210건의 개혁안을 심의 · 의결하였다.

*개국 연호 조선이 개국한 1392년을 원년으로 하여 갑오개혁이 실시된 1894년을 개국 503년으로 산정하였다.

제1차 갑오개혁(1894. 6~1894. 11)

전주 화약 이후 조선 정부는 자주적으로 국정 개혁을 추진하기 위해 교정청*을 설치하였습니다. 그런데 일본이 경복궁 쿠데타를 일으켜 김홍집을 총리대신으로 하는 개화파 정권을 수립하는 한편 청 · 일 전쟁을 일으키면서 상황은 혼란스러워졌습니다. 김홍집 내각은 대원군을 섭정에 추대하고, 군국기무처* 주도로 정치 · 경제 · 사회 등 각 분야의 개혁을 추진하였습니다. 이를 제 1차 갑오개혁이라고 부릅니다.

정치 분야에서는 왕실 사무와 정부 사무를 분리하였습니다. 궁내부를 설치하여 왕실의 정치 개입을 배제하고 권력을 의정부에 집중시켰습니다. 이것은 왕권을 약화시키려는 의도입니다. 또 과거제를 폐지하고, 6조를 8아문으로 개편하였습니다. 내무아문 산하에는 경무청이라는 경찰 기관을 설치하였습니다. 그리고 청과의 사대 관계를 단절하기 위해 개국 연호*를 사용하였습니다.

경제 분야에서는 조세의 금납화, 탁지아문으로의 재정의 일원화, 은본위 화폐 제도 채택 등이 주요한 내용입니다. 또 방곡령의 반포를 금지시키고, 일본 화폐의 유통을 허용하였습니다.

사회 분야에서는 신분 제도와 노비 제도를 철폐하였습니다. 그리고 고문, 연좌제, 조혼, 청상 과부의 개가 금지 등 봉건적인 악습이 폐지되

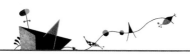

없습니다.

　제1차 갑오개혁은 비록 일본의 강요로 시작되었지만 일본은 당시 청·일 전쟁을 치르고 있었기 때문에 조선에 적극적으로 간섭할 여건이 되지 못했습니다. 따라서 실제 개혁은 갑신정변의 정강이나 동학 농민군의 요구를 수용하면서 자주적으로 폭넓게 추진되었습니다. 그러나 제1차 갑오개혁은 일본의 정치적 간섭과 경제적 침투를 강화시키는 데 유리한 환경을 만들어 준 측면도 있습니다.

제2차 갑오개혁(1894. 11~1895. 6)

청·일 전쟁에서 승기를 잡은 일본은 조선에 대해 적극적인 간섭 정책을 취하였습니다. 대원군을 물러나게 하고 동학 농민군을 철저하게 진압하는 한편, 일본과 미국에 망명 중이던 박영효, 서광범을 귀국시켜 대신으로 앉히고 연립 내각(2차 김홍집 내각)을 구성하였습니다. 사실상 내부대신 박영효가 주도하는 개혁이 제2차 갑오개혁입니다. 이때 고종은 종묘에 나가 〈독립서고문〉을 바치고, 〈홍범 14조〉를 발표하여 개혁의 내용과 정신을 밝혔습니다.

　제2차 개혁에서는 의정부를 내각으로 고치고, 공무아문과 농상아문을 합쳐 8아문을 7부로 개편하였습니다. 또 전국 8도의 행정 구역을 23부로 개편하였습니다. 지방 곳곳에 근대적인 재판소를 설치하여 행정권과 사법권을 분리하고, 지방관의 권한을 축소하였습니다. 군제도 개편하여 훈련대가 새로 창설되었습니다. 일본은 이 과정에서 일본인 고문관을 각 부처에 배치하여 조선의 내정 개혁을 실질적으로 간섭하였습니다.

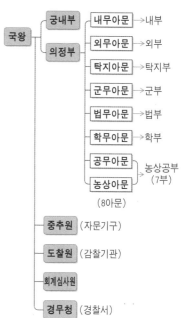

중앙 행정 조직표

신식 화폐 발행 장정(1894) 신식 화폐발행 장정에 의해 은화와 은화의 보조 화폐로 백동화를 발행하기 시작하였다.

지방 제도 개편 1895년 전국을 23부로 개편하고, 종래의 부·목·군·현 등의 지방 구획을 군으로 통일하였다. 1896년 8월 23부제를 폐지하고, 전국의 행정 구역을 13도 7부 1목 331군으로 개정하였다.

자료 홍범 14조
1. 청에 의존하는 생각을 버리고 자주 독립의 기초를 세운다.
4. 왕실 사무와 국정 사무를 나누어 서로 혼동하지 않는다.
5. 의정부 및 각 아문의 직무와 권한을 명백히 한다.
6. 납세는 법으로 정하고 함부로 세금을 징수하지 않는다.
7. 조세의 징수와 경비 지출은 모두 탁지아문의 관할에 속한다.
12. 장교를 교육하고 징병을 실시하여 군제의 근본을 확립한다.
13. 민법, 형법을 제정하여 국민의 생명과 재산을 보전한다.
14. 문벌을 가리지 않고 인재 등용의 길을 넓힌다.

을미사변

청·일 전쟁에서 승리한 일본은 시모노세키 조약을 통해 2억 냥의 배상금과 요동 반도, 타이완, 펑후 제도 할양을 약속받았습니다. 일본의 요동 반도 장악은 남만주로 세력을 확대하려던 러시아에게 큰 위협이 되었습니다. 이에 러시아는 프랑스, 독일을 끌어들여 요동 반도를 청에 돌려줄 것을 일본에 요구하였습니다. 결국 일본은 러시아 주도의 압력에 굴복하여 요동 반도를 청에게 반환하게 됩니다. 이 사건을 '삼국 간섭'*이라고 부릅니다.

삼국 간섭으로 일본의 힘이 유럽 열강에 비해 약하다고 본 조선 왕실은 러시아를 끌어들여 일본 세력을 몰아내려 하였습니다. 이에 박영효를 내란 음모 사건으로 몰아낸 뒤 친러파 인사들을 내각에 기용하였습니다(3차 김홍집 내각). 친일 세력의 실각에 불안을 느낀 일본은 조선 침략에 방해가 되는 민왕후를 제거하려고 음모를 꾸몄습니다. 이를 위해 일본은 육군 중장 출신의 미우라를 조선 공사로 임명하였습니다. 미우라 공사는 일본군과 일본인 불량배들을 동원하여 궁궐을 습격하고 민왕후를 살해하는 만행을 저질렀습니다. 이것이 '**을미사변**'입니다(1895).

> **자료** 시모노세키 조약
> 제1조 청은 조선이 완전무결한 독립 자주국임을 확인한다. 따라서 독립 자주성을 훼손하는, 청에 대한 조선의 공헌 전례(조공, 책봉) 등은 폐지한다.
> 제2조 청은 요동 반도, 타이완, 펑후 제도를 일본에 할양한다.
> 제4조 청은 배상금 2억 냥을 일본에 지불한다.

을미개혁(1895. 9~1896. 2)

을미사변으로 친러 내각은 붕괴되고 친일파 관료 중심의 4차 김홍집 내각이 수립되었습니다. 이들은 급진적이고 친일적 성격의 개혁을 추진하는 데, 이것을 '을미개혁'이라고 합니다. 을미개혁에서는 기존의 개국 연호 대신에 '건양' 연호를 제정하고, 음력을 폐지하고 **태양력**을 채택하였습니다. 또, 서울에 친위대, 지방에는 진위대를 설치하고, 종두법과 우편 제도를 시행하였으며 단발령 실시를 발표하였습니다. **단발령**의 경우 백성들의 반발이 아주 심해 최초의 의병 투쟁(을미의병)을 불러왔습니다.

그 뒤 일본군이 의병 진압을 위해 지방으로 파견된 틈을 타서 고종이 러시아 공사관으로 거처를 옮겼습니다(아관파천, 1896.2). 이를 계기로 김홍집 내각은 붕괴되고 일부 각료들은 살해되었습니다. 이로 인하여 을미개혁은 중단되었습니다.

을미개혁의 배경

갑오·을미개혁은 조선 왕조 500년 이래 정치, 경제, 사회 제도를 근본적으로 변화시킨 근대적 개혁이었습니다. 그러나 개혁 추진 과정에서 일본의 간섭을 받았다는 한계가 있습니다.

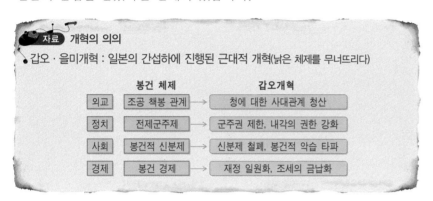

자료 개혁의 의의

갑오·을미개혁 : 일본의 간섭하에 진행된 근대적 개혁(낡은 체제를 무너뜨리다)

	봉건 체제	갑오개혁
외교	조공 책봉 관계	청에 대한 사대관계 청산
정치	전제군주제	군주권 제한, 내각의 권한 강화
사회	봉건적 신분제	신분제 철폐, 봉건적 악습 타파
경제	봉건 경제	재정 일원화, 조세의 금납화

구국 민족 운동의 전개

❶ 독립협회와 대한 제국

출제 **포인트**

독립협회는 1898년 상황을 중심으로 출제된다.

▶ 독립협회(1896~1898)

배경	아관파천, 열강의 이권 침탈 심화
주도	진보적 지식인(서재필, 윤치호)
활동	• 민중 계몽 운동 : 독립문, 독립신문, 만민 공동회 개최(1898) • 자주 국권 운동 : 러시아의 내정 간섭과 이권 침탈 규탄 • 자유 민권 운동 : 관민 공동회 개최(헌의 6조), 의회 설립 운동(중추원 → 상원 형태)
해산	보수파의 탄압(익명서 사건)

▶ 광무개혁

대한 제국의 성립	환궁 뒤 '광무' 연호, '황제' 칭호, '대한 제국' 국호 채택
시정 방침	구본신참 – 점진적 개혁 추구
정치 개혁	• 황제권 강화, 원수부 설치, 독립협회 탄압 • 간도 관리사 파견, 한 · 청 통상 조약(1899)
경제 개혁	양전 사업과 지계 발급, 식산 흥업 정책(근대적 회사 설립)
교육 및 시설 확충	기술 학교 설립, 각종 근대 시설 도입(전차, 철도)

독립협회의 창립

고종이 러시아 공사관에 머무는 동안 일본의 간섭이 잠시 약화되었지만, 러시아의 내정 간섭과 이권 침탈은 피할 수 없게 되었습니다. 그리고 이 시기에 러시아를 비롯한 미국, 일본 등 열강은 경쟁적으로 광산 채굴권, 철도 부설권, 삼림 채벌권 등 많은 이권을 빼앗아 갔습니다.

이 무렵에 개화당의 일원으로 갑신정변에 가담하였다가 미국으로 망명한 서재필이 귀국하였습니다. 고종은 **서재필**에게 하사금 4,300원을 주고 국왕 자문 기구인 중추원의 고문으로 위촉하였습니다.

서재필은 민중 계몽을 위해서는 신문이 꼭 필요하다고 보고 〈독립신

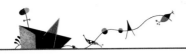

문)을 발간하였습니다. 그리고 몇 달 뒤 정부 내의 개혁파 관료들과 더불어 독립협회를 창립하였습니다.

독립협회는 중국 사신을 맞이하던 영은문을 헐고, 그 자리에 자주 독립을 상징하는 독립문을 건립하였습니다. 독립문 건립을 위해 기금을 내면 누구나 독립협회 회원이 될 수 있도록 하였습니다. 그 결과 정부의 고관은 물론 상인, 농민, 노동자 등 다양한 계층이 기금 마련에 참여하였습니다. 독립협회는 1897년 8월부터 토론회와 강연회를 개최하여 민족의식과 자주 의식을 고취시켜 나갔습니다. 또한 지방에도 지회가 조직되어 전국적인 단체로 발전하였습니다.

> **자료 독립신문 창간사**
> 우리 신문은 빈부귀천과 상관없이 이 신문을 보고 외국 물정과 국내 사정을 알게하려는 뜻이니 남녀 노소 상하 귀천 간에 우리 신문을 하루 걸러 몇 달간 보면 깨달음과 새 학문이 생길 걸 미리 아노라.

독립협회의 활동

독립협회는 국민을 계몽하여 이들을 정치 활동에 참여시킴으로써 나라의 자주독립을 지키고, 국민들의 권리를 확립하며, 개혁을 통해 나라를 부강하게 하는 것을 활동 방향으로 삼았습니다. 이를 위해 독립협회는 〈독립신문〉을 통하여 국민을 계몽하고, 토론회와 연설회를 자주 열어 국민의 자주독립 의식을 고취하였습니다. 특히, 독립협회는 국민의 권리를 존중하는 정치, 국민이 직접 정치에 참여하는 민주적인 정치를 주장하였습니다.

독립협회는 열강의 이권 침탈을 반대하는 운동을 활발하게 벌였습니다. 1898년 초 러시아가 군사 교련단과 재정 고문을 파견하고 절영도를 조차하여 저탄소를 설치하려고 하였습니다. 독립협회는 **만민 공동회***를 개최하여 러시아의 군사 교련단과 재정 고문을 철수시키고, 러시아가 세운 한러은행을 폐쇄시키는 성과를 거두었습니다. 또 독립협회는 이용익* 등 보수파 대신들의 사임을 촉구하여 박정양 개혁 내각을 수립하는 데도 앞장섰습니다.

독립협회 활동이 절정에 이른 것은 1898년 하반기입니다. 독립협회는

***만민 공동회** 만민 공동회는 일종의 민중 집회로서, 정치·사회의 여러 문제에 관해 토론을 벌였다. 1898년 10월에 정부 대신들이 참석한 만민 공동회는 특별히 관민공동회로 부르기도 한다.

***이용익(1854~1907)** 보부상 출신으로 황실의 재산을 관리하는 내장원 책임자로 발탁되었으며, 국가 재정을 총괄하는 탁지부 대신이 되었다. 서북 철도국 총재, 중앙은행 총재를 역임하였다.

중추원 관제 개편 중추원이 법령 및 칙령의 개폐, 의정부의 건의 및 자문 사항, 국민의 청원 사항 등을 심의, 의결하는 권한을 가지도록 하였다.

박정양 내각과 협의하여 국왕 자문 기구인 **중추원**을 근대적 상원 형태로 개편하기로 하였습니다. 황제가 25명을 임명하고, 독립협회 회원 투표로 25명을 선출하여 국정을 심의하도록 한 것입니다. 또 10월 말에는 독립협회와 정부 대신들이 참석하는 관민 공동회를 종로에서 개최하여 〈헌의 6조〉라는 건의문을 채택하였습니다. 고종 황제는 이 건의문을 받아들여 시행할 것을 약속하고, 중추원 관제를 제정 공포하였습니다.

독립협회의 활동 반경이 넓어지자 위기감을 느낀 보수 세력은 독립협회가 고종을 몰아내고 공화정을 실시하려 한다고 모함하였습니다(익명서 사건). 고종은 이에 독립협회의 해산을 명령하고 이상재 등 주요 간부들을 체포하였습니다. 독립협회는 상인, 학생들과 함께 만민 공동회를 개최하여 40일 동안이나 농성하였습니다. 그러자 고종은 보부상 단체인 황국협회 회원들을 동원하여 만민 공동회를 습격하고, 군대와 순검을 풀어 강제로 해산시켰습니다. 이로써 독립협회 운동은 30개월 만에 종말을 고하고 말았습니다.

자료 관민 공동회의 헌의 6조

1. 외국인에게 의지하지 말고 관민이 한마음으로 힘을 합하여 전제 황권을 견고하게 할 것
2. 외국과의 이권에 관한 계약과 조약은 각 대신과 중추원 의장이 합동 날인하여 시행할 것
3. 국가 재정은 탁지부에서 전관하고, 예산과 결산은 국민에게 공포할 것
4. 중대 범죄를 공판하되, 피고의 인권을 존중할 것
5. 칙임관을 임명할 때에는 정부에 그 뜻을 물어서 중의에 따를 것
6. 정해진 규정을 실천할 것.

독립협회의 의의

독립협회는 외세의 침략에 맞서 자주 국권을 지키려고 노력하는 한편, 국민을 계몽하고 자유 민권 사상을 보급함으로써 자강 개혁을 이루려고 하였습니다. 특히 민중들과 결합을 시도함으로써 갑신정변과 갑오개혁의 한계를 극복하였습니다. 그러나 독립협회의 주도 세력은 러시아에 대한 견제에는 적극적이었지만, 미국과 영국, 일본에 대해서는 우호적인 태도를 취하는 양면성을 드러내기도 하였습니다.

대한 제국의 성립

고종이 러시아 공사관에 머무르는 것은 독립 국가인 조선의 대외적 위신을 떨어뜨리는 일이었습니다. 이에 독립협회를 중심으로 고종의 환궁을 요구하는 국민의 여론이 강하게 일어났습니다.

이러한 분위기에 힘입어 고종은 1897년 2월에 경운궁(덕수궁)으로 환궁하였습니다. 고종은 그해 8월 연호를 '광무'로 바꾸고, 10월에 환구단(원구단)을 세우고 황제 즉위식을 거행하여 대한 제국을 선포하였습니다. 일본을 비롯한 열강들도 대한 제국의 수립을 인정하였습니다.

환구단과 황궁우 환구단(우측)은 1897년 완공되었고, 황궁우(좌측)는 1899년에 완공되었다. 환구단은 1913년 일제에 의해 철거되었다.

광무개혁

대한 제국은 1899년 무렵부터 러·일 전쟁 발발 무렵까지 광무개혁을 추진하였습니다.

광무개혁은 황제 중심의 근대 국가를 지향하였습니다. 이때 개혁의 이념으로 채택된 것은 '**구본신참**'*입니다. 우선 대한 제국은 황제 직속으로 교정소라는 특별 입법 기구를 만들어 〈대한국 국제〉를 제정하였습니다. 〈대한국 국제〉에서 대한 제국은 세계 만국이 공인한 자주독립 국가임을 천명하고, 황제에게 모든 권한이 집중된 전제 군주 국가임을 표방하였습니다.

> **자료 대한국 국제**
> 제 1조 대한국은 세계 만국이 공인한 자주독립 제국이다.
> 제 2조 대한국의 정치는 만세 불변의 전제 정치이다.
> 제 3조 대한국 대황제는 무한한 군권을 누린다.
> 제 9조 대한국 대황제는 각 조약의 체결 국가에 사신을 파견하고, 선전, 강화 및 제반 조약을 체결한다.

황제의 전제권을 확립하기 위해 궁내부를 강화하고, 황실 재정을 담당하는 내장원을 확대하였습니다. 황제의 군사권을 강화하기 위해 원수부를 설치하고, 황제를 호위하는 시위대와 지방의 진위대를 증강하였습니다.

구분	연호	왕
고구려	영락(永樂)	광개토왕
	건흥(建興)	?
신라	건원(建元)	법흥왕
	개국(開國)	진흥왕
	대창(大昌)	진흥왕
	홍제(鴻濟)	
	건복(建福)	진평왕
	인평(仁平)	선덕여왕
	태화(太和)	진덕여왕
발해	천통(天統)	고왕
	인안(仁安)	무왕
	대흥(大興)	문왕
	건흥(建興)	선왕
마진	무태(武泰)	
태봉	수덕만세(水德萬歲)	궁예
고려	천수(天授)	태조
	광덕(光惪)	광종
	준풍(峻豊)	광종
조선	건양(建陽)	고종
대한 제국	광무(光武)	고종
	융희(隆熙)	순종

역대 왕조의 연호

*__구본신참__ 옛 법을 근본으로 하고 새로운 제도를 참작한다.

지계 소유권 관련 분쟁을 조정
하고 조세 수입원을 정확하게 파악
하기 위해 발급한 토지 소유권 증
명서이다. 대한 제국은 1898년 양
지아문을 설치하여 토지 조사와 지
계 발급 사업을 시행하였다.

대한 제국은 산업의 발전과 교육의 진흥에도 힘을 기울였습니다. 미국인 측량 기사를 초빙해 전국적으로 양전 사업을 실시하고, 강원도와 충청남도 일대에서 **지계**(地契)라는 토지 소유 증명서를 발급하였습니다. 이로써 근대적 토지 소유권이 확립되고, 국가 재정이 개선될 수 있는 토대가 마련되었습니다. 또 상공업 진흥 정책을 추진하여 근대적 철도 회사, 면방직 회사 등을 만들었습니다. 근대적 산업 기술을 습득하기 위해 외국에 유학생을 파견하고 기술 학교를 설립하였습니다.

대한 제국은 청나라와 대등한 입장에서 한·청 통상조약(1898)을 체결하였습니다. 대한 제국과 청 사이에 간도 귀속 문제가 불거지자 1902년 이범윤을 간도로 보내 간도 주민들에 대한 통치권을 행사하였습니다.

대한 제국의 근대화 정책은 갑오개혁기의 정책을 대체로 계승하였지만 황실과 황제의 측근 세력 중심으로 추진되었습니다. 또한 지배층의 부패와 열강의 간섭 때문에 군대와 경찰력 강화 이외에는 큰 성과를 거두지 못했습니다.

구분	갑오개혁	광무개혁
정치	왕권 제한	황제권 강화
경제	• 조세의 금납화 • 재정 일원화	• 양전 → 지계 발급 • 식산 흥업 정책
사회	신분제 철폐	민권 요구 탄압

갑오개혁과 광무개혁 비교

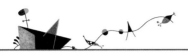

② 국권의 피탈

출제 포인트

국권 강탈 과정은 자주 출제된다. 순서와 주요 내용을 반드시 알아두자.

■▶ 국권 피탈 과정

연도	조약	통치	내용
1904. 2	한·일 의정서		군사 시설 사용권
1904. 8	제1차 한·일 협약	고문 정치	• 외교 : 스티븐스 • 재정 : 메가타
	열강의 묵인		가쓰라·태프트 밀약(1905. 7), 제2차 영·일 동맹(1905. 8), 포츠머스 조약(1905. 9)
1905. 11	을사조약	통감 정치	외교권 박탈, 통감부 설치
1907. 7	한·일 신협약	차관 정치	고종 퇴위 계기, 군대 해산, 통감의 권한 확대
1909. 7	기유각서		사법권 박탈, 감옥 사무 이관
1910. 8	한·일 병합	총독 정치	주권 박탈, 무단 통치(헌병 경찰 통치)

러·일 전쟁과 국권의 피탈

아관파천 이후 조선과 만주의 지배권을 둘러싸고 러시아와 일본의 대립이 점점 격화되었습니다. 세계 곳곳에서 러시아와 대립하고 있던 영국은 1902년 1차 영·일 동맹을 체결하여 일본을 지원하였습니다.

러·일 간에 전쟁 위험이 높아지던 1904년 1월에 대한 제국은 국외 중립을 선언하였습니다. 하지만 1904년 2월 일본이 뤼순을 공격하고 제물포의 러시아 함대를 격침한 뒤 선전 포고하면서 러·일 전쟁이 시작되었습니다.

전쟁이 발발하자 일본은 서울에 군대를 주둔시키고, 한·일 의정서 체결을 강요하였습니다. **한·일 의정서**의 주요 내용은 한국이 내정 개혁을 위해 일본의 충고를 받아들이고, 군사 전략상 필요한 지점을 일본에게 제공하는 것이었습니다.

1904년 8월 러·일 전쟁에서 우세를 점하게 된 일본은 1차 한·일 협약 체결을 강요하였습니다. 이 협약은 일본이 지명하는 재정 고문(메가타)과 외교 고문(스티븐스)을 채용하라는 것이었습니다. 일본인 재정 고문 메가타는 '재정 정리'라는 이름으로 대한 제국의

러·일 전쟁 러시아는 만주의 침략 거점인 펑톈에서 일본군에게 패배하고 유럽에서 파견한 발틱 함대마저 대한 해협에서 일본 해군에게 궤멸되었다.

용암포 사건(1903) 1903년 압록강 주변에서 벌채 사업을 추진하던 러시아가 용암포 및 압록강 하구 일대를 불법으로 점령하고 조선 정부에 조차를 요구한 사건으로 일본과 영국 등의 항의와 간섭으로 성공하지 못했다. 러·일 전쟁의 발단이 된 사건이다.

*포츠머스 조약
1. 일본은 한국에 대해 정치적, 군사적, 경제적으로 특별 권리를 가진다.
2. 요동 반도의 조차권과 남만주 철도를 일본에 넘겨준다.
3. 사할린 남부를 일본에 넘겨준다.

재정권을 박탈하고, 황실 재산을 해체시켰습니다.

1905년 동해 해전에서 일본이 승리하자 전쟁은 종전을 향해 흘러갔습니다. 이 무렵 일본은 미국과 가쓰라·태프트 밀약을 맺어 미국으로부터 한국 지배권을 인정받았으며, 한 달 뒤 2차 영·일 동맹을 맺어 영국으로부터 한국에 대한 특수 이익을 보장받았습니다. 그리고 1905년 9월에 미국의 중재로 포츠머스 조약*을 체결하여 전쟁을 끝내면서 러시아로부터 한국 지배권을 독점적으로 인정받았습니다.

러·일 전쟁이 끝나자 일본은 대한 제국을 보호국으로 만들기 위해 이토 히로부미를 파견하였습니다. 이토는 황제와 대신들을 위협하여 **을사조약**(제2차 한·일 협약)을 체결하였습니다(1905. 11). 이로써 일본은 대한 제국의 외교권을 빼앗았을 뿐 아니라, 통감부를 설치하여 내정 전반에 걸쳐 간섭하기 시작하였습니다. 이때 고종 황제는 끝까지 서명을 거부하였습니다. 당시 대한 제국은 황제가 외국과의 조약권을 가지고 있었기 때문에 고종이 재가하지 않은 이 조약은 효력이 없는 것입니다.

> **자료 · 열강의 묵인**
>
> **가쓰라 · 태프트 조약(1905.7)**
> 첫째, 일본은 필리핀에 대한 미국의 지배권을 확인한다.
> 둘째, 미국은 한국에 대한 일본의 지배권을 확인한다.
> 셋째, 극동 평화를 위하여 미국·영국·일본 세 나라가 실질적으로 동맹 관계를 맺는다.
>
> **제2차 영 · 일 동맹(1905.8)**
> 제3조 일본은 한국에 있어서 정치, 군사 및 경제적으로 탁월한 이익을 가지므로 영국은 일본이 그 이익을 옹호 증진시키기 위하여 정당 필요하다고 인정하는 지도, 감리 및 보호의 조치를 한국에 취할 권리를 승인한다.

을사5적 박제순, 이지용, 이완용, 이근택, 권중현

1907년 고종 황제는 네덜란드의 헤이그에서 열리는 만국 평화 회의에 밀사를 파견하여 을사조약의 무효와 부당성을 국제적으로 알리려고 하였습니다. 일본은 이를 빌미로 친일파 대신들을 동원하여 고종 황제를 강제로 퇴위시키고, **한·일 신협약**(정미 7조약)을 체결하였습니다. 이 조약으로 일본은 통감의 권한을 확대하여 내정을 장악하고, 각 부처에 일본인 차관을 임명하였습니다. 그리고 군대 해산 조칙을 만들어 1907년 8월에 군대를 해산시켰습니다.

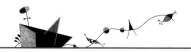

1909년 기유각서를 통해 일본은 감옥 사무와 사법권을 박탈하였으며, 일진회*를 사주하여 친일 여론을 조성하는 등 강제 병합의 수순을 밟아 나갔습니다. 1910년 6월에는 대한 제국의 경찰권이 일제에게 이양되었고, 마침내 1910년 8월, 한·일 병합 조약이 체결되었습니다.

*일진회 송병준과 이용구가 만든 대표적인 친일 매국 단체이다. 1905년 일본에 외교권을 넘길 것을 주장하였고, 1909년 12월에는 한·일 합병 청원서를 발표하는 등 매국적 행위를 일삼았다.

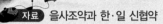

자료 을사조약과 한·일 신협약

을사조약(1905.11)

제 2조 일본 정부는 한국과 타국 간에 현존하는 조약의 실행을 완전히 하는 책임을 맡고, 한국 정부는 금후에 일본 정부의 중재를 거치지 아니하고 국제적 성질을 가진 어떠한 조약이나 약속을 맺지 않을 것을 서로 약속함.

제 3조 일본 정부는 그 대표자로 하여금 한국 황제 폐하의 밑에 1명의 통감을 두되, 통감은 오로지 외교에 관한 사항을 관리하기 위해 경성에 주재하고 친히 한국 황제 폐하를 알현할 권리를 가짐.

한·일 신협약(1907.7)

제 1조 한국 정부는 시정 개선에 관하여 통감의 지도를 받을 것

제 2조 한국 정부는 법령 제정 및 중요한 행정상의 처분은 미리 통감의 승인을 거칠 것

제 4조 한국 고등 관리의 임면은 통감의 동의로써 이를 행할 것

제 5조 한국 정부는 통감이 추천하는 일본인을 한국 관리에 임명할 것

간도

간도는 고구려와 발해의 영토로서, 오랫동안 우리 민족의 생활 터전이었습니다. 발해가 망한 뒤에는 말갈족이 거주하였으며, 청나라는 이 지역을 봉금 지역으로 지정하여 이주를 금지하였습니다.

조선 숙종 때 조선과 청은 국경선을 정하면서 백두산 정계비를 세웠습니다. 이 정계비에서 양국 간의 국경은 서쪽으로는 압록강, 동쪽으로는 토문강을 경계로 한다고 하였습니다. 그런데 19세기에 이르러 토문강의 위치에 대한 해석상의 차이 때문에 두 나라 사이에 간도 귀속 문제가 발생하였습니다.

조선에서는 **간도 관리사**를 파견하여 조선에서 건너간 사람들을 보호하며 다스렸습니다. 한편 간도로 이주한 우리 민족은 각지에 삶의 터전을 마련하고, 학교를 세우고 민족 교육을 실시하여 뒷날 독립운동의 터전으로 삼았습니다.

을사조약으로 우리의 외교권을 박탈한 일제는 안동(단둥)과 봉천(선양)

간의 철도 부설권을 얻는 대가로 간도가 청의 영토라고 인정하는 **간도 협약**을 청과 체결하였습니다(1909). 이로써 간도 지역은 청의 영토로 귀속되고 말았습니다.

독도

팔도총도

독도는 울릉도에 딸린 섬으로서, 삼국시대 이래로 우리나라의 영토였습니다. 《세종실록 지리지》, 《신증동국여지승람》, 《동국문헌비고》, 《만기요람》 등의 지리서와 〈팔도총도〉 등 한국의 고지도들은 울릉도와 함께 독도를 기록하여 이를 뒷받침하고 있습니다. 조선 숙종 때에는 **안용복**이 이곳에서 고기잡이하던 일본 어부들을 쫓아내고, 일본 막부로부터 우리나라 영토임을 확인받고 돌아온 일도 있었습니다. 1877년 일본 메이지 시대 최고 행정 기관인 태정관은 '독도는 일본과 관계없다는 사실을 명심할 것'이라고 지시하기도 하였습니다.

일본 어민들의 울릉도 부근 불법 어업이 계속되자, 대한 제국은 **칙령 제41호**(1900)를 반포하여 울릉도를 군으로 승격시켜 울릉군수로 하여금 울릉도 본섬과 함께 독도를 관할할 것을 명시하였습니다.

일본은 1905년 2월, '시마네현 고시 제40호'를 통해 독도를 일방적으로 일본에 편입시켰습니다. 제2차 세계 대전의 종전과 더불어 독도는 한국의 영토로 회복되었습니다. 하지만 일본 정부는 샌프란시스코 강화 조약(1951) 이후 지속적으로 독도의 영유권 주장을 해오고 있습니다.

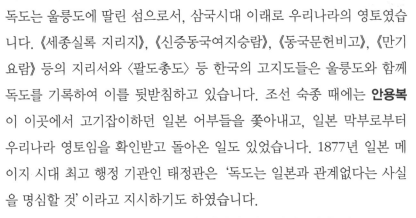

자료

태정관 문서

울릉도를 관할로 할 것인가에 대해 시마네현으로부터 질의가 있어서 조사해 본 결과, … (중략) … 이에 대한 우리나라(일본)의 답서 및 보고서 등과 같이, 우리나라(일본)에 관계없는 곳이라고 들었습니다.

– 일본 내무성이 태정관에게 올린 품의서, 1877년 3월 17일 –

질의한 바의 울릉도 외의 일도(독도)는 일본과 관계없다는 사실을 명심할 것.

– 태정관 지령, 1877년 3월 29일 –

대한 제국 칙령 제41호

제1조 울릉도를 울도로 개칭하여 강원도에 부속하고 도감을 군수로 개정하여 관제 중에 편입하고 군등(郡等)은 5등으로 할 것.

제2조 군청 위치는 태하동으로 정하고 구역은 울릉 전도(全島)와 죽도(竹島)·석도(石島)를 관할할 것.

– 《고종실록》, 1900년 10월 –

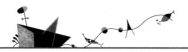

③ 항일 의병 운동

출제 포인트

의병 투쟁은 주로 3차 의병이 출제된다.
1차, 2차, 3차를 구별하여 알아두자.

▶ 항일 의병 운동

을미의병(1895)	• 원인 : 을미사변과 단발령 • 주도 : 위정척사파 유생(유인석, 이소응)
활빈당	농민 무장 조직(친일 부호·일본 상인 공격), 대한사민논설
을사의병(1905)	최익현(순창), 민종식(충청 지방), 신돌석(울진, 평민 출신)
정미의병(1907)	• 원인 : 고종 퇴위와 군대 해산 • 주도 : 해산 군인 + 각계 각층 • 활동 : 서울 진공 작전(13도 연합 의병, 허위), 국내 진공(홍범도, 이범윤) • 위축 : 남한 대토벌(1909)

을미의병

을사조약을 계기로 국권 수호 운동이 거세게 일어났습니다. 국권 수호 운동은 크게 두 가지인데, 항일 의병과 애국 계몽 운동입니다.

최초의 의병은 을미사변과 단발령을 계기로 일어난 을미의병입니다. 유인석(제천)과 이소응(춘천) 같은 유생들이 의병을 일으키자, 농민들과 동학 농민군의 잔여 세력이 적극 가담하였습니다. 하지만 아관파천 이후 고종이 친일파 관료를 처단하고, 단발령을 철회하자 의병은 대부분 해산하였습니다.

반면에 동학 농민 운동이나 을미 의병에 가담했던 빈농, 영세 상인, 유민, 걸인 등은 무장 결사를 조직하여 반봉건·반침략 투쟁을 계속했는데 그 대표 단체가 활빈당입니다. **활빈당**은 친일파 관리를 처단하거나 일본 상인을 공격하였습니다. 이 활빈당의 강령으로 알려진 것이 바로 〈대한사민논설*〉입니다. 1905년 이후 활빈당의 잔여 세력은 후기 의병에 합류하였습니다.

*대한사민논설(활빈당)
5. 방곡을 실시하여 구민법을 채용할 것
6. 시장에 외국 상인의 출입을 엄금시킬 것
8. 금광의 채굴을 엄금할 것
10. 곡가를 낮추어 안정시킬 것
13. 철도 부설권을 허락하지 말 것

자료 을미의병 격문

원통함을 어찌하리. 국모의 원수를 생각하며 이를 갈았는데, 참혹함이 더욱 심해져 임금께서 또 머리를 깎으시는 지경에 이르렀다. … (중략) … 우리 부모에게 받은 몸을 금수로 만드니 무슨 일이며, 우리 부모에게 받은 머리카락을 풀 베듯이 베어버리니 이 무슨 변고란 말인가. … (중략) … 환난을 회피하기란 죽음보다 더 괴로우며 멸망을 앉아서 기다리기보다는 차라리 싸우는 편이 훨씬 낫다.   – 유인석, 〈창의문〉 –

을사조약과 을사의병

1905년 11월 을사조약이 체결되자 분노한 국민들의 항일 운동이 거세게 일어났습니다. **민영환**은 동포에게 전하는 유서를 남기고 자결하였고, 나철과 오기호 등은 을사조약에 찬성한 매국노를 처단하기 위해 **5적 암살단**을 조직하였습니다. 장지연은 〈황성신문〉에 〈시일야 방성대곡〉이라는 논설을 실어 일본의 침략을 비난하였습니다. 고종 황제는 미국에 헐버트를 특사로 파견하여 지원을 요청하고, 헤이그 만국 평화 회의에 이상설, 이준, 이위종을 특사로 파견하여 을사조약이 무효임을 국제 사회에 알리고자 하였습니다(1907).

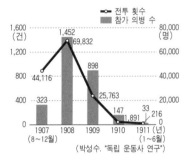

후기 의병의 전투 횟수와 참가 의병 수

한편 전국 각지에서 을사조약에 반발하는 의병 투쟁도 전개되었습니다. 충청 지방의 민종식, 호남 지방의 최익현, 경상도 북부 지방의 신돌석 등이 대표적입니다. 전라도 태인에서 거병한 **최익현**은 대한 제국 정부에서 보낸 진위대와 대치하자 '임금의 군대와 싸울 수 없다.'라고 하고 스스로 체포되었고, 그 뒤 대마도에 끌려가서 순국하였습니다. 강원도와 경상도 해안 지역을 중심으로 활동한 **신돌석**은 평민 출신 의병장으로서 큰 활약을 하였습니다.

> **자료** 최익현 의병 격문
> 오호라, 작년 10월에 저들이 한 행위는 만고에 일찍이 없던 일로서, 억압으로 한 조각의 종이에 조인하여 오백 년 전해 오던 종묘사직이 드디어 하룻밤 사이에 망하였으니, 천지신명도 놀라고 조종의 영혼도 슬퍼하였다.　　　　－《면암집》－

정미의병

1907년 고종 황제가 퇴위당하고 군대가 해산되자 각 지방의 해산 군인들이 의병에 가담하면서 3차 의병(정미의병)이 일어났습니다. 정미의병은 해산 군인들의 참여로 전투력이 강화되고 조직적으로 전개되었습니다.

1907년 11월 유생 의병장들은 경기도 양주에 집결하여 관동의병장 이인영을 총대장으로 하는 **13도 창의군**을 결성하고 서울 진공 작전을 계획하였습니다. 이에 앞서 이인영은 각국 영사관에 통문을 보내 의병을 국제법상의 교전 단체로 인정해 줄 것을 호소하였습니다. 1908년 1월

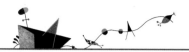

참모장 허위를 중심으로 선발대가 동대문 밖 30리 지점까지 진격하였으나 일본군의 우세한 전력에 밀려 패퇴하였습니다.

그 후 의병들은 소규모 부대로 나뉘어 끈질기게 투쟁을 이어 갔는데, 강원도와 호남 일대의 의병이 가장 활발하였습니다. 일본군은 1909년 호남 지방의 의병을 진압하기 위해 남한 대토벌 작전을 전개하였고, 이 과정에서 많은 양민이 학살당하고 민가에 대한 방화가 저질러졌습니다. 이 같은 일본군의 대공세로 국내 의병 활동은 위축되었고, 이들 중 일부는 간도와 연해주로 이동하여 독립군으로 활동하였습니다.

국내에서 의병 투쟁이 치열하게 전개되고 있을 때 하얼빈에서는 안중근 의거가 일어났습니다. **안중근**은 1909년 10월 하얼빈 역에서 이토 히로부미를 사살하고 체포되었습니다. 안중근은 뤼순(여순) 감옥에서 《동양평화론》을 집필하던 중 1910년 3월에 처형되었습니다. 미국의 샌프란시스코에서는 전명운과 장인환이 대한 제국의 외교 고문으로 활동했던 미국인 스티븐스를 사살하였습니다. 또 이재명은 을사 5적의 한 명인 이완용을 칼로 찔러 부상을 입혔습니다.

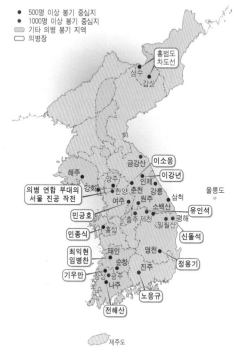

● 500명 이상 봉기 중심지
● 1000명 이상 봉기 중심지
▨ 기타 의병 봉기 지역
▢ 의병장

홍범도
차도선
삼수
갑산

금강산
이소응
이강년
해주
의병 연합 부대의
서울 진공 작전 — 강화
안주
금강산
한양 춘천 인제
여주 원주 강릉 삼척
소백산
민긍호 충주 제천 일월산 평해 유인석
홍성
민종식 신돌석
최익현
임병찬 태인 영천 정용기
기우만 순창 진주
장성 광주
나주 노응규
전해산
제주도

의병의 궐기

> **자료 동양평화론**
>
> 뭉치면 성공하고 헤치면 패망하는 것은 만고에 떳떳이 정해져 있는 이치이다. 지금의 세계는 동서 반구로 나뉘어져 있고 인종도 각각 달라 서로 경쟁하기를 다반사로 하고 있다. … (중략) … 그렇기 때문에 동양 평화를 위한 의로운 싸움을 하얼빈에서 개전하고 담판하는 자리를 여순 항구에 정했으며 이어 동양 평화 문제에 관한 의로운 싸움을 제기하는 바이니 여러분의 깊은 살핌을 바라는 것이다. ― 안중근 ―

■▶ 애국 계몽 운동

보안회(1904)	황무지 개간권 반대 투쟁
헌정 연구회	입헌 정체 수립 요구, 일진회와 대립
대한 자강회 (1906)	• 25개 지회, 월보 발행 • 고종 퇴위 반대 운동 → 보안법에 의한 강제 해산
신민회(1907)	• 비밀 결사, 민주 공화정 지향 • 민족 교육(대성학교, 오산학교), 민족 산업(자기 회사, 태극서관) • 독립 전쟁론 : 독립운동 기지 건설(삼원보, 한흥동), 신흥 무관 학교 설립 • 105인 사건으로 해체
교육 계몽 운동	서북학회, 호남학회, 기호흥학회
언론 활동	황성신문(시일야방성대곡), 대한매일신보(국채 보상 운동)

애국 계몽 운동 개관

을사조약을 전후하여 지식인, 관료들 사이에서는 무장 투쟁보다는 실력 양성을 통해 국권을 회복하자는 움직임이 나타났습니다. 이들은 학교 설립, 언론 활동, 산업 진흥을 통해 실력을 양성하고 중·장기적으로 국권을 회복하고자 하였습니다. 스펜서의 **사회 진화론***을 수용한 계몽 운동가들은 조선이 실력을 양성해 강자가 됨으로써 독립을 이룰 수 있다고 보았습니다.

*사회 진화론 생물학적 진화론을 인간 사회와 국제 관계에 적용한 사회 이론이다.

주요 단체

처음 만들어진 애국 계몽 운동 단체는 보안회였습니다. 1904년 일본이 조선의 황무지 개척권을 강요하자 **보안회**는 이에 반대하는 국민 여론을 일으키는 데 앞장섰습니다. 결국 일본은 황무지 개간권을 포기하지만, 보안회도 점차 활동이 위축되었습니다.

1905년 독립협회 출신의 인사들이 헌정 연구회를 조직하여 의회 제도를 중심으로 한 입헌 정치의 수립을 목표로 활동을 전개하였습니다. 이 단체는 일진회와 대립하다가 통감부가 설치된 직후 정치 집회가 금지되면서 해체되었습니다.

헌정 연구회를 계승한 **대한 자강회**는 25개 지회를 두고 월보를 발행하였습니다. 이 단체는 고종 퇴위 반대 운동을 벌이다 보안법에 의해 강제로 해산되었습니다(1907). 그 후 대한협회가 창립되었지만 일본의 통감 정치에 대하여 제대로 대응하지 못했습니다.

정치 단체가 일제의 탄압으로 활동이 위축되면서 교육과 식산흥업*에 역점을 둔 각종 학회가 전국 각지에서 조직되었습니다. 서북학회, 기호 흥학회, 호남학회 등이 대표적이었습니다. 이들 학회는 이름은 학술 단체였지만 실제로는 국권 회복을 목표로 한 정치 사회 단체였습니다.

*식산흥업 생산을 늘리고 산업을 일으킨다는 뜻으로 산업 진흥책이라 할 수 있다.

신민회

을사조약 이후 통감부의 탄압으로 합법적인 활동이 어려워졌습니다. 이에 안창호, 이승훈, 양기탁, 이회영 등이 주도해 비밀 결사 형태로 1907년 **신민회**를 결성하였습니다. 신민회는 국권 회복과 공화정에 바탕을 둔 근대 국민 국가를 지향하였다는 점에서 중요한 역사적 의미를 갖습니다.

신민회 인사들은 대성학교(안창호)와 오산학교(이승훈)를 설립하여 인재를 양성하고, 태극서관과 평양 자기회사를 운영하여 경제적 실력 양성을 도모하였습니다.

1910년 국권이 상실될 위기에 처하자 신민회 일부 인사들은 만주로 망명하여 무장 투쟁을 준비하였습니다. 이들은 서간도 지역에 삼원보, 밀산부에 한흥동 등의 독립운동 기지를 개척하고, 신흥 강습소*(신흥무관학교)를 설립하였습니다. 이들의 노력이 나중에 결실을 맺어 여러 독립군 부대들이 만들어지게 되었습니다.

*신흥 강습소 신민회가 서간도의 삼원보에 세운 학교로서, 뒷날 신흥 무관 학교로 개편되어 수많은 독립군을 배출하였다.

안창호 등은 미국으로 건너가 흥사단을 조직하여 무실역행의 문화 운동을 계속하였습니다. 그러나 국내에 남아 있던 신민회 회원들은 일제가 조작한 데라우치 총독 암살 미수 사건에 연루되어 탄압을 받았고, **105인 사건**을 계기로 신민회는 해체되었습니다.

VI. 한국 근대사

5 개항기의 사회와 경제, 문화

1 열강의 경제 침탈

출제 포인트

열강의 경제 침탈을 연표로 제시하고 묻는 경우가 많다.
상권 침탈에서 개항 초기와 임오군란 이후를 구별하는
것이 중요하다.
이권 침탈은 나라별로 암기하고, 화폐 정리 사업을 정
확하게 알아두자.

상권 침탈

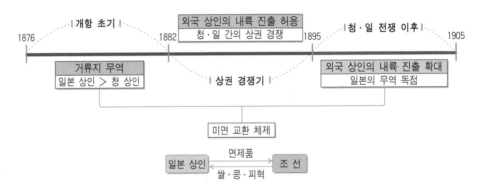

강화도 조약과 조·일 수호조규 부록이 체결되자 부산에 이어 원산과 인
천이 개항되었습니다. 이들 지역에는 일정한 곳을 개방하여 외국인의
내왕과 무역을 허용한 개항장이 형성되었습니다. 개항 초기의 무역은
개항장을 중심으로 한 **거류지 무역**의 형태로 이루어졌습니다. 조·일 수
호조규 부록에 의하면 외국 상인들은 개항장에서 10리(4㎞) 안에서만
활동할 수 있었습니다. 일본 상인들은 개항장에서 치외법권, 무관세 규
정 등을 내세워 일본 정부의 정책적 지원을 받으면서 무역을 주도하였
습니다. 이들은 홍콩, 상하이 등지에서 영국산 면직물을 들여와 팔고,
조선에서 쌀, 콩 등의 곡물과 금, 쇠가죽 등을 사 가는 중개 무역으로 큰
이익을 남겼습니다. 이 과정에서 내륙 시장과 개항장을 연결해 주던 개

항장 객주나 일부 중개인들도 많은 부를 축적하였습니다. 하지만 일본으로 쌀이 많이 유출되면서 국내 곡물가가 상승하여 많은 서민들이 고통을 받기도 하였습니다. 또 값싼 면제품이 대량으로 유입되면서 조선의 전통적인 면포 수공업이 심각한 타격을 받게 되었습니다.

임오군란 이후는 조선 시장을 둘러싸고 청과 일본이 치열하게 상권 경쟁을 벌인 시기입니다. 청은 조선과 '상민수륙무역장정'을 체결하여 청 상인들이 서울에서 점포를 설치하고 내지에서 통상을 할 수 있는 권리를 얻었습니다. 일본은 '조·일 수호조규 속약'을 통해 개항장에서 100리(40㎞)까지 일본 상인들의 활동 범위를 확대시켰습니다. 이어 1883년에 개정된 **조·일 통상장정**을 통해 일본은 최혜국 대우를 인정받았습니다. 결국 일본도 1880년대 중반에는 조선의 내륙 시장에 본격적으로 진출하게 되었습니다. 청·일 전쟁 무렵에는 두 나라의 무역 규모가 거의 대등하게 되었습니다.

청·일 상인들이 경쟁적으로 조선 시장에 침투하면서 시전 상인들의 상권이 크게 위협받았습니다. 또 외국 상인들의 내지 무역이 허용되자 여각, 객주 등 중간 상인들이 큰 피해를 입게 되었습니다. 무역 물품에서도 미면 교환 체제*가 뚜렷이 형성되었습니다.

청·일 전쟁 이후 청 상인의 세력이 약화되자 일본은 조선 무역을 독점하였습니다. 일본은 이 무렵 산업 혁명이 진행되면서 면방직 산업이 발달하게 되자, 자국의 공업화에 필요한 원료와 식량을 조선에서 값싸게 사들이고, 그들이 대량 생산한 면제품을 조선에 판매하였습니다. 일본산 면포의 대량 수입은 조선의 면포업에 큰 타격을 주었습니다.

■ 일본 상인들의 내륙 침투

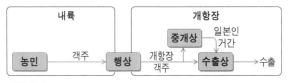

개항 초기

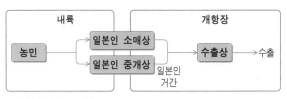

1882년 임오군란 이후

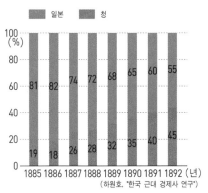

(하원호, "한국 근대 경제사 연구")

청·일로부터의 수입액

*__미면 교환 체제__ 일본 상인들이 면제품을 팔고, 쌀을 사는 형태

자료 **조·일 수호조규 속약(1882.8.30)**
제1조 부산·원산·인천 각 항의 간행이정을 확장해 각 50리로 하고, 2년 후에 각 100리로 한다. 1년 뒤에 양화진(楊花津)을 개시장(開市場)으로 한다.
제2조 일본국 공사·영사 및 그 수행원과 가족의 조선 각지 여행을 허가한다.

이권 침탈

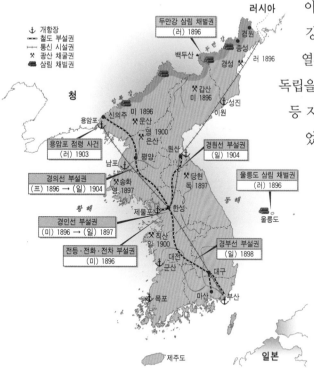

범례:
- ⚓ 개항장
- ━━ 철도 부설권
- ┈┈ 통신 시설권
- ⚒ 광산 채굴권
- 🌲 삼림 채벌권

두만강 삼림 채벌권
(러) 1896

용암포 점령 사건
(러) 1903

경의선 부설권
(프) 1896 → (일) 1904

경인선 부설권
(미) 1896 → (일) 1897

전등·전화·전차 부설권
(미) 1896

경원선 부설권
(일) 1904

울릉도 삼림 채벌권
(러) 1896

경부선 부설권
(일) 1898

미 1896 (신의주)
영 1900 운산
은산
미 1896 갑산
영 1897
독 1897 당현
일 1900 직산

열강의 이권 침탈

두만강 삼림 채벌권	러시아
운산 금광	미국
당현 금광	독일

주요 이권 침탈

아관파천을 계기로 러시아를 비롯하여 제국주의 열강의 각종 이권 침탈이 본격화되었습니다. 왕실은 열강에게 이권을 양여하는 대신 그들의 보호 하에 독립을 보장받고자 하였습니다. 이권 침탈은 주로 광업 등 자원과 철도, 전화 등 교통 및 통신 부분에 집중되었습니다.

러시아는 압록강과 두만강, 울릉도의 삼림 채벌권을 차지하였습니다. 평안북도 운산의 금광은 미국, 은산 금광은 영국, 강원도 철원의 당현 금광은 독일, 충청남도 직산 탄광은 일본이 채굴권을 획득하였습니다.

열강들이 가장 관심을 기울인 이권은 철도 부설권이었습니다. 철도 부설권은 미국이 경인선, 프랑스가 경의선, 일본이 경부선을 나누어 가졌습니다. 그러나 일본은 미국으로부터 경인 철도 부설권을 매입하고, 러·일 전쟁 중 군용 철도 명목으로 경의 철도 부설권도 차지하였습니다. 경부선과 경의선 철도는 부설된 시기와 경로를 보았을 때 러·일 전쟁의 군사적 목적에 의해 부설되었음을 알 수 있습니다.

일본의 금융 지배

러·일 전쟁 이후 일본은 대한 제국의 재정을 장악하기 위해 궁내부에 소속되어 있었던 많은 세목을 탁지부로 돌려 황실 재정을 대폭 축소시켰습니다. 재정 고문 메가타는 화폐 정리를 내세워 대한 제국의 화폐를 일본의 화폐 제도에 흡수·통합하고, 일본 제일은행 한성 지점을 대한 제국의 중앙 은행으로 삼았습니다. 메가타가 주도한 **화폐 정리 사업**은 당시 사용되던 상평통보, 백동화 등을 일본의 제일은행권으로 바꾸도록 한 것인데, 상태가 나쁜 동전은 교환해 주지도 않았습니다. 이 과정에서 수많은 조선 상인들이 피해를 입었으며, 조선인들이 설립한 은행들은 거의 파산하거나 일본 은행에 흡수되었습니다. 한편 재정 정리와 화폐

정리에 필요한 자금은 일본으로부터 차관을 들여와 충당하게 하였습니다. 그 결과 일본에 진 빚이 불어나 1907년에는 국채가 대한 제국의 1년 예산과 맞먹는 1,300만 원에 이르게 되었습니다.

토지 약탈

청·일 전쟁 이후 일본인들이 나주, 전주, 군산 일대의 토지를 매입하면서 일본인 농장들이 등장하였습니다. 주로 조선 농민들에게 고리대로 돈을 빌려 주고 농토를 차압하거나 빼앗는 방식을 사용하였습니다.

러·일 전쟁 이후 일본은 군용지나 철도 용지 명목으로 막대한 토지를 약탈하였습니다. 러·일 전쟁이 발발하자 한·일 의정서를 체결하여 군사상 필요한 부지를 점령하였으며, 철도 용지는 실제 필요한 것보다 수십 배 더 많이 강탈하였습니다. 이 과정에서 국유지는 그대로 강탈하고, 사유지는 대한 제국 정부가 사들여 제공하도록 강요하였습니다.

1904년 일본은 황무지를 개척한다는 명분을 내걸고 막대한 규모의 진황지(陳荒地)를 약탈하려 하였으나, 보안회, 농광회사 등 관민의 완강한 저항에 부딪쳐 실패로 돌아갔습니다. 일제는 1908년에는 국책 회사인 **동양척식 주식회사**(동척)를 설립하여 토지 약탈을 본격화하였습니다.

경제적 구국 운동

방곡령	• 경과 : 함경도(1889), 황해도(1890)에서 지방관이 방곡령 선포 • 결과 : 일본의 압력으로 방곡령 철회, 배상금 지불(조·일 통상장정 37조)
상권 수호 운동	• 1880년대 : 철시 투쟁 • 1890년대 : 철시와 더불어 황국중앙총상회(1898) 조직
이권 수호 운동	• 독립협회 주도, 러시아의 절영도 조차 요구 저지, 한러은행 폐쇄 • 프랑스와 독일의 광산 채굴권 요구 저지
황무지 개간권 요구 반대 운동	• 농광회사 설립 • 보안회를 중심으로 반대 운동 전개
국채 보상 운동	• 전개 : 대구에서 국채 보상 기성회 조직(서상돈, 양기탁), 모금 운동 전개 • 결과 : 일제 통감부의 방해와 탄압으로 실패

방곡령

개항 이후 일본으로 곡물 유출이 무제한 허용되자 국내의 곡식 값이 크게 뛰었습니다. 지주와 부농들은 많은 이익을 얻었지만 대다수 농민과 도시 빈민들의 생활은 더욱 어려워졌습니다. 이에 조선의 일부 지방관들은 방곡령을 내려 곡물의 국외 유출을 중단시키려 하였습니다. 대표적인 경우가 바로 1889년 '함경도 방곡령 사건'입니다. 함경도 관찰사 조병식이 방곡령을 선포했지만 일본은 조·일 통상장정 37조(방곡령 선포 시 상대국에 1개월 전에 서면 통고)를 내세워 방곡령 취소와 배상금을 요구하였고, 조선 정부는 이에 굴복하고 말았습니다.

> **자료 조·일 통상장정(1883년 개정)**
> • 제37조 만약 조선국에 가뭄·수해·병란(兵亂) 등의 일이 있어 국내 식량 결핍을 우려하여 조선 정부가 잠정적으로 양미(糧米)의 수출을 금지하고자 할 때는 반드시 1개월 전에 지방관이 일본 영사관에 통고해야 한다. 또한 그러한 때는 그 시기를 미리 항구의 일본 상민(商民)에게 예고하여 그대로 준수해야 한다.

상권 수호 운동

임오군란 이후 외국 상인의 내지 통상이 허용되자 서울을 중심으로 외국 상인들의 내륙 시장 침투가 본격화되었습니다. 1880년대 후반에는

청과 일본 상인들이 경쟁적으로 상권을 확대해 나가는 과정에서 조선 상인들은 심각한 피해를 입었습니다.

서울의 시전 상인들은 1890년 청과 일본 상인들의 철수를 요구하면서 시위를 벌였으며, 동맹하여 상가의 문을 닫기도 하였습니다. 한편 외국 상인들의 내륙 시장 진출에 맞서 우리나라 상인들도 근대적인 상회사를 조직하였는데 평양의 대동상회와 서울의 장통회사가 대표적입니다.

청·일 전쟁 이후 외국 상인들의 서울 진출이 더욱 확대되자, 서울의 시전 상인들은 1898년 **황국중앙총상회**를 조직하여 외국 상인들의 불법적인 상업 활동을 엄단할 것을 요구하며 상권 수호 운동을 전개하였습니다.

구분	황국중앙총상회	황국협회
주체	시전 상인	보부상
활동	상권 수호 운동	독립협회 타도

상인 단체 비교

이권 수호 운동

열강의 이권 침탈이 심화되자, 1898년 대한 제국은 모든 광산을 궁내부로 이관시켜 열강의 이권 요구를 거절하였습니다. 1900년에는 서북 철도국을 세워 경의선과 경원선의 독자적인 부설을 시도하였습니다.

독립협회는 열강의 이권 침탈에 맞서 만민 공동회를 개최하고 이권 수호 운동을 전개하였습니다. 독립협회는 러시아의 절영도 조차 요구, 목포와 진남포 일대의 섬과 토지 매도 요구를 저지하였으며, 한러은행을 폐쇄시키는 데에도 성공하였습니다.

그러나 독립협회는 러시아의 이권 침탈에 대해서는 적극적인 반대 운동을 전개한 반면에 미국, 일본, 영국 등의 철도 부설과 광산 채굴 요구에 대해서는 서구의 자본과 기술을 도입할 수 있는 기회로 여겨 환영하는 이중성을 보이기도 하였습니다.

러·일 전쟁 중이던 1904년 7월 일본은 나가모리를 내세워 황무지 개간권을 요구해 왔습니다. 이에 일부 민간인과 관리들이 농광회사*를 설립하여 독자적으로 황무지의 개간을 추진하려고 하였습니다. 한편 보안회는 가두 집회를 열고 거족적인 반대 운동을 전개하여 일제의 황무지 개간권 요구를 철회시켰습니다.

***농광회사** 일본이 우리나라 전 국토의 1/4에 해당하는 황무지의 개간권을 요구하자, 한국인 관리와 실업가들이 이를 막기 위하여 농광회사를 설립하고, 개간 특허를 요구하였다.

근대적 민족 자본의 성장

대한 제국은 적극적인 식산흥업 정책을 실시하여 신기술 도입과 공장

설립에 힘썼습니다. 그 결과 철도, 전기, 해운, 광업 분야에서 근대적인 시설이 마련되고 공장과 회사들이 설립되었습니다.

청·일 전쟁 이후 일본인 고리대금업자들의 진출로 서민들의 피해가 늘어났습니다. 이에 일부 관료와 지주들이 돈을 모아 은행을 설립하였는데, 한성은행과 천일은행이 대표적입니다. 그에 앞서 1897년에 최초의 은행인 조선은행*이 설립되었습니다.

경인선, 경부선 등 주요 철도 부설권이 외국인에게 넘어가자 민간인들이 철도를 부설하려고 시도하였습니다. 1899년 박기종이 설립한 대한철도회사는 경의선 철도 부설권을 정부로부터 인가받았으나 자금 부족으로 성공하지 못했습니다. 결국 경의선은 러·일 전쟁 발발 직후 일본이 부설권을 획득해 완공하였습니다.

*조선은행 김종한 등 관료 자본이 중심이 된 민간 은행이다. 국고 출납 업무를 대행하고, 지방의 주요 도시에 지점을 두었으나 1900년에 폐점하였다.

국채 보상 운동

● 상사 조직 도시
● 방곡령 선포 도시
◗ 방곡령 선포 지역

연초세 반대 운동 (1910)

시장세 반대 운동 (1910)

함경도 방곡령 사건 (1889)

황해도 방곡령 사건 (1889~90)

독립 협회 경제 자주권 수호 투쟁 (1896~98)

황국 중앙 총상회 상권 수호 운동 (1898)

국채 보상 운동 (1907)

일본의 황무지 개척 요구 반대 (보안회, 1904)

두모진 수세 사건 해관세 자주권 투쟁 (1878. 9~1878. 12) 관세권 회복 운동 (1883)

일본 어부의 어로 활동 반대 (1889~92)

백두산, 함경북도, 경성, 명천, 길주, 단천, 함경남도, 흥원, 북청, 함흥, 정평, 원산, 영변, 평안북도, 순천, 평안남도, 평양, 재령, 한약, 황해도, 봉산, 장연, 연천, 파주, 강원도, 인천, 한성, 경기도, 강릉, 울릉도, 수원, 평택, 온양, 직산, 충청북도, 충청남도, 경상북도, 여산, 대구, 전주, 밀양, 경상남도, 의령, 부산, 광주, 전라북도, 전라남도, 제주, 제주도, 동해, 황해

경제 자주권 수호 운동

을사조약 이후 통감부는 조선의 식민지화를 위해 도로와 수도 시설을 갖추고, 은행, 학교, 병원 등을 설립하는 등 각종 시설 확충을 추진하였습니다. 이러한 시설은 조선에 와 있는 일본인을 위한 것임에도, 근대화를 위한 사업이라는 명분을 내세워 이에 필요한 자금은 우리 정부가 일본 정부로부터 차관을 얻어 부담하도록 강요하였습니다. 이 과정에서 필요한 자금은 차관을 도입하여 해결했는데, 이로 인해 차관은 대한 제국이 도저히 감당할 수 없는 수준으로 증가하였습니다.

이에 일본에서 들여온 차관을 갚아 국권을 회복하자는 국채 보상 운동이 전개되었습니다. 이 운동은 1907년 대구에서 김광제, **서상돈** 등이 조직한 국채보상기성회의 제의로 시작되어 〈황성신문〉, 〈대한매일신보〉, 〈제국신문〉 등 각종 신문을 통해 전국으로 확산되었습니다. 이 운동에는 각계각층의 사람들이 참여하였는데, 남자들은 담배를 끊고 부녀자들은 생활비를 절약하는 한편 반지, 비녀 등을 팔아 성금을 모았습니다. 그러나

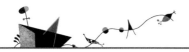
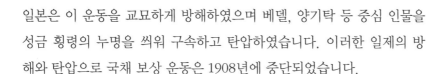

일본은 이 운동을 교묘하게 방해하였으며 베델, 양기탁 등 중심 인물을 성금 횡령의 누명을 씌워 구속하고 탄압하였습니다. 이러한 일제의 방해와 탄압으로 국채 보상 운동은 1908년에 중단되었습니다.

자료 | 국채 보상 운동 취지문

국채 1,300만 원은 우리 대한의 존망에 관계있는 것이다. 갚아 버리면 나라가 존재하고 갚지 못하면 나라가 망하는 것은 대세가 반드시 그렇게 이르는 것이다. 현재 국고에서는 이 국채를 갚아 버리기 어려운 즉, 장차 삼천리 강토는 우리나라와 백성의 것이 아닌 것으로 될 위험이 있다. … (중략) … 2천만 인이 3개월을 한정하여 담배의 흡연을 폐지하고 그 대금으로 매 1인마다 20전씩 징수하면 1,300만 원이 될 수 있다.   - 〈대한 매일 신보〉, 1907년 2월 22일자 -

사회 의식의 성장

개화기를 거치면서 신분 제도가 폐지되고 민중들의 사회 의식이 크게 변화하였습니다.

갑신정변의 주도 세력들은 문벌을 폐지하고 인재를 널리 등용하겠다고 천명하여 양반 중심의 신분 질서를 타파하려는 의지를 보여 주었습니다.

당시 농민들의 사회 의식도 성장하고 있었는데, 이것을 잘 보여 주는 것이 동학 농민군의 폐정 개혁안입니다. 농민들은 이 개혁안에서 노비 문서의 소각, 7종의 천인 차별 개선, 청상 과부의 개가 허용, 관리 채용에서의 지벌 타파와 인재 등용을 내세웠습니다.

갑오개혁은 사회 제도의 근본적인 개혁을 추구하였습니다. 문벌과 신분을 폐지하고 귀천에 관계없이 인재를 뽑아 쓰며, 백정 등 천민들에 대한 차별을 없애려는 일련의 조치들이 이루어졌습니다.

〈독립신문〉과 독립협회는 사회 의식과 민권 의식의 변화를 이끌었습니다. 그 과정에서 근대적인 정치·사회 의식의 형성을 뚜렷하게 확인하는 단계에 이르렀습니다. 특히 만민 공동회 회장에 시전 상인 현덕호가 선출되고, 관민 공동회에서 백정 출신 박성춘이 연사로 나선 일 등은 민중 의식의 변화를 보여 주는 상징적인 장면입니다.

> **자료** **백정 박성춘의 관민 공동회 연설문(1898. 10)**
> 나는 대한의 가장 천한 사람이고 무지몰각합니다. 그러나 충군 애국의 뜻은 대강 알고 있습니다. 이에, 이국 편민의 길인 즉, 관민이 합심한 연후에야 가능하다고 생각합니다. 저 차일에 비유하건대, 한 개의 장대로 받친 즉 역부족이나, 많은 장대를 합한 즉 그 힘이 공고합니다. 원컨대, 관민이 합심하여 우리 황제의 성덕에 보답하고, 국운이 만만세 이어지게 합시다.

독립협회가 씨를 뿌린 자유 민권의 근대적 사회 의식은 애국 계몽 운동으로 계승되었습니다. 애국 지사들은 많은 학회와 학교를 세우고, 언론 활동을 활발하게 전개하여 국민들의 애국심을 일깨우고 민주주의에 입각한 근대 국민 국가를 세워야 한다고 주장하였습니다.

의식주의 변화

개항 이후 우리의 일상생활에서도 점차 변화가 일어나기 시작하였습니다. 의식주 가운데 가장 빨리 진행된 것은 복식의 변화입니다. 이 무렵 신분에 따른 옷 구별이 폐지되고, 서울의 일부 상류층에서는 서양식 의복(양장, 양복)이 등장하였습니다.

명동 성당

외국인과의 교류가 활발해지면서 외국의 음식도 들어왔습니다. 궁중과 일부 상류층에서 커피와 홍차, 설탕, 우유를 접하게 되었습니다. 임오군란 이후에는 중국 요리와 찐빵, 호떡 등이 들어왔으며, 어묵, 단무지와 같은 일본 음식도 들어왔습니다.

한편 서울을 비롯하여 인천, 부산, 원산 등 개항장에는 서양식 건물이나 일본식 주택이 들어섰습니다. 이 시기의 대표적인 서양 건축으로 1884년 인천의 조계지에 건립된 세창양행 사택이 있습니다. 나중에 건립된 **명동 성당**(1898), 손탁호텔(1902), 덕수궁 석조전(1910) 등은 개화기를 대표하는 서양식 건축물입니다.

근대 문물의 수용과 근대 문화의 형성

① 근대 문물의 수용

출제 **포인트**

근대 신문은 매번 출제된다. 꼼꼼하게 특징을 암기하라.
근대 문물의 도입 과정을 통신, 의료, 교통을 중심으로
알아두자.

▶ 근대 문물

통신	전신	경인전신(1885), 경의전신(1885)
	우편	갑신정변으로 중단, 을미개혁 때 우편 사무 재개
	전화	최초(1896, 서울~인천), 경운궁에 부설(1898)
의료 기관	광혜원	최초의 근대식 병원(1885, 알렌), 제중원으로 이름 바꿈
	광제원	1900년 설립, 종두법(지석영)
	세브란스	1904년 미국인 에비슨이 설립
교통 기관	철도	경인선(1899), 경부선(1905), 경의선(1906)
	전차	한성전기회사(1898, 콜브란과 황실의 합작)
건축		독립문(1896, 개선문 모방), 덕수궁 석조전(르네상스 양식), 명동 성당(고딕 양식)

▶ 근대 신문

신문	발행	기간	활동과 성격
한성순보	박문국	1883~1884	최초의 관보(순한문)
한성주보	박문국	1886~1888	국한문 혼용, 최초의 상업 광고
독립신문	독립협회	1896~1899	근대적 일간지, 한글판과 영문판
황성신문	남궁억	1898~1910	유생층 대상, 국한문 혼용, 장지연의 시일야방성대곡 게재
제국신문	이종일	1898~1910	일반 서민과 부녀자층 대상, 순 한글
대한매일신보	베델, 양기탁	1904~1910	반일 성향, 국채 보상 운동 주도, 국문·국한문체

근대 문물의 수용

우리나라가 근대 문물을 본격적으로 수용하게 된 것은 1880년대 초입
니다.

1881년 조선 정부는 일본과 청에 신사유람단과 영선사를 각각 파견하
여 근대적 개혁의 현장을 답사한 바 있습니다. 이들이 귀국하여 근대 문

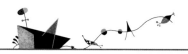

물 도입을 주장하는 보고서를 제출하였습니다. 그 영향으로 박문국(신문 발행), 기기창(무기 제조), 전환국(화폐 주조) 등의 근대 시설이 등장하였습니다.

서양 문물의 도입은 전신과 우편, 전화 등 통신 분야에서 두드러졌습니다. 1885년 인천-서울-의주의 전신을 설치하였으며, 이를 관할하는 한성 전보총국을 설립하였습니다. 그 후 서울-부산, 서울-원산 간의 전신이 독자적인 기술로 완성되었습니다. 이로써 개항장과 의주를 잇는 근대적인 통신망이 완성되었습니다.

한편 1887년에는 경복궁 향원정에서 에디슨 전기 회사의 도움으로 최초로 전등이 가설되었습니다. 전화는 1896년 서울과 인천 사이에 처음 가설되고 1898년 궁궐에 설치되었다가 그 뒤 서울의 민가에도 가설되었습니다.

근대 우편 제도는 우정국의 설치에서 비롯되었습니다. 그러나 우정국 개국연에서 갑신정변이 일어나 우정국은 한동안 폐쇄되었습니다. 그 후 을미개혁 때 우체사가 설치된 이후 실제 우편 업무가 시작되었습니다.

근대 문물의 상징으로 일컬어지는 철도는 1899년 경인선이 부설되었고, 러·일 전쟁 직후 경부선(1905)과 경의선(1906)이 완공되었습니다. 애초 경인선은 미국의 콜브란이 부설권을 획득하였고, 경의선은 프랑스가 부설권을 가지고 있었으나 모두 일본이 부설권을 인수하여 완공하였습니다.

전차는 황실과 미국인 콜브란이 합자한 한성전기회사와 관계가 있습니다. 이 회사를 통해 서대문-청량리 구간의 전차 운행, 서울 시내 전등 가설이 이루어졌습니다.

의료 분야에서는 갑신정변 때 부상을 입은 민영익을 치료한 미국인 선교사 알렌이 중요한 역할을 하였습니다. 정부는 1885년에 최초의 근대식 왕립 병원인 **광혜원**(제중원)을 설립하고 알렌에게 운영을 맡겼습니다. 정부는 1894년에 제중원을 개신교 선교사들에게 넘기고, 1900년에 광제원을 따로 설립하였습니다. 개신교 선교사들은 재정난에 빠진 제중원을 인수해 최초의 근대식 사립 병원인 세브란스를 건립하였습니다. 한편 정부에서는 천연두를 예방하기 위하여 우두국을 주요 지방에 설치하였습니다. 이 시기에 천연두 퇴치를 위해 힘쓴 인물이 지석영입니다.

이와 같이 근대 시설은 국내 기술과 자본의 부족으로 말미암아 외국인과 외국 자본에 의존하는 경우가 많았고, 일본 등 제국주의 열강이 우리나라에 대한 정치, 경제, 군사적 침략을 뒷받침하는 수단이 되기도 하였습니다.

언론 기관의 발달

1883년 정부는 박문국을 설치하여 열흘에 한 번 발간하는 〈한성순보〉를 발행하였습니다. 〈한성순보〉는 우리나라 최초의 신문으로 국제 정세와 과학, 천문 등 다양한 내용을 전달하고자 하였습니다. 갑신정변으로 박문국이 불타 발행이 잠시 중단되었으나, 1886년 매주 발간하는 〈한성주보〉로 다시 발행되었습니다. 〈한성주보〉는 국한문 혼용체로서 처음으로 상업 광고를 싣기도 하였습니다.

대한 제국 수립을 전후하여 국민 계몽과 애국심 고취를 위한 언론 활동이 활발하였습니다. 1896년 서재필은 정부의 지원을 받아 〈독립신문〉을 발간하였습니다. 〈**독립신문**〉은 순 한글판과 영문판으로 발행되어, 국민을 계몽하고 자주 정신을 일깨우는 데 큰 공헌을 하였습니다.

1898년 남궁억 등이 창간한 〈**황성신문**〉은 양반 지식인들을 대상으로 삼아 국한문 혼용체로 발행되었습니다. 〈황성신문〉은 을사조약에 대해 분노를 토하였던 장지연의 항일 논설 〈시일야방성대곡〉으로 유명합니다. 이종일 등이 창간한 〈**제국신문**〉은 순 한글로 간행되어 서민층과 부녀자들에게 많이 읽혔습니다.

〈**대한매일신보**〉는 영국인 베델*이 발행인으로 참여하여 일제의 탄압을 덜 받았습니다. 〈대한매일신보〉는 초기에 순 한글로 발행되다가 1907년부터 국한문, 영문 등 세 종류로 발행되었습니다. 〈대한매일신보〉는 특히 항일 의병 운동에 대하여 호의적인 기사를 싣기도 하였으며, 국채 보상 운동에도 앞장섰습니다.

그밖에 천도교의 기관지로 〈만세보〉, 천주교의 기관지로 〈경향신문〉 등이 창간되어 활발한 계몽 활동을 전개하였습니다. 한편 미국에서는 〈신한민보〉, 연해주에서는 〈해조신문〉 등이 발간되어 해외 동포들의 애국 의식을 고취시켰습니다.

통감부는 1907년 **신문지법***을 제정하여 언론 활동을 제약하고 한국

*베델 영국 〈데일리메일〉의 특파원으로 러·일 전쟁 취재를 위해 우리나라에 왔다. 1904년 7월 양기탁과 함께 〈대한매일신보〉를 창간하고 이후 일본의 침략 행위를 폭로하는 항일 언론 활동을 벌였다. 일본은 영국과 동맹 관계였으므로 베델이 발행인이었던 〈대한매일신보〉를 탄압하는 데에는 한계가 있었다.

*신문지법(1907) 정기 간행물의 발행을 허가제로 했으며, 허가받은 정기 간행물에 대해서도 정간·폐간 등의 규제를 가할 수 있도록 하였다. 1908년에는 이 법을 개정하여 미국과 연해주의 교포들이 발행하는 신문과 〈대한매일신보〉도 단속 대상에 포함시켰다.

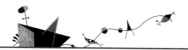

언론의 반일 논조를 억압하고자 하였습니다. 같은 시기에 제정된 보안법은 애국 계몽 운동 단체의 활동을 탄압하는 도구로 사용되었습니다.

자료 **근대 시기의 언론 활동**

〈한성순보〉 발간사
우리 조정에서도 박문국을 설치하고 관리를 두어 외국 소식을 번역하고 아울러 국내 일까지 실어, 나라안에 알리는 동시에 여러 나라에 반포하기로 하였다. … (중략) … 견문을 넓히고 여러 가지의 의문점을 풀어주며 상리(商利)에도 도움을 주고자 하였다.

시일야방성대곡
천만 뜻밖에 5조약은 어디서부터 나왔는가? 아! 저 개, 돼지만도 못한 우리 정부 대신이란 자들이 영달과 이득을 바라고 위협에 겁을 먹고 벌벌 떨면서 나라를 파는 도적이 되어, 4천 년의 강토와 5백 년의 종묘사직을 남에게 바치고, 2천만 생령으로 하여금 모두 다른 사람의 노예 노릇을 하게 하였으니, 아! 원통하고 분하도다. 우리 2천만 동포여! 살았는가 죽었는가.   – 〈황성신문〉, 1905. 11. 20 –

자료 **일제 통감부가 제정한 악법**

신문지법(1907. 7)
제1조 신문지를 발행하려는 자는 발행지를 관할하는 관찰사를 경유하여 내부대신에게 청원하여 허가를 받아야 한다.
제21조 내부대신은 안녕 질서를 방해하거나 풍속을 어지럽힌다고 인정될 때는 신문의 발매·반포를 금지하고 압수하며 발행을 정지하거나 금지할 수 있다.

보안법(1907. 7)
제1조 내부대신은 안녕 질서를 지키기 위해 필요한 경우에 결사의 해산을 명할 수 있다.
제2조 경찰관은 안녕 질서를 지키기 위해 필요한 경우에 집회 또는 다중의 운동 또는 군집을 제한 금지하거나 해산시킬 수 있다.

❷ 근대 교육과 국학 연구

출제 포인트

근대 교육에서는 원산 학사와 육영 공원, 교육입국조서가 자주 출제된다.

국학 연구에서는 근대 계몽 사학을 일제 시대와 연결시켜 출제한다.

■ 근대 교육

| 시작 | → | 교육 제도 | → | 사립 학교 |

- 원산 학사(1883)
- 육영 공원(1886)

- 교육입국조서 반포
- 각종 관립학교 설립 (소학교, 사범학교)

- 개신교 계열
- 애국 계몽 운동 계열

■ 국학 연구

국사 연구 (근대 계몽 사학)	• 신채호, 박은식 주도 : 영웅전, 외국 독립운동사 번역 소개 → 애국심과 독립 의식 고취 • 독사신론(1908) : 민족주의 역사학의 연구 방향 제시 • 조선광문회(최남선·박은식) : 민족 고전 정리, 간행
국어 연구	• 국한문체 보급 : 한성주보, 서유견문 • 국문체 보급 : 한글 전용 신문 등장(독립신문, 제국신문, 대한매일신보) • 국문 연구소 설립(1907, 지석영 · 주시경)

근대 교육

최초의 근대 교육 기관은 1883년 설립된 원산 학사입니다. **원산 학사**는 주민들의 열의와 덕원 부사 정현석의 지원으로 설립된 사립 학교로, 외국어와 신학문, 그리고 무술 교육을 실시하였습니다.

1886년 최초의 근대적 관립 학교로 **육영 공원**이 설립되었습니다. 육영 공원은 길모어, 헐버트* 등 미국인 교사를 초빙하여 젊은 현직 관료와 양반 자제들에게 근대 교육을 실시하였습니다. 육영 공원에서는 영어 교재를 사용하고 미국식 교육 제도를 받아들였습니다. 그에 따라 1883년에 영어 통역관 양성을 위해 설립하였던 동문학은 폐지되었습니다.

한편 선교사들에 의해 1885년에는 배재 학당(아펜젤러), 그 이듬해에는 여학생을 위한 이화 학당(스크랜턴), 경신 학교(언더우드) 등이 세워졌습니다.

갑오개혁이 진행되는 과정에서 근대적 교육 제도가 마련되었습니다. 교육을 전담하는 학무아문이 만들어지고, 고종은 **교육입국조서**(1895)를 발표하여 근대 교육의 중요성을 강조하였습니다. 그에 따라 한성 사범

*헐버트 1886년 선교사로 우리나라에 와서 육영 공원에서 외국어를 가르쳤다. 세계의 역사와 지리를 정리해 《사민필지》라는 교과서를 한글로 만들기도 하였다. 을사조약 후 고종의 밀서를 휴대하고 미국으로 건너가 미국 대통령 면담을 추진하였고, 고종에게 헤이그 밀사 파견을 건의하는 등 우리나라의 국권 회복을 위해 노력하였다.

학교가 설립되고 각 지역에 소학교와 외국어 학교 등 각종 관립 학교가 세워졌습니다.

광무개혁이 진행되는 시기에는 중등 교육 기관인 한성 중학교가 세워지고, 의학교, 상공 학교, 광무 학교 등이 설립되었습니다.

한편 을사조약 전후에 기독교 선교사들과 애국 계몽 운동가들이 세운 사립 학교가 폭발적으로 증가하였습니다. 그 중 대표적인 학교들이 신민회 계열의 오산학교와 대성학교입니다. 이들 사립 학교에서는 근대 교육과 함께 민족의식을 고취하는 교육을 실시하였습니다. 이에 통감부는 1908년에 **사립학교령**을 발표하여 사립 학교의 설립과 운영을 통제하였습니다.

> **자료 교육입국조서(1895. 2)**
> 지식이 개명하는 것은 교육이 잘된 데서 이루어지는 것이다. 교육은 실로 나라를 보존하는 근본으로 된다. 그래서 나는 임금과 스승의 자리에 있으면서 교육하는 책임을 스스로 떠맡고 있다.

국학 연구

애국 계몽 운동기에 역사와 국어 연구를 통해 민족의식과 독립 의식을 고취시키려는 국학 연구가 활발하였습니다.

신채호, 박은식, 장지연 등은 을지문덕, 이순신, 강감찬 등 외적의 침략에 맞서 싸웠던 영웅들의 전기를 펴내 애국심을 고취하려 하였습니다. 뿐만 아니라 《미국 독립사》, 《월남 망국사》 등 다른 나라의 건국사나 흥망사, 위인전 등을 번역·출판하였습니다. 특히 **신채호**는 《독사신론》(1908)을 발표하여 역사 서술의 주체를 민족으로 설정하고, 중국 중심의 역사 인식과 일본에 의한 한국 고대사 왜곡을 강력히 비판하였습니다. 이러한 역사학 경향을 **근대 계몽 사학**이라고 하는데, 일제 시대 민족주의 역사학에 커다란 영향을 주었습니다.

국학 연구의 영향으로 한

역사	조선광문회	최남선	한국 고전 간행 보급
	독사신론	신채호	민족에 바탕을 둔 새 근대 사학의 방향 제시
지리	대한 강역고	장지연	한국 지리를 지역별로 해설한 책
국어	서유견문	유길준	1895년, 한국 최초 국한문 혼용체, 유럽 여행기
	국문 연구소	주시경	1907년, 구한말 학부에 설치했던 국어 연구 기관
	국어문법	주시경	1910년, 〈한국 맞춤법 통일안〉의 기본 이론 확립

국학 연구

글의 중요성이 부각되었습니다. 처음에는 과도기적으로 국한문 혼용체가 사용되다가, 점차 순 한글체도 나타나게 되었습니다. 이 시기 대표적인 순 한글 신문은 〈독립신문〉과 〈제국신문〉입니다.

국어의 문법 체계 연구도 활발하여 유길준의 《대한문전》, 주시경의 《국어문법》이 간행되었습니다. 1907년에는 학부에 **국문 연구소**가 설치되어 주시경과 지석영의 주도로 한글 문법의 연구와 정리가 이루어졌습니다. 이 기관이 뒷날 '조선어학회'의 모체가 되었습니다.

> **자료 독사신론**
> 국가의 역사는 민족의 흥망성쇠를 서술하는 것이다. 민족을 빼면 역사가 없을 것이며, 역사를 알지 못한다면 민족의 애국심이 사라질 것이니, 역사가의 책임이 얼마나 큰가? 역사를 쓰는 사람은 먼저 민족의 형성 과정을 적고, 정치는 어떻게 번영하고 어떻게 쇠퇴하였는지, 산업은 어떻게 융성하고 쇠퇴하였는지, 무공(武功)은 어떻게 나아가고 물러갔으며, 그 문화는 어떻게 변화하였으며, 다른 민족과의 관계는 어떠하였는지를 서술해야 한다. 만일 민족을 주체로 한 역사 서술이 이루어지지 않는다면, 이는 무정신의 역사라.
> — 신채호, 〈대한매일신보〉 —

❸ 문예와 종교의 새 경향

출제 **포인트**

문예와 종교는 반드시 일제 시대와 결합되어 출제된다.
종교 활동에서는 특히 천도교, 유교 구신론(박은식)을
주의 깊게 봐야 한다.

▶ 문예의 새경향

문학	• 신소설 : 혈의누(이인직), 자유종(이해조), 금수회의록(안국선) • 신체시 : 해에게서 소년에게(최남선)
예술	• 음악 : 창가 유행(권학가, 독립가 등) • 연극 : 신극 운동 전개, 원각사에서 〈은세계〉, 〈치악산〉 공연

▶ 종교계의 변화

외래 종교	개신교	근대 교육과 선교 활동에 기여 → 일제 시대 신사 참배 거부 투쟁 전개
	천주교	고아원 설립, 애국 계몽 운동(약현 학교, 경향 신문) → 일제 시대 무장 투쟁(의민단)
민족 종교	천도교	손병희, 만세보(신문) → 일제 시대 여성·소년 운동 주도, 잡지(개벽, 신여성)
	대종교	나철, 단군 신앙 → 일제 시대 무장 투쟁 주도(중광단, 북로 군정서군)
	유교	박은식의 유교 구신론(양명학 계승)

문예의 새 경향

개화 운동이 추진되고 서양의 근대 문물이 들어오면서 문학, 음악, 연극, 미술 등 문화계에도 커다란 변화가 일어났습니다. 이 시기 문학을 보통 '계몽기 문학'이라 하며, 신소설과 신체시가 주요 장르입니다.

언문일치의 한글 문장을 사용한 **신소설**은 주로 봉건적 가치관을 비판하고 미신 타파, 남녀평등 사상과 자주독립 의식의 고취 등 근대 의식을 일깨우는 내용을 담고 있습니다. 신소설의 대표적 작품으로는 이인직의 《혈의 누》, 안국선의 《금수회의록》 등이 있습니다.

1908년에는 최남선이 〈해에게서 소년에게〉라는 **신체시**를 발표하였습니다. 신체시는 종래의 고정된 운율을 탈피하여 근대시의 형식을 개척하였습니다.

한편 《천로역정》, 《이솝 이야기》, 《걸리버 여행기》 등의 많은 외국 작품들이 번역되었습니다. 이러한 번안 문학은 근대 문학의 형성에 많은 영향을 미쳤고, 한국인의 서구 문화 인식에 커다란 영향을 주었습니다. 그러나 일부에서는 외국 문학을 무분별하게 번역·소개하여 전통문화에 대한 의식을 약화시키고 외래 문화에 대한 막연한 동경심을 유발시키는 부작용을 낳기도 하였습니다.

음악에서는 서양 음악의 영향으로 〈권학가〉, 〈경부 철도가〉 등의 창가가 유행하였습니다. 또한 판소리를 바탕으로 창극이 만들어졌는데, 기존에 한 사람이 부르던 판소리를 여러 사람이 배역을 나누어 불러 공연하였습니다. 한편 서양식 연극인 신극도 도입되어 최초의 극장인 **원각사**(1908)가 세워지고 여기서 〈은세계〉, 〈치악산〉 등의 작품이 공연되었습니다.

종교의 새 경향

종교는 개화기와 일제 시대를 통합적으로 출제하기 때문에 일제 시대 내용까지 함께 다루겠습니다.

개화기에는 천주교와 개신교 등 외래 종교가 크게 확산되었으며, 외세 침략에 맞서 천도교와 대종교 등 민족 종교가 창시되었습니다.

개신교에서는 1880년대 외국인 선교사들이 전국을 나누어 선교 활동을 시작하였습니다. 이들은 선교를 목적으로 각지에 학교와 병원을 세워 근대 교육과 의료 발달에 기여하였습니다. 일제 말기에는 신사 참배 강요에 저항하여 많은 교회 지도자가 탄압받았습니다.

천주교는 1886년 조선과 프랑스가 수교한 이후 신앙의 자유가 허용되었습니다. 천주교는 고아원을 설립하고 교육 기관과 언론 기관을 세워 사회 봉사와 계몽 활동에 노력하였습니다. 일제 시대 천주교계 인사들이 설립한 의민단은 만주 지역의 무장 투쟁에 적극 참여하기도 하였습니다.

개항 이후 기존의 종교가 일제의 탄압으로 친일화되거나 일본 종교에 예속되자, 민족 종교 운동이 나타났습니다. 19세기 말 동학은 농민층을 중심으로 크게 세력을 확대하면서 반봉건, 반침략 민족 운동에 앞장선 바 있습니다. 그러나 이용구 등이 일본의 앞잡이가 되어 일진회에 참여하고 친일적인 시천교를 창설하자, **손병희**는 1906년 동학을 천도교로 개편하였습니다. 그 후 일제 시대에 천도교는 여성 운동과 소년 운동, 문예 운동에 앞장서고, 3·1 운동의 중심 역할을 하였습니다. 《개벽》, 《신여성》, 《어린이》 등은 천도교계 잡지입니다.

대종교는 서양 종교에 대해서 반감을 가지고 있었던 나철과 오기호가 단군 신앙을 발전시켜 조직하였습니다(1909). 대종교는 일제 통감부의 탄압을 받자 교단 본부를 간도와 연해주로 옮겨 동포들의 민족의식을 고취하는 한편, 무장 독립운동에 앞장섰습니다. 대종교 계통의 중광단은 나중에 북로군정서군으로 확대 개편되어 청산리 전투의 주축 부대가 되었습니다.

박은식은 1909년에 《유교 구신론》을 써서 유교의 개혁을 주장하였습니다. 박은식을 비롯한 진보적 유학자들은 서민적이고 실천성이 강한 양명학에 주목하는 경향을 보였습니다.

한용운은 《조선 불교 유신론》을 통해 일본 불교에 예속된 조선 불교의 자주성을 회복하고 미신적 요소를 없앨 것을 주장하였습니다.

박중빈이 창시한 원불교는 저축과 근로를 중시하였으며, 봉사 활동을 전개하면서 자립 정신을 일깨웠습니다.

> **자료** 유교 구신론
>
> 첫째는 유교파의 정신이 전적으로 제왕 측에 존재하고 인민 사회에 보급할 정신이 부족함이요. 둘째는, 여러 나라를 돌아다니면서 세계의 주의를 바꾸려는 생각을 강론하지 아니하고, 또한 내가 동몽을 찾는 것이 아니라 동몽이 나를 찾는 주의를 지킴이요. 셋째는 우리 대한 유가에서 간이직절한 법문(양명학)을 구하지 아니하고 질질 끌고 되어 가는 대로 내버려두는 공부(주자학)를 전적으로 숭상함이라.

조선 왕릉

유네스코 세계 문화유산으로 등록된 조선 왕릉은 왕과 왕비의 무덤을 지칭하는 것으로, 우리나라에는 40여 기의 왕릉이 남아 있다. 풍수지리 사상을 바탕으로 배산임수의 명당에 조영되었고, 동시에 주변 산세와 어우러져 신성한 공간을 창출하였다. 엄격한 질서에 따라 내부 공간을 구성한 조선 왕릉은 봉분과 조각, 건축물들의 조화가 잘 이루어진 탁월한 사례로 손꼽히고 있다. 또한 조선 시대부터 오늘날까지 600년 이상 제례 의식을 거행하면서 전통을 간직하고 있는 독특한 공간이라는 점에서 높이 평가할 만하다.

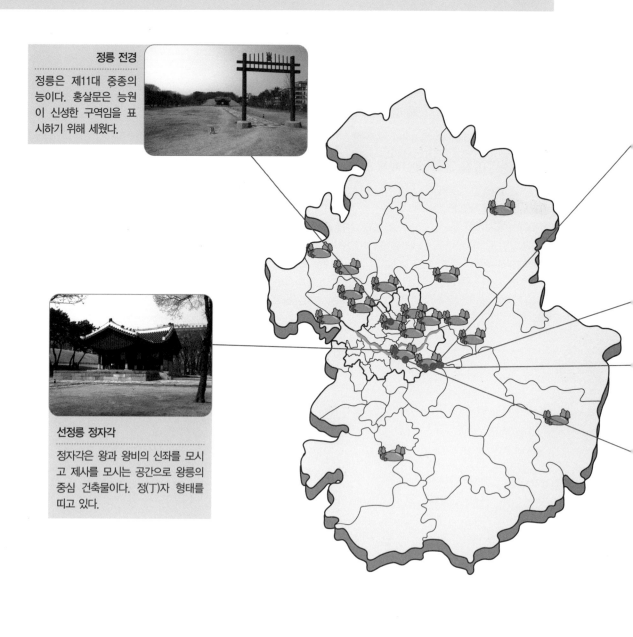

정릉 전경

정릉은 제11대 중종의 능이다. 홍살문은 능원이 신성한 구역임을 표시하기 위해 세웠다.

선정릉 정자각

정자각은 왕과 왕비의 신좌를 모시고 제사를 모시는 공간으로 왕릉의 중심 건축물이다. 정(T)자 형태를 띠고 있다.

헌릉 신도비

왕의 생애와 업적을 기록하여
묘 앞에 세운 비이다. 태조,
정종, 태종, 세종의 능에만 세
워졌다.

헌릉 전경

헌릉은 태종과 원경왕후의 능
이다. 홍살문에서 정자각까지
는 신령과 임금이 다니는 참
도로 연결되어 있다.

헌인릉 재실

재실은 제사에 참석하는 사람
들의 숙식과 제사 음식 장만
등 왕릉의 제례를 준비하는
공간이다.

선릉 전경

선릉은 제9대 성종과 왕비
정현왕후의 능이다. 병풍석
과 난간이 주위를 둘러싸
고, 석호, 석양, 문인석, 무
인석이 봉분을 호위한다.

(글·사진 조승준)

VII 민족의 독립운동

大韓民國二年元月元旦
大韓民國臨時政府新年祝賀會紀念撮影

VII. 민족의 독립운동

일제의 침략과 민족의 수난

① 일제 시대의 개관

출제 포인트

시대별 식민 통치 정책을 주의 깊게 보아야 한다.

일제 시대의 개관

구분	1910년대	1920년대	1930년대 중반 이후
통치 정책	헌병 경찰 통치	문화 통치(민족 분열 통치)	민족 말살 통치(황국 신민화 정책)
경제 수탈	• 토지 조사 사업 • 회사령, 삼림령, 광업령	• 산미 증식 계획 • 회사령 폐지, 관세 철폐	• 병참 기지화 정책 • 전시 총동원 체제

일제 시대 개관

일제 강점기는 식민 지배 정책에 따라서 보통 세 시기로 구분합니다.

제1기는 식민 지배 초기인 1910년대입니다. 이 당시의 일제 식민 지배 정책을 무단 통치 또는 헌병 경찰 통치라고 합니다. 이 시기에는 군인 경찰제를 통해서 식민지 조선인들을 무력으로 지배하였습니다.

1910년대를 대표하는 일제의 경제 수탈 정책은 토지 조사 사업입니다. 1912년부터 18년까지 전개된 이 사업은 사실상 토지 수탈 정책입니다. 1910년대 일제는 토지 조사 사업뿐 아니라 회사령, 광업령, 어업령, 삼림령을 제정하여 조선의 산업을 침탈하였습니다.

1919년에 일어난 3·1 운동은 일제의 식민 지배 정책에 변화를 가져왔습니다. 3대 총독으로 부임한 사이토는 소위 문화 통치를 표방하였습니다. 일반적으로 문화 통치가 등장하는 1920년대부터를 식민 지배 제2기로 파악합니다. 문화 통치는 억압과 수탈이라는 식민 지배의 본질은 바뀌지 않은 채 포장지만 바뀐 민족 분열 통치입니다. 이 시기를 대표하는 식민지 경제 수탈 정책은 산미 증식 계획입니다.

식민 지배 제3기는 대략 1930년대 중반부터 일제가 패망하는 1945년

까지를 말합니다. 이 시기의 일제는 만주 침략과 중·일 전쟁, 태평양 전쟁을 도발하면서 파멸을 향해 나아갔습니다. 식민 지배에서도 문화 통치는 사라지고 민족 말살 통치가 나타났습니다. 민족 말살 통치는 우리 민족의 정체성을 말살시켜 일본인으로 동화시키려는 것입니다.

일제 말기 경제 수탈 정책은 전시 총동원 체제라고 볼 수 있습니다. 이 시기 일제는 침략 전쟁에서 승리하기 위해 식민지 조선에서 수탈할 수 있는 모든 자원을 철저하게 수탈하였습니다.

❷ 1910년대 ; 헌병 경찰 통치

> **출제 포인트**
>
> 헌병 경찰 통치의 주요 특징을 알아두자.
> 토지 조사 사업은 지계 발급과 연결되어 출제되기도 한다.

▶ 헌병 경찰 통치

헌병 경찰제	• 주요 업무 : 독립운동가 색출, 처단 • 권한 : 치안뿐만 아니라 사법·행정에도 관여(즉결 처분, 태형 처벌, 재판 없이 구류·벌금)
위협적인 통치	관리나 교원들까지 제복과 칼 착용
민족 운동 탄압	105인 사건

▶ 토지 조사 사업

목적	근대적 토지 소유권 확립 → 실제로는 안정적인 지세 확보, 토지 약탈
방법	기한부 신고제, 증거주의, 개인으로 신고 주체 한정
결과	• 토지 약탈 : 미신고 토지, 공유지를 총독부 귀속 → 동척과 일본인에게 불하 → 일본인 이주민 증가 • 식민지 지주제 강화 : 지주권 강화, 도지권(영구 소작권) 부정 → 기한부 소작농으로 전락 • 생활 기반을 상실한 농민들은 만주·연해주 등지로 이주하거나 화전민이 됨

일제의 식민 통치 체제

1910년 한국을 강제로 병합한 일제는 식민 통치의 최고 기구로 조선총독부를 설치하고, 그 안에 총독 관방과 5부를 두었습니다. **조선 총독**은 천황에 직속되었고, 육군·해군 대장 중에서만 임명되었습니다. 총독은 입법, 사법, 행정 및 군사에 관한 모든 권한을 갖고 있는 식민 지배의 절대 권력자였습니다. 초대 총독은 3대 통감으로 있던 데라우치 마사타케가 임명되었습니다.

조선 총독 밑에는 행정을 총괄하는 정무총감과 헌병 사령관인 경무총감을 두었습니다. 또한 총독부에는 자문 기구로 **중추원**을 두어 친일파들에게 중추원 참의라는 이름뿐인 감투를 나누어 주었습니다.

지방 행정 조직은 도, 부, 군으로 개편하여 각각 도청, 부청, 군청을 두고, 그 아래에 최하급 행정 단위로 면을 두었습니다. 도지사, 부윤, 군수는 일본인과 친일 조선인들로 임명하였습니다.

조선 총독부 기구표

헌병 경찰 통치

헌병 경찰제란 헌병이 경찰을 지휘·감독하여 경찰의 업무까지 관여하는 제도입니다. 경무총감은 헌병대 사령관이 겸임하였으며, 각 도의 경무부장은 헌병 대장이 겸하였습니다. 헌병 경찰은 첩보 수집, 의병 토벌은 물론 각종 행정 사무까지 관여하였습니다. 또한 헌병 경찰은 범죄 즉결례*와 경찰범 처벌 규칙*에 따라 정식 재판 절차를 거치지 않고도 조선인에게 벌금을 물리거나 구류 처분을 할 수 있었습니다.

일제는 보안법과 신문지법, 출판법 등을 이용하여 언론·집회·결사의 자유를 극도로 제한하였습니다. 〈황성신문〉과 〈대한매일신보〉 등 민족 신문을 모두 폐간하고, 총독부 어용 신문인 〈매일신보〉*와 〈경성일보〉만을 남겨 놓았습니다. 이때 서북학회나 대한협회 등 애국 계몽 단체들도 모두 해산되었습니다.

총독부는 1912년 조선인에게만 적용되는 **조선 태형령**을 공포하였습니다. 3·1 운동 당시 만세 시위에 참여한 많은 사람들이 태형을 받았으며, 그 결과 불구가 되거나 사망하는 경우도 있었습니다.

이에 더해 총독부는 한민족을 위협하고 굴복시키기 위해 일반 관리는 물론 교원들에게도 제복을 입고 칼을 차도록 하였습니다.

105인 사건은 1910년대 대표적인 민족 운동 탄압의 사례입니다. 일제는 1910년 안명근을 체포한 것을 계기로 황해도 지방의 애국 인사를 대거 체포하였습니다. 그 후 데라우치 총독 암살을 모의했다는 혐의를 뒤집어 씌워 신민회 회원 600여 명을 검거하여 그 중에서 105명을 기소하였습니다(105인 사건). 이 사건으로 결국 신민회는 와해되었습니다.

*범죄 즉결례 1910년 일제가 제정한 법으로 무고한 한국인에게 벌금·태형·구류 등의 억압을 행사할 수 있는 즉결 심판권을 경찰서장 또는 헌병 분대장에게 부여하였다.

*경찰범 처벌 규칙(1912년 3월) 일제는 일정한 주거나 생업 없이 여러 곳을 배회하거나 구걸을 하는 것을 비롯하여 도로 청소를 태만히 하거나 소와 말을 전봇대나 교량 등에 묶어 두는 것조차도 경범죄로 정하여 구류와 과태료로 다스리도록 하였다.

*매일신보 조선총독부는 〈대한매일신보〉를 인수하여 〈매일신보〉로 제호를 바꾸고 총독부의 기관지로 삼았다.

> **자료 조선 태형령**
>
> 제 1조   3월 이하의 징역 또는 구류에 처하여야 할 자는 그 정상에 따라 태형에 처할 수 있다.
>
> 제13조   본령은 조선인에 한하여 적용한다.

토지 조사 사업(1910~1918)

총독부는 토지 소유 관계를 근대적으로 정리한다는 명분을 내세워 이른바 토지 조사 사업을 추진하였습니다. 그러나 이 사업은 일본인들의 토지 소유권을 보호하고, 왕실과 국가의 토지였던 궁방전과 역둔토를 총독부의 소유지로 만드는 데 목적이 있었습니다. 또한 토지 가격을 조사하여 지세 부과의 기초를 확립하고, 그동안 토지 대장에서 누락되었던 토지를 조사하여 지세 수입을 늘리고자 하였습니다.

신고주의 조선 총독이 정한 일정한 기간 안에 토지 소유자의 신고를 받고, 신고한 토지만 신고자의 소유로 인정하는 원칙이다.

토지 조사 사업은 소유권 조사, 토지 가격 조사, 지형 조사 등 세 부분으로 진행되었습니다. 토지 신고서는 토지 소유자가 작성하여 조선 총독이 정하는 기한 내에 제출하도록 하였습니다. 그러나 신고 기간이 짧고 절차가 까다로워 기한 내에 신고하지 못하는 농민이 많았습니다. 이로 인해 상당수의 미신고 토지가 총독부 소유가 되었습니다. 또, 문중 토지나 공유지, 그리고 왕실이나 공공 기관에 속하였던 토지는 주인 없는 토지로 분류되어 총독부의 소유지로 되는 경우가 많았습니다.

총독부는 이렇게 약탈한 토지를 동양척식 주식회사에 헐값으로 불하하였습니다. 그밖에도 다수의 일본인 지주, 농업 회사들이 대거 조선에 진출하여 농지의 매입·개간, 그리고 고리대를 통한 약탈 등의 방법으로 조선의 대지주가 되었습니다.

> **자료 토지 조사령(1912)**
>
> 제4조　토지 소유자는 조선 총독이 정하는 기간 내에 주소·씨명, 명칭 및 소유지의 소재, 지목, 자번호(字番號), 사표(四標), 등급, 지적, 결수(結數)를 임시 토지 조사 국장에게 신고해야 한다. 단, 국유지는 보관 관청이 임시 토지 조사 국장에게 통지해야 한다. － 〈조선 총독부 관보〉 －

도지권 소작인들이 경작지에 대해 가지고 있던 부분 소유권이다. 소작인은 사실상 그 땅을 영구히 경작할 수 있었고, 경작권을 팔거나 물려 줄 수도 있었다.

토지 조사 사업 과정에서 지주의 소유권만 인정됨으로써 지주의 권한은 더욱 강화되었으며, 농민들이 관습적으로 가졌던 경작권이나 영구 임대 소작권 등은 인정되지 않았습니다. 이로써 많은 농민들이 토지를 빼앗기고 기한부 계약에 의한 소작농이 되었으며, 일부 농민들은 화전민이 되거나 국외로 이주하기도 하였습니다.

조선 총독부 조세 및 지세

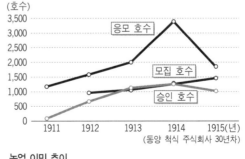

농업 이민 추이

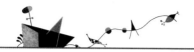

산업 침탈

조선총독부는 1910년 **회사령***을 공포하여 조선인이 회사를 설립할 때에는 반드시 조선 총독의 허가를 받도록 규정하였습니다. 이것은 조선인의 회사 설립을 억제하여 민족 자본의 성장을 막고, 우리나라를 일제의 원료 공급지이자 상품 판매 시장으로 만들려는 조치였습니다.

1911년에는 조선 어업령을 공포하여 모든 어민의 기득권을 부인하고 새로이 면허·허가를 받아 조업하도록 하였습니다. 이로써 연안의 주요 어장들은 대부분 일본인들이 차지하게 되었고, 조선인 어민은 영세 어민으로 전락하게 되었습니다.

또한 1911년에 삼림령을 제정하고, 1918년에는 임야 조사령을 내려 막대한 임야를 국유림으로 만들었습니다. 아울러 삼림의 일부는 일본인에게 불하하여 한국인의 삼림 이용은 더욱 제한을 받게 되었습니다.

한편 총독부는 1915년 조선 광업령을 공포하여 광업권에 대한 허가제를 실시하였습니다. 이로 인해 금, 은, 텅스텐, 석탄 등 경제성이 높은 광산들은 대부분 일본인 소유가 되었습니다.

인삼, 소금, 담배 등은 전매 제도를 실시하여 조선총독부의 수입으로 삼았습니다. 이와 같은 일제의 산업 침탈 정책으로 우리 민족의 경제 활동은 크게 위축되고, 민족 산업의 발전은 억압되었습니다.

한편 일제는 조선을 상품 시장과 원료 공급지로서 확고히 장악하기 위해 철도, 도로망, 항만 시설 확충에 나섰습니다. 경부선, 경의선에 이어 호남선, 경원선 철도를 건설하여 한반도에 X자 모양의 간선 철도망을 완성하였습니다. 호남선은 호남 지방의 쌀과 면화를, 경원선은 함경도 지방의 광산물을 일본에 실어가기 위한 경제적 목적으로 건설되었습니다. 도로-철도-항만을 거쳐 해로를 통해 일본으로 이어지는 운수 체계가 확고하게 세워져 조선은 일본 자본주의 수탈 체계에 편입되었습니다.

***회사령** 회사 설립과 지점 설치 등은 조선 총독의 허가를 받아야 하며, 설립된 회사가 공공의 질서와 선량한 풍속에 반하는 행위를 했을 때에는 해산과 지점 폐쇄를 명령할 수 있도록 하였다.

1910	회사령
1911	어업령
1911	삼림령
1915	광업령
1918	임야 조사령

산업의 침탈

일제가 부설한 간선 철도망

③ 1920년대 ; 문화 통치

출제 포인트

산미 증식 계획은 자주 출제된다.

문화 통치

배경	3 · 1 운동 이후 국제 여론 악화
목적	한국인 회유, 민족 분열 유도
내용	• 보통 경찰제 : 실제로는 경찰 병력과 장비, 예산 증가 • 문관 총독 임명 : 실행 안 됨 • 민족 언론 허용 : 검열과 기사 삭제 • 지방 행정 참여 : 선거권 제한, 상층 자산가만 참여
주요 법령	치안유지법(1925)

산미 증식 계획

배경	일본의 공업화 정책으로 식량 부족 사태(쌀 폭동)
방식	토지 · 수리 시설 개량, 종자 개량을 통해 900만 석 증산 → 일본으로 쌀 반출
결과	• 증산량＜수탈량 → 조선의 식량 사정 악화(만주에서 잡곡을 수입하여 보충) • 증산 비용을 농민에게 전가 → 소작료 부담의 증가(소작 쟁의) • 농업 구조의 불균형(쌀 중심의 단작형 농업)

문화 통치

*문화 통치 사이토 총독은 〈조선 민족 운동에 대한 대책〉(1920)에서 친일파 육성안 6개 항목을 내놓고 친일파를 키우는 데 힘을 쏟았다.

1919년에 일어난 3 · 1 운동을 계기로 일제는 식민 통치 방식을 무단 통치에서 이른바 '문화 통치'*로 바꾸었습니다. 일제가 표방한 문화 통치는 친일파를 길러 우리 민족을 이간, 분열시키려는 데 목적이 있었습니다.

조선총독부는 관제를 개정하여 문관도 총독에 임명될 수 있도록 하였습니다. 그러나 총독부가 임명하겠다던 문관 총독은 식민 통치가 끝날 때까지 단 한 명도 임명되지 않았습니다.

또한, 헌병 경찰제를 폐지하고 **보통 경찰제**를 도입하였으며, 관리 · 교원 등의 제복과 대검 착용을 폐지하였습니다. 하지만 경찰 관서, 인원, 예산 등이 모두 그 이전보다 3배 이상 증가하였습니다. 게다가 1925년에는 **치안유지법***을 제정하여 민족 운동 세력에 대한 탄압을 더욱 강화하였습니다.

또 언론 · 집회 · 결사의 자유가 제한적이나마 허용되어 〈조선일보〉, 〈동아일보〉 등의 신문이 창간

경찰 비용의 변화

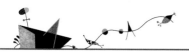

되고, 《개벽》 등 잡지가 발간되었습니다. 그러나 일제는 검열 제도를 만들어 총독 정치에 비판적이거나 민족의식을 고취하는 기사를 마구 삭제하였으며, 심한 경우에는 정간·폐간하였습니다.

한편 조선총독부는 친일파에게 명예직을 마련해 주기 위해 만든 중추원을 확대하고, 지방의 친일 세력 포섭을 위해 부·면 협의회와 도 평의회를 새로 만들었습니다. 그러나 이들 기관은 의결권이 없는 단순 자문기구에 지나지 않았습니다.

> **자료** 조선 민족 운동에 대한 대책
>
> 1. 핵심적 친일 인물을 양반, 귀족, 유생, 부호, 실업가, 교육가, 종교가들에게 침투시켜 계급과 사정을 참작하여 각종 친일 단체를 조직하게 할 것
> 3. 친일적 민간 유지들에게 편의와 원조를 주고 수재 교육의 이름 아래 우수한 조선 청년들을 친일 분자로 양성할 것
> 6. 농민을 통제·조종하기 위하여 전국 각지에 유지가 이끄는 친일 단체를 만들어 국유림의 일부를 불하해 주는 한편, 수목 채취권을 주어 회유·이용할 것.
>
> – 사이토, 〈조선민족운동에 대한 대책〉(1920) –

검열로 기사가 삭제된 신문 1929년에만 신문 차압 총 63회, 기사 삭제 총 82회가 일어났다.

일본 자본의 침투

제1차 세계 대전으로 호황을 누린 일제는 자국의 남아도는 자본의 투자를 위해 조선에 대한 자본 침투를 본격화하였습니다. 1920년 회사령을 폐지하여 회사 설립을 허가제에서 신고제로 바꾸었습니다. 그 후 일본의 중소 자본이 섬유, 비료 산업 등에 진출하였고 미쓰이, 미쓰비시 등의 대자본이 광업 등에 투자하였습니다.

회사령이 철폐되자 한국인들도 차츰 기업을 만들어 일본 자본의 침투에 대항하였습니다. 평양 메리야스 공장이나 경성 방직이 이때 만들어졌습니다.

1923년에는 관세를 철폐하여 일본 상품의 조선 수출에 유리한 상황을 만들었습니다. 또 일제는 1927년 '**신은행령**'을 발표하여 한국인 소유의 은행을 합병하는 등 금융 분야에서도 일본 자본의 지배를 강화하였습니다.

산미 증식 계획(1920~1934)

제1차 세계 대전 이후 일본은 급격한 공업화와 도시 인구 증가로 쌀값

이 폭등하여 쌀 폭동이 일어났습니다(1918). 이에 일제는 자국의 부족한 쌀을 식민지 조선에서 수탈할 목적으로 산미 증식 계획을 실시하였습니다. 총독부는 농지 개량, 종자 개량, 수리 시설 개선, 화학 비료 사용을 통해 쌀의 생산을 늘려 이중 500만 석을 일본으로 가져가려 하였습니다.

산미 증식 계획의 결과 미곡 생산이 늘어났지만 목표치에는 미치지 못했습니다. 그럼에도 일제는 증산된 양보다 훨씬 더 많은 양의 쌀을 수탈하여 일본으로 가져갔습니다. 이 기간 동안 많은 쌀이 군산항과 목포항 등을 통해 일본으로 유출되었습니다.

한편 조선의 인구도 날로 증가하여 조선의 식량 사정도 악화되었습니다. 결국 조선인 1인당 쌀 소비량은 갈수록 줄어들어 보리와 조 등으로 보충해야만 했으며, 이를 위해 만주에서 조·수수·콩이 대량으로 수입되었습니다.

이 과정에서 한국 농민들은 고율의 소작료뿐 아니라 수리 조합비, 비료 대금, 토지 개량비 등 쌀 증산 비용마저 부담하는 이중적 수탈 구조 속에 놓이게 되었습니다. 반면, 토지 회사나 대지주들은 농민들의 곤궁한 처지를 이용하여 대농장을 더욱 넓혀 갔습니다. 그러자 일부 농민들은 토지를 잃고 소작농이 되거나 화전민이 되었습니다. 생존의 위협에 직면한 농민들은 조합을 만들고 생존권 사수를 위한 소작 쟁의를 벌였습니다. 1920년대부터 소작 쟁의가 집중적으로 발생한 것은 무리한 산미 증식 계획 추진과 밀접한 관계가 있습니다.

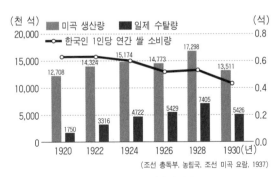

1920년대 미곡 생산량과 일제의 수탈량

(조선 총독부, 농림국, 조선 미곡 요람, 1937)

④ 일제 말기 ; 민족 말살 통치

출제 **포인트**

시대 상황을 던져 주고 1기, 2기, 3기를 구별하는 문제
가 단골로 출제된다.
일제 말기의 전시 총동원 체제에 대해 자세하게 알아
두자.

▶ 민족 말살 통치

황국 신민화 정책	• 내선일체, 일선 동조론을 내세움 • 황국 신민 서사 암송 강요, 궁성 요배와 신사 참배 강요 • 일본식 성명 강요(창씨 개명), 애국반 조직(1938) • 우리말 · 역사 교육 금지
남면북양 정책	안정적이고 값싼 공업 원료 확보
병참 기지화 정책	군수 공업 위주의 공업화 추진(북부 공업 지대)
전시 수탈의 심화	• 국가 총동원령(1938) • 산미 증식 계획 재개, 식량 배급 제도, 미곡 공출 제도 • 전쟁 물자 수탈(놋그릇, 학교 종)
인적 수탈	지원병제(1938), 징용(1939), 학도 지원병제(1943), 징병(1944), 정신대 및 종군 위안부

황국 신민화 정책

1930년대 이후 일본은 군부 강경파가 주도하는 파시즘 체제로 이행하
였습니다. 군부는 만주를 침략하여 괴뢰국인 만주국을 수립하고, 중일
전쟁(1937)을 일으켜 중국 대륙을 침략하였습니다. 그 후 1941년에는
미국의 진주만을 기습 공격하여 태평양 전쟁을 일으켰습니다.

중 · 일 전쟁이 일어나자 미나미 총독은 **내선일체***를 내세우며 조선인
의 황국 신민화 정책을 추진하였습니다. **황국 신민화 정책**은 조선인을
일본의 천황에게 충성하는 백성으로 동화시키는 것, 곧 조선인들의 민
족 의식을 철저히 말살하는 것을 목표로 삼았습니다.

이 시기 일제는 한국인의 사상과 의식을 통제하는 정책을 추진하였습
니다. 황국 신민 서사*라는 충성 맹세문을 모든 일상 생활 속에서 제창
하게 하고, 전국의 모든 읍, 면에는 신사를 세워 한국인의 참배를 강요
하였습니다. 또, 매일 아침 일본 궁성을 향해 허리 숙여 절을 하도록 하
였습니다.

일제는 학교와 관공서에서 조선어 사용을 금지하여 일본어만을 사용

***내선일체** 내지인(일본인)과 선인
(조선인)은 한 몸이라는 주장이다.

***황국 신민 서사**
1. 우리들은 황국 신민이다. 충성으
   로써 군국에 보답하자.
2. 우리들 황국 신민은 서로 신애
   협력하고 단결을 굳게 하자.
3. 우리들 황국 신민은 인고 단련
   의 힘을 길러 황도를 선양하자.

하도록 하고, 우리의 성과 이름까지 일본식으로 바꾸는 **창씨 개명**을 강요하였습니다.

한편 언론의 자유는 극히 제한되어 〈동아일보〉와 〈조선일보〉는 차례로 폐간되었습니다(1940). 또 《우리말 큰 사전》 편찬을 준비하고 있던 조선어 학회 회원들을 치안유지법 위반으로 구속하였습니다(1942).

병참 기지화 정책

침략 전쟁이 확대되자 조선은 일제의 전쟁 물자를 보급하는 병참 기지로 변하였습니다. 일제의 병참 기지화 정책은 1930년대 이후 식민지 공업화 정책의 근간이 되었습니다.

먼저 일제는 남면북양(南綿北羊) 정책을 실시하였습니다. 남부 지방의 농민에게는 목화를 재배하도록 하고, 북부 지방의 농민에게는 면양을 기르도록 하여 방직업의 원료를 안정적으로 확보하고자 하였습니다.

1937년 중·일 전쟁이 발발하자 일제는 공업 부분 전반에 대한 통제를 강화하였습니다. 일본의 독점 자본들은 조선 총독부의 지원을 받아 군수 산업 분야를 집중적으로 육성하였습니다. 군수 산업은 주로 북부 지방에 집중 배치되었는데, 중국 전선과의 지리적 측면, 한반도의 지하 자원과 풍부한 노동력 등을 고려한 것입니다.

이러한 일제의 식민지 공업화 정책으로 공업의 지역적 격차가 심해졌는데, 광복 이후 한반도의 균형적 경제 발전에 커다란 걸림돌이 되었습니다.

한편 일제는 1930년대 들어와 농민 경제의 안정화를 명분으로 농촌 진흥 운동을 벌였습니다. **농촌 진흥 운동**은 표면적으로는 농민의 식량 자급과 경제적 향상을 내걸었지만, 실제로는 농민 생활을 속속들이 간섭하고 통제함으로써 농민들의 긴축 생활과 납세 이행을 독려하였습니다.

일장기 말소 사건(1936) 1936년 손기정이 베를린 올림픽 마라톤에서 우승한 사실을 보도하면서 〈조선중앙일보〉와 〈동아일보〉 기자들은 사진에서 일장기를 지웠다. 이 사건으로 〈조선중앙일보〉는 결국 문을 닫고, 〈동아일보〉는 11개월 동안 신문을 발간하지 못하였다.

연도	내용
1938년	지원병제를 실시하여 총 1만 8,000명 동원
1939년	국민 징용령을 실시하여 113~146만 명 징집
1943년	학도 지원병제를 실시하여 총 4,500명 동원
1944년	징병제를 실시하여 20~25만 명 징집

일제의 강제 인력 수탈

인력과 자원의 수탈

중·일 전쟁을 일으킨 일제는 1938년 **국가 총동원 법**을 제정하여 한국인의 인적, 물적 자원을 보다 적극적으로 수탈하였습니다. 1938년부터 지원병 제도를 실시하였으며, 태평양 전쟁이 막바지에 이

른 1944년에는 징병제를 실시하여 약 24만 명의 한국인 청년을 전쟁터로 끌고 갔습니다.

일제의 인력 수탈은 병력 동원에만 그친 것이 아니었습니다. 군수 산업에 종사할 노동력을 확보하기 위해 1939년 국민 징용령을 실시하여 1백만 명 이상의 한국인을 일본, 사할린, 동남아시아 등지로 끌고 갔습니다. 이들은 군수 공장이나 광산, 비행장, 철도, 해군 기지 건설에 투입되어 노예처럼 혹사당하였습니다.

일제는 여자 정신대 근로령(1944)으로 여성들의 노동력도 착취하였습니다. 일부 여성은 일본군 위안부*로 끌려가 갖은 수난을 겪기도 하였습니다.

일제는 중·일 전쟁 이후 군량미 조달의 필요성에서 쌀의 배급 제도와 쌀·잡곡에 대한 **공출** 제도를 실시하였습니다. 생산된 쌀은 부락 단위로 일제 당국에 강제로 팔게 하였으며, 필요한 식량은 배급받아 근근이 끼니를 연명하게 하였습니다. 전쟁의 막바지에는 고철, 놋그릇, 수저, 불상, 농기구까지 공출하여 전쟁 무기를 만드는 데 사용하였습니다.

***일본군 위안부** 한국, 중국, 필리핀 등 일본의 식민지와 점령지에서 일본군에 의해 강제로 전쟁터에 끌려가 성 노예 생활을 강요당한 여성들을 일컫는 말이다.

> **자료** 국가 총동원법(1938)
>
> 제4조 정부는 전시에 국가 총동원상 필요한 때에는 칙령이 정하는 바에 따라 제국 신민을 징용하여 총동원 업무에 종사할 수 있다.
>
> 제7조 정부는 전시에 국가 총동원상 필요한 때에는 칙령이 정하는 바에 따라 노동 쟁의의 예방 혹은 해결에 관하여 필요한 명령을 내리거나 작업소의 폐쇄, 작업 혹은 노무의 중지, 기타의 노동쟁의에 관한 행위의 제한 혹은 금지를 행할 수 있다.
>
> 제8조 정부는 전시에 국가 총동원상 필요한 때에는 칙령이 정하는 바에 따라 물자의 생산·수리·배급·양도 및 기타의 처분, 사용·소비·소지 및 이동에 관하여 필요한 명령을 내릴 수 있다.　　　　　　　　　　- 《조선 법령 집람》 제13집 -

3·1 운동과 대한민국 임시정부

① 1910년대 민족 운동

1910년대 국내 비밀 결사

연도	명칭	지역	인물	특징
1912	독립 의군부	전국	임병찬	• 고종의 밀지, 국권 반환 요구서 • 복벽주의(왕정 부활)
1915	대한 광복회	경북	박상진(사령), 김좌진(부사령)	• 군대식 조직, 의병 출신자와 신지식인 참여 • 군자금 모집, 친일파 처단, 독립군 사관 학교 계획 • 근대 공화주의 표방

1910년대 국외 민족 운동

구분	근거지	활동
만주	삼원보	신흥 무관 학교, 경학사(1911), 서로 군정서
	왕청	중광단(→ 북로 군정서)
	용정	서전서숙(이상설), 명동학교
연해주	블라디보스토크	권업회, 대한 광복군 정부(1914), 대한 국민 의회(1919)
중국	상하이	동제사(1912), 신한청년당(1918)
미주	하와이	대한인 국민회, 대조선 국민군단

국내 비밀 결사

1910년대 헌병 경찰을 앞세운 일제의 무단 통치를 피해 많은 민족 운동가들이 국외로 망명하였고, 국내의 독립운동은 비밀 결사의 형태로 전개되었습니다.

최익현과 함께 항일 의병을 일으켰던 임병찬은 고종의 밀지를 받고 전국 곳곳의 의병장과 유생들을 모아 **독립 의군부**를 조직하였습니다 (1912). 이 단체는 복벽주의 이념에 따라 국권을 회복한 후 고종을 복위

시키려는 목표를 세우고, 이를 위해 전국적인 의병을 일으키려 하였습니다. 그러나 일제의 총리대신과 조선 총독에게 국권 반환 요구서를 보내려고 계획하던 중 발각되어 조직이 해체되었습니다. 이 무렵 마지막 의병장으로 채응언이 황해도, 평안도 지방에서 활동을 전개하였으나 결국 일제에 의해 체포되어 형장의 이슬로 사라졌습니다.

대한 광복회(1915)는 1910년대 국내에서 가장 활발하게 활동한 항일 단체로, 의병 계열과 애국 계몽 운동 계열의 비밀 결사들이 통합하여 결성하였습니다. 대한 광복회는 독립 의군부와는 달리 복벽주의를 뛰어 넘어 공화정체를 지향하였습니다. 대한 광복회는 군대식 조직을 갖추고, 국내는 물론 만주에도 지부를 설치하였습니다. 그리고 독립군 사관 학교를 설립하기 위해 노력하였으며 군자금 모금과 친일파 처단 활동을 적극적으로 펼쳤습니다. 그러나 일제에게 조직이 발각되고, 박상진, 채기중 등 주요 인물들이 검거되어 사형을 당하였습니다.

> **대한광복회 강령**
> • 부호의 의연금 및 일인이 불법 징수하는 세금을 압수하여 무장을 준비한다.
> • 종래의 의병 및 해산 군인과 만주 이주민을 소집하여 훈련한다.
> • 일인 고관 및 부역 반역자를 언제 어디서라도 처단하는 행형부를 둔다.

국외 독립운동 기지 건설 운동

국외에 독립운동 기지 건설을 주도한 대표적인 단체는 신민회입니다. 신민회의 이동녕, 이회영, 이시영, 이상룡 등은 1911년 압록강 건너 서간도로 옮겨가 **삼원보**에 자리 잡고 경학사를 조직하였습니다. 이들은 한인 자치 기관으로 부민단을 출범시키고, 교육 기관으로 신흥 강습소(후에 신흥 무관학교)를 세워 독립군 간부를 양성하였습니다.

> ***권업회** 연해주 지역에서 독립운동을 위한 실력 배양과 세력 확대에 힘을 기울여 〈권업신문〉을 발간하고, 각지에 지부를 두는 등 활발한 활동을 펼쳤다. 제1차 세계 대전 발발 후 러시아 정부에 의해 강제 해산되었다.

북간도에서는 이상설, 김약연 등이 용정촌과 명동촌을 중심으로 간민회와 중광단 같은 조직을 결성하고, **서전서숙**과 명동 학교 등을 설립하여 민족 교육을 실시하였습니다. 또한, 중국과 러시아의 접경 지대인 밀산 일대에 **한흥동**을 건설하고 학교를 세웠습니다.

연해주의 블라디보스토크에는 한인 집단 거주지인 신한촌이 형성되었는데, 이곳에서 이상설, 이동녕, 유인석 등의 민족 운동가와 의병 세력들이 모여 **권업회***라는 독립운동 단체를 결성하

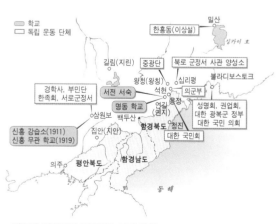

만주와 연해주의 독립운동 기지 건설

였습니다(1911). 권업회는 국외 각 지역에 흩어진 무장 독립 단체들을 모아 이상설과 이동휘를 정·부통령으로 하는 **대한 광복군 정부**를 수립하였습니다(1914). 이 지역의 독립운동은 러시아 정부의 탄압으로 한때 주춤하였으나 러시아 혁명 이후 다시 활기를 띠어 1917년 전로 한족회 중앙 총회가 결성되었습니다. 이 단체는 3·1 운동 전후에 임시정부 형태의 **대한 국민 의회**로 발전하였습니다. 또한, 하바로프스크에서는 이동휘에 의해 한인 사회당(1918)이 조직되어 사회주의 계열의 민족 운동이 등장하였습니다.

1911년 중국에서 신해혁명이 일어나자 민족 운동가들이 상하이로 결집하기 시작하였습니다. 상하이에 모인 민족 운동가들은 동제사를 조직하고, 1917년 이들이 중심이 되어 〈대동단결 선언〉을 발표하였습니다. 동제사 출신의 일부 인사들이 주축이 되어 **신한청년당**을 조직하였는데(1918), 이 단체가 나중에 대한민국 임시정부 수립을 주도하였습니다.

미주 지역 교민들은 장인환, 전명운 의거를 계기로 **대한인 국민회**를 결성하였습니다(1910). 대한인 국민회는 처음 박용만이 주도하였으나, 1915년 이후로는 이승만이 중심이 되었습니다. 대한인 국민회 하와이 지방 총회는 연무부를 두어 군사 훈련을 실시하였는데, 1914년 박용만에 의해 대조선 국민군단으로 발전하였습니다.

> **자료 대동단결 선언(1917)**
> 융희 황제가 삼보(토지, 인민, 정치)를 포기한 8월 29일은 바로 우리 동지가 삼보를 계승한 8월 29일이니, 그간에 한 순간도 멈춘 적이 없음이라. 우리 동지는 완전한 상속자니 <u>저 황제권이 소멸한 때가 곧 민권이 발생할 때이요, 구한국 최후의 날은 곧 신한국 최초의 날이다.</u> …(중략)…따라서 경술년 융희 황제의 주권 포기는 곧 우리 국민 동지에 대한 묵시적 선위니 우리 동지는 당연히 삼보를 계승하여 통치할 특권이 있고, 대통을 상소할 의무가 있도다.

② 3·1 운동

출제 포인트

3·1 운동의 배경, 전개 과정, 영향을 정확하게 알아 두자.

■ 3·1 운동

배경	• 윌슨의 민족 자결주의, 레닌의 민족 해방 운동 지원 선언 • 대한 독립 선언(1918.11), 2·8 독립 선언(동경 유학생) • 독립 청원 : 신한청년당(김규식 파견), 이승만(위임 통치 청원서)
전개	• 종교계(민족 대표 33인)와 학생 중심 • 태화관에서 독립 선언서 낭독, 탑골 공원에서 독립 선언식 • 평화적인 독립 만세 시위 전개
확산	• 도시에서 농촌 지역으로 확산, 농민과 노동자 등 각계각층 참여 • 일제의 무자비한 탄압에 맞서 무력 저항 운동으로 변화 • 간도, 상해, 연해주, 미주 지역, 일본 등지에서도 시위
의의와 영향	• 일제의 식민 통치 방식의 변화(헌병 경찰 통치 → 문화 통치) • 대한민국 임시정부 수립에 영향 • 독립운동의 조직화, 활성화 계기 • 아시아 각국의 반제 운동에 영향(5·4 운동, 인도의 반영 운동 등)

3·1 운동의 배경

1917년 러시아 혁명이 일어나고, 뒤이어 1918년 제1차 세계 대전이 끝나면서 세계는 제국주의, 침략주의가 후퇴하고 인도주의, 민족 자결주의의 시대가 온다는 믿음이 널리 확산되었습니다. 러시아 혁명의 지도자 레닌이 '**민족 자결의 원칙**'을 선언하고, 미국 대통령 윌슨이 파리 강화 회의에서 민족 자결주의를 제창하자, 독립운동가들은 이를 세계사적 흐름에 중대한 변화가 온 것으로 인식하였습니다. 국내외 민족 운동가들은 이를 기회삼아 독립을 쟁취하려는 노력을 나라 안팎에서 활발하게 전개하였습니다.

상하이의 신한청년당은 1919년 1월 독립 청원서를 작성하여 김규식을 파리 강화 회의에 대표로 파견하였습니다. 만주에서는 독립운동가 39명이 대한 독립 선언서(무오 독립 선언)를 발표하여 일제에 대한 육탄 혈전을 결의하였습니다. 일본에 있던 한국인 유학생들은 일본 도쿄에서 조선 청년 독립단을 조직하고, 1919년 2월 8일 도쿄 조선 기독교 청년회관에서 한국의 독립을 요구하는 독립 선언서와 결의문을 발표하였습니다(**2·8 독립 선언**). 이 소식들은 국내의 민족 대표들이 3·1 운동을 준비하는 데 큰 자극을 주었습니다.

자료 **2·8 독립 선언서(1919)**
오족(吾族)은 생존의 권리를 위하여 온갖 자유 행동을 취하여 최후의 일인까지 자유를 위한 뜨거운 피를 흘릴지니 오족은 일본에 대하여 영원히 혈전(血戰)을 선언하리라. …(중략)… 이에 오족은 일본이나 혹은 세계 각국이 오족에게 자결의 기회를 허락하기를 요구하며, 만일 그렇게 되지 않으면 오족은 생존을 위하야 자유의 행동을 취하여서 독립을 이룰 것을 선언하노라.　　　　　　　－ 재일본 동경 조선 청년 독립단 대표 －

3·1 운동의 전개

1919년 초 국내에서도 종교계와 학생들이 국제 정세의 흐름에 예민하게 반응하기 시작했습니다. 손병희, 이승훈, 한용운 등 종교계를 중심으로 한 국내의 민족 지도자들은 학생 단체와 연결하여 독립운동을 준비하였습니다. 그러던 중 고종 황제가 서거하자 일제가 독살했다는 소문이 퍼져 나가면서 조선의 민중들은 크게 분노하였습니다. 종교계 인사들과 학생들은 고종의 장례일을 즈음하여 많은 군중들이 모일 것을 예상하고 대규모 시위를 통해 민족의 독립 의지를 전 세계에 알릴 것을 계획하였습니다. 독립 선언문은 최남선이 작성하였으며, 인쇄된 선언문은 3월 1일 이전에 이미 전국의 주요 도시로 배포되었습니다.

3월 1일 서울의 태화관에서는 손병희를 비롯한 민족 대표 33인이 모여 독립 선언식을 가졌습니다. 같은 시각에 학생과 시민들은 탑골 공원에 모여 독립 선언서를 낭독하고 태극기를 흔들면서 독립 만세 시위를 벌였습니다. 서울 외에도 평양, 원산 등 각 지방의 주요 도시에서도 동시에 독립 선언과 만세 시위가 전개되었습니다. 3월 10일을 전후하여서는 만세 시위가 전국 곳곳으로 확산되었습니다.

3월 하순부터 4월 상순까지의 시기에 만세 시위는 절정에 이르렀습니다. 서울에서는 노동자와 청년 학생들이 노동자 대회를 열고 시위를 벌였으며, 지방 농촌 지역에서는 시위가 더욱 격렬해져 시위대가 면사무소와 헌병 주재소를 습격하기도 하였습니다. 3·1 운동은 비폭력, 무저항주의로 출발하였지만 시위가 확산되면서 점차 폭력적 형태로 발전해 갔습니다. 시위는 4월 10일을 고비로 수그러들었지만, 일부 지역에

서는 5월 말까지 계속되었습니다.

만세 시위가 시작되자 일본 경찰과 군대는 시위 군중을 총과 칼로 진압하였으며, 주모자는 체포하고, 단순 가담자들에게는 태형을 가하였습니다. 시위가 격화되면서 군·경의 발포로 인한 사망자도 크게 늘어났습니다. 그런 가운데 화성 제암리를 비롯한 전국 곳곳에서 일제의 보복 만행으로 수많은 주민들이 학살되는 사건이 일어났습니다(제암리 학살 사건*).

3·1 운동은 해외에서도 전개되었습니다. 서간도에서는 3월 12일 부민단이 주도하여 만세 시위를 하였고, 북간도에서는 3월 13일 1만여 명의 한인들이 용정에 모여 독립 선언과 만세 시위를 전개하였습니다. 이밖에도 훈춘, 연해주의 블라디보스토크에서도 한인들이 대규모 만세 시위를 벌였습니다. 미주 지역에서도 재미 동포들이 4월 14일부터 16일까지 필라델피아에 집결하여 한인 자유대회를 열어 독립 선언식과 시가지 행진을 가졌습니다.

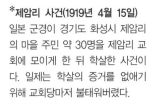

*제암리 사건(1919년 4월 15일)
일본 군경이 경기도 화성시 제암리의 마을 주민 약 30명을 제암리 교회에 모이게 한 뒤 학살한 사건이다. 일제는 학살의 증거를 없애기 위해 교회당마저 불태워버렸다.

> **자료 기미 독립 선언서(1919. 3. 1)**
> 오등은 이에 아(我) 조선의 독립국임과 조선인의 자유민임을 선언하노라. 이로써 세계 만방에 고하여 인류 평등의 대의를 극명하며, 이로써 자손 만대에 고하여 민족 자존의 정권을 영유하게 하노라. …(중략)…
>
> 〈공약 3장〉
> 1. 금일 오인의 이 거사는 정의, 인도, 생존, 존영을 위하는 민족적 요구이니 오직 자유적 정신을 발휘할 것이요, 결코 배타적 감정으로 일주하지 말라.
> 1. 최후의 한 사람까지, 최후의 한 순간까지 민족의 정당한 의사를 쾌히 발표하라.
> 1. 일체의 행동은 가장 질서를 존중하여 오인의 주장과 태도로 하여금 어디까지든지 광명정대하게 하라.

3·1 운동의 의의

3·1 운동은 일제 강점기에 일어난 최대 규모의 독립운동으로, 자주 독립의 의지를 다지고 이후 지속적인 독립운동을 전개해 나가도록 하는 데 결정적인 계기가 되었습니다. 3·1 운동의 의의를 정리하면 다음과 같습니다.

첫째, 3·1 운동을 계기로 국내외 민족 운동이

만세 시위의 확산

활성화되고 이를 지도하는 대한민국 임시정부의 탄생을 가져왔습니다. 뿐만 아니라 3·1 운동은 만주 지역의 무장 독립 투쟁을 활성화시키는 데 중요한 기폭제가 되기도 하였습니다.

둘째, 3·1 운동은 일제로 하여금 무단 통치를 끝내고 문화 통치로 전환하게 하는 결과를 가져왔습니다. 일제는 최소한의 언론·집회·결사의 자유를 허용하지 않을 수 없었고, 이는 1920년대 국내 민족 운동과 사회 운동이 활성화되는 계기가 되었습니다.

마지막으로 3·1 운동은 세계 여러 약소 민족의 반제국주의 민족 운동을 고양시키는 역할도 하였습니다. 중국에서는 일본 제국주의에 저항하는 5·4 운동이 일어났으며, 인도, 베트남, 필리핀 등 식민지 상태에 있던 아시아 각국의 민족 운동에도 커다란 자극을 주었습니다.

③ 대한민국 임시정부

출제 포인트

임시정부 초기 활동과 충칭 임시정부를 구별하는 문제가 출제된다.

국민대표 회의에 대해 알아두자.

■ 임시정부의 수립

연해주	대한 국민 의회
상하이	대한민국 임시정부
국내	한성 정부

↓ 통합

상하이	대한민국 임시정부

■ 조직과 활동

연락 조직	연통제(비밀 연락망), 교통국(통신 기관)
군사 활동	• 광복군 총영(1920), 육군주만참의부(1923) • 군자금 조달 : 백산상회, 이륭양행
외교 활동	• 파리 강화 회의에 대표단 파견(김규식) • 구미 위원부(이승만)
문화 활동	독립신문(기관지), 사료 편찬소

대한민국 임시정부의 수립

3·1 운동을 전후하여 독립운동가들 사이에서는 보다 조직적으로 독립운동을 추진하기 위해 임시정부를 수립해야 한다는 인식이 확산되었습니다.

1919년 3월 경, 연해주에서는 손병희를 대통령으로 하는 **대한 국민의회**가 조직되었습니다. 3·1 운동 직후에는 국내와 상하이에서도 임시정부가 구성되었습니다. 서울에서는 13도 대표가 모여 **한성 정부**를 설립하고 집정관 총재에 이승만을 추대하였으며, 상하이에서는 신한청년당을 중심으로 각지에서 모인 독립운동가들이 임시 의정원*과 임시정부를 구성하고 이승만을 국무총리에 추대하였습니다. 이들 임시정부는 모두 인민이 평등하고 인민에게 주권이 있는 민주 공화정을 지향하였습니다.

이후 임시정부 사이에 여러 차례 통합 논의가 이루어졌습니다. 통합은 상하이 정부가 중심이 되어 블라디보스토크 정부를 흡수하여 입법

*임시 의정원** 임시 의정원은 1919년 4월 상하이의 프랑스 조계에서 상하이, 국내, 연해주 등 각 지방의 대표자 29명이 모여 구성되었다.

기관을 형성하고, 한성 정부의 법통과 인맥을 계승하여 행정부를 조직하는 형태로 마무리되었습니다. 그 과정에서 임시정부의 본부를 무장독립 투쟁을 지도하는 데 유리한 연해주에 두어야 한다는 주장과 일제의 영향력이 미치지 않고 외교 활동에 유리한 상하이에 두어야 한다는 주장이 맞서기도 하였습니다. 결국 정부의 위치는 상하이에 두고, 정부의 명칭은 **대한민국 임시정부**로 정하였습니다.

1919년 9월 이승만을 대통령으로 하고, 이동휘를 국무총리로 하는 대한민국 임시정부가 출범하였습니다. 임시정부는 삼권 분립에 기초한 민주 공화제를 채택하여 임시 의정원(입법), 국무원(행정), 법원(사법)을 구성하였습니다.

자료 대한민국 임시 헌장(1919. 4. 12)

제1조 대한민국은 민주 공화제로 함.
제2조 대한민국은 임시정부가 임시 의정원의 결의에 의하여 이를 통치함.
제3조 대한민국의 인민은 종교·언론·저작·출판·결사·집회·통신·주소 이전·신체 및 소유의 자유를 향유함.
제5조 대한민국의 인민으로 공민 자격이 있는 자는 선거권 및 피선거권이 있음.

***연통제** 임시정부의 국내 비밀 행정 조직이다. 주로 평안도, 함경도, 황해도 등 북부 지방을 중심으로 조직되었으나, 1921년 일제에 발각되어 해체되었다.

대한민국 임시정부의 활동

임시정부는 본국과의 연락을 위해 **연통제***를 실시하고 교통국을 설치하였습니다. 임시정부는 연통제를 통해 정보와 독립 자금 등을 모았는데 이를 위해 서울에는 총판을 두고, 각 도에는 독판을 두었습니다. 국내와의 연락 요충지인 만주 단둥에 교통국 지부를 설치하고, 국내 각 군 단위에는 교통국을 두었습니다. 이들 조직을 통해 임시정부는 국내 각 지역의 독립운동을 지도하고, 독립운동 자금을 마련하였습니다.

한편 임시정부는 해외 동포들에게 애국 공채를 발행하여 독립운동 자금을 모았습니다. 또 〈독립신문〉을 발행하여 독립운동 소식을 전하였으며, 사

→ 임시 정부 이동로
(1919) 이동 연대

대한민국 임시정부의 수립과 이동

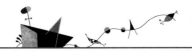

료 편찬소를 두어 《한·일 관계 사료집》을 간행하였습니다.

임시정부의 외교 활동은 당장 큰 효과를 보지는 못하였지만, 국제적으로는 한국인 정부가 있음을 알리고, 국내적으로는 식민지 민중들에게 희망과 용기를 북돋아 주었습니다. 임시정부는 신한청년당 대표로 파리에 파견되었던 김규식을 외무총장으로 임명하여 파리 강화 회의에 독립 청원서를 제출하게 하였습니다. 미국에는 구미위원부를 설치하여 미국 정부와 국민들에게 한국의 독립 문제를 호소하였습니다.

1921년 이후 임시정부의 활동은 점차 위축되어 갔습니다. 국내와의 연결망인 연통제와 교통국*이 일제의 탄압으로 사실상 마비되었고, 외교 활동 역시 강대국들의 외면으로 큰 성과를 얻지 못했습니다. 신채호 등 중국 관내 세력과 만주 지역의 무장 세력들은 이승만이 미국 대통령에게 국제 연맹에 의한 위임 통치를 청원한 것을 비판하면서 임시정부의 개편을 요구하였습니다.

1923년 독립운동의 방향을 논의하기 위해 **국민 대표 회의**를 개최하였습니다. 회의 참가자들은 주로 임시정부를 해체하고 새로운 정부를 수립하자는 창조파(신채호)와 임시정부의 조직만 바꾸자는 개조파(안창호)로 분열되었습니다. 끝내 두 입장은 좁혀지지 않았고, 국민 대표 회의는 결렬되었습니다. 그 후 임시정부는 많은 민족 운동가들이 이탈하여 조직을 유지하기 어려울 정도로 침체 상태에 빠지게 되었습니다.

1925년 임시정부는 미주 지역의 독립 자금을 독점하면서 대통령의 직무를 다하지 않는다는 이유로 이승만을 탄핵하고, 박은식을 제2대 대통령으로 추대하였습니다. 곧이어 헌법을 고쳐 국무령 중심의 내각책임제를 채택하고, 1927년에는 국무위원의 합의에 의해 정부를 운영하는 집단 지도 체제로 전환하였습니다.

*교통국
임시정부의 통신 기관이다. 정보의 수집과 분석, 연락 업무는 물론 군자금 전달, 무기 수입 등의 업무를 관장하였다.

창조파	신채호, 박용만
	노령 공산주의자(김만겸)
개조파	안창호
	상해파 공산주의자(이동휘)
현상 유지파	김구, 이동녕

국민 대표 회의(1923)

구분	연도	정부 형태	정부 수반	위치
제1차	1919	대통령 중심제(3권 분립)	이승만	상해
제2차	1925	국무령 중심의 내각 책임제	김구	
제3차	1927	국무위원 중심의 집단 지도 체제	국무위원	중국 각지로 이동
제4차	1940	주석제	김구	충칭
제5차	1944	주석·부주석 지도 체제	김구, 김규식	

지도 체제의 개편

무장 독립운동의 전개

1 1920년대 무장 독립 전쟁

출제 포인트

무장 독립 투쟁은 20년대와 30년대, 40년대 단위로 구별하라.

청산리 전투는 매우 중요하다.

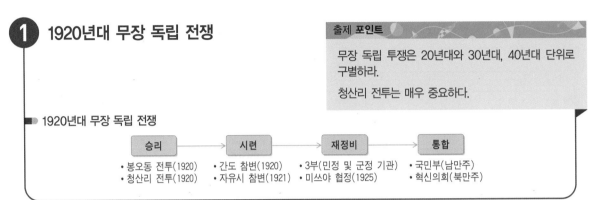

1920년대 무장 독립 전쟁

승리	→	시련	→	재정비	→	통합
• 봉오동 전투(1920) • 청산리 전투(1920)		• 간도 참변(1920) • 자유시 참변(1921)		• 3부(민정 및 군정 기관) • 미쓰야 협정(1925)		• 국민부(남만주) • 혁신의회(북만주)

봉오동 전투와 청산리 대첩

나라를 잃은 후 우리 민족은 간도와 연해주를 중심으로 하여 무장 독립 운동의 기틀을 마련해 나갔습니다. 그 결과 3·1 운동을 전후해서 서간도 지역의 서로 군정서, 광복군 총영과 북간도 지역의 북로 군정서, 대한 독립군, 국민회군 등의 무장 독립군 부대를 조직할 수 있었습니다.

서간도 지역의 부민단은 1919년 자치 기관으로 한족회를 발족시킨 후, 상하이 임시정부의 지휘를 받는 서로 군정서라는 군정부로 개편되었습니다.

북간도 지역에서는 자치 단체인 간민회가 대한 국민회로 이름을 고치고 국민회군을 조직하였습니다. 또 북간도의 왕청현 지역에서는 대종교 세력이 중심이 되어 북로 군정서라는 부대를 편성하였습니다.

이들 독립군 단체들은 군사 훈련과 무기 구입 등을 통해 전투를 준비한 뒤, 1920년부터 국내로 진입하여 일본군과 경찰서 등 식민 통치 기관을 공격하여 전과를 올리기도 하였습니다.

1920년 6월 일본군은 북간도의 독립군들을 공격하기 위하여 훈춘 인근의 봉오동으로 진격해 왔습니다. 사전에 정보를 입수한 대한 독립군

(홍범도)과 군무 도독부(최진동), 국민회군(안무)은 일본군을 봉오동 골짜기로 유인하여 대파하였습니다(**봉오동 전투***).

봉오동에서 패한 일본군은 간도 침략의 구실을 만들기 위해 훈춘 사건*을 조작하고, 이를 구실로 약 2만 명의 대병력을 서간도와 북간도로 침입시켰습니다.

1920년 10월 북로 군정서를 비롯하여 여러 독립군 부대가 청산리 일대에 집결하였습니다. 10월 21일에는 김좌진의 북로 군정서군이 백운평 골짜기에서, 다음 날에는 김좌진과 홍범도의 지휘를 받은 독립군 연합 부대가 어랑촌 마을에서 일본군을 물리치고 크게 승리를 거두었습니다. 이어 26일까지 인근 지역에서 10여 회의 전투가 벌어져 일본군을 크게 격파하였는데, 이를 **청산리 전투***라고 합니다.

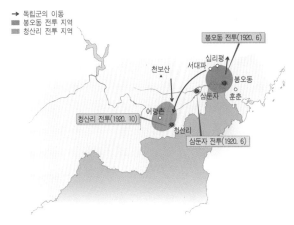

봉오동 전투 · 청산리 전투

간도 참변과 자유시 참변

청산리 전투에서 대패한 일본군은 이에 대한 보복으로 간도 지역의 한국인 촌락을 습격하여 한국인을 살해하고, 가옥, 학교, 교회 등을 방화하였습니다(**간도 참변***).

독립군 부대들은 북만주의 밀산으로 이동하여 서일을 총재로 대한 독립군단을 결성하였습니다. 대한 독립군단의 독립군 대부분은 러시아 적군의 지원을 기대하고 러시아 지역으로 이동하였습니다. 그중 북로 군정서 등 일부 부대는 북만주로 되돌아왔고, 홍범도, 지청천, 안무, 최진동 등이 이끄는 독립군 부대는 계속 북으로 이동하여 그해 3월 자유시(알렉세예프스크)에 도착하였습니다. 이들은 그곳에서 러시아 적군의 무장 해제 요구에 저항하다 천여 명의 사망자와 포로를 낳은 이른바 '**자유시 참변**'을 겪고 말았습니다.

3부의 성립

자유시 참변으로 큰 타격을 입고 만주로 돌아온 독립군 세력은 흩어진 진영을 정비하기 위해 노력하였습니다. 그 결과 남만주 지역의 집안현

***봉오동 전투(1920. 6)** 독립군은 일본군을 봉오동 골짜기로 유인하여 157명을 사살하고 200여 명을 부상시키는 전과를 거두었다. 반면 독립군은 4명만 전사하였다.

***훈춘 사건(1920. 10)** 일제에 매수당한 중국인 마적들이 훈춘을 공격하여 살인 · 약탈을 자행하고 훈춘의 일본 영사관에 불을 지른 사건이다. 일제는 이를 한국인 독립군의 소행이라 주장하면서 만주 출병의 명분으로 삼았다.

***청산리 대첩(1920. 10)** 1920년 10월 21일부터 10월 26일까지 전투에서 일본군은 연대장을 포함하여 1,200여 명이 전사하고, 독립군은 100여 명이 전사하였다.

***간도 참변** 독립군에 패한 일본군이 간도 일대에서 동포 1만여 명을 학살하고, 민가 2,500여 채와 학교 30여 개소를 불태운 사건이다.

을 중심으로 한 참의부, 지린성과 봉천성 일대의 정의부, 그리고 북만주 지역의 신민부로 재편되었습니다. 참의부는 특히 임시정부의 직할부대였습니다.

이들 **3부**는 동포 사회를 이끌어 가는 민정 조직과 독립군의 훈련과 작전을 담당하는 군정 조직을 갖추고 있었습니다. 3부는 사실상 만주 동포 사회를 셋으로 나누어 이끈 공화주의적 자치 정부였습니다.

한편 일제는 만주 군벌과 **미쓰야 협정**(1925)을 체결하여 만주 지역 무장 독립운동에 타격을 주었습니다. 미쓰야 협정 이후 어려움을 극복하기 위해 3부 통합 노력이 전개되었습니다. 그러나 통합의 방법론을 둘러싸고 이견이 발생하여 결국 북만주의 **혁신 의회**와 남만주의 **국민부**로 재편되는 데 그치고 말았습니다. 남만주의 국민부 측은 조선 혁명당과 군사 조직인 조선 혁명군을 조직하였고, 북만주의 혁신의회 측은 한국 독립당을 결성하고 한국 독립군을 두었습니다.

독립군의 재편

> **자료 미쓰야 협정(1925)**
> 제2조 중국 관헌은 각 현에 통고하여 재류 조선인이 무기를 휴대하고 조선에 침입하는 것을 엄금한다. 이를 어긴 자는 체포하여 일본 관원에게 인도한다.
> 제3조 불령선인 단체는 해산하고 소지한 무기는 수색하여 이를 몰수하고 무장을 해제한다.
> 제4조 일본 관헌에서 지명한 불령단 수령은 중국 관헌에서 신속히 체포하여 인도한다.

② 1930~1940년대 무장 독립 전쟁

출제 포인트

조선 의용대, 한국 광복군, 한·중 연합군의 활동은 반드시 알아두자.

독립운동 세력의 재편 과정을 정리하자.

■ 1930~40년대 무장 독립 전쟁

시기	독립군 부대	위치	지도자	주요 전투	관련 단체 및 활동
1930년대 초	한국 독립군	북만주 일대	지청천	쌍성보·대전자령 전투	한·중 연합 작전 전개
	조선 혁명군	남만주 일대	양세봉	영릉가·흥경성 전투	
1930년대 말	조선 의용대	중국 내륙(우한)	김원봉	우한(무한) 방위전	조선 민족 혁명당(1935)
1940년대	한국 광복군	중국 내륙(충칭)	김구·지청천	• 대일본 선전 포고(1941), 조선 의용대 일부를 편입(1942) • '행동 준승 9개항' • 인도, 미얀마 등지에서 영국군과 연합 작전 • 국내 정진군 편성	
	조선 의용군	중국 내륙(옌안)	김두봉·김무정	• 조선 독립 동맹(김두봉) 산하 군사 조직 • 중국 공산당 팔로군과 함께 항일전 수행	

한·중 연합군의 활동(한국 독립군, 조선 혁명군)

1931년 9월에 일본 관동군은 만주 사변을 일으킨 후 이듬해 만주국을 세웠습니다. 당시 만주에서 무장 투쟁을 전개해 오던 한국 독립당의 한국 독립군과 국민부 측의 조선 혁명군은 일제의 만주 침략에 맞서 싸우면서 중국 항일군과 연합 작전을 전개하였습니다.

북만주 일대에서는 지청천의 **한국 독립군**이 중국 호로군과 연합하여 쌍성보 전투, 대전자령 전투에서 큰 승리를 거두었습니다. 남만주에서는 양세봉의 **조선 혁명군**이 중국 의용군과 연합하여 영릉가 전투, 흥경성 전투에서 일본군을 격파하였습니다.

그러나 시간이 흐를수록 일본군의 대공세로 만주에서의 무장 투쟁은 점차 어려워졌습니다. 조선 혁명군은 1934년 사령관 양세봉이 피살된 이후 세력이 약화되었지만 1930년대 후반까지 항일 투쟁을 지속하였습니다. 중국군과 갈등을 겪었던 한국 독립군은

한·중 연합 작전

임시정부의 요청에 따라 대부분 중국 관내로 이동하였습니다. 이후 지청천은 임시정부에 합류하여 한국 광복군 창설의 주축이 되었습니다.

자료 **한·중 연합군의 활동**

한국 독립군과 중국군의 합의 내용(1931)
1. 한·중 양군은 최악의 상황이 오는 경우에도 장기간 항전할 것을 맹세한다.
2. 중동 철도를 경계선으로 하여 서부 전선은 중국이 맡고, 동부 전선은 한국이 맡는다.

조선 혁명군과 중국군의 합의 내용(1932)
중국과 한국 양국의 군민은 한마음 한뜻으로 일제에 대항하여 싸우고, 인력과 물자는 서로 나누어 쓰며, 합작의 원칙 하에 국적에 관계없이 그 능력에 따라 항일 공작을 나누어 맡는다.

조선 의용대

1930년대 중국 관내와 만주 지역에서는 여러 정당 조직이 결성되었습니다. 이들 정당들은 1935년 임시정부를 고수하려는 일부를 제외하고 민족혁명당을 조직하였습니다. 민족혁명당은 중국 국민당 정부의 후원 아래 중국 관내 최대 정당이 되었습니다.

민족혁명당은 그 후 조소앙, 지청천 등 민족주의계 일부 인사들이 탈퇴하고 조선민족혁명당으로 개편되었습니다(1937). 조선민족혁명당은 중·일 전쟁이 발발하자 여러 단체들과 연결하여 조선민족전선연맹을 결성하고, 그 산하에 중국 국민당 정부의 지원을 받아 조선 의용대를 조직하였습니다(1938). **조선 의용대**는 중국 관내 최초의 한국인 무장 부대로서, 중국 국민당 정부군과 합세하여 양쯔 강 중류 일대에서 일본군의 진격을 막았으며 중국 각 지역에서 항일 투쟁을 전개하였습니다.

하지만 중국 국민당 정부가 항일 투쟁에 소극적 태도를 보이자 조선 의용대는 중국 공산당 세력이 대일 항전을 펼치고 있는 화북 지방으로 이동할 것을 결정하였습니다. 이에 따라 대부분의 병력이 북상하여 조선 의용대 화북 지대를 결성하고 호가장 전투, 반소탕전 등에서 큰 전과를 올렸습니다. 화북으로 이동하지 않은 병력은 김원봉의 지휘 아래 1942년 한국 광복군에 합류하였습니다.

구분	김구	김원봉
당	한국 독립당	조선민족혁명당
군	한국 광복군	조선 의용대
통일 전선	한국 광복 운동 단체 연합회	조선 민족 전선 연맹
의거	한인애국단	의열단

김구와 김원봉

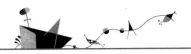

충칭 임시정부

침체되어 있던 임시정부는 윤봉길 의거(1932) 이후 중국 국민당 정부의 지원과 관심을 받게 되었습니다. 일제의 탄압을 피해 난징으로 본부를 옮겼던 임시정부는 중·일 전쟁이 일어나자 중국 국민당 정부를 따라서 우한, 창사를 거쳐 충칭까지 이동하였습니다.

1940년 충칭에 정착한 임시정부는 김구의 지도하에 당과 정부 조직, 그리고 군대를 정비하였습니다. 우선 김구는 한국국민당(김구), 한국독립당(조소앙), 조선혁명당(지청천)을 통합하여 한국독립당을 새로 조직하였습니다. 한편 정부 조직을 주석 중심제로 개편하여 행정과 군사를 총괄하도록 하고 **한국 광복군**을 창설하였습니다. 이때 김구가 주석으로 추대되어 독립 전쟁을 이끌었습니다.

1942년 좌파 계열의 김원봉이 임시정부에 참여하고, 조선 의용대는 한국 광복군에 합류하였습니다. 임시정부는 조직과 체제를 확대하여 신설된 부주석에 김규식을 선임하였고, 김원봉을 군무부장에 임명하는 등 명실상부한 좌우 연합 정부의 모습을 갖추게 되었습니다.

한편 임시정부는 〈대한민국 건국 강령〉을 발표하였습니다(1941). **건국 강령**은 삼균주의*를 이론적 틀로 삼아 정치적으로는 민주 공화국 건설, 경제적으로는 대생산 기관의 국영화, 토지의 국유화, 토지 개혁 실시 등의 내용을 담았습니다.

***삼균주의** 조소앙이 독립운동의 기본 방략 및 조국 건설의 지침으로 체계화한 이론이다. 정치·경제·교육의 균등을 실천하여 개인 간·민족간·국가간 균등을 달성한다는 사상이다.

한국 광복군

충칭 임시정부는 중국 국민당 정부와 교섭하여 군대 창설을 승인받고 한국 광복군을 창설하였습니다(1940). 창설 당시 총사령은 지청천, 참모장은 이범석이었으며, 4개 지대로 출발하였습니다.

1941년 태평양 전쟁이 발발하자 임시정부는 일본에 선전 포고를 하고 연합군과 함께 항일 전쟁을 전개하였습니다. 한국 광복군은 중국 각지에서 중국군과 협력하여 일본군과 싸웠으며, 영국군의 협조 요청으로 미얀마와 인도 전선에 일부 대원을 파견하여 일본군 포로의 심문, 전단 살포 등을 담당하였습니다. 1942년에는 김원봉이 이끄는 조선 의용대 병력이 한국 광복군에 편입되어 군사력이 증강되었습니다. 일본군에 끌려 갔던 한국인 병사들도 속속 탈출하여 한국 광복군에 합류하였습니다.

한편 한국 광복군은 미군 OSS(미 육군 전략처)와 협약을 맺어 국내 정진군을 조직하고 국내 진입을 추진하였으나 일제의 패망으로 실행되지 못했습니다.

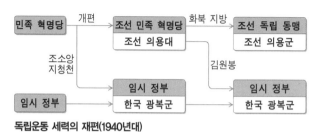

독립운동 세력의 재편(1940년대)

→ 임시 정부의 이동 경로
→ 조선 의용대의 이동 경로

1940년대 무장 독립운동

조선 의용군

화북으로 이동한 조선 의용대 대원들은 사회주의 계열의 독립운동가들과 함께 1942년 **조선독립동맹**을 결성하였습니다. 그 중심 인물은 김두봉, 김무정, 박효삼, 최창익 등이 있습니다.

조선독립동맹의 결성과 함께 조선 의용대 화북 지대는 조선 의용군으로 개편되었습니다. 이후 조선 의용군은 중국 공산당의 팔로군과 연합 전선을 형성하여 수많은 대일 항전을 수행하였습니다. 조선독립동맹과 조선 의용군의 핵심 인물들은 광복 이후 북한 정권 수립에 참여하였는데, 이들을 속칭 '연안파'라고 부릅니다.

③ 의열 투쟁의 전개

출제 **포인트**

조선 혁명 선언에 대해 알아두자.

의열단과 한인 애국단의 활동을 구별하여 암기하라.

■ 의거 활동

항일 단체	애국 지사	연도	의거 내용	
의열단 (김원봉)	김익상	1921년	조선 총독부에 투탄	• 조선 혁명 선언(1923) 채택 • 혁명 간부 학교, 조선 의용대 설립 • 조선 민족 혁명당 주도
	김상옥	1923년	종로 경찰서에 투탄	
	나석주	1926년	동양 척식 주식회사에 투탄	
한인 애국단 (김구)	이봉창	1932년	• 일본 국왕 폭살 기도 • 일제가 상하이 사변을 일으키는 계기	
	윤봉길	1932년	• 상하이 훙커우 공원 투탄 • 중국의 장제스가 임시정부의 활동을 지원하는 계기	

의열단

의열단은 1919년 11월 지린 성에서 **김원봉**, 윤세주 등이 조직한 단체로, 일제 식민지 통치 기관을 폭파하거나 일본인 요인을 처단하는 의거 활동을 전개하였습니다.

김익상은 조선총독부에 폭탄을 던졌고. 김상옥은 종로 경찰서에 폭탄을 던져 큰 피해를 주었습니다. 나석주는 동양척식 주식회사에 들어가 그 간부를 사살하고 일제 경찰과 총격전을 벌이기도 하였습니다.

의열단은 신채호가 작성한 〈**조선 혁명 선언**〉을 통해 '민중 직접 혁명'을 노선으로 천명하였습니다. 하지만 의열단은 1926년 개인 폭력 투쟁의 한계를 인식하고 무장 투쟁 노선으로 전환하였습니다. 이에 김원봉을 비롯한 단원들이 중국의 황포 군관 학교에 입교하여 군사 훈련을 받았으며, 1930년대에는 중국 국민당 정부의 지원으로 **혁명 간부 학교**를 설립하여 군사 훈련을 실시하기도 하였습니다.

그 후 의열단은 중국 관내 항일 단체와 정당을 통합한 민족혁명당 결성(1935)에 주도적인 역할을 담당하였으며, 중·일 전쟁 직후 중국 국민당 정부의 지원을 받아 조선 의용대를 창설하는 데에도 앞장섰습니다.

애국지사들의 개인적인 의거도 여러 차례 일어났습니다. 강우규는 65세 노인의 몸으로 새로 부임하는 사이토 총독에게 폭탄을 던졌고, 조명하는 타이중에서 일본 국왕의 장인을 칼로 찔러 숨지게 하였습니다.

한인 애국단

침체에 빠진 임시정부에 활기를 불어넣기 위해 김구는 1931년 한인 애국단을 조직하였습니다. 한인 애국단의 첫 거사는 **이봉창**이 일본의 도쿄에서 히로히토 일본 국왕이 타고 가는 마차에 폭탄을 던진 사건입니다(1932. 1.8). 의거는 비록 실패하였으나 중국 신문들은 '한국인 이봉창이 일왕을 저격했으나 불행히도 성공하지는 못하였다.'라고 크게 보도하였습니다. 일제는 중국 언론의 반일적인 태도를 구실로 군대를 동원하여 상하이를 침략하였습니다(상하이 사변, 1932.3).

일제는 상하이 홍커우 공원에서 일왕의 생일과 상하이 사변 승리를 축하하는 기념식을 열었습니다. 이때 **윤봉길**은 기념식 단상에 폭탄을 던져 일본군 고위 장성과 고관들을 처단하였습니다(1932.4.29).

이 거사를 두고 중국의 장제스는 "중국의 100만 대군도 해내지 못한 일을 한국 용사가 단행하였다."라고 높이 평가하였습니다. 그 후 중국 국민당 정부는 중국 군관 학교 뤄양 분교에 한국인 특별반을 설치하는 등 한국의 독립운동을 적극 지원하였습니다. 이 윤봉길 의거는 나중에 임시정부가 한국 광복군을 조직하는 데 중요한 밑거름이 되었습니다.

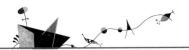

④ 국외 이주 동포의 활동

출제 포인트

만보산 사건, 관동 대학살, 까레이스끼에 대해 알아두자.

■ 국외 이주 동포의 활동

구분	활동	시련
만주	독립운동 기지(삼원보, 한흥동, 용정)	간도 참변(1920), 만보산 사건(1931)
연해주	• 독립운동 단체(대한 광복군 정부, 대한 국민 의회) • 13도 의군(1910)	• 자유시 참변(1921) • 중앙아시아 이주(1937, 까레이스끼)
일본	2·8 독립 선언	관동 대학살(1923)

만주 이주 동포

만주 지역에는 19세기 후반부터 우리 민족이 이주하기 시작하였습니다. 처음에는 경제적으로 어려움을 겪던 농민들이 생활 터전을 찾아 이주하였고, 국권 피탈 이후에는 항일 운동을 전개하기 위해 넘어가는 사람들이 많아졌습니다. 만주로 이주한 동포들은 현지 토착민들에게 핍박을 받으면서도 황무지를 개간하고, 수많은 민족 학교를 세워 항일 의식과 애국심을 높였습니다.

3·1 운동 이후 독립군의 활동이 활발해지자, 일제는 독립군의 근거지를 없애기 위해 조선인 마을을 불태우고 조선인을 학살하는 '간도 참변'을 일으켰습니다.

만보산 사건(1931.7) 만주 장춘의 만보산에서 한·중 농민들이 수로 공사를 계기로 충돌한 사건이다. 중국인들의 반한 감정이 확산되어 만주 지역의 동포들과 독립군은 활동에 어려움을 겪었다.

연해주 이주 동포

우리 민족이 두만강 건너 연해주로 이주하기 시작한 것은 1860년대부터였습니다. 러시아 정부는 변방 개척을 위해 처음에는 조선인의 연해주 이주를 허용하고 토지를 제공하기도 하였습니다. 1905년 이후 급격히 늘어난 한국인들은 여러 곳에 **신한촌**을 비롯한 한인 집단촌을 형성하였고, 자치 단체와 학교도 설립하였습니다.

1911년에는 자치 단체이자 독립운동 단체인 권업회를 조직하였고, 1919년에는 대한 국민 의회를 조직하였습니다.

1937년 스탈린의 소련 당국은 소·일 간에 전쟁이 일어나면 한국인들

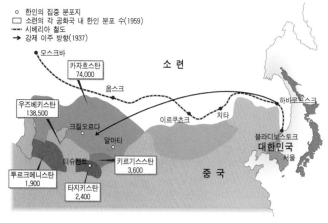

중앙아시아로의 조선인 강제 이주

이 일본을 지원할 것이라는 명분을 내세워 연해주 지역의 한국인 17만 여 명을 중앙아시아로 강제 이주시켰습니다. 그 과정에서 수많은 한국인들이 희생되고 재산을 잃었습니다. 이때 강제 이주당한 한국인들을 '**까레이스끼**(고려인)' 라고 부릅니다.

일본 이주 동포

조선인의 일본 이주는 1910년대까지는 그리 많지 않았으나, 1920년대 이후 크게 늘어났습니다. 처음에는 유학생이 많았으나 1920년대는 노동자들이 다수를 차지하였습니다. 1922년부터 일본으로의 이주자 수는 만주로의 이주자 수를 앞질렀으며, 이들은 주로 도쿄, 오사카 등 공업 도시로 이주했습니다. 이들은 주로 일본인들이 기피하는 토목, 광업, 운수업 부문에서 일했습니다. 당시 조선인 노동자의 임금은 일본인의 절반에도 미치지 못하였으며, 주거 생활도 매우 열악하였습니다.

일제 말기 전쟁이 확대되면서 노동력이 부족하게 되자 일본은 징용을 통해 강제로 조선인을 동원하였습니다. 무려 150만 명이나 되는 조선인이 일본의 탄광이나 군수 공장에 투입되어 강제 노역에 시달렸습니다.

한편 1923년 관동 대지진 때에는 조작된 유언비어로 인해 많은 한국인들이 일본인 자경단에 의해 살해되었습니다(**관동 대학살**). 대규모 지진이 발생하자 일본 당국과 언론은 조선인이 폭동을 일으키려고 우물에 독을 넣었다는 유언비어를 날조하여 유포시켰습니다. 이때 7,500명 이상의 한국인이 희생되었습니다.

미주 이주 동포

미주 지역으로의 한인 이주는 1903년 1백여 명이 하와이 **사탕수수 농장의 노동자**로 건너간 것이 시초입니다. 당시 주한 미국 공사 알렌의 주선으로 대한 제국의 이민 허가를 받아 3년 동안 7,000여 명의 한국인의 하와이로 이주하였습니다. 일부는 멕시코의 용설란 농장의 노동자로

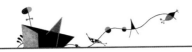

이주하였는데, 이들을 **'애니깽'**이라고 부릅니다. 미주로의 노동 이민과 함께 '사진 결혼'에 의한 부녀자들의 이민도 있었습니다.

　미주 각 지역에 흩어져 살던 동포들은 일제 강점기 동안 어려운 생활 속에서도 애국 단체를 결성하고 독립운동 자금의 지원에도 적극적이었습니다. 미주 지역의 대표적인 동포 단체인 대한인국민회는 대한민국 임시정부가 수립된 이후에는 각종 의연금을 거두어 임시정부에 송금하였으며, 구미위원부 활동을 적극적으로 지원하였습니다.

VII. 민족의 독립운동

4 사회·경제적 민족 운동

① 사회적 민족 운동의 전개

> **출제 포인트**
> 신간회가 자주 출제된다.
> 1920년대 각 분야의 사회 운동을 간략하게 알아두자.

■ 사회적 민족 운동

사회주의 사상	• 단체 : 서울 청년회, 화요회, 북풍회 등 • 조선 공산당(1925~1928) : 6·10 만세 운동 주도, 신간회 결성
청년 운동	민중 계몽(강연회, 토론회, 야학 개최), 조선 청년 총동맹(1924)
소년 운동	방정환 중심, '어린이 날' 제정(천도교 소년회), 잡지 〈어린이〉 발간
여성 운동	• 여성 계몽, 문맹 퇴치, 구습 타파에 주력 • 근우회(1927) : 여성계 민족 협동 전선 조직, 신간회 자매 단체
형평 운동	백정에 대한 사회적 철폐 주장, 조선 형평사 조직(1923, 진주)

■ 학생 운동

6·10 만세 운동	배경	식민지 교육 정책에 대한 반발, 순종의 인산
	전개	조선 공산당과 천도교 계열이 반일 운동 계획 → 학생 주도 만세 시위
	의의	• 학생 운동 세력이 항일 민족 운동의 구심체로 등장 • 민족주의계와 사회주의계의 대립·갈등을 극복하는 계기
광주 학생 항일 운동	배경	일제의 민족 차별과 식민지 교육
	전개	한·일 학생 간의 충돌에서 시작 → 학생 비밀 결사, 신간회 등의 지도 → 전국적 규모의 항일 투쟁으로 발전
	의의	학생과 시민들이 합세한 3·1 운동 이후 최대의 항일 민족 운동

■ 신간회

배경	• 민족 운동의 분열, 자치 운동론의 대두 • 치안유지법 제정 이후 사회주의계의 변화 모색 → 정우회 선언
해외	한국 독립 유일당 북경 촉성회(1926), 3부 통합 운동(만주)
신간회 활동 (1927~31)	• 강령 : 민족 대단결, 정치·경제적 각성 촉구, 기회주의 배격 • 활동 : 대중 운동 지도(원산 노동자 총파업, 광주 학생 항일 운동)
해체(1931.5)	• '민중 대회' 사건 이후 집행부의 우경화 • 코민테른의 노선 변화(통일 전선 강화 → 계급 투쟁 강화)

사회주의 사상의 수용

1920년대 초에 들어온 사회주의 사상은 청년, 지식층을 중심으로 빠르게 확산되었습니다. 서울 청년회, 화요회, 북풍회 등 사회주의 사상을 학습하는 단체가 등장하고, 지방에서는 독서회, 토론회, 강연회 등을 통해 사회주의 사상을 연구하고 선전하였습니다.

1925년 화요회와 북풍회를 주축으로 **조선 공산당**이 조직되었습니다. 이들은 1926년에는 순종의 장례식을 계기로 6·10 만세 운동을 주도하였으며, 비타협적 민족주의 세력과 연대하여 신간회를 결성하였습니다. 그러나 조선 공산당은 일제의 가혹한 탄압으로 해체와 재건을 반복하다가 1928년 사실상 해체되었습니다.

이렇게 사회주의 사상이 빠르게 확산되자 일제는 이를 탄압하기 위해 1925년 치안 유지법을 시행하였습니다. 이후 수많은 사회주의자들이 치안 유지법으로 구속되었습니다.

> **자료 치안유지법(1925)**
>
> 제1조 ① 국체를 변혁하는 것을 목적으로 결사를 조직하는 자 또는 결사의 임원, 그 외 지도자로서 임무에 종사하는 자는 사형, 무기, 또는 5년 이상의 징역 또는 금고에 처한다. …(중략)…
> ② 사유 재산 제도를 부인하는 것을 목적으로 결사를 조직하는 자, 결사에 가입하는 자, 또는 결사의 목적수행을 위한 행위를 돕는 자는 10년 이하의 징역 또는 금고에 처한다.

청년 운동과 소년 운동

3·1 운동 이후 제한적이나마 집회·결사의 자유가 허용되자 각종 사회 운동 단체들이 조직되었습니다. 그 중 가장 많은 수를 차지한 것은 청년회였습니다. 이들 청년회는 강연회, 토론회, 야학 등을 개최하여 민중 계몽에 힘썼습니다.

전국 각지의 청년회는 1923년 서울 청년회 주도로 전조선 청년당 대회를 열고, 1924년 조선 청년 총동맹을 조직하였습니다. 청년 단체들은 각 지방에서 노동 운동·농민 운동을 적극적으로 지원하였습니다.

한편 1920년대 들어 소년 운동도 시작되었습니다. 1921년 **방정환**을 비롯한 천도교 청년들의 주도로 천도교 소년회가 창립되고, 이듬해 5월

1일을 어린이날로 정하여 여러 행사를 가졌습니다. 또한 잡지 《어린이》
를 발간하기도 하였습니다.

여성 운동

1920년대 여성의 사회적 진출이 늘어나고 여성 노동자 수가 늘어나면
서 여성 계몽과 여성 차별 철폐 등을 주장하는 여성 운동이 일어났습니
다. 여성 운동은 여성 계몽을 추구하는 민족주의 계열 단체와 여성 해
방·계급 투쟁을 강조하는 사회주의 계열 단체로 나뉘어 전개되다가 근
우회(1927)가 조직되면서 하나로 뭉쳤습니다. **근우회**는 당시 유력한 여
성계 인사들이 대부분 참여한 여성계 민족 협동 전선으로서, 신간회의
자매 단체라고 볼 수 있습니다.

근우회는 기관지 《근우》를 발행하고, 국내와 도쿄, 간도 등에 수십 개
의 지회를 두고 순회 강연·부인 강좌·야학 등을 통해 노동 여성의 조
직화와 여성 계몽을 위해 노력하였습니다.

근우회 행동 강령
1. 여성에 대한 사회적·법률적 일체 차별을 철폐
2. 일체 봉건적인 인습과 미신 타파
3. 조혼 방지 및 결혼의 자유
4. 인신 매매 및 공창 폐지
5. 농촌 부인의 경제적 이익 옹호
6. 부인 노동의 임금 차별 철폐 및 산전 산후 임금 지불
7. 부인 및 소년공의 위험 노동 및 야업 폐지

형평(衡平) 운동

백정은 갑오개혁에 의해 법적으로는 해방되었지만, 이들에 대한 사회
적인 편견이나 차별은 여전히 남아 있었습니다. 조선총독부도 백정을
호적에 등재하면서 도한(屠漢)이라고 하거나 붉은 점을 표시하여 차별
정책을 유지하였습니다. 이런 차별로 백정의 자녀들은 공립 학교에 입
학할 수 없었으며, 사립 학교에 들어가더라도 신분이 밝혀지면 학부모
들의 항의로 퇴학당하는 일이 자주 있었습니다.

백정들은 이와 같은 차별 대우에 항의하여 1923년 4월 진주에서 **조선
형평사**를 조직하고 형평 운동을 전개하였습니다. 그 후 조선 형평사는
전국으로 조직을 확대하고, 다른 사회 운동 단체와 연대하여 민족 운동
을 전개하였습니다.

> **자료 조선 형평사 취지문(1923. 4. 25)**
> 공평은 사회의 근본이고 애정은 인류의 본령이다. 그런고로 우리들은 계급을 타파하
> 고 모욕적 칭호를 폐지하여 교육을 장려하며 우리들도 참다운 인간이 되는 것을 기
> 하는 것은 본사(本社)의 주지(主旨)이다. …(중략)… 지금까지 조선의 백정은 어떠한 지
> 위와 압박을 받아왔던가? 과거를 회상하면 종일 통곡하고도 피눈물을 금할 수 없다.

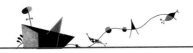

결국 1930년대 초 관청의 호적이나 학적부에 기록되었던 백정 신분 표시가 공식적으로 철폐되었으며, 백정 자녀들의 학교 입학도 허용되었습니다. 그러나 형평 운동은 1930년대 들어 급격히 퇴조하여, 1930년대 중반 들어 사실상 막을 내렸습니다.

6·10 만세 운동(1926)

3·1 운동 이후 국내 민족 운동에서 선봉대의 역할을 한 것은 학생들이었습니다. 학생들은 '민족 차별 중지, 한국인 본위의 교육 실시' 등을 요구하며 수업 거부, 동맹 휴학과 같은 다양한 투쟁을 전개하였습니다.

1926년 4월 순종이 세상을 떠나자 조선 공산당은 천도교계, 학생 단체와 함께 순종의 장례일에 맞춰 대규모 만세 시위를 계획하였습니다. 천도교 측에서 격문을 인쇄하였으나 경찰에 발각되어 압수되었고, 조선 공산당 간부들도 체포되었습니다. 하지만 학생들은 예정대로 6월 10일 장례 행렬이 지나가는 곳곳에서 만세 시위를 벌였습니다.

6·10 만세 운동은 널리 확산되지는 못하였으나 자치론을 주장하던 타협적 민족주의 세력에 경종을 울려 독립만이 민족의 요구임을 분명히 보여 주었습니다. 또한 시위의 준비 과정에서 사회주의 계열과 민족주의 계열이 연대함으로써 민족 유일당 결성의 계기가 되었습니다.

6·10 만세 운동 격문
조선 민중아!
우리의 철천지 원수는 자본-제국주의 일본이다.
이천만 동포야! 죽음을 각오하고 싸우자!
만세 만세 조선 독립 만세!

광주 학생 항일 운동(1929)

1929년 10월 30일 일본 학생이 조선 여학생을 희롱한 일이 계기가 되어 나주역에서 두 나라 학생 사이에 편싸움이 일어났습니다. 이에 대해 일본 경찰이 한국 학생들에게만 책임을 묻는 편파적 처리를 하자, 민족 차별에 분노한 광주 지역 학생들이 연대하여 11월 3일 대규모 가두 시위를 전개하였습니다. 학생들은 각 학교의 독서회 조직을 중심으로 이를 반일 시위로 확대·발전시켰습니다.

학생 시위는 전국으로 확산되어 서울은 물론 개성, 인천, 원산 등 주요 지방 도시에서도 일어났습니다. 이 운동은 전국 각급 학교 학생 수만 명이 참가하여 1,462명이 구속되고, 2,912명이 퇴학 및 무기 정학을 당하였습니다. 광주 학생 항일 운동은 학생들이 앞장서고 시민, 노동자들이 참여한 3·1 운동 이후 최대 규모의 항일 민족 운동이었습니다.

성진회 1926년 전라남도 광주에서 조직되었던 항일 학생 운동 단체, 이후 1927년경 독서회로 확대·개편하였다.

광주 학생 항일 운동 격문
학생·대중이여 궐기하라!
검거된 학생은 우리 손으로 탈환하자.
사회 과학 연구의 자유를 획득하자.
식민지적 노예 교육 제도를 철폐하라!

민족 유일당 운동

1920년대 중반 들어 국내외의 독립운동 세력은 민족주의 계열과 사회주의 계열로 분화하였습니다.

1923년 물산 장려 운동, 민립 대학 설립 운동이 좌절되자 최린과 이광수 등은 자치 운동론을 들고 나왔습니다. 이들은 일제의 식민 지배를 인정하고 그 밑에서 자치권을 따내서 실력을 기르자고 주장하였습니다. 특히 **이광수**는 〈민족개조론〉, 〈민족적 경륜〉 등의 글을 발표하여 자치 운동을 이끌었습니다. 조선 물산 장려회를 주축으로 한 비타협적 민족주의자들은 자치 운동론에 반대하면서 일부 사회주의자들과 함께 조선민흥회를 결성하였습니다(1926).

> 자료 **민족적 경륜**
> 지금까지 해 온 정치적 운동은 모두 일본을 적대시하는 운동뿐이었다. 이런 종류의 정치 운동은 해외에서나 할 수 있는 일이고, 조선 내에서는 허용되는 범위 내에서 일대 정치적 결사를 조직해야 한다는 것이 우리의 주장이다.   - 이광수, 〈동아일보〉 -

한편 사회주의자들은 치안유지법으로 인해 활동에 어려움을 겪고 있었습니다. 이에 사회주의 계열의 정우회는 1926년 〈**정우회 선언**〉을 발표하여 민족주의 세력과의 제휴를 주장하였습니다.

당시 중국에서는 1차 국공 합작이 이루어져 독립운동가들에게 영향을 주었습니다. 중국 관내에서는 안창호 등의 노력으로 '한국 독립 유일당 북경촉성회'가 창립되고, 만주에서는 3부 통합 운동이 전개되었습니다. 국내외에서 전개된 민족유일당 운동의 영향을 받아 비타협적 민족주의자들과 사회주의자들은 1927년 2월 신간회를 창립하였습니다. 신간회의 회장에는 이상재, 부회장에는 홍명희가 선출되었습니다.

정우회 선언(1926.11) '민족주의적 세력에 대하여는 그 부르주아 민주주의적 성질을 명백하게 인식하는 동시에 또 과정상 동맹자적 성질도 충분히 승인하여, 그것이 타락하지 않는 한 적극적으로 제휴하여 대중의 개량적 이익을 위하여서도 종래의 소극적 태도를 버리고 분연히 싸워야 할 것이다.'

신간회의 활동

신간회는 일제 강점기 최대 규모의 대중적 정치사회 단체로, 지방에도 지회 조직을 갖추었습니다. 순회 강연단을 만들어 전국 각지를 돌며 민중을 계몽하고 민족의식을 고취시키는 한편, 한국인 본위의 교육 실시, 타협적 정치 운동 배격, 착취 기관 철폐

신간회의 탄생

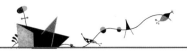

등을 주장하면서 일제의 식민 지배 정책을 비판하였습니다.

신간회는 노동 쟁의와 소작 쟁의, 동맹 휴학 등 각 분야의 민중 투쟁을 적극 지원하였습니다. 1929년 원산 노동자 총파업을 지원하였으며, 광주 학생 항일 운동이 일어나자 현지에 조사단을 파견하고 진상 보고를 위한 민중 대회를 개최하려고 하였습니다(민중 대회 사건, 1929. 12). 이 민중 대회 시도는 일제의 탄압으로 허헌, 홍명희 등이 검거됨으로서 좌절되었고, 이 사건으로 새로운 집행부가 구성되었습니다.

새로운 집행부는 기회주의를 배격한다는 초기 강령과는 달리 온건·합법 노선으로 선회하고, 자치 운동을 주장하는 천도교 신파와도 협력하려 하였습니다. 이에 지회를 중심으로 사회주의자들은 신간회 해소론을 적극 주장하였습니다. **코민테른***도 민족주의 세력과의 연합 대신 계급 투쟁을 강조하는 방향으로 노선을 변경하였습니다.

결국 1931년 전체 대회에서 민족주의 세력의 반대에도 불구하고 신간회는 해소를 결정하였습니다. 이후 비타협적 민족주의 계열은 조선학 운동 등 문화 운동에 주력하고 사회주의 계열은 혁명적 노동·농민 조합을 결성하여 비합법적 민중 운동을 활발하게 전개하였습니다.

신간회의 강령
1. 우리는 정치적·경제적 각성을 촉진한다.
2. 우리는 단결을 공고히 한다.
3. 우리는 기회주의를 일체 부인한다.

***코민테른** 1919년에 레닌의 주도로 창설된 각국 공산당 연합으로 '국제 공산당'이라고도 한다. 식민지 민족 운동의 전략과 전술 등을 제시하여 한국인 사회주의자들의 활동에 큰 영향을 끼쳤다.

자료 | 신간회의 해체

해소론(사회주의계)

소시민(봉급 생활자, 자영업자 등)의 개량주의적 정치 집단으로 변질한 현재의 신간회는 무산 계급(농민, 노동자)의 투쟁욕 성장에 장애가 되고 있다. 노동자 투쟁과 농민 투쟁을 강력하게 펼치기 위해서는 신간회를 해소하고 노동자는 노동조합으로, 농민은 농민조합으로 돌아가야 한다.   – 〈삼천리〉, 1931년 4월호 –

해소파에게 충고함(안재홍)

조선인의 대중적 운동의 목표는 정면의 일정한 세력(일본 제국주의)을 향해 집중되어야 할 것이니, 민족 운동과 계급 운동은 동지적 협동으로 함께 나란히 나아가야 할 것이요, 그 내부에 영도권이 다른 세력이 섞여 있으므로 전체적으로 협동하여 일을 진행하기는 어려우므로, 역량을 분산시키거나 제 살 깎아 먹는 식의 과오를 범하지 않도록 하는 데 주력해야 한다.   – 〈비판〉, 1931년 7·8월호 –

② 실력 양성 운동

출제 포인트

민립 대학 건립 운동과 물산 장려 운동을 간략하게 알아두자.

브나로드 운동은 자주 출제된다.

실력 양성 운동

물산 장려 운동	• 배경 : 회사령 폐지 이후 민족 기업 증가, 관세 철폐의 움직임 • 단체 : 조선물산장려회(1920, 평양, 조만식), 자작회, 토산 애용 부인회 등 • 쇠퇴 : 토산물 가격의 상승 초래, 사회주의 세력의 반대
민립 대학 설립 운동	• 민립 대학 기성회 조직(1923, 이상재) → 전국적인 모금 운동 전개 • 실패 : 자연재해, 총독부의 방해 등으로 중단, 경성 제국 대학 설립 발표
문맹 퇴치 운동	• 문자 보급 운동(1929~34) : 조선일보 주도, 한글 교재 배부, 순회 강연 • 브나로드 운동(1931~34) : 동아일보 주도, 농촌 계몽 운동, 상록수(심훈)

실력 양성 운동 개관

3·1 운동 이후 일제의 문화통치가 실시되는 가운데 사회 진화론의 영향을 받은 일부 지식인들이 실력 양성 운동을 전개하였습니다. 실력을 키워 독립을 준비하자는 실력 양성 운동은 국민 계몽과 문맹 퇴치, 민립 대학 설립 등과 같은 문화 운동과 민족 기업 설립, 물산 장려 운동 등과 같은 경제적 실력 양성 운동으로 크게 나누어 볼 수 있습니다.

물산 장려 운동

회사령 폐지 이후 한국인이 설립한 기업이 증가하였지만, 자본과 기술이 우수한 일본 기업과의 경쟁에서 어려움이 많았습니다. 게다가 일본과 조선 사이의 관세를 대부분 철폐한다는 소식이 전해졌습니다.

이러한 상황에서 민족 산업을 육성하여 경제 자립을 이루고자 물산 장려 운동이 전개되었습니다. 1920년 8월 평양에서 **조만식**이 자급자족, 국산품 애용, 소비 절약 등을 내세워 물산 장려 운동을 시작하자, 서울 등 다른 지역에서도 자작회*, 금주·단연회, 토산 애용 부인회 등의 이름으로 많은 단체들이 만들어졌습니다. 이에 각 단체의 대표들이 모여 조선물산장려회를 조직하고 이 운동을 전국으로 확산시켰습니다.

물산 장려 운동은 일본 상품 불매 운동과 같은 적극적인 민족 운동으

***자작회** 1922년 서울에서 학생들이 조직한 국산품 애용 계몽 단체로 신문 광고, 거리 선전 등의 활동을 펼쳤다.

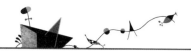

로 발전하지 못했고, 일부 상인들의 농간으로 상품 가격만 오르기도 하였습니다. 이에 사회주의자들은 자본가와 상인의 이익만을 추구하는 이기적 운동이라고 비판하였습니다.

*'우리가 만든 것 우리가 쓰자'는 경성 방직의 광고

민립 대학 설립 운동

식민지 우민화 교육을 극복하고 한국인의 고등 교육을 위해 1923년 민립 대학 설립 운동이 전개되었습니다. 이상재, 한용운, 이승훈 등이 주도하여 조선 민립 대학 기성회를 조직하고, '한민족 1천만이 한 사람이 일원씩'이라는 구호를 내걸고 전국적인 모금 운동을 벌였습니다.

그러나 민립 대학 설립 운동은 자연재해와 총독부의 방해, 지방 부호들의 참여 저조로 인해 중단되었습니다. 그 후 총독부는 한국인의 고등 교육 열기를 무마하고, 한국 거주 일본인의 고등 교육을 위해 1924년 **경성제국대학**을 서둘러 개교하였는데, 이는 친일 관리를 양성하려는 의도도 있었습니다.

문맹 퇴치 운동

신간회가 해체되면서 국내 민족주의자들의 활동 반경은 크게 좁아졌습니다. 이후 민족주의자들은 민족 문화 운동 쪽으로 방향을 바꾸었습니다. 〈조선일보〉는 '아는 것이 힘이다. 배워야 산다.'는 구호와 함께 한글 교재를 보급하고, 순회 강연을 개최하면서 문자 보급 운동을 전개하였습니다(1929).

〈동아일보〉도 1931년부터 '브나로드 운동'이란 이름을 내세워 농촌 계몽 운동을 전개하였는데, 여름 방학을 맞이한 학생들을 모아 야학을 개설하고 계몽 활동을 펼쳤습니다. 이광수의 《흙》, 심훈의 《상록수》는 브나로드 운동을 소재로 한 문학 작품입니다. 문자 보급 운동과 브나로드 운동은 일제의 탄압으로 1934년 중단되었습니다.

1931년 조직된 조선어학회도 문자 보급 운동에 쓰일 교재를 제작·보급하는 한편, 전국 각지에서 조선어 강습회를 열어 문맹 퇴치를 위해 노력하였습니다.

브나로드 운동 포스터와 한글 보급 교재

4 농민 운동과 노동 운동

출제 **포인트**

소작 쟁의와 노동 쟁의는 1920년대와 1930년대를 구별하자.

암태도 소작 쟁의와 원산 노동자 총파업을 알아두자.

소작 쟁의

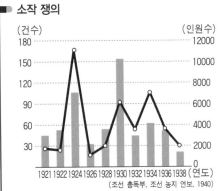

(조선 총독부, 조선 농지 연보, 1940)

1920년대	1930년대
생존권 투쟁(경제적)	항일 민족 운동(정치적)
단위 농민 조합 중심	적색 농민 조합 주도
암태도 소작 쟁의(1923)	

노동 쟁의

(조선 총독부 경무국, 최근 조선의 치안 상황, 1938)

1920년대	1930년대
생존권 투쟁	반제 · 반일 투쟁
단위 노동조합 중심	적색 노동조합 주도
원산 노동자 총파업(1929)	

농민 운동

1920년대 농민들은 소작인 조합을 중심으로 '소작료 인하, 소작권 이동 반대' 등 생존권을 요구하는 투쟁을 전개하였습니다. 1920년대 대표적인 농민 운동은 1923년 9월부터 1년 가까이 계속된 전라남도 신안군의 **'암태도 소작 쟁의'** 입니다. 암태도의 소작 농민들은 지주와 그를 두둔하는 일본 경찰에 맞서 끈질기게 투쟁하여 소작료를 낮추는 성과를 거두었습니다.

농민 운동은 1920년대 중반 이후 더욱 발전하여, 일부 지역에서는 수천 명의 농민이 소작 쟁의에 참여하기도 하였습니다. 자작농의 가입이 늘어나면서 소작인 조합은 일반 농민을 망라하는 농민 조합으로 개편되었습니다.

1920년대 농민 운동은 일제의 산미 증식 계획에 큰 타격을 주었습니다. 이에 일제는 농민 조합을 가혹하게 탄압하였습니다. 이후 1930년대

농민 운동은 사회주의 세력과 연계하여 적색 농민 조합(혁명적 농민 조합)을 중심으로 전개되었습니다.

1930년대 이후의 농민 운동은 소작료 문제를 뛰어넘어 '동척 철폐, 식민지 지주제 반대, 토지 분배' 등을 요구하는 항일 민족 운동의 성격이 강했습니다. 총독부는 이러한 적색 농민 운동에 대응하기 위해 1932년부터 농촌 진흥 운동을 전개하였습니다.

소작 쟁의는 1924년부터 1930년대 중반까지 집중적으로 발생하였습니다. 1930년대 후반에는 일제의 민족 말살 통치로 인해 소작 쟁의는 약화되었습니다.

노동 운동

1920년대에 들어 식민지 공업화 정책에 따라 노동자 수가 증가하면서 노동 단체들이 등장하였습니다. 1924년에는 조선 노농 총동맹이 결성되었는데, 노동 운동과 농민 운동의 성장에 따라 1927년 조선 농민 총동맹과 조선 노동 총동맹으로 분리되었습니다.

1920년대 노동자들은 '임금 인상, 8시간 노동제' 등 경제적 요구를 내걸고 자본가와 이들을 감싸는 일제 당국에 맞서 싸웠습니다. 1920년대 중반 이후 노동 운동은 사회주의 계열의 지원을 받아 더욱 활성화되었고, 파업 투쟁이 크게 증가하였습니다.

노동 쟁의는 대부분 일본인이 경영하는 공장에서 발생하였기 때문에 쟁의의 성격도 생존권 투쟁에서 반제국주의 · 반일 투쟁으로 바뀌어 갔습니다. 1929년에 일어난 **원산 노동자 총파업**이 그 대표적인 사례입니다. 문평 석유 회사의 일본인 감독이 한국인 노동자를 구타한 사건을 계기로 3천여 명이 참가한 원산 노동자 총파업은 가장 규모가 큰 파업 투쟁이었습니다. 특히, 파업 기간 중 국내는 물론 외국의 노동 단체들까지 격려와 지지를 보내와 노동자들의 국제적 연대를 과시하였습니다.

1930년대 들어 일제의 통제가 강화되면서 합법적인 노동 운동은 거의 불가능해졌습니다. 이후 노동 운동은 사회주의자들과 연결된 비합법 조직인 적색 노동 조합(혁명적 노동 조합)의 주도로 전개되었습니다.

연도	건수	참가 인원
1912	6	1,573
1915	9	1,951
1918	50	6,105
1921	36	3,403
1924	45	6,751
1927	94	10,523
1930	160	18,972

– 이효재, "연도별 노동 쟁의 건수 및 참가 인원 수" –

일제 강점기 노동 운동의 발전

5 민족 문화 수호 운동

1 일제의 교육 정책과 식민 사학

식민지 교육 정책

시기	교육 정책	내용
헌병 경찰 통치	제1차 조선 교육령 (1911)	• 한국인 교육을 보통·실업·전문 교육으로 한정 • 식민지 차별 교육(보통학교 4년)
문화 통치	제2차 조선 교육령 (1922)	• 일본식 학제로 변경(보통학교 6년, 학교 수 증대) • 조선어 필수, 그러나 일본어 교육 강화에 역점
민족 말살 통치	제3차 조선 교육령(1938) 제4차 조선 교육령(1943)	• 황국 신민화 교육 • 조선어 선택 과목, 1940년대 조선어 교육 폐지 • 심상 소학교(1938) → 국민학교(1941)

식민지 교육 정책

일제의 식민지 교육 정책은 한마디로 우민화 정책입니다. 일제의 식민 지배에 순응하고 식민지 공업화에 필요한 하급 노동력을 양성하는 것이 일제 교육 정책의 본질입니다. 이와 같은 일제의 교육 정책은 1~4차 조선 교육령으로 나타났습니다.

제1차 조선 교육령(1911)은 조선인의 교육을 보통 교육과 실업 교육 위주로 편성하고, 한국인들에게 고등 교육이나 과학 연구의 기회를 거의 부여하지 않았습니다. 학제에서도 일본인과 조선인을 차별했습니다. 일본인은 6년제 소학교, 조선인은 4년제 보통학교에서 입학하여 초등 교육을 받았습니다. 중등 교육 기관인 고등 보통학교는 턱없이 부족해 조선인의 교육 요구를 수용할 수 없었습니다. 사립학교와 서당 등 민족 교육 기관은 사립학교 규칙(1911), 서당 규칙(1918)의 통제를 받았습니다. 그 결과 1908년 3천여 개에 달하던 사립학교가 1919년에는 690여 개로 줄었습니다.

3·1 운동 이후 일제의 통치 방식이 소위 문화 통치로 전환하게 되면서 교육 정책에도 몇 가지 변화가 나타났습니다. 이 때 발표된 2차 조선 교육령(1922)은 일본인과 한국인을 동등하게 교육시킨다고 표방하였습니다. 보통학교의 수업 연한을 6년으로 늘리고, 보통학교와 고등 보통학교를 증설하였습니다. 그리고 조선어를 필수 과목으로 지정하였지만 실제로는 일본어 교육 강화에 비중을 두었습니다.

1938년에 제정된 제3차 조선 교육령에서는 민족 말살 정책을 본격화하면서 학교 수업에서 조선어, 조선사 과목을 사실상 폐지하였습니다. 조선어가 수의 과목(선택 과목)으로 편제되었는데 사실상 조선어 교육을 하지 말라는 것이나 다를 바 없었습니다. 보통학교와 소학교의 이원적 체제를 통합하여 (심상)소학교로 바꾸었습니다.

일제는 1941년 소학교 이름을 **'국민학교'***로 바꾸었습니다. 1940년대 이후 조선어 교육은 전면 폐지되었습니다.

***국민학교** '황국신민의 학교'라는 의미이다. 1945년 광복 이후에도 계속 사용되다 1996년 '초등학교'로 바뀌었다.

자료 식민지 교육 정책

자료 1 | 1차 조선 교육령(1911)

제2조 교육은 충량한 국민을 육성하는 것을 본의로 한다.
제5조 보통 교육은 보통의 지식·기능을 부여하고, 특히 국민된 성격을 함양하며, 국어(일어)를 보급함을 목적으로 한다.
제6조 실업 교육은 농업·상업·공업 등에 관한 지식과 기능을 가르치는 것을 목적으로 한다.

자료 2 | 3차 조선 교육령(1938)

제1조 소학교는 국민 도덕의 함양과 국민 생활의 필수적인 보통의 지능을 갖게 함으로써 충량한 황국 신민을 육성하는 데 있다.
제13조 심상 소학교의 교과목은 수신, 국어(일어), 산술, 국사(일본 역사), 지리, 이과, 직업, 도화, 수공, 창가, 체조이다. 조선어는 수의 과목으로 한다.

– 〈조선총독부 관보〉 –

한국사 왜곡

총독부는 한국사의 왜곡을 위하여 조선사편수회(1925)를 설치하고 《조선사》 37권을 편찬하였습니다. **조선사 편수회**에 의해 확립된 식민 사학은 한국사의 타율성, 정체성 등을 강조하고, '일선 동조론'*을 내세웠습니다.

***일선동조론**
한국과 일본의 조상이 같다는 주장이다.

타율성론은 한국 역사의 주체적 성격과 한국 문화의 독자적 성격을 부인하는 이론입니다. 즉, 우리 역사가 주체적, 독자적으로 발전하지 못하고 중국·만주·일본 등 주변 국가의 자극과 지배에 의해 발전하여 왔다는 것입니다.

정체성론은 일본을 포함한 다른 지역은 세계사적 발전 과정에 따라 시대별로 단계적 발전을 거듭한 데 비하여, 한반도의 역사는 고대 이래로 사회 발전 단계가 정체되어 있었다는 논리입니다. 그리하여 한국 역사는 중세 사회(봉건 사회)로 발전하지 못한 채 19세기 말까지도 고대 사회의 수준에 머물러 있었다고 주장하였습니다.

일제는 타율성론과 정체성론을 내세워 조선은 주체적으로 발전할 수 있는 능력이 결여된 사회라고 주장함으로써, '조선은 일본의 도움을 받아야만 문명화될 수 있다.'는 일본 제국주의의 주장을 뒷받침하려 하였습니다.

② 국학 운동의 전개

출제 포인트

조선어 학회와 주요 역사학자(신채호, 박은식, 백남운)는 자주 출제되니 반드시 알아두자.

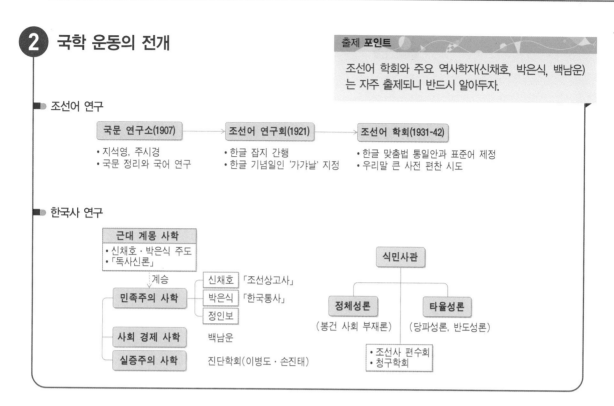

■ 조선어 연구

국문 연구소(1907)	→	조선어 연구회(1921)	→	조선어 학회(1931-42)
• 지석영, 주시경 • 국문 정리와 국어 연구		• 한글 잡지 간행 • 한글 기념일인 '가갸날' 지정		• 한글 맞춤법 통일안과 표준어 제정 • 우리말 큰 사전 편찬 시도

■ 한국사 연구

근대 계몽 사학
• 신채호 · 박은식 주도
• 「독사신론」

↓ 계승

민족주의 사학 ─── 신채호 「조선상고사」
박은식 「한국통사」
정인보

사회 경제 사학 ─── 백남운

실증주의 사학 ─── 진단학회(이병도 · 손진태)

식민사관
정체성론 (봉건 사회 부재론)
타율성론 (당파성론, 반도성론)
• 조선사 편수회
• 청구학회

조선어 연구와 한글 보급

한글, 특히 국문 표기법에 대한 연구는 애국 계몽 운동기 지석영, 주시경 등에 의해 본격적으로 시작되었습니다.

주시경의 뜻을 이어받은 학자들에 의해 1921년 조선어 연구회가 창립되었습니다. 조선어 연구회는 가갸날을 제정하였으며, 《한글》이라는 잡지를 간행하여 한글 연구와 보급에 힘썼습니다.

조선어 연구회는 1931년 이희승, 이윤재, 최현배 등이 중심이 되어 조선어 학회로 확대 · 개편하였습니다. **조선어 학회**는 1933년 《한글 맞춤법 통일안》을 발표하였으며, 이듬해에는 《외래어 표기법 통일안》을 확정하였습니다. 조선어 학회는 이를 기초로 하여 《우리말 큰 사전》 편찬 작업에 착수하여 원고를 거의 완성하였으나 학회가 강제로 해산되어 뜻을 이루지 못하였습니다(조선어 학회 사건, 1942). 일제 당국은 조선어 학회가 독립운동을 한다는 구실로 치안유지법을 적용하여 회원들을 체포하고 강제로 해산시켰습니다.

- 주문(主文) : 피고인 이극로, 최현배, 이희승, 정인승 …(중략)… 정태진에 대한 본건을 함흥 지방 법원의 공판에 부침.
- 이유 : 소화 6년 이래로 피고인 이극로를 중심으로 하여 문화 운동 중 그 기초가 되는 어문(語文) 운동의 방법을 취하여 그 이념으로써 지도 이념을 삼아가지고, 겉으로는 문화 운동의 가면을 쓰고 조선 독립을 목적한 실력 배양 단체로서 본건이 검거되기까지 10여 년이나 오랫동안 민족 운동을 전개하여 온 것이다.

한국사 연구

일제의 식민 사학에 맞서 민족주의 사학과 사회 경제 사학이 나타났습니다. 박은식과 신채호는 민족 의식을 강조하는 민족주의 사학을 발전시켰으며, 정인보와 문일평 등이 이를 계승하였습니다. 사회 경제 사학자로는 백남운이 대표적입니다.

박은식은 민족 정신으로 '조선 국혼'을 강조하였으며, 일본의 한국 침략 과정을 서술한 《한국통사》와 한국 독립운동의 과정을 서술한 《한국독립운동지혈사》를 저술하였습니다. 박은식은 《한국통사》 서문에서 '나라는 형(形), 역사는 신(神)'이라고 하였습니다.

신채호는 〈대한매일신보〉에 《독사신론》을 연재하여 왕조 중심의 사관과 사대주의를 통렬히 비판한 바 있습니다. 그 후 신채호는 해외 독립운동에 몸 바쳐 활동하면서 《조선사 연구초》, 《조선상고사》 등을 저술하여 고대사 연구에 큰 자취를 남겼습니다. 그는 민족 고유의 사상인 '낭가 사상'에 주목하였습니다.

한편 사회주의의 영향을 받은 사회 경제 사학은 유물 사관의 입장에서 한국사를 연구하였습니다. **백남운**은 1930년대 《조선사회경제사》를 통해 한국사도 세계사적 발전 과정을 따라 발전해왔음을 강조하고, 민족주의 역사학의 정신주의와 식민사관의 정체성론을 모두 비판하였습니다.

이병도, 손진태 등은 1934년 진단 학회를 조직하고, 《진단 학보》를 발간하면서 한국사 연구에 힘썼습니다. 이들은 철저한 문헌 고증을 통해 우리 역사를 객관적으로 서술하려 하였습니다. 이들을 실증주의 사학이라 부릅니다.

조선학 운동 문일평, 정인보, 안재홍 등은 1933년 다산 정약용 연구를 중심으로 한 '조선학 운동'을 전개하였다. 이들은 1934년에 정약용의 저서를 모은 《여유당전서》를 발간하여 조선 후기 실학 사상을 재평가하였다.

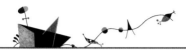

자료 일제 강점기의 역사학

박은식

옛사람이 이르기를, 나라는 없어질 수 있으나 역사는 없어질 수 없다고 하였으니, 그 것은 나라는 형체이고 역사는 정신이기 때문이다. 이제 한국의 형체는 허물어졌으나, 정신만이라도 오로지 남아있을 수 없는 것인가.. 이것이 통사를 저술하는 까닭이다.

– 《한국통사》 –

신채호

무엇을 '我'라 하며 무엇을 '非我'라 하는가? 깊게 팔 것 없이 간단히 말하면 무릇 주체적 위치에 선 자를 '我'라 하고, 그밖에 '非我'라 하는데 … 我에 대한 非我의 접촉이 잦을수록 非我에 대한 我의 투쟁이 더욱 맹렬하여, 인류 사회의 활동이 그칠 사이가 없으며 역사의 앞길이 완성될 날이 없으니, 그러므로 역사는 我와 非我의 투쟁의 기록인 것이다. – 《조선상고사》 –

사회경제사학

조선사 연구는 과거 역사적·사회적 발전의 변동 과정을 구체적·현실적으로 구명함과 동시에 그 실천적 동향을 이론 지우는 것을 임무로 삼아야 한다. 그것은 인류 사회의 일반적 운동 법칙인 사적 변증법으로 그 민족 생활의 계급적 관계 및 사회 체제의 역사적 변동을 구체적으로 분석하고 다시 그 법칙성을 일반적으로 추상함으로써만 가능하다. – 백남운, 《조선사회경제사》 –

실증사학

역사 연구의 임무는 생활 진전의 일반적인, 인간에 대한 보편한 법칙을 발견하는 데에도 있는 것이나, 또 민족의 구체적인 생활의 실상과 그 진전의 정세를 구체적으로 파악하여, 역사로서 그것을 구성하는 데에도 있을 것이다. 따라서 그 연구의 도정에서도, 무슨 일반적인 법칙이나 공식만을 미리 가정하여 그것을 어떤 민족의 생활에 견강부회하는 방법을 취하여서는 안된다. – 이상백, 《조선 문화연구논고》 –

출제 **포인트**

문학과 예술 분야는 계몽기와 결합되어 출제된다.
나운규의 아리랑(1926)이 자주 언급된다.

■ 문학과 예술 활동

애국 계몽 운동기 ~1910년대	3·1 운동	1920년대	중·일 전쟁	일제 말기
• 신소설·신체시 • 창가 • 신극(원각사)		• 저항 문학(한용운, 심훈) • 신경향파 문학 • 무성 영화(1926, 아리랑)		• 창작 활동 위축 • 순수 문학(문장, 1939) • 친일 문학 등장

문학 활동

문학과 예술 활동은 계몽기(1905~1910), 1920년대, 일제 말기 이렇게 시기를 나누어 파악해야 합니다.

3·1 운동 직후 문학에서는 다양한 문예 사조가 등장하였으며, 《창조》, 《폐허》, 《백조》 등의 동인지 발간이 활발하였습니다. 이들은 식민지 현실에 대한 저항보다는 자연주의, 낭만주의 문학을 지향하였습니다. 현진건의 《빈처》, 염상섭의 《만세전》 등 식민지 현실에 대한 관심을 가진 사실주의 경향도 있었습니다.

한용운, 심훈, 이상화 등의 민족적이고 저항적인 작품들도 이 무렵 등장하였습니다. 1920년대 중반에는 사회주의 사조의 영향을 받은 신경향파 문학이 대두하였습니다.

1930년대 이후 사실주의 문학이나 **신경향파 문학**(프로 문학)에 대한 일제의 탄압으로 이른바 순수 문학이 나타났습니다.

중·일 전쟁 이후에는 일본의 침략 전쟁을 찬양하는 친일 문학이 등장하였습니다. 이광수, 최남선 등 많은 문인과 예술가들이 일제의 앞잡이가 되었습니다. 이런 상황에서도 이육사와 윤동주는 저항 의식을 담은 작품 활동을 계속하다 일본 경찰에 체포되어 옥사하였습니다.

음악, 미술, 연극, 영화

음악계에서는 음악을 통해 민족의 울분과 설움을 표현하려는 움직임이 있었습니다. 홍난파는 일본의 억압에 짓밟힌 겨레의 슬픔과 고뇌를 그

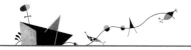

린 가곡 〈봉선화〉를 완성하였고, 현재명은 〈고향 생각〉 등을 발표하였습니다. 미국과 독일에서 활동한 안익태는 1936년경 〈애국가〉와 〈코리아 환상곡〉을 작곡하였습니다.

미술계에서는 안중식과 이중섭 등이 활약하였습니다. 안중식은 한국 전통 회화를 계승 발전시켰으며, 이중섭은 자신의 불우한 삶을 독특한 화풍으로 담아냈습니다. 나혜석은 최초의 여성 서양화가로 활동하였습니다.

연극에서는 1923년 **토월회**가 조직되어 본격적인 근대 연극이 시작되었습니다. 1931년에는 유치진 등에 의해 극예술 연구회가 조직되었는데, 일제의 검열과 탄압으로 1938년에 해체되었습니다.

영화계는 우리나라 최초의 영화사인 조선 키네마 주식회사가 설립되어 한국 영화의 발전에 이바지하였습니다(1924). 1926년에는 나운규가 민족의 저항 의식과 한국적 정서를 담은 〈**아리랑**〉을 제작·발표하였습니다. 1935년에는 무성 영화 시대를 마감하고 최초의 유성 영화가 제작되었습니다.

아리랑 포스터

창덕궁은 태종 때 건축된 왕궁으로, 경복궁의 동쪽에 자리 잡아 동궐이라고도 불렸다. 창덕궁은 임진전쟁 이후 가장 먼저 복원됨에 따라 조선의 법궁으로 이용되어 실제 경복궁보다 왕실과 함께한 기간이 더 길었다. 그리고 후원을 조성하여 왕실의 행사를 열고, 국왕이 휴식을 취하기도 했으며, 정조 때에는 규장각을 설치하며 학문 연마의 장소로 이용하기도 했다. 하지만 창덕궁은 임오군란 때 군중의 습격을 받았으며, 갑신정변 때 급진 개화파가 고종을 모시는 사건이 일어나는 등 많은 혼란을 겪은 장소이다. 그리고 한·일 병합 조약이 창덕궁의 대조전에서 강제로 체결되었고, 왕실의 가족들이 거주하다 생을 마감하여 조선 왕조의 마지막을 함께한 공간이기도 하다.

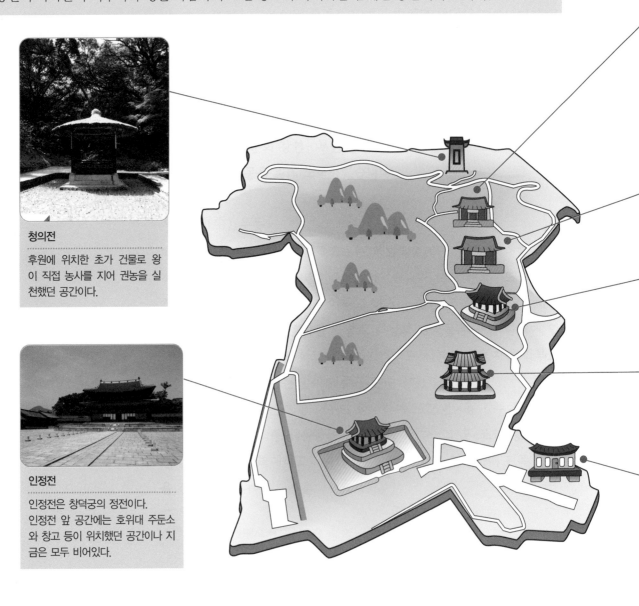

청의전

후원에 위치한 초가 건물로 왕이 직접 농사를 지어 권농을 실천했던 공간이다.

인정전

인정전은 창덕궁의 정전이다. 인정전 앞 공간에는 호위대 주둔소와 창고 등이 위치했던 공간이나 지금은 모두 비어있다.

연경당

순조 때 양반 사대부가의 주택 양식으로 지은 건물이다.

존덕정

왕권 강화를 지향하는 의미를 담아 정조가 지은 '만천명월주인옹자서(萬川明月主人翁自序)' 라는 현판이 걸려 있다.

후원 주합루

주합루는 정조 때 창건된 2층 건물로 1층엔 왕실 직속 기관인 규장각이 위치하였다.

대조전

왕과 왕비의 생활 공간으로 왕실의 행사가 열리기도 했다. 1910년 한·일 합병 조약이 맺어졌던 곳이기도 하다.

낙선재

헌종의 명에 따라 경빈을 위한 생활 공간으로 조성되었던 낙선재는 이후, 조선 왕실의 마지막 생활 공간으로 활용되었다.

(글·사진 조승준)

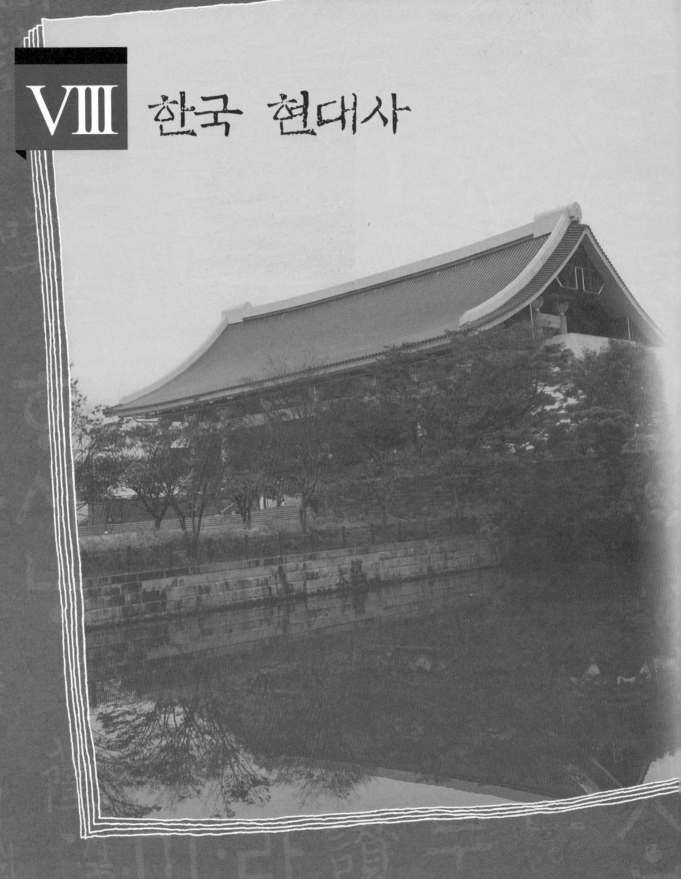

VIII 한국 현대사

대한민국 정부의 수립

1 8·15 전후의 건국 준비

출제 포인트
건국 준비 위원회와 여운형에 대해 정확하게 알아두자

■ 8·15 전후의 건국 준비 세력

지역		단체	군사적 기반	강령
국내		조선 건국 동맹(여운형)		일제 타도와 민주주의 국가 건설
중국	충칭	대한민국 임시정부(김구)	한국 광복군	3균주의 (정치, 경제, 교육)
	옌안	조선 독립 연맹(김두봉)	조선 의용군	보통 선거에 의한 민주 공화국 수립

■ 광복 직후의 남북한 정세

조선 건국 준비 위원회		• 여운형, 안재홍 등이 건국 동맹을 바탕으로 조직(광복 이후 최초의 정치 단체) • 치안대 조직(자주적 질서 유지 활동) → 조선 인민 공화국 선포(1945.9)
남북한의 정세	남한	• 미군정의 직접 통치 (맥아더 포고령) : 건준과 인민 공화국 부정, 충칭 임시 정부 부정 • 총독부 체제를 그대로 유지 (친일파 등용, 한민당 지원)
	북한	소련군 사령부 설치, 인민 위원회 인정

8·15 전후의 건국 준비

1941년 12월 일제가 태평양 전쟁을 일으키자 대한민국 임시정부는 일제의 패망 이후를 준비하였습니다. 임시정부는 삼균주의를 기초로 한 건국 강령을 발표하고, 한국 광복군을 조직하여 항일 전쟁에 적극 가담하였습니다. 연합국의 승리가 굳어지자 해외 독립운동 세력을 모아 반추축 연합 전선을 만들려고 노력했습니다. 그 과정에서 조선민족혁명당 인사들이 임시정부에 참여하고, 조선 의용대가 한국 광복군에 합류하게 되었습니다.

옌안에서는 사회주의 계열의 조선독립동맹이 결성되었습니다. 이들은 조선 의용군을 조직해서 중국 공산당 팔로군과 함께 대일 항전을 전개하였습니다.

시기	명칭	참가국	주요 내용
1943. 11	카이로 회담	미·영·중	한국 독립 최초 약속
1945. 2	얄타 회담	미·영·소	소련의 대일전 참전
1945. 7	포츠담 회담	미·영·중·(소)	한국 독립 재확인

한국 문제와 관련된 국제 회의

　국내에서는 1944년 여운형이 **조선건국동맹**을 조직하였습니다. 조선 건국동맹은 전국적인 조직을 갖추는 한편, 군사 위원회를 설치하고 조선독립동맹과의 연대를 모색하였습니다. 이 단체는 광복 직후 조선건국준비위원회의 모태가 되었습니다.

　이들 단체들은 활동 시역, 이념과 노선이 서로 달랐지만, 모두 광복 이후 새롭게 건설될 나라가 옛 대한제국의 부활이 아니라 민주주의 공화국이 되어야 한다는 공감대를 가지고 있었습니다.

8·15 광복

1945년 8월 15일, 일본의 패망으로 우리 민족은 광복을 맞이하게 되었습니다. 여운형은 좌·우익의 합작 형태로 조선건국준비위원회를 결성하였습니다. **건국준비위원회**는 질서 유지를 위해 치안대를 조직하고 전국에 145개의 지부를 두었습니다.

　박헌영을 비롯한 공산주의자들도 조선 공산당을 결성하고, 조선건국준비위원회에 참여하였습니다. 한편 김성수와 송진우 등 우익 인사들은 조선건국준비위원회에 참여하지 않고 독자적으로 한국민주당(한민당)을 결성하였습니다.

자료　조선 건국 준비 위원회

〈선언〉 본 준비 위원회는 우리 민족을 진정한 민주주의적 정권으로 재조직하기 위한 새 국가 건설의 준비 기관인 동시에 모든 진보적 민주주의적 제세력을 집결하기 위하여 각계각층에 완전히 개방된 통일 기관이요, 결코 혼잡한 협동 기관은 아니다.

〈강령〉 1. 우리는 완전한 독립 국가의 건설을 기함

　　　2. 우리는 전민족의 정치적· 사회적 기본 요구를 실현할 수 있는 민주주의 정권의 수립을 기함

　　　3. 우리는 일시적 과도기에 있어서 국내 질서를 자주적으로 유지하여 대중 생활의 확보를 기함

　　　　　　　　　　　　　　　　　　　　　　　 － 〈매일신보〉, 1945. 9. 3 －

　점차 조선건국준비위원회가 좌익 중심으로 운영되자 안재홍 등 일부 인사들은 이탈하였습니다. 조선건국준비위원회 내의 좌익 세력은 미군의 진주에 대비해 서둘러 국가 체제를 갖추기 위해 9월 6일 조선인민공화국(인공)을 수립하고, 각 지방에 **인민위원회**를 조직하였습니다. 조선인민공화국은 외형적으로 좌우 균형을 맞추기 위해 이승만, 김구, 김일

성 등을 각료에 포함시켰지만, 해외에 있던 당사자들과 우익 인사들은
참여하지 않았습니다.

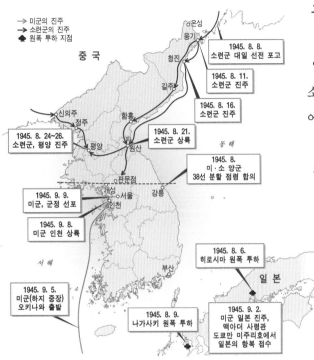

- → 미군의 진주
- → 소련군의 진주
- ♣ 원폭 투하 지점

중 국

1945. 8. 8.
소련군 대일 선전 포고

1945. 8. 11.
소련군 진주

1945. 8. 16.
소련군 진주

1945. 8. 24~26.
소련군, 평양 진주

1945. 8. 21.
소련군 상륙

1945. 8.
미·소 양군
38선 분할 점령 합의

1945. 9. 9.
미군, 군정 선포

1945. 9. 8.
미군 인천 상륙

1945. 8. 6.
히로시마 원폭 투하

일 본

1945. 9. 5.
미군(하지 중장)
오키나와 출발

1945. 8. 9.
나가사키 원폭 투하

1945. 9. 2.
미군 일본 진주,
맥아더 사령관
도쿄만 미주리호에서
일본의 항복 접수

미·소 양군의 한국 분할 점령

광복 직후의 정세

얄타 회담의 결정에 따라 소련은 1945년 8월 8일
일본에 선전 포고하고 한반도로 진격하였습니다.
소련군의 북한 진주에 이어 미국군도 9월 초 남한
에 진주하여 일본군의 무장을 해제하였습니다.

38도선 이북에 진주한 소련군은 인민위원회를 인
정하였으나, 미군정은 '**맥아더 포고령 1호**'를 통해
인민공화국과 인민위원회를 인정하지 않았습니
다. 미군정은 중국과 친밀하고 민족주의적 성
격을 지닌 임시정부를 달갑지 않게 보았으
며, 주석인 김구의 귀국도 개인 자격으로
만 허용하였습니다.

38도선은 미군과 소련군의 관할권을 표
시하는 상징적인 선에 불과하였지만, 점차 남
북을 갈라놓는 실질적인 경계선으로 변해 갔습니
다. 북한 지역에서는 김일성 세력이 인민위원회의 주도권을 장악해 나
갔습니다. 38도선 이남에서는 미군정의 지지에 힘입은 우익 세력(한국
민주당)이 미군정의 행정 기구에 적극 참여하였습니다.

1945년 10월에는 이승만이 미국에서 귀국하여 독립촉성중앙협의회
를 조직하였습니다. 11월에는 김구 등 임시정부의 지도자들이 중국에서
귀국하였습니다. 김구는 임시정부의 정통성을 주장하며 임시정부가 정
식 정부가 되어야 한다고 주장하였습니다.

> 자료 **태평양 방면 미 육군 총 사령관 맥아더 포고령 1호**
>
> 제1조 북위 38도선 이남의 조선 영토와 조선 인민에 대한 통치의 모든 권한은 당
> 분간 본관의 권한하에 시행 한다.
>
> 제2조 정부 등 모든 공공 사업 기관에 종사하는 직원과 고용인은 …(중략)… 별도
> 의 명령이 있을 때까지 종래의 정상 기능과 업무를 수행할 것이며 …(후
> 략)…

② 좌우 대립의 심화

출제 포인트

신탁 통치 문제, 좌우 합작 운동 등이 자주 출제된다.

해방 정국에서 이승만, 김규식, 김구 등 인물에 대한 문제가 자주 나온다.

▶ 모스크바 협정

모스크바 3국 외상 회의	임시 민주 정부 수립, 미·소 공동 위원회 설치, 최고 5년간 신탁 통치 결정
좌우 대립의 심화	• 우익(김구, 이승만, 한민당)은 신탁 통치 반대(제2의 식민 통치) • 좌익(공산당)은 협정 지지
미·소 공동위원회	• 제1차 회의 (1946. 3) : 미국(모든 정치 세력)과 소련(협정 지지 세력)의 입장 차이로 휴회 • 제2차 회의 (1947. 5) : 트루먼 독트린 이후 냉전이 심화되며 완전 결렬

▶ 좌우 합작 운동

배경	• 신탁 통치를 둘러싼 좌우 대립, 미·소 공동 위원회의 휴회 • 이승만의 정읍 발언(1946. 6)과 단독 정부 수립 운동
전개	• 좌우 합작 위원회 결성 : 여운형, 김규식 등 중도파 주도 • 좌우 합작 7원칙 제정(1946. 10)
실패	좌우 대립(한민당과 남로당의 불참), 미군정의 지원 철회, 여운형 암살

모스크바 협정과 반탁 운동

1945년 12월 모스크바에서 미국, 영국, 소련의 3국 외상 회의가 개최되었습니다. 이 회의에서는 한국 임시 민주 정부의 수립, 미·소 공동위원회 설치, 그리고 최고 5년 기한의 신탁 통치* 실시를 결정하였습니다. 신탁 통치안은 연합국이 카이로 선언(1943), 포츠담 선언(1945)에서 우리 민족을 적당한 절차를 밟아서 독립시키겠다고 약속한 것을 구체화시킨 것입니다.

연합국의 신탁 통치안은 즉각적인 독립을 고대하던 한국인들에게 실망스러운 일이었습니다. 이 소식을 접한 이승만, 김구 등 우익 세력은 '신탁통치반대국민총동원위원회'를 결성하고 반탁 운동을 전개하였습니다. 좌익 세력은 초기의 신탁 통치 반대 입장을 철회하고, 모스크바 3상 회의 결정을 총체적으로 지지한다는 입장을 밝혔습니다. 이후 좌·우익은 각각 '협정 지지 세력'과 '반탁 세력'으로 나뉘어 격렬하게 대립하였습니다.

*신탁 통치 자치할 능력이 없는 나라를 강대국이 일정 기간 통치하는 것을 말한다.

  1946년 3월 미국과 소련은 한국의 임시 민주 정부 수립을 논의하기 위해 제1차 미·소 공동위원회를 개최하였습니다. 회담은 시작하자마자 협의의 대상이 될 정당과 사회 단체를 선정하는 문제를 둘러싸고 난관에 부딪쳤습니다. 소련 측은 모스크바 3상 회의 결정을 지지하는 정당과 사회 단체만 협의 대상으로 삼자고 했고, 미국은 신탁 통치 반대 세력까지 포함시키자고 하였습니다. 결국 회담은 두 달여 만에 휴회에 들어가고 말았습니다. 이후 국제적으로 냉전이 본격화되면서 1947년에 열린 2차 미·소 공동위원회도 이견을 좁히지 못한 채 결렬되었습니다.

좌우 합작 운동

제1차 미·소 공동위원회가 결렬되자 각 정치 세력들은 독자적인 모색을 시도하였습니다. 이승만은 남쪽만이라도 먼저 임시정부를 수립하자고 제의하였습니다(1946. 6, **정읍 발언**).

  그러나 그의 제의는 한국 민주당을 제외한 모든 정치 세력들이 반대하였으며, 미군정도 동의하지 않았습니다.

중도파의 여운형과 김규식 등은 좌우 대립을 극복하고 통일 정부를 수립하기 위해서 좌우 합작을 모색하였습니다. 미군정도 신탁 통치 문제를 둘러싼 좌우 대립과 혼란을 막기 위해 좌우 합작 운동을 적극 지원하였습니다. 얼마 뒤 중도파 세력을 중심으로 좌우합작위원회가 결성되었습니다(1946.7). **좌우합작위원회**는 좌익과 우익의 제안을 절충하여 '좌우 합작 7원칙'을 발표하였습니다(1946.10). 이 원칙은 좌우익 간에 이견이 심했던 토지 문제와 친일파 처리 문제 등이 중도적 입장에서 조정된 것이 특징입니다.

> **자료 좌우합작 7원칙**
> 1. 남북을 통한 좌우 합작으로 민주주의 임시정부를 수립할 것
> 2. 미 · 소 공동 위원회 속개를 요청하는 공동 성명을 발표할 것
> 3. 토지를 개혁하여 농민에게 분배하고, 중요 산업을 국유화할 것
> 4. 민족 반역자를 처리할 조례를 본 위원회가 입법 기구에 제안하여 결정하게 할 것
> 6. 입법 기구에 있어서는 일체 그 권능과 구성 방법, 운영 등에 관한 대안을 본 합작 위원회에서 작성하여 적극적으로 실행을 기도할 것

그러나 반공주의를 내세워 단독 정부 노선을 취했던 한국 민주당 측과 토지 개혁과 친일파 처리의 급진적 해결을 추구했던 남조선노동당(남로당) 측은 모두 좌우 합작 운동에 반대하였습니다. 1947년 이후 냉전이 격화되자 미군정은 좌우 합작 운동 지원을 철회하고 우익 세력을 옹호하였습니다. 1947년 7월 여운형이 암살당하면서 좌우 합작 운동은 사실상 막을 내렸습니다.

한편 미군정은 좌우합작위원회와 한민당계를 주축으로 남조선 과도 입법 의원*을 구성하고(1946.12), 남조선 과도 정부를 설치하였습니다(1947.2).

***남조선 과도 입법 의원** 간접 선거로 선출한 민선 의원 45명, 미군정에서 임명한 관선 의원 45명으로 구성되었다. 1946년 12월 12일 개원하여 1948년 5월 19일 해산했으며 초대 의장에 김규식이 선임되었다.

중도파

좌 박헌영 ─── 여운형 ─── 김규식 ─── 김구 ─── 우
              안재홍   이승만 · 한민당

정당	중심 인물	이념	성향
한국 민주당	송진우, 김성수	우파	친일 지주 출신, 단독 정부 수립 주도
독립 촉성 중앙 협의회	이승만	우파	반탁 운동 주도, 단독 정부 수립 주도
한국 독립당	김구	우파	임정 요인 주축, 반탁, 단독 정부 반대
국민당	안재홍	중도 우파	신민족주의와 신민주주의
민족 자주 연맹	김규식	중도 우파	좌우 합작 운동, 남북 협상 주도
조선 인민당	여운형	중도 좌파	진보적 민주주의 표방, 좌우 합작 운동
조선 공산당	박헌영	좌파	대지주 토지의 '무상 몰수' 주장

해방 직후 주요 정치 세력 (남한)

③ 대한민국의 수립

출제 포인트

정부 수립 과정을 연표로 제시하는 문제가 자주 출제된다.

5·10 총선거의 과정과 결과를 알아두자.

■ 대한민국의 수립

한국 문제의 UN 상정	• UN 총회(1947. 11) : 남북한 자유 총선거 실시와 UN 한국임시위원단 설치 결정 • UN 소총회(1948. 2) : 소련의 거부로 남한 단독 총선거 결정
남북 협상	• 김구와 김규식이 남북 정치 회담 제의 → 북쪽 수용 • 남북 지도자 회의 (1948. 4) : '단독 정부 수립 반대, 외국 군대 즉시 철수' 결의
정부 수립을 둘러싼 갈등	• 제주 4·3 사건 : 단독 총선거 반대를 주장하는 좌익 주도의 민중 봉기 • 여수 순천 10·19사건 : 제주 4·3 사건 진압 명령을 거부한 군부대의 반란
대한민국 정부의 수립	• 5·10 총선거 실시 : 최초의 보통 선거, 남북 협상파와 좌익 불참 • 제헌 헌법 제정(대통령 중심제) → 대한민국 정부의 수립

한반도 문제의 유엔 이관

제2차 미·소 공동위원회가 결렬되자 미국은 한반도 문제를 유엔 총회에 상정하였습니다. 소련은 한국 문제를 유엔에서 다룰 수 없다고 하면서 외국 군대의 철수를 제안하고 유엔 총회에 불참하였습니다.

유엔 한국 임시 위원단 한반도 안에서 공정한 선거와 민주적인 정부 수립이 이루어지도록 돕기 위해서 설치되었다. 오스트레일리아, 프랑스, 시리아, 인도, 엘살바도르, 중국, 필리핀, 캐나다 등 8개국 대표로 구성되었다.

1947년 11월 열린 유엔 총회는 유엔 한국 임시 위원단*을 설치하고, 이 위원단의 감시하에 남북한 총선거를 실시하여 통일 독립 정부를 수립하도록 하는 결의안을 통과시켰습니다. 이 결의안에 따라 1948년 1월 유엔 한국임시위원단이 한반도에 파견되어 정부 수립 문제에 관해 정치 지도자들과 상의하는 등의 활동을 개시하였습니다. 그러나 소련 측은 인구가 남한보다 적은 북한이 총선거에 불리하다고 생각하여 유엔 한국 임시위원단의 입북을 거부하였습니다. 결국, 1948년 2월 유엔 소총회는 선거 실시가 가능한 지역, 즉 38도선 이남 지역만의 단독 선거를 결정하였습니다(1948. 2).

> **자료 ▶ 유엔 총회의 결의**
> 1. 한국 국민 중에서 대표를 선출해서 정부 수립에 참여시키기 위한 유엔 한국 임시 위원단을 설치한다.
> 2. 각 투표 지구 또는 지대로부터의 대표자 수는 인구에 비례하여야 하며, 선거는 임시 위원단 감시 하에 시행하여야 한다.   – 유엔 총회 결의문(1947. 11) –

남북 협상

유엔에서 한반도 문제가 논의되는 동안 중도파를 중심으로 남북 협상론이 제기되었습니다. 김규식, 홍명희 등 중도파 인사들은 민족자주연맹을 결성하고 미·소 양군 철수와 남북 통일 정부 수립을 위한 남북 정치 단체 대표자회의 개최를 주요한 정책으로 내걸었습니다. 독자 노선을 추구하고 있던 김구가 이 주장을 수용하면서 남북 협상론은 급물살을 타게 되었습니다.

김구와 김규식은 1948년 2월 김일성과 김두봉에게 편지를 보내 남북 정치 회담을 제의하였습니다. 1948년 4월에 평양에서 개최된 **남북 협상 회의**에 남북한의 정치 지도자들이 참석하여 통일 정부 수립 문제를 논의하였으나, 아무런 성과를 거두지 못했습니다. 이 회의를 마치고 돌아온 김구와 김규식은 5·10 총선거에 불참하고, 통일 정부 수립을 위한 노력을 계속하였지만 분단 정부 수립을 막지는 못했습니다.

남북 협상을 위해 38도선에 선 김구 "통일된 조국을 건설하려다가 38도선을 베고 쓰러질지언정, 일신에 구차한 안일을 위하여 단독 정부를 세우는 데는 협력하지 아니하겠다."(김구, 〈삼천만 동포에게 읍고함〉)

정부 수립을 둘러싼 갈등

단독 정부를 수립하기 위한 선거가 5월 10일로 확정되자 이를 둘러싼 갈등은 점점 격화되었습니다.

1948년 4월 3일 제주도에서는 좌익 세력의 주도로 5·10 총선거 반대와 남북 통일 정부 수립을 주장하는 무장 봉기가 일어났습니다(제주 4·3 사건). 이로 인해 제주도에서는 5·10 총선거가 제대로 치러지지 못하였습니다. 미군정은 서북 청년단*과 경찰, 군대를 파견하여 봉기의 진압에 나섰습니다. 이후 무장대와 토벌대 간의 유혈 충돌로 수만 명의 제주도민이 희생당하는 사태가 벌어졌습니다.

대한민국 정부 수립 직후 이승만 정부는 제주도의 좌익 무장대 토벌을 위해 여수·순천에 주둔 중이던 14연대를 파견하려 하였습니다. 그러나 14연대의 좌익 장교들은 제주도 출동 명령을 거부하고 반란을 일으켰습니다(여수·순천 10·19 사건). 정부는 여수·순천 지역의 군사 반란을 진압하고, 군대 내의 좌익 세력을 몰아내는 숙군(肅軍) 작업을 실시하

*서북 청년단 미군정 당시 조직된 보수적 성향의 청년 단체로, 북한에서 월남한 인사들이 주축이었다.

였습니다. 1949년에는 좌익 세력의 활동을 근본적으로 차단하려는 목적으로 국가보안법을 제정하였습니다.

대한민국 정부의 수립

1948년 5월 10일 38도선 이남 지역에서는 국회의원을 선출하는 총선거가 실시되었습니다. 김구와 김규식 등의 남북 협상파와 좌익 세력은 5·10 총선거에 참여하지 않았습니다.

선거 결과로 제주도 2개 선거구를 제외한 지역에서 198명의 제헌 의원들이 선출되어 제헌 국회가 구성되었습니다. 제헌 국회는 '대한민국'을 국호로 정하고 7월 17일에 헌법을 제정, 공포하였습니다. 그리고 새로 제정된 헌법 절차에 따라 대통령에 이승만, 부통령에 이시영을 선출하였습니다. 제헌 헌법은 대통령 중심제를 골격으로 하면서, 대통령을 국회에서 선출하는 내각제 요소를 가미하고 있었습니다.

이승만은 행정부를 구성하고, 1948년 8월 15일에 대한민국 정부의 수립을 국내외에 선포하였습니다. 그 해 12월 대한민국은 제3차 유엔 총회에서 선거가 가능했던 지역에서의 유일한 합법 정부임을 승인받았습니다.

5·10 총선거 결과 정당별 의석 분포

북한 정부의 수립

광복 직후 북한 지역에서는 조만식이 주도하는 '평안남도 건국준비위원회'가 결성되었으나, 소련군은 도별로 좌우 합작 성격의 인민위원회를 조직하고 행정권을 이양하였습니다.

1946년 2월 북조선 임시 인민위원회가 조직되고 김일성이 위원장으로 취임하였습니다. 북조선 임시 인민위원회는 '무상 몰수, 무상 분배'에 의한 **토지 개혁**을 실시하는 한편, 공장과 광산, 철도를 비롯한 주요 산업을 국유화하는 소위 '민주 개혁'을 단행하였습니다.

1947년에는 북조선 인민위원회를 수립하고, 1948년 2월 조선인민군을 창설하였습니다. 1948년 남한에 정부가 수립되자 북한은 곧바로 최고인민회의 대의원 선거를 거쳐 '조선 민주주의 인민 공화국'을 수립하였습니다. 이로써 남과 북에 각각 다른 정부가 들어서게 되어 통일 국가 수립은 민족적 과제로 남게 되었습니다.

4 광복 이후의 사회와 경제

출제 포인트

반민법과 반민 특위의 활동에 대해 알아두자.

농지 개혁을 북한의 토지 개혁과 비교하여 알아두자.

■ 친일파 청산과 농지 개혁

친일파 청산 시도	반민족 행위 처벌법	반민족 행위 특별 조사 위원회(반민 특위) 설치
	반민 특위의 활동	• 이승만 정부는 반공주의를 내세워 친일파 청산에 소극적 • 친일 세력은 반민 특위 활동 방해(국회 프락치 사건, 반민 특위 습격 사건)
농지 개혁		• 방식 : 3정보 이상의 토지는 유상 매입·유상 분배, 5년간 수확량의 30%씩 상환 • 의의 : 지주제 폐지, 자영농 증가 • 한계 : 농지 개혁이 지연됨에 따라 지주들이 토지를 미리 처분
귀속 재산의 처분		휴전 직후 민간인 연고자에게 매각 → 한국 자본주의 주요 세력으로 성장

친일파 청산을 위한 노력

해방 직후 미군정은 총독부에서 복무한 관료와 경찰을 그대로 등용하였습니다. 대한민국 수립 이후 이승만 정부도 친일 관료들을 대거 등용하였습니다.

민족 반역자를 처벌하여 민족 정기와 사회 정의를 바로잡기 위해 제헌국회에서는 1948년 9월 '반민족행위처벌법(반민법)'을 제정, 공포하였습니다. 곧이어 국회에서는 반민족행위 특별조사위원회(반민특위)와 특별재판부를 구성하였습니다. **반민특위**는 예비조사를 벌여 7,000여 명에 달하는 친일파 명단을 작성하고, 이 중 478명을 체포하여 일부를 특별검찰부에 송치하였습니다.

반민특위 활동에 대해 이승만 정부는 반공주의를 내세워 소극적인 자세를 취했습니다. 반민특위에서 악질 일본 경찰이었던 노덕술을 검거하자, 이승만 대통령은 '공산주의자와 싸운 애국자'라고 옹호하는 특별 담화를 발표하기도 하였습니다. 한편 이승만 정부는 일부 위원이 공산당과 내통했다는 구실로 반민특위 위원들을 구속했고(**국회 프락치 사건***), 경찰을 동원하여 반민특위 산하 특경대를 강제로 해산시켰습니다.

이후 반민법의 시효를 1950년 6월 20일에서 1949년 8월 31일로 단축한 개정 법안이 국회에서 통과됨으로써 반민특위는 해체되었습니다.

반민 특위의 실적	
취급 건수	682건
영장 발부	408건
기소	221건
재판 종결	38건
• 사형	1건
• 징역	6건
• 집행 유예	5건
• 공민권 정지	18건
• 무죄	6건
• 형 면제	2건

반민족 행위자 처벌 실태 반민 특위에 의해 실형을 선고 받았던 반민족 행위자는 1950년 3월까지 형집행 정지 등으로 모두석방되었다.

*****국회 프락치 사건** 국회 부의장 김약수를 비롯한 13명의 의원이 제헌 국회에서 남로당의 프락치(공작원)로 활동했다는 혐의로 체포된 사건이다.

농지 개혁

광복 당시 전체 경작 면적의 60% 이상이 소작지였습니다. 따라서 농지 개혁은 국민 대다수를 차지하는 농민들의 강렬한 열망이었습니다.

미군정은 일본인이 남기고 간 재산인 귀속 재산*을 관리하기 위해 **신한공사**를 설립하는 한편, 소작료가 총 수확물의 3분의 1을 초과할 수 없도록 규제하며 농민들의 불만을 잠재우려 하였습니다.

북한에서 토지 개혁이 단행되자 미군정도 농지 개혁을 시도하였으나, 한민당과 지주층의 반발로 이루어지지 못했습니다. 다만 일본인이 남기고 간 귀속 농지에 한하여 원래의 소작인과 귀국 동포들에게 유상으로 불하하였습니다(1948.2).

*귀속 재산 광복 당시 조선 총독부, 기관, 일본인이 소유한 재산을 미군정에 속하도록 한 것. 적산이라고도 함.

구분	남한	북한
개혁안	농지개혁법 (산림, 임야 제외)	토지개혁법 (전 토지)
법령 공포	1949. 6(1950. 3 개정)	1946. 3
원칙	유상 매입, 유상 분배	무상 몰수, 무상 분배
토지 상한선	3정보	5정보

농지 개혁(남한)과 토지 개혁(북한)

대한민국 정부 수립 이후 본격적으로 **농지 개혁**이 추진되었습니다. 1949년 농지개혁법이 공포되고, 1950년 5월부터 시행되었습니다. 농지 개혁은 한 가구당 3정보를 소유 상한으로 하여 그 이상의 농지는 국가가 지가 증권을 발급하여 매수하고, 토지를 분배받은 농민은 5년 동안 현물로 상환하게 하였습니다(유상 매입, 유상 분배).

농지 개혁의 결과 총경지의 40%에 달하는 89만 정보의 땅이 농민에게 재분배되었습니다. 이로써 전통적인 지주·소작제가 붕괴되고 농민들이 토지를 소유하게 됨으로써 근대 자본주의적 토지 소유 구조가 만들어지게 되었습니다.

그러나 이 법이 시행되기도 전에 지주가 땅을 미리 팔아치운 경우가 많았습니다. 또 토지 대금으로 받은 지가 증권은 현금화가 어려워 중소 지주들이 산업 자본가로 전환하는 데는 어려움이 많았습니다.

> **자료 농지 개혁법**
>
> 제5조 정부는 다음에 의하여 농지를 매수한다.
> 　　　2. 다음의 농지는 본 법 규정에 의하여 정부가 매수한다.
> 　　　　　(가) 농가 아닌 자의 농지
> 　　　　　(나) 자경하지 않는 자의 농지
> 　　　　　(다) 3정보를 초과하는 부분의 농지
> 제12조 농지의 분배는 1가구당 총 경영 면적 3정보를 초과하지 못한다.

5 6·25 전쟁

출제 포인트

한국 전쟁의 전개 과정, 휴전 회담 등을 반드시 알아 두자.

6·25 전쟁

전쟁 전야	• 애치슨 선언(1950. 1), 소련의 무기 지원·조선의용군의 북한군 편입 • 38선 부근의 잦은 무력 충돌, 좌익 세력의 게릴라 활동
전개 과정	• 북한의 전면 남침(1950. 6. 25) → UN군 참전과 낙동강 전선의 교착 • 인천 상륙 작전(1950. 9. 15) → 압록강변까지 진출 (1950. 10 .26) • 중국군의 참전(1 ·4 후퇴) → 서울 재수복(1951. 3) → 38도선 일대에서 전선 교착
휴전 회담	• 군사 분계선 설정, 전쟁 포로 문제로 난항(자유 송환 vs 자동 송환) • 휴전 반대 운동 : 이승만 정부의 휴전 반대 범국민 운동, 반공 포로 석방(1953. 6) • 휴전 협정 체결(1953. 7. 27) : 미국과 북 · 중 간의 협상 • 한 · 미 상호 방위 조약(1953. 10)

6·25 전쟁의 전야

남과 북에 각기 정부가 수립되어 내전 발발의 위기감은 현실화되었습니다. 한반도를 둘러싼 국제 정세의 변화도 긴장을 높였습니다.

1950년 1월 미국의 국무장관 애치슨은 미국의 태평양 방위선에서 한국을 제외시킨다고 발표하였습니다(**애치슨 선언***). 반면, 소련은 북한에 많은 현대식 무기를 공급하여 군사력을 강화시켜 주었고, 내전에서 승리한 중국은 조선 의용군 출신 팔로군 병사들을 북한군에 편입시켜 주었습니다.

1950년 무렵부터 남북 정부는 서로의 체제를 비판하면서 38도선 부근에서 잦은 무력 충돌을 빚고 있었습니다. 남한 지역의 지리산, 태백산 일대에는 좌익 세력의 게릴라 활동으로 거의 내전 상태에 가까웠습니다.

이승만 정부는 군대와 경찰 그리고 서북청년단 등 극우 단체에 의존하여 정권을 유지하기에 바빴습니다.

***애치슨 선언** 미국의 극동 방위선은 알류산 열도, 일본 본토를 거쳐 류큐로 이어진다. 방위선은 류큐에서 필리핀으로 연결된다.…(중략)… 이 방위선 밖에 위치한 나라의 안보에 대해서는 군사적 공격에 대하여 아무도 보장할 수 없다.

6·25 전쟁의 전개 과정

1950년 6월 25일 북한군의 전면적인 공격으로 6·25 전쟁이 시작되었습니다. 병력과 장비가 부족한 국군은 후퇴할 수밖에 없었고, 북한군은 3일 만에 서울을 점령하였습니다. 정부는 대전, 대구를 거쳐 부산으로 피란하여, 이곳을 임시 수도로 하였습니다.

긴급 소집된 유엔 안전보장이사회는 북한을 침략자로 규정하고 유엔군의 파병을 결의하였습니다. 유엔군의 참전에도 북한군의 진격은 멈추지 않았고, 8월에는 낙동강을 따라 방어선이 구축되었습니다.

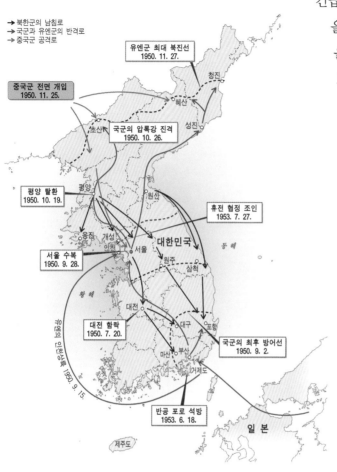

→ 북한군의 남침로
→ 국군과 유엔군의 반격로
→ 중국군 공격로

유엔군 최대 북진선
1950. 11. 27.

중국군 전면 개입
1950. 11. 25.

국군의 압록강 진격
1950. 10. 26.

평양 탈환
1950. 10. 19.

휴전 협정 조인
1953. 7. 27.

대한민국

동 해

서울 수복
1950. 9. 28.

황 해

유엔군의 인천상륙 1950. 9. 15.

대전 함락
1950. 7. 20.

국군의 최후 방어선
1950. 9. 2.

반공 포로 석방
1953. 6. 18.

일 본

제주도

6 · 25 전쟁의 전황

국군과 유엔군은 9월 15일 인천 상륙 작전을 계기로 반격을 시도하여, 9월 28일에는 서울을 수복하고, 10월 1일 38도선을 돌파하여 10월 하순에는 압록강까지 진격하였습니다.

그러나 중국군이 참전하면서 국군과 유엔군은 후퇴하여 서울을 다시 빼앗겼습니다(1951, 1·4 후퇴). 평택까지 밀렸던 국군과 유엔군은 전열을 재정비하여 1951년 5월 중순경에는 38도선 부근까지 진격하였습니다. 이후 38도선 부근에서 전선이 교착 상태에 빠지자 소련의 제안에 따라 휴전 회담이 시작되었습니다.

휴전 회담은 '군사 분계선 설정과 포로 교환 방식'을 두고 지루한 협상이 계속되어 2년간이나 지속되었습니다. 1953년 7월 27일 미국과 북·중 사이에 비무장 지대 설치, 군사정전위원회와 중립국 감독 위원회 설치 등을 골자로 한 정전 협정이 체결되었습니다. 이승만 정부는 휴전에 반대하여 정전 회담에 참여하지 않았고, 반공 포로를 석방하는 조치를 취하기도 하였습니다(반공 포로 석방, 1953. 6). 이에 미국은 경제 원조와 주한 미군 주둔을 약속하면서 이승만 정부의 동의를 얻었습니다. 휴전 직후 이승만 정부의 요구로 **한미 상호 방위 조약**(1953. 10)이 체결되었습니다.

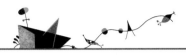

전쟁의 비극

6·25 전쟁으로 수많은 사람들이 생명과 재산을 잃었습니다. 군인과 민간인을 포함한 사상자는 약 500만 명에 달했고, 수많은 전쟁 고아와 이산 가족이 발생하였습니다. 남북한의 산업 시설, 주택, 학교 등이 철저하게 파괴되어 전국은 폐허로 변했습니다. 전쟁 기간 동안 식량 부족과 생필품 부족으로 많은 사람들이 고통을 겪었습니다. 무엇보다도 전쟁을 겪으면서 이념 대립 및 적대감이 서로 커져 분단이 고착화되었습니다.

전쟁 과정에서 무고한 민간인의 희생도 많았습니다. 전쟁 발발 직후 이승만은 위험 요소를 제거한다는 명분을 내세워 보도 연맹 가입자들과 형무소 재소자들을 학살하였습니다. 좌익 혐의자에 대한 대량 학살은 인민군 치하의 보복을 불러왔습니다. 곳곳에서 경찰 및 우익 인사들에 대한 인민 재판과 학살이 발생하였습니다. '거창 양민 학살 사건'과 '노근리 사건'처럼 민간인들이 군사 작전의 희생양이 된 경우도 있었습니다.

민주주의의 시련과 경제 개발

1 이승만 정부

> **출제 포인트**
>
> 1956년 선거, 4·19 혁명은 자주 출제 된다.
> 3차 개헌과 장면 정부의 활동에 대해서도 알아두자.

■ 4·19 혁명

배경	이승만 정부의 장기 집권과 독재 강화(진보당 사건, 보안법 파동)
발단	3·15 부정 선거 → 마산 의거(부정 선거 규탄 시위, 김주열의 죽음)
전개	부정 선거 규탄 시위의 확산 → 유혈 사태, 교수단 시위, 미국의 퇴진 권유 → 이승만의 하야(4·26)와 허정 과도 정부 수립
의의	학생과 시민들이 힘을 합쳐 독재 정권을 타도한 민주주의 혁명

반공 체제와 독재의 강화

이승만 정부는 북진 통일론을 내세우며 강력한 반공 정책을 추진하고 이를 빌미로 장기 집권을 도모하였습니다.

1950년 2대 국회의원 선거에서 이승만 지지 세력이 대거 탈락하여 이승만의 대통령 재선이 어려워졌습니다. 이에 이승만은 자유당을 새로 조직하고 대통령 직선제 개헌을 시도하였습니다. 자유당은 개헌에 반대하는 야당 의원들을 협박하여 대통령 직선제 개헌안을 통과시켰습니다(발췌 개헌, 1952).

발췌 개헌안(1952) 정부의 대통령 직선제 및 양원제 안과 국회의 내각 책임제 안을 절충한 개헌안이다. 그러나 제3대 국회는 하원만 구성하고 상원은 유보되었다.

> **자료** 발췌 개헌(1952)
> 제31조 입법권은 국회가 행한다. 국회는 민의원과 참의원으로 구성한다.
> 제53조 대통령과 부통령은 국민의 보통, 평등, 직접, 비밀 투표에 의하여 각각 선거한다.

기호 1	조봉암(무소속)	24%
기호 2	신익희(민주당)	급서
기호 3	이승만(자유당)	55%

3대 대통령 선거 (1956)

1956년 제3대 대통령 선거를 앞두고 또 한 번의 정치 파동이 발생하였습니다. 1954년 총선거에서 압승을 거둔 자유당은 초대 대통령에 한해 연임 제한 규정을 두지 않는다는 개헌을 추진하였습니다. 그러나 개

헌안은 재적 의원 3분의 2에 1표가 모자라 부결되었습니다. 그런데 다음날 자유당 측은 사사오입의 논리를 내세워 개헌안이 통과되었음을 선포하였습니다(사사오입 개헌).

> **자료** **사사오입 개헌(1954)**
> • 제55조 제1항 대통령과 부통령의 임기는 4년으로 한다. 단, 재선에 의하여 1차 중임할 수 있다.
> ※ 부칙 : 이 헌법 공포 당시의 대통령에 의하여는 55조 제1항 단서의 제한을 적용하지 아니한다.

1956년 대통령 선거가 치러지고 이승만은 세 번째로 당선되었습니다. 그러나 민주당의 신익희 후보가 '못살겠다, 갈아보자'는 구호를 내걸고 선전하고, 무소속 혁신계 후보인 조봉암이 유효 표의 30%를 차지하였습니다. 부통령 선거에서는 민주당의 장면 후보가 자유당의 이기붕 후보를 누르고 당선되는 이변이 일어났습니다.

선거 이후 위기에 몰린 이승만 정부는 반공주의를 내세워 반대 세력을 탄압하였습니다. 1959년 진보당 당수 조봉암을 간첩 혐의로 사형시키고, 진보당을 해체시켰습니다(**진보당 사건**). 또 보안법을 강제로 개정하여 정부에 반대하는 세력을 탄압할 수 있는 근거를 마련하였습니다(보안법 파동). 1959년 봄에는 정치 현실을 비판한 〈경향신문〉을 폐간하였습니다.

3·15 부정 선거와 4·19 혁명

1960년 3월의 정·부통령 선거에서 야당 후보 조병옥이 사망하여 이승만의 대통령 당선이 확실시되었습니다. 이에 자유당은 이기붕을 부통령에 당선시키기 위해 대대적인 부정 선거를 감행하였습니다. 40% 사전 투표, 투표함 바꿔치기, 3인조·9인조 투표가 이루어졌고, 야당의 선거 감시원을 투표소에서 쫓아내기도 하였습니다.

선거 당일, 마산에서 부정 선거 규탄 시위가 발생하고, 경찰의 발포로 수십 명의 사상자가 발생하였습니다. 4월 11일에는 마산 앞바다에서 눈에 최루탄이 박힌 **김주열** 학생의 시신이 발견되었습니다. 이에 마산 시민들의 분노가 폭발하였고, 시위는 전국으로 확산되었습니다.

4월 18일에 시위를 마치고 돌아가던 고려대학교 학생들이 정치 깡패

개정 국가보안법(1958)
• 정부를 참칭하거나 국가를 변란할 목적으로 구성된 결사 또는 집단의 지령을 받고 그 이익을 위해 선전·선동하는 행위의 처벌규정 신설
• 헌법상 기관(대통령, 국회의장, 대법원장 등)의 명예훼손 행위에 대한 처벌규정 신설
• 허위사실을 적시 또는 유포하거나 사실을 왜곡하여 적시 또는 유포하는 행위 처벌
• 피의자가 재판 과정에서 심문 조서를 부정해도 증거로 적용가능

에게 폭행당하는 사건이 벌어지자, 4월 19일 중·고생과 대학생들을 비롯하여 수만 명의 시민들이 거리로 쏟아져 나왔습니다. 경찰은 시위대에게 총격을 가하여 무력으로 진압하였고, 정부는 계엄령을 선포하였습니다.

유혈 사태로 국민 정서는 크게 악화되었고, 4월 25일에는 대학 교수들이 이승만의 퇴진과 재선거를 요구하는 시국 선언을 발표하고 시위에 참여하였습니다. 결국 이승만은 하야 성명을 발표하고 대통령직에서 물러난 후 미국으로 망명하였습니다.

4·19 혁명은 학생들이 주도하고 시민들이 적극 참여하여 독재 정권을 타도한 민주주의 혁명이었습니다.

원조 경제 체제

전쟁 직후 경제 재건은 주로 미국의 원조에 의존하였습니다. 1953년부터 8년 동안 미국으로부터 20억 달러 이상의 원조 자금이 제공되었습니다. 원조로 들여온 물자는 식료품과 의복 등 생활필수품이나 설탕이나 원면, 밀가루 등 잉여 농산물과 소비재 원료가 대부분이었습니다. 이로 인해 원조 물자를 가공하는 **삼백 산업***(제분, 제당, 면방직)을 중심으로 하는 소비재 산업이 발달하였으며, 생산재 공업은 부진하였습니다.

원조 경제는 식량 부족 문제를 완화시켜 주고 경제 발전의 원동력이 되었지만, 소비재 산업 중심의 경제 성장은 원료와 중간재의 해외 의존도를 높이는 폐단을 낳았습니다. 농업 부문에서는 미국의 잉여 농산물이 초과 도입되면서 농산물 가격이 떨어지고 농가 소득이 낮아졌습니다. 결국 이러한 변화로 농촌에서는 폐농이나 도시로의 이농이 증가하였습니다.

1950년대 후반에 접어들면서 미국의 지원이 원조에서 차관 방식으로 바뀜에 따라 원조액이 줄어들었습니다. 이로 인해 경제 성장률이 급락하였는데, 이승만 정부는 효과적으로 대처하지 못했습니다.

비상 계엄 전시 또는 사변과 같은 국가 비상 사태에 대통령이 군사적 조치로 개인의 기본권을 일부 제한하도록 하는 것이다. 계엄지역 안에서의 군대가 행정권과 사법권을 행사하였다.

4 · 19 혁명

*****삼백 산업** 1950년대 미국의 원조 아래 발전한 밀가루(제분), 설탕(제당), 면직물(면방직) 산업을 말한다. 이들 제품의 색깔이 흰색이었기 때문에 삼백 산업이라 하며, 대표적인 소비재 산업이었다.

대충 자금 미국의 한국에 대한 원조는 미공법 480호(농산물 무역 촉진 원조법)에 의해 농산물이 중심을 이루었다. 한국은 원조 농산물을 시장에 팔아 그 대금을 주한 미군 유지비와 무기 구입 비용으로 사용하였다.

2 장면 정부

출제 포인트

3차 개헌과 장면 정부의 활동에 대해서도 알아두자.

■▶ 제2공화국

과도 정부	• 제3차 개헌 (1960) : 내각 책임제와 양원제 • 7 · 29 총선에서 민주당 압승 → 대통령에 윤보선, 총리에 장면 선출
장면 정부 (제2공화국)	• 각계각층의 민주화 요구 분출(학원 민주화 운동, 노동 운동, 청년 운동 등) • 중립화 통일론, 남북 협상론 등 통일 운동 대두 • 민주당 정부의 개혁 의지 미약, 민주당 신 · 구파 간의 파쟁

장면 정부의 성립

4 · 19 혁명으로 12년간에 걸친 독재 정권이 무너지고, 외무부 장관 허정을 수반으로 하는 과도 정부가 수립되었습니다. 과도 정부는 야당의 주장을 받아들여 내각 책임제와 양원제* 국회를 주요 내용으로 하는 개헌을 추진하였습니다(**제3차 개헌**). 새 헌법에 따라 1960년 7월 실시된 총선거에서 민주당이 압승을 거두어 윤보선을 대통령으로, 장면을 국무총리로 하는 제2공화국이 탄생하였습니다.

4 · 19 혁명과 장면 정부

4 · 19 혁명 직후 학원 민주화 운동, 노동 운동 등이 활발하게 전개되었습니다. 그러나 장면 정부는 다양한 민주화 요구를 제대로 정책에 반영하지 못했으며, 부정 선거 책임자와 부정 축재자 처벌에 소극적인 모습을 보였습니다.

이 무렵 이승만의 반공 정책으로 인해 억압되었던 통일 운동이 분출되었습니다. 학생들은 '가자 북으로, 오라 남으로' 등의 구호를 내세우며 학생 회담을 주장하였고, 혁신계 정당들은 남북 정치 협상을 주장하기도 하였습니다. 그러나 장면 정부는 민간 차원의 통일 운동을 반대하였습니다.

민주당은 출범 초기부터 대통령과 총리를 중심으로 구파와 신파로 나뉘어 분열하였고, 국민들의 다양한 개혁 요구를 제대로 수용하지 못했습니다. 결국 장면 정부는 일부 정치 군인들이 일으킨 5 · 16 군사 정변으로 무너지게 되었습니다.

> *__양원제__ 국회(의회)가 두 개의 의원으로 구성되어 있는 제도를 말한다. 장면 정부 시기에는 민의원(하원)과 참의원(상원)을 두어 양원제를 실시하였다.

자료 3차 개헌(내각 책임제 헌법)

제33조 ① 민의원 의원의 임기는 4년으로 한다. 단 민의원이 해산된 때에는 그 임
기는 해산과 동시에 종료한다.

② 참의원 의원의 임기는 6년으로 하고 의원의 1/2을 개선한다.

제70조 국무총리는 국무회의를 소집하고 의장이 된다. 국무총리는 법률에서 일정
한 범위를 정하여 위임을 받은 사항과 법률을 실시하기 위하여 필요한 사
항에 관하여 국무회의의 의결을 거쳐 국무원령을 발할 수 있다. 국무총리는
국무원을 대표하여 의안을 국회에 제출하고 행정 각부를 지휘 감독한다.

제71조 국무원은 민의원에서 국무원에 대한 불신임 결의안을 가결한 때에는 10일
이내에 민의원 해산을 결의하지 않는 한 총사직하여야 한다.

대한민국 헌법의 역사

연도	구분	개정요지	특기 사항
1948	헌법 제정	• 대통령 중심제 • 국회의원에 의한 간선 • 1회 중임 가능(임기 4년)	최초의 헌법
1952	1차 개정	• 정·부통령 직선제 • 양원제와 내각 책임제 요소	발췌 개헌
1954	2차 개정	초대 대통령의 연임 제한 규정 철폐	4사 5입 개헌
1960	3차 개정	• 의원 내각제, 양원제 국회 • 기본권 강화	4·19 혁명 후
1960	4차 개정	3·15 부정 선거 관련자, 부정 축재자 처벌 소급 특별법 제정을 위해 개정	2공화국(장면 정부) 때 소급 입법 개헌
1962	5차 개정	• 대통령 중심제, 단원제 국회 • 국민 투표를 통해 확정	5·16 군사 정변 후
1969	6차 개정	대통령 3선 금지 규정을 4선 금지로 완화	3선 개헌
1972	7차 개정	• 통일주체국민회의에서 대통령 간접 선거(임기 6년, 연임 제한 없음) • 긴급 조치권, 국회 해산권 등 대통령의 지위 및 권한 강화	유신 헌법
1980	8차 개정	• 대통령 선거인단의 간접 선거로 대통령 선출 • 단임제(임기 7년)	5공화국 헌법
1987	9차 개정	• 대통령의 직접 선거(5년 단임) • 대통령 권한 축소	현행 헌법

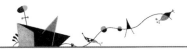

③ 박정희 정부

▶ **5·16 군사 정변과 박정희 정부**

| 1961 | 1963 | | | 1972 | 1979 |

5·16 군사 정변	군정기	제 3 공 화 국			유신 체제
		㉠ ㉡		㉢	
	Ⓐ Ⓑ			10월 유신	10·26 사태

군정기	A	제5차 개헌
	B	경제 개발 5개년 계획 시작
제3공화국	가	한·일 협정(1965)
	나	베트남 파병(1964~73)
	다	제6차 개헌 (1969)

유신 헌법	• 통일 주체 국민 회의에서 대통령 선출 • 대통령의 초법적 지위 강화 (긴급 조치)
저항	• 민청 학련 사건(1974) • 3·1 민주 구국 선언(1976)
붕괴	• YH 무역 사건, 김영삼 의원직 제명 사건 • 부·마 항쟁 → 10·26사태

▶ **1960~70년대 경제와 사회**

| 경제 개발 5개년 계획 | • 정부 주도의 수출 성장 전략(대기업 지원·육성)
• 1960년대 : 1~2차, 경공업 중심의 수출 주도형 공업화 추진
• 1970년대 : 3~4차, 수출 주도형 중화학 공업화 추진 (철강, 조선, 전자) |
| 새마을 운동 | • 농촌의 소득 증대 사업 → 전국적인 의식 개혁 운동
• 정부 주도의 농촌 근대화 운동 |

5·16 군사 정변

1961년 5월 16일, 박정희를 중심으로 한 일부 군인들이 쿠데타를 일으켜 정권을 장악하였습니다. 이들은 전국에 계엄령을 선포하고 국회는 물론 모든 정당·사회 단체를 해산시켰습니다. 그리고 국가재건최고회의를 구성하여 2년 6개월 동안 군정을 실시하였습니다.

군사 정부는 반공을 국시로 삼고, 부정 축재자를 처벌하는 한편, 농가 부채 탕감, 화폐 개혁 등을 실시하였습니다. 또 반대 세력이 확산되는 것을 막기 위해 〈정치활동정화법〉, 〈반공법〉 등을 제정하였으며 중앙정보부*를 창설하였습니다.

군사 정부는 대통령 중심제와 단원제 국회를 주요 내용으로 하는 헌법 개정(제5차 개헌)을 단행하였습니다. 민간에 정권 이양을 약속했던 박정희는 민주공화당의 대통령 후보로 출마하여 당선되었습니다.

***중앙정보부** 5·16 군사 정변 직후 조직한 정보 기관이다. 국내외에 걸친 정보·사찰 뿐만 아니라, 수사 기능까지 포함한 막강한 권력을 휘두르며 정치인들에 대한 사찰과 정치 공작을 주도하였다.

화폐 개혁 1950년 8월 6·25 전쟁 중 불법으로 발행된 화폐와 북한 화폐의 유통을 막기 위해 구화폐의 유통을 금지하고 이를 한국은행권으로 교환하도록 하였다. 1953년의 화폐 개혁은 화폐 단위를 원(圓)에서 환(圜)으로 변경(100원→1환)하고, 원화로 표시된 한국은행권 및 조선은행권의 유통을 금지하였다. 군사 정부는 1962년 환(圜) 표시의 화폐를 원(圓)표시로 변경(10환→1원)하고 환의 유통과 거래를 금지하였다.

*한·일 협정(1965) 한·일 기본 조약은 1965년 6월 22일 '대한민국과 일본국 간의 기본 관계에 관한 조약'(기본 조약)과 이에 부속된 4개의 협정 및 25개 문서의 총칭이다. 부속 협정은 ① 어업에 관한 협정, ② 재일 교포의 법적 지위 및 대우에 관한 협정, ③ 재산 및 청구권에 관한 문제의 해결과 경제 협력에 관한 협정, ④ 문화재 및 문화 협력에 관한 협정 등이다.

> 자료 5·16 군사 정변 6개조 혁명 공약
> 1. 반공을 국시의 제1로 삼고 지금까지 형식적이고 구호에만 그친 반공 태세를 재정비 강화한다.
> 3. 절망과 기아선상에 허덕이는 민생고를 시급히 해결하고 국가 자주 경제 재건에 총력을 경주한다.

제3공화국(1963. 12 ~ 1972. 10)

박정희 정부는 '경제 제일주의'와 '조국 근대화'를 내세워 공업화를 우선 과제로 삼는 성장 위주의 경제 정책을 적극적으로 추진해나갔습니다. 박정희 정부는 경제 개발에 필요한 자금을 조달하기 위해 한·일 회담을 비밀리에 추진하였습니다. 미국도 한·미·일 3각 안보 체제를 강화하기 위해 한일 국교 정상화를 권유하였습니다.

중앙정보부장 김종필과 일본 외무장관 오히라는 비밀 교섭을 통해 '독립 축하금(대일 청구권 자금)'의 형식으로 '무상 3억 달러, 유상 2억 달러, 민간 상업 차관 1억 달러'를 일본이 한국에 제공하기로 결정하였습니다. 이런 내용이 알려지자 반대 여론이 거세게 일어났습니다. 대학생들을 중심으로 한·일 회담에 반대하는 시위가 격화되자 박정희 정부는 비상계엄을 선포하여 시위 세력을 억눌렀습니다(6·3 시위).

1965년 6월 **한·일 협정***이 체결되어 한·일 간의 국교는 정상화되었지만, 조약문에 식민지 지배에 대한 사과를 담지 못하는 등 많은 문제점을 남겨두었습니다.

미국의 요청을 받아들여 박정희 정부는 1965년부터 베트남에 전투병을 파병하였습니다. 이후 브라운 각서에 따라 한국군의 장비가 현대화되고, 한국 기업은 베트남 현지의 건설 사업에 참여하게 되었습니다. 하지만 파병으로 많은 젊은이들이 전쟁터에서 희생되었으며, 고엽제 피해 등 후유증을 남기기도 하였습니다.

1967년 대통령 선거에서 재선에 성공한 박정희는 국가 안보와 경제 성장을 빌미로 **3선 개헌**을 추진하였습니다. 이에 야당, 학생들 그리고 재야 세력들이 3선 개헌 반대 투쟁을 전개하자 국회 별관에서 변칙적으로 개헌안을 통과시켰습니다(제6차 개헌, 1969).

박정희 정부는 **국민교육헌장**을 제정하여 학생들에게 암기하게 하는

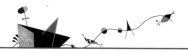

등 국가주의 교육을 강요하였습니다. 또한 고등학교와 대학교에서는 학도 호국단이 만들어져 교련 수업과 군사 훈련이 실시되었습니다. 한편 입시 과열을 막기 위해 중·고교 평준화를 도입하였습니다.

> **자료 브라운 각서 요약 (1966. 3.)**
> • 파병 비용은 미국이 부담하고 한국군 8개 사단 현대화를 지원한다.
> • 베트남 주둔 한국군 지원과 현지 각종 사업에 한국을 참여시킨다. 미국은 군사 원조와 차관을 추가로 대여한다.

유신 체제(1972. 10 ~ 1979. 10)

1971년 대통령 선거에서 박정희는 신민당 후보 김대중을 힘겹게 꺾고 당선되었습니다. 국회의원 선거에서는 신민당이 과반수에 가까운 의석을 확보하는 선전을 벌였습니다.

박정희 정부는 정상적인 방법으로는 정권을 유지하기가 어렵다고 판단하여, 경제 난국 극복과 평화 통일 대비를 명분으로 10월 유신을 단행하였습니다. 1972년 10월 17일 박정희 대통령은 비상 계엄을 선포하여 국회를 해산시키고, 정치 활동을 금지하였습니다. 곧이어 유신 헌법을 제정하고 국민 투표로 확정하였습니다(제7차 개헌).

> **자료 유신 헌법**
> 제 39조 ① 대통령은 통일 주체 국민 회의에서 토론 없이 무기명 투표로 선출 한다.
> 제 53조 ① 대통령은 천재 지변 또는 중대한 경제상의 위기에 처하거나, 국가의 안전 보장 또는 공공의 안녕 질서가 중대한 위협을 받거나 받을 우려가 있어 <u>신속한 조치를 할 필요가 있다고 판단할 때에는 내정·외교·국방·경제·재정·사법 등 국정 전반에 걸쳐 필요한 긴급 조치를 할 수 있다.</u>

유신 헌법은 대통령의 임기를 6년으로 늘리고, 연임 제한을 두지 않았습니다. 또 대통령이 의장인 **통일주체국민회의***에서 간접 선거를 통해 대통령을 선출하도록 하였고, 사실상 대통령이 국회의원의 3분의 1을 임명할 수 있도록 하였습니다(유신정우회). 대통령에게는 '긴급 조치권'이라는 초헌법적 권한도 부여되었습니다.

1973년에 김대중 납치 사건이 일어나자 장준하 등이 주도하는 유신 반대 운동이 일어났습니다. 정부는 1974년 1월부터 긴급 조치를 잇달

* **통일주체국민회의** 전국에서 2,395명의 대의원을 선거로 뽑아 구성하였다. 의장은 대통령이며, 대통령 선출과 국회의원 정수의 3분의 1 선출, 헌법 개정안의 최종 확정 등의 권한을 가졌다.

아 발동하여 교수, 학생, 언론인, 종교인 등 민주 인사들을 투옥 혹은 해직시켰습니다. '전국민주청년학생연합(민청학련) 사건', '인민혁명당 재건위원회 사건'을 조작하여 많은 사람들을 구속하고 사형시켰습니다. 1976년에는 명동 성당에서 재야와 종교계 인사들이 긴급 조치의 철회와 박정희 대통령의 퇴진을 요구하는 '3·1 민주 구국 선언'을 발표하기도 하였습니다.

유신 정권은 기자 등록제(프레스카드제)*를 실시하여 언론을 탄압하고, 언론인들을 구속, 해직하였습니다. 〈동아일보〉 기자들이 이에 맞서 '언론 자유 실천 선언'을 발표하자 정부는 광고주들에게 압력을 가해 〈동아일보〉에 광고를 끊게 하여 이른바 '백지 광고 사태'가 발생하였습니다(1974, **동아 사태**).

1970년대에는 통기타와 청바지로 대표되는 청년 문화가 유입되어 〈아침이슬〉과 같은 포크송 양식의 가요가 유행하였습니다. 정부는 일부 가요를 금지곡으로 지정하여 탄압하였지만, 오히려 금지곡들이 더욱 유행하면서 대학의 저항 문화를 형성하였습니다.

> **[자료] 대통령 긴급 조치 제9호**
>
> 1. 다음 각 호의 행위를 금한다.
>   가. 유언비어를 날조, 유포하거나 사실을 왜곡하여 전파하는 행위
>   나. 집회, 시위 또는 신문, 방송, 통신 등 공중 전파 수단이나 문서, 도서, 음반 등의 표현물에 의하여 대한민국 헌법을 부정, 반대, 왜곡 또는 비방하거나 그 개정 또는 폐지를 주장, 청원, 선동 또는 선전하는 행위

유신 체제의 몰락

1978년에 치러진 국회의원 선거에서 야당인 신민당이 여당인 공화당보다 더 많은 표를 얻는 이변이 일어났습니다. 1979년 미국의 카터 정부는 한국의 핵개발 시도 중지와 한국의 인권 상황 개선을 요구하였고, 제2차 석유 파동으로 인해 국내의 경제 불황도 심화되고 있었습니다. 이제 유신 독재는 안팎으로 막다른 골목에 몰리게 되었습니다.

1979년 8월 회사 폐업에 항의하며 신민당 당사에서 농성하던 YH 무역 여성 노동자들을 경

1978년 총선에서 야당 돌풍		
2차 석유 파동	부·마 항쟁	10·26 사태
YH 사건, 김영삼 의원직 제명		

유신 체제의 붕괴

찰이 강제 진압하는 과정에서 노동자 한 명이 추락사하였습니다(YH 사건)*. 야당 총재였던 김영삼은 이 사건과 관련된 외신과의 회견에서 국가를 모독했다는 이유로 의원직에서 제명되었습니다. 이 사건은 부산 지역에서 유신 체제에 반대하는 반정부 시위를 촉발시켰습니다. 박정희 정부는 부산 지역에 비상 계엄을 선포하였지만, 시위는 순식간에 마산과 창원으로 확산되었습니다(부·마 항쟁).

이 사건의 처리 방법을 놓고 권력 내에 갈등이 생겼는데, 이 과정에서 중앙정보부장 김재규가 박정희 대통령을 저격하였습니다(10 · 26 사태). 이로써 18년간의 1인 독재 정치가 막을 내리게 되었습니다.

*YH 사건 가발 생산 업체인 YH 무역이 1979년에 폐업하자, 종사자들은 정상화를 요구하며 야당인 신민당사에 들어가 농성하였다. 농성은 경찰에 의해 강제 해산되었으나, YH 사건은 유신 체제 몰락의 한 원인이 되었다.

경제 개발 5개년 계획

군사 정부는 장면 정부가 수립해 놓았던 경제 개발 계획에 기초하여 1962년부터 제1차 경제 개발 5개년 계획을 실시하였습니다.

1960년대의 제1 · 2차 경제 개발 5개년 계획에서는 경공업과 국가 기간 산업 중심의 발전을 추구하였습니다. 풍부하고 값싼 노동력을 이용하여 섬유, 가발과 같은 노동 집약적 공업 제품을 수출하는 데 집중하였습니다. 이 기간에 울산 공업 단지와 마산 수출 자유 지역이 조성되고, 포항 제철이 설립되기 시작하였습니다. 1970년에 개통된 경부 고속 도로는 경제 개발의 상징이 되었습니다. 이 시기 한 · 일 협정으로 얻게 된 자금과 베트남 파병에 따른 베트남 특수*는 경제 발전에 큰 보탬이 되었습니다.

*베트남 특수 파병 군인들의 송금, 군수품 수출, 건설 업체의 베트남 진출 등으로 많은 외화가 들어왔다.

1970년대 제3 · 4차 경제 개발 5개년 계획은 중화학 공업화로 방향을 전환하여 철강, 석유 화학, 기계, 전자, 조선, 자동차 등 중화학 공업의 성장과 수출이 두드러졌습니다. 이러한 정책에 힘입어 1970년대 말에는 중화학 공업의 비중이 경공업을 앞지르게 되었습니다.

1973년에서 1979년 사이 한국 경제는 연평균 16.6%라는 고도 성장을 이룩하였습니다. 1973년부터 이듬해까지 국제 유가가 4배 이상 급등하는 오일 쇼크가 있었지만, 중동의 건설 붐이 일어나 한국 기업이 대거 참여하면서 전화위복의 계기가 되었습니다(1차 석유 파동). 1977년 말에는 100억 달러 수출 목표를 달성하였습니다. 그런데 1979년 2차 오일쇼크가 일어나고 중화학 공업에 대한 과잉 투자로 인해 한국 경제는 심각한 위기를 맞게 되었습니다.

한편 1970년 11월 동대문 평화 시장에서 재단사로 일하던 **전태일**은 〈근로기준법〉의 준수를 요구하며 분신자살하였습니다. 그의 죽음은 고도 성장의 시대에 열악한 노동 조건 속에서도 묵묵히 일해 왔던 노동자들의 주장을 대변한 것이었습니다. 이 시기 노동 운동은 생존권 투쟁이 대부분이었으며, 중소 경공업 분야 회사에서 일하는 여성 노동자들이 중심이었습니다.

> **자료** 전태일 진정서(1968. 11)
>
> 저희들의 요구는 이렇습니다. 1일 14시간의 작업 시간을 단축하여 주십시오. 1일 10~12시간으로, 1개월 휴일 2일을 일요일마다 휴일로 쉬기를 희망합니다. 건강 진단을 정확하게 하여 주십시오.
> 시다공의 수당 현 70원 내지 100원을 50% 이상 인상해 주십시오. 절대로 무리한 요구가 아님을 맹세합니다. 인간으로서 최소한의 요구입니다. 기업주 측에서도 충분히 지킬 수 있는 사항입니다.

새마을 운동

산업화가 진행되면서 도시와 농촌 사이의 소득과 문화 격차가 갈수록 커졌습니다. 이에 박정희 정부는 '잘 살아 보세'라는 구호를 내걸고 **새마을 운동**을 추진하였습니다(1970). 근면·자조·협동 정신을 강조한 새마을 운동은 처음에 농촌의 환경 개선 사업으로 시작되었으나, 그 후 소득 증대 사업을 지원하는 방식으로 바뀌었고, 도시 지역으로 점차 파급되어 전국적인 의식 개혁 운동으로 확산되었습니다. 새마을 운동은 농촌 근대화에 기여한 측면도 있었으나, 유신 체제를 유지하는 데 이용되었다는 평가도 받았습니다.

한편 산업화에 따른 급속한 도시화로 식량난이 가중되자 박정희 정부는 분식과 혼식을 장려하고 다수확 품종의 벼를 도입하기도 하였습니다.

4 전두환 정부

출제 포인트

6월 민주 항쟁을 4 · 19 혁명과 결합시켜 자주 출제한다.
역대 헌법의 특징을 당시 정치 상황과 결합시켜 알아
두자.

▶ 1980년대 이후 민주주의의 발전

신군부의 등장	• 12 · 12 군사 쿠데타 → 5 · 18 광주 민주화 운동 • 국보위 설치, 8차 개헌(7년 단임제, 간선제)
제5공화국 (전두환 정부)	• 독재 정치(민주주의와 인권 탄압) • 6월 민주 항쟁 (1987) → 6 · 29 선언 → 9차 개헌 (5년 단임제, 직선제)
1980년대 경제와 사회	• 3저 호황, 시장 개방의 확대 • 6월 민주 항쟁 이후 노동 운동 성장

5·18 광주 민주화 운동

10 · 26 사태 이후 전두환, 노태우 등 신군부 세력이 쿠데타를 일으켜 권력을 장악하였습니다(12 · 12 사태). 이에 유신 철폐와 신군부 퇴진을 요구하는 시민들의 시위가 전국적으로 확산되었습니다(서울의 봄). 그러나 신군부는 1980년 5월 17일 비상 계엄을 전국으로 확대하고, 모든 정치 활동을 금지시켰습니다.

신군부의 권력 장악에 가장 격렬하게 맞선 것은 광주 시민과 학생이었습니다. 공수부대원들이 전남대학교 학생들의 시위를 총칼로 진압하자 광주 전체로 시위가 확산되었습니다. 5월 21일 계엄군의 집단 발포에 맞서 시위대는 파출소 무기고의 무기를 탈취하여 시민군을 조직하였습니다.

> **자료 ❙ 광주 시민군 궐기문(1980. 5. 25)**
>
> 우리는 왜 총을 들 수밖에 없었는가? 그 대답은 너무나 간단합니다. 너무나 무자비한 만행을 더 이상 보고 있을 수만 없어서 너도나도 총을 들고 나섰던 겁니다. …(중략)… 우리 학생들은 다시 거리로 뛰쳐나와 정부 당국의 불법 처사를 규탄하였던 것입니다. 그러나 아! …(중략)… 계엄 당국은 18일 오후부터 공수 부대를 대량 투입하여 시내 곳곳에서 학생, 젊은이들에게 무차별 살상을 자행하였으니!

결국, 5월 27일 새벽 계엄군의 무장 진압으로 시민들의 항쟁은 막을 내렸습니다. 이 과정에서 많은 시민들이 희생되어 전두환과 신군부의 도덕성과 정통성은 심각한 타격을 받게 되었습니다. 비록 **5·18 광주 민주화 운동**은 진압되었으나, 이후 광주의 정신은 1980년대 민주화 운동의 원동력이 되었습니다.

전두환 정부의 성립과 6월 민주 항쟁

5·18 광주 민주화 운동을 무력으로 진압한 신군부는 초법적인 국가보위비상대책위원회(**국보위**)를 설치하여 행정, 입법, 사법의 3권을 장악하였습니다. 국보위는 사회 정화라는 명목 하에 민주화를 주장하던 교수와 언론인, 교사 등을 대거 해직하고, 사회악을 없앤다는 명분으로 수만 명을 체포하여 삼청 교육대*에 보내 가혹한 군사 훈련을 받게 하였습니다. 또한, 신군부 세력은 언론기본법을 제정하고 언론사를 통폐합하여 많은 기자, 방송인들을 해직하였습니다. 이후 전두환 정부는 보도 지침을 통해 신문과 방송 기사에 대한 검열을 강화하였습니다.

전두환은 1980년 8월 통일주체국민회의에서 제11대 대통령으로 선출되었습니다. 곧이어 그는 대통령 임기를 7년 단임으로 하고, 대통령 선거인단이 간접 선거로 대통령을 선출하도록 헌법을 개정하였습니다(제8차 개헌). 새 헌법에 따라 전두환이 다시 대통령으로 선출되어 제5공화국이 출범하였습니다(1981.2).

전두환 정부는 출범 초기 야간 통행 금지 폐지, 두발·교복 자율화 등 유화 정책을 폈습니다. 프로 스포츠가 출범하고, 컬러 TV 방송이 시작되어 대중 문화가 질적으로 성장하게 되었습니다. 입시 과열과 사교육 병폐를 막기 위해 졸업 정원제, 과외 전면 금지, 대입 본고사 폐지 등이 실시되었습니다.

한편 중앙정보부를 국가안전기획부로 개칭하고, 반공법을 국가보안법에 흡수시켰습니다. 전두환 정부는 정의 사회의 구현과 복지 사회의 건설을 표방하였으나, 친인척 비리와 인권 탄압으로 말미암아 시민들의 격렬한 비판과 저항을 받게 되었습니다.

1985년 2월 치러진 12대 총선에서 야당 정치인들이 대거 당선되었습니다. 야당 의원들은 김대중, 김영삼을 중심으로 결집하여 군부 독재와 비리를 규탄하며 대통령 직선제 개헌 운동을 전개하였습니다.

1987년 4월 13일 전두환 대통령은 직선제 개헌을 하지 않겠다고 발

***삼청 교육대** '사회악 일소'를 명분으로 젊은이들을 강제적으로 집단 수용하여 군대식 교육을 실시한 기관이었다. 정부에 의한 조직적인 폭력 행사로서 인권을 유린한 사례로 평가되고 있다.

표하였습니다(4·13 호헌 조치). 이에 앞서 경찰의 가혹한 고문으로 대학생 박종철이 사망하였지만, 정부는 사실을 축소·은폐하였습니다. 6월 10일부터 '호헌 철폐, 독재 타도'를 외치는 야당과 학생, 시민들의 시위가 전국적으로 한 달 가까이 계속되었습니다(**6월 민주 항쟁**).

정부 여당은 6월 29일 대통령 직선제 수용을 주요 내용으로 하는 시국 수습 방안을 발표하였습니다(6·29 선언). 이 선언은 민주 세력의 승리로 받아들여졌고, 그 직후 정치인의 사면 복권이 이루어졌습니다. 10월에는 여야 합의로 5년 단임의 대통령 직선제 개헌안이 통과되었습니다(제9차 개헌).

3차 개헌	의원 내각제·양원제
5차 개헌	4년 중임제
6차 개헌	4년 (4선 금지)
7차 개헌	6년(연임 제한 없음)
8차 개헌	7년 단임제
9차 개헌	5년 단임제

개헌의 주요 내용

1980년대 한국 경제와 사회

전두환 정부는 경제 안정화 정책과 함께 중화학 중복 투자를 조정하고 부실 기업을 정리함으로써 경제 위기를 벗어나려 하였습니다.

한국 경제는 1980년대 중반 이후 '저유가·저금리·저달러'라는 대외 여건의 개선에 힘입어 매년 10% 이상의 경제 성장을 기록하였습니다(**3저 호황**). 이에 따라 1989년 1인당 국민 소득은 5천 달러를 넘어섰으며, 1995년에는 1만 달러를 넘었습니다.

한편 1980년대 이후 선진 자본주의 국가들의 개방 압력이 커졌고, 1986년에는 자유 무역을 논의하는 우루과이 라운드 협상이 시작되었습니다. 한국 정부는 시장 개방을 서둘렀는데, 그 결과 외국의 값싼 농산물이 유입되어 농업을 비롯한 1차 산업이 큰 타격을 받았습니다.

노동 운동은 1980년 군사 정부의 등장으로 다시 주춤하였지만, 1987년 6월 민주 항쟁을 계기로 다시 한 번 폭발적으로 성장하였습니다. 전국에서 노동자들의 시위와 파업이 잇따랐으며, 새로운 노동조합이 결성되었습니다(노동자 대투쟁). 새로이 등장한 노동 조합은 1995년 전국민주노동조합총연맹(민주노총)을 결성하여 한국노동조합총연맹(한국노총)과 함께 양대 노총 시대를 열었습니다.

⑤ 오늘날의 대한민국

출제 포인트

민주주의 발전과 관련하여 전체적인 맥락을 이해하는 것이 중요하다.

■ 1990년대 이후의 정치와 경제

노태우 정부	• 여소야대 국회(5공 청문회) → 3당 합당(민자당) • 북방 외교, 남북한 UN 동시 가입
김영삼 정부	• 금융 실명제 실시, 지방 자치 단체장 선거 부활 • 하나회 해산, 역사 바로 세우기 운동, 외환 위기
1990년대 한국 경제	• 세계 무역 기구(WTO)가입, OECD 가입(1996) • 외환 위기(1997) → IMF의 구제 금융 → 대규모 구조 조정

민주주의의 진전

6월 민주 항쟁을 계기로 직선제 개헌이 이뤄져 16년 만에 국민이 대통령을 직접 선출하게 되었습니다. 1987년 12월에 치러진 대통령 선거에서 야당의 후보 단일화가 실패하고 지역 감정까지 더해져 민주정의당(민정당)의 노태우 후보가 당선되었습니다. 하지만 1988년 13대 총선거에서는 3개 야당이 과반수 의석을 차지하여 '여소야대'의 상황이 되었습니다. 여소야대 국회에서 야당은 '5공 청문회'를 열어 전두환 정부의 비리와 5·18 광주 민주화 운동의 진상을 규명하였습니다. 전두환은 대국민 사과문을 발표하고 백담사로 거처를 옮겼습니다.

한편 노태우 정부는 소련, 중국 등 사회주의 국가들과 외교 관계를 맺어 교류를 확대하는 '북방 외교'를 추진하였습니다.

1992년 실시된 대통령 선거에서 5·16 군사 정변 이후 30여 년 만에 처음으로 민간인 출신인 김영삼이 대통령에 당선되었습니다. 김영삼 정부는 고위 공직자의 재산 등록을 실시하고, **금융 실명제**를 법제화하였습니다(1993). 그리고 지방 자치 단체장 선거를 실시하여 전면적인 지방 자치 시대를 열었습니다(1995). 또 군부 내 사조직인 하나회를 해산시키고, 역사 바로 세우기 운동을 전개하여 전두환·노태우 두 전직 대통령을 12·12사태 및 5·18 광주 민주화 운동과 관련하여 반란 및 내란 혐의로 구속하여 재판에 회부하였습니다.

김영삼 정부는 1997년 말 외환 위기를 맞았고, 결국 국제통화기금

(IMF)에 긴급 구제 금융을 요청하게 되었습니다.

1997년 말에 치러진 제15대 대통령 선거에서 야당인 새정치국민회의의 김대중 후보가 당선되었습니다. 이로써 한국 헌정사에서 처음으로 여야 간에 평화적인 정권 교체가 이루어졌습니다.

김대중 정부는 민주주의와 시장 경제의 병행 발전을 국정 지표로 삼았습니다. 정부 조직의 개편과 기업 구조 조정, 금융 개혁 등을 추진하여, 2001년 8월 국제통화기금(IMF)의 관리 체제에서 벗어날 수 있었습니다. 김대중 정부는 대북 화해 협력 정책을 펼쳐 남북 정상 회담을 여는 등 남북 관계를 크게 개선하였습니다. 김대중 정부 때에는 민주노총과 전교조가 합법화되었으며, 외환 위기를 극복하는 과정에서 '노사정 위원회'가 구성되었습니다.

노무현 정부는 참여 정부를 표방하고 국민과 함께하는 민주주의, 더불어 사는 균형 발전 사회, 평화와 번영의 동북아시아 시대를 국정 목표로 추진하였습니다.

1990년대 이후의 한국 경제

김영삼 정부는 공기업 민영화, 금융업 규제 완화, 경제협력개발기구(OECD) 가입 등 신자유주의 정책을 펼쳤습니다. 1995년 세계무역기구(WTO)가 출범하면서 한국 경제는 전 세계적인 시장 개방, 자본 자유화의 파도에 휩쓸리게 되었습니다.

그런 가운데 1997년 1월 한보 철강의 부도를 시작으로 국제 단기 자본이 이탈하면서 **외환 위기**를 맞게 되었습니다. 결국 1997년 12월 정부는 국제통화기금(IMF)에 구제 금융을 지원받는 대신 고금리, 재정 긴축, 금융권 구조 조정 등을 약속하였습니다.

2001년 정부는 국제통화기금으로부터 받은 자금을 모두 갚았다고 선언하였습니다. 하지만 그 사이 한국 경제가 받은 대가는 혹독하였습니다. 부실 기업과 금융 기관 정리를 위해 엄청난 규모의 공적 자금이 투입되었고, 기업의 연쇄 도산과 대량 해고로 중산층이 무너지고 빈부격차가 확대되었습니다. 비정규직 제도를 도입하는 직장이 크게 늘어나 고용이 불안해졌습니다. 기업과 금융 기관의 재무 구조는 좋아졌지만, 많은 기업과 은행이 외국 자본에 매각되었습니다.

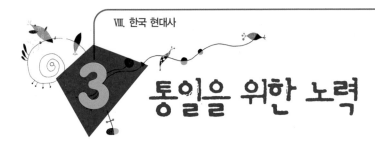

VIII. 한국 현대사

③ 통일을 위한 노력

① 북한 현대사

출제 포인트

1950년대와 1990년대 북한의 변화를 구별하여 간략하게 알아두자.

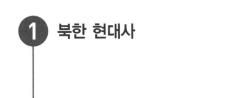

북한 현대사

1950년대	→	1972년	→	1990년대
• 8월 종파 사건 • 모든 농지의 협동 농장화		• 사회주의 헌법 (주석제, 주체사상)		• 김정일의 권력 승계 • 제한적인 개방 정책

김일성 유일 체제의 확립과 사회주의 경제 건설

6·25 전쟁이 끝난 후 북한의 권력 구도는 김일성 중심으로 재편되어 갔습니다. 전쟁 중에 연안파 김무정과 소련파 허가이가 전쟁 수행과 관련된 책임을 지고 실각하였습니다. 1953년에는 박헌영을 비롯한 남로당 간부들이 반국가 반혁명 간첩 혐의로 체포되어 사형을 선고받았습니다. 1956년 8월 소련파와 연안파가 힘을 합쳐 김일성 개인 숭배를 비판하였지만, 오히려 실패하고 대거 숙청되었습니다(8월 종파 사건). 이런 과정을 통해 북한에서는 김일성 독재 체제가 강화되었습니다.

1950년대 중소 이념 대립을 계기로 북한에서는 주체사상이 태동하였습니다. 1960년대 들어 북한은 주체사상에 입각한 김일성 개인 숭배와 김일성 가계의 성역화 작업을 적극적으로 추진하였습니다. 그 과정에서 주체사상은 북한의 통치 이념으로 자리 잡았습니다.

1972년 북한은 '사회주의 헌법'을 채택하였습니다. 이 헌법은 주체사상을 국가 활동의 지도 이념으로 규정하고, 국가주석제를 도입하여 김일성의 절대 권력을 구축하였습니다.

전쟁이 끝나자 북한은 전후 복구와 자립적 민족 경제 확립을 목표로 1954년부터 경제 부흥 3개년 계획을 추진하였습니다. 이후 5개년 경제

계획(1957~1961)에서는 본격적인 사회주의 경제 체제를 확립하는 정책을 추진하였습니다. 북한은 모든 농토를 협동 농장으로 전환하였으며, 개인 상공업을 없앴습니다. 또 생산력 증대를 위한 노동 강화 운동으로 '천리마 운동'을 전개하였습니다. 그 결과 북한 경제는 중공업 비중이 1960년에 70%를 넘어서게 되었고, 연평균 20% 내외의 고속 성장을 이루게 되었습니다. 제철, 광업, 전기, 화학 분야에서는 남한과 비교할 수 없을 만큼 현격한 격차를 보이며 앞서 나갔습니다.

김정일 체제와 북한 경제의 변화

김정일은 1970년대 초에 등장하여 3대 혁명 소조 운동 등을 추진하면서 당내에서 영향력을 확보해 나갔습니다. 1974년 비밀리에 후계자로 추대되었던 김정일은 1980년 조선노동당대회에서 공식 후계자로 지명되었습니다.

1993년 국방위원장에 취임한 김정일은 1994년 김일성이 사망하자 유훈 통치*로 북한을 통치하였습니다. 1998년에는 헌법을 개정하여 주석제를 폐지하고, 국방위원장의 권한을 강화하였습니다. 이로써 본격적인 김정일 시대가 시작되어 2011년 12월에 김정일이 사망할 때까지 이어졌습니다.

*유훈 통치 김일성이 남긴 유언에 따라 통치한다는 의미로, 현재까지도 북한의 정치 체제에 큰 영향을 미치고 있다.

1980년대에 이르러 북한은 경제 부문에서 점차 한계를 드러내었습니다. 자본과 기술의 축적 없이 대중 동원과 노동력에만 의존한 자립 경제 노선은 폐쇄적 대외 관계와 무역의 침체를 가져왔고, 이로 인해 북한은 만성적인 외화 부족을 피할 수 없었습니다. 과도한 국방비 지출, 에너지 시설의 부족 등도 경제 발전을 어렵게 하였습니다.

1990년대 이후 사회주의권의 몰락과 미국의 경제 제재, 그리고 기상 이변에 따른 가뭄과 홍수로 심각한 식량난까지 겹치면서 북한 경제는 최악의 상황으로 내몰렸습니다.

북한은 이런 상황을 타개하기 위해 1984년 '합작회사경영법(합영법)*'을 제정하고, 1991년에는 나진·선봉 지구를 경제 특구로 지정하여 외국의 자본과 기술을 유치하고자 하였습니다.

*합영법 합작회사 경영법의 준말, 1984년 북한에서 외국과의 경제, 기술 교류 및 합작 투자를 목적으로 제정한 법. 외국 자본과의 합작을 처음으로 인정하였다. 1994년 신합영법으로 개정되었다.

② 남북 간의 화해와 교류

출제 포인트

남북 대화는 반드시 출제된다.
1972년과 1991년, 2000년을 구별하는 문제가 출제된다.

■ 남북 관계

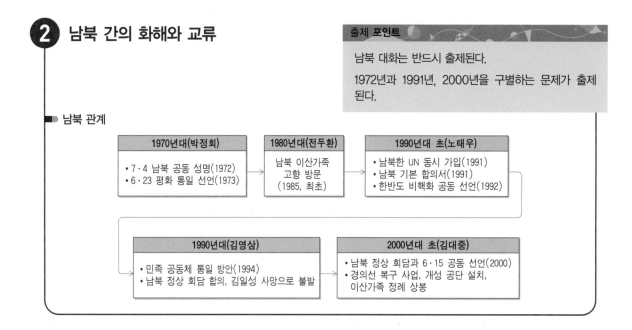

1970년대(박정희)	1980년대(전두환)	1990년대 초(노태우)
• 7·4 남북 공동 성명(1972) • 6·23 평화 통일 선언(1973)	남북 이산가족 고향 방문 (1985, 최초)	• 남북한 UN 동시 가입(1991) • 남북 기본 합의서(1991) • 한반도 비핵화 공동 선언(1992)

1990년대(김영삼)	2000년대 초(김대중)
• 민족 공동체 통일 방안(1994) • 남북 정상 회담 합의, 김일성 사망으로 불발	• 남북 정상 회담과 6·15 공동 선언(2000) • 경의선 복구 사업, 개성 공단 설치, 이산가족 정례 상봉

통일 정책의 변화

남한과 북한은 서로 상대방의 존재를 인정하지 않고 불신하였기 때문에 1960년대 말까지 무력 대결 상태가 계속되었습니다. 이승만 정부는 북진 통일론을 내세우며 강력한 반공 정책을 추진하였습니다. 1959년에는 평화 통일론을 주장한 진보당의 조봉암을 간첩 혐의로 사형시켰습니다.

4·19 혁명 직후 학생과 혁신계에서 통일 운동이 표출되었지만, 5·16 군사 정변으로 모두 중단되었습니다.

박정희 정부는 '선건설 후통일론'을 내세워 통일 문제를 유보하였습니다. 1968년 1월 21일에는 북한 무장 간첩이 청와대를 습격하는 사건이 발생하여 남북 관계는 급속히 얼어붙었습니다. 그 해 11월에는 북한이 무장 부대를 울진·삼척 지역에 침투시켜 남한의 사회 혼란을 꾀하였습니다. 1960년대 말의 한반도는 전운이 감도는 위기 상황이 계속되었습니다.

7·4 남북 공동 성명

1969년 미국의 닉슨 독트린* 발표 이후 긴장 완화와 평화 공존의 분위

*닉슨 독트린 1969년 미국 대통령 닉슨이 발표한 미국의 새로운 외교 정책. 아시아 지역에서 재래식 전쟁이 발발할 경우 방위의 일차적인 책임은 당사국 자신이 져야 하며, 미국은 동맹 국가와 맺은 상호 방위 조약의 테두리 안에서 원조와 공약을 이행할 것이라는 내용이었다.

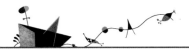

기가 조성되었습니다. 미국과 중국의 관계 개선 등 냉전 완화의 영향을 받아 남북 대화가 모색되고, 이산가족 상봉을 위한 남북 적십자 회담이 시작되었습니다. 1972년에는 남한의 중앙정보부장 이후락이 북한을 방문해 김일성과 면담하고, 북한에서는 부주석 박성철이 남한을 방문하여 박정희 대통령과 비밀 회담을 가졌습니다. 그 해 7월 4일 남북한 당국은 **7·4 남북 공동 성명**을 발표하였습니다. 남북한은 자주, 평화, 민족 대단결을 통일의 3대 원칙으로 내세웠으며, 남북조절위원회의 설치에 합의하였습니다. 그러나 7·4 남북 공동 성명은 남과 북의 독재자들의 입지 강화에 이용되었습니다. 몇 달 뒤 남한의 박정희 정부는 유신 체제를 선포하고, 북한의 김일성 정권은 사회주의 헌법을 제정하였습니다.

1973년 박정희 정부는 6·23 평화 통일 선언을 통해 남북한의 유엔 동시 가입을 제안하고 호혜평등의 원칙에 따라 모든 국가에 대해 문호를 개방한다고 밝혔습니다.

자료 7·4 남북 공동 성명

쌍방은 다음과 같은 조국 통일 원칙들에 합의를 보았다.

첫째, 통일은 외세에 의존하거나 외세의 간섭을 받음이 없이 자주적으로 해결해야 한다.

둘째, 통일은 상대방을 반대하는 무력 행사에 의지하지 않고 평화적인 방법으로 실현해야 한다.

셋째, 사상과 이념, 제도의 차이를 초월하여 우선 하나의 민족으로서 민족적 대단결을 도모하여야 한다.

남북 기본 합의서

전두환 정부 때 남북 간의 대화가 재개되면서 1985년에 이산가족 상봉과 예술 공연단의 교환 방문이 실현되었으나, 일회성 행사로 그치고 말았습니다.

1980년대 말 소련과 동유럽의 사회주의권이 붕괴되고 독일이 통일을 이루어 냉전 체제가 종식되었습니다. 이러한 시기에 출범한 노태우 정부는 '한민족 공동체 통일 방안'을 제안하고, 서울과 평양을 오가며 여러 차례 남북 고위급 회담을 개최하였습니다. 1991년 9월 남북한은 유엔에 동시 가입하고, 12월에는 정부 당국 사이의 공식적인 합의를 통해 〈남북 사이의 화해와 불가침 및 교류·협력에 관한 합의서〉(**남북기본합의서**)를 채택하였습니다.

한편 1992년 남북한은 〈한반도 비핵화 공동 선언〉을 발표하였습니다. 그러나 국제원자력기구(IAEA)가 북한의 핵 개발 의혹을 제기하자, 북한은 1993년 3월 핵확산금지조약(NPT)를 탈퇴하였습니다.

김영삼 정부는 화해·협력, 남북 연합, 통일 국가의 완성으로 민족 공동체를 건설한다는 3단계 통일 방안을 발표하고, 북한이 경제적으로 어려움에 처하자 인도적인 차원에서 북한에 식량과 비료를 지원하였습니다. 그러나 북한의 핵 개발 의혹과 김일성 사망으로 남북 정상 회담이 무산되면서 남북 관계가 경색되었습니다.

> **자료** 남북간 화해와 불가침, 교류·협력에 관한 합의서(1991. 12. 13)
>
> 남과 북은 쌍방 사이의 관계가 나라와 나라 사이의 관계가 아닌 통일을 지향하는 과정에서 잠정적으로 형성되는 특수 관계라는 것을 인정하고, …(중략)… 다음과 같이 합의하였다.
> 〈제1장〉 제1조 남과 북은 서로 상대방의 체제를 인정하고 존중한다.
> 〈제2장〉 제9조 남과 북은 …(중략)… 상대방을 무력으로 침략하지 아니한다.
> 〈제3장〉 제15조 남과 북은 …(중략)… 물자 교류, 합작 투자 등 경제 교류와 협력을 실시한다.

6·15 공동 선언

1998년 출범한 김대중 정부가 햇볕 정책이라는 적극적인 대북 포용 정책을 펴면서 남북 관계는 새로운 국면을 맞게 되었습니다. 그런 가운데 현대그룹의 정주영 명예회장이 소떼를 몰고 북한을 방문한 후 금강산 관광 사업이 시작되었습니다.

2000년 6월에는 김대중 대통령이 평양을 방문하여 김정일 국방위원장과 정상 회담을 개최하고, **6·15 공동 선언**을 채택하였습니다. 6·15 공동 선언은 통일 문제의 자주적 해결, 1국가 2체제의 통일 방안 협의, 이산가족 문제의 조속한 해결, 경제 협력 등의 내용을 담고 있습니다. 6·15 공동 선언 이후 남북 철도 연결, 이산가족 정례 상봉 등 경제·사회·문화에 걸쳐 남북 교류가 크게 확대되었습니다.

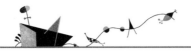

　노무현 정부도 남북 회담의 정례화, 제도화를 추진하고, 남북 교류·협력 사업을 발전시키는 등 한반도의 평화 증진을 위해 노력하였습니다. 2007년에는 2차 남북 정상 회담을 개최하여 남북 관계 발전과 평화 번영을 위한 선언을 채택하였습니다.

자료 6·15 남북 공동 선언(2000. 6. 15)

2. 남과 북은 나라의 통일을 위한 남측의 연합제 안과 북측의 낮은 단계의 연방제 안이 서로 공통성이 있다고 인정하고, 앞으로 이 방향에서 통일을 지향시켜 나가기로 하였다.

경복궁은 조선의 법궁으로 왕과 신하들이 업무를 보며 국정을 논하던 현장임과 동시에 왕실 가족들의 거주 공간이었으나, 1592년 임진전쟁으로 인해 모두 소실되고 말았다. 이후 창덕궁에 법궁의 자리를 내어 주고 폐허상태로 방치되었지만, 고종이 왕위에 오른 후 흥선 대원군에 의해 중건 사업이 진행되어 위용을 되찾아갔다. 그러나 근대의 혼란 속에서 일본이 경복궁을 습격했고, 을미사변 당시 건청궁에서 왕비가 살해되기도 했다. 아관파천으로 인해 고종이 러시아 공사관으로 떠난 이후 경복궁은 일제 강점기에 이르러 일본에 의해 계획적으로 훼손되었다. 다행히 1990년대 이래로 복원 사업이 진행되며 다시 웅장한 모습을 되찾아가고 있다.

경회루

경회루는 큰 규모의 연회가 열리거나 외국 사신을 접대하던 장소이다.

수정전

세종 때 집현전이 위치했던 곳으로, 중건된 이후 갑오개혁 때에는 군국기무처로 사용되었다.

건청궁

고종이 친정을 선포한 이후(1873) 기거했
던 곳으로, 중국과 서양의 건축 양식이 혼
용되어 독특한 구조를 이루고 있다. 전등
이 가장 먼저 설치된 장소이기도 하다.

향원정

고종이 건청궁을 세우
며 조성한 연못에 세
워진 정자이다.

교태전

경복궁의 내전으로 왕비가 거처하였
던 침전이다. 왕과 왕비가 머무는 건
물에는 용마루를 올리지 않았는데,
강녕전과 교태전의 지붕에서 확인할
수 있다.

강녕전

왕의 침전인 강녕전에서는 독서와
휴식 등의 일상생활을 비롯해 정무
가 이루어지기도 했다.

근정전

조선 왕실을 상징하는
건물로, 국왕의 즉위
식이나 대례 등이 거
행되었다.

(글·사진 조승준)

저자 고종훈

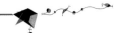

고종훈 선생님은 서울대 동양사학과를 졸업하시고,

2002년부터 현재까지 메가스터디 역사과 대표 강사로 활동하고 계십니다.

고종훈 한국사

한국사능력검정시험 중급 대비 기본서

저자 고종훈

부록 _ 한국사능력검정시험
기출 문제 풀이

21세기북스

고종훈 한국사

한국사능력검정시험
중급대비 기본서

저자 고종훈

21세기북스

I 우리나라 역사의 시작

01

15회
중급

자료와 관련된 시대의 사람들이 사용한 유물로 옳은 것은?

> • 사람들은 동물의 뼈로 만든 도구를 사용하고 사냥과 채집을 하였으며, 이동 생활을 하였다.
> • 대표적인 유적지인 충남 공주 석장리, 충북 단양 수양개 등지에서는 고래, 멧돼지, 물고기, 사슴, 새 등을 새긴 조각이 발견되었다.

① 　　② 　　③

④ 　　⑤

02

12회
중급

다음 유물이 제작된 시기의 사회 모습으로 옳은 것을 〈보기〉에서 고른 것은?

　　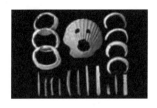

┤ 보기 ├

ㄱ. 주로 해안이나 강가에서 움집을 짓고 살았다.
ㄴ. 무리를 이루어 큰 사냥감을 찾아 이동 생활을 하였다.
ㄷ. 옷이나 그물 제작과 같은 원시적인 수공업 생산이 이루어졌다.
ㄹ. 전문 장인이 출현하였으며 사유 재산과 계급이 나타나게 되었다.

① ㄱ, ㄴ　　　　② ㄱ, ㄷ　　　　③ ㄴ, ㄷ
④ ㄴ, ㄹ　　　　⑤ ㄷ, ㄹ

03 다음 집터에서 발굴된 유물로 옳은 것은?

13회
중급

> • 주로 강가나 바닷가에 위치함.
> • 집터의 중앙에 화덕이 있고, 화덕이나 출입문 옆에 저장 구덩
>   이 흔적이 발견됨.

①

주먹도끼

②

청동 거울

③

갈판, 갈돌

④

민무늬 토기

⑤

농경무늬 청동기

04 다음 유물이 처음으로 제작된 시대의 신앙 생활에 대한 설명으로 옳은 것을 〈보

15회
중급
기〉에서 고른 것은?

> ┤ 보기 ├
> ㄱ. 군장이 정치와 종교를 주관하였다.
> ㄴ. 천군이 지배하는 소도를 신성시하였다.
> ㄷ. 태양이나 물 등 자연물에 정령이 있다고 믿었다.
> ㄹ. 사람이 죽어도 영혼은 없어지지 않는다고 생각하였다.

① ㄱ, ㄴ   ② ㄱ, ㄷ   ③ ㄴ, ㄷ

④ ㄴ, ㄹ   ⑤ ㄷ, ㄹ

05 다음 (가)~(마)에 들어갈 내용으로 적절하지 않은 것은?

10회
3급

■ △△ 박물관 특별전 안내 ■

○전시명 : 청동기 시대 마을 풍경

○전시 기간 : ○월 ○일~○일

○전시 내용

• 경제 생활 : _____(가)_____

• 도구 사용 : _____(나)_____

• 매장 풍습 : _____(다)_____

• 취락의 발달 : _____(라)_____

• 사회의 변화 : _____(마)_____

① (가) – 저습지에서 벼농사를 짓는 모습

② (나) – 반달 돌칼, 홈자귀, 거친무늬 거울 등의 유물

③ (다) – 시신을 널무덤에 묻는 모습

④ (라) – 움집, 창고, 공동 작업장을 갖춘 마을 모형

⑤ (마) – 부족을 이끌고 있는 족장 모습

06 다음 유물을 통해 알 수 있는 당시 우리 민족의 생활 모습으로 옳은 것을 〈보기〉
에서 고른 것은?

10회
3급

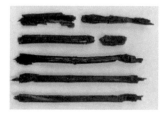

┤ 보기 ├

ㄱ. 중국과 교류하였다.

ㄴ. 한자를 사용하였다.

ㄷ. 비파형 동검을 만들기 시작하였다.

ㄹ. 화폐가 주조되어 널리 유통되었다.

① ㄱ, ㄴ   ② ㄱ, ㄷ   ③ ㄴ, ㄷ

④ ㄴ, ㄹ   ⑤ ㄷ, ㄹ

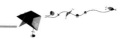

07
12회
중급

밑줄 그은 '이 나라'에 대한 설명으로 옳은 것은?

> 이 나라는 구릉과 넓은 못이 많아서 동이 지역 중에서 가장 넓고 평탄한 곳이다. 토질은 오곡을 가꾸기에는 알맞지만, 과일은 생산되지 않았다. 사람들은 체격이 매우 크고, 성품이 강직하고 용맹하며, 근엄하고 후덕하여 다른 나라를 노략질하지 않았다. 나라에는 군왕이 있고, 가축의 이름을 딴 관명이 있었다.

① 소도라고 불리는 별읍이 있었다.
② 특산물로 단궁, 과하마가 유명하였다.
③ 별도의 행정 구획인 사출도가 있었다.
④ 10월에 왕과 신하들이 국동대혈에 모여 함께 제사를 지냈다.
⑤ 시체를 가매장하였다가 그 뼈를 추려서 목곽에 안치하는 풍습이 있었다.

08
13회
중급

그림의 풍속이 있던 나라를 지도의 (가)~(마)에서 옳게 고른 것은?

① (가)　　② (나)　　③ (다)　　④ (라)　　⑤ (마)

II 한국 고대사

 Memo

01
11회
중급

다음 드라마에 등장할 수 있는 장면으로 적절하지 <u>않은</u> 것은?

① 요서 지방에서 활동하는 백제인
② 신라와 결혼 동맹을 기뻐하는 신하
③ 아들의 태자 책봉을 공표하는 국왕
④ 「서기」라는 역사책을 편찬하는 고흥
⑤ 고국원왕의 전사 소식을 전하는 장군

02
14회
중급

다음 자료에 해당하는 왕의 활동으로 옳은 것은?

① 대외적으로 우산국을 정복하였다.
② 나라 이름을 사로국에서 신라로 바꿨다.
③ 화랑도를 국가적인 조직으로 개편하였다.
④ 금관가야를 정복하여 영토를 확장하였다.
⑤ 관등과 공복을 제정하고 율령을 반포하였다.

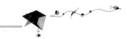

03
13회
중급

연표의 (가) 시기 상황으로 적절한 것은?

648	660	668	676	698
		(가)		
나·당 동맹	사비성 함락	평양성 함락	기벌포 전투	발해 건국

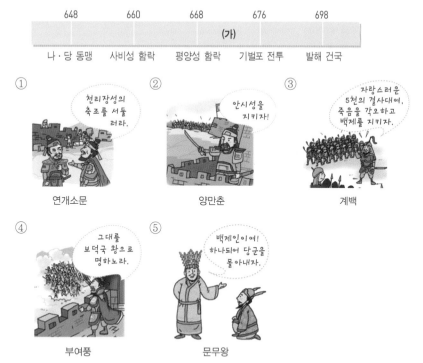

① 연개소문 — 천리장성의 축조를 서둘러라.

② 양만춘 — 안시성을 지키자!

③ 계백 — 자랑스러운 5천의 결사대여, 죽음을 각오하고 백제를 지키자.

④ 부여풍 — 그대를 보덕국 왕으로 명하노라.

⑤ 문무왕 — 백제인이여! 하나되어 당군을 몰아내자.

04
12회
중급

밑줄 그은 '왕'의 정책으로 옳은 것은?

> 왕이 배를 타고 그 산에 들어가니 용이 검은 옥대(玉帶)를 가져다 바쳤다. …… 용이 대답하기를, "대왕께서 이 대나무를 가지고 피리를 만들어 불면 천하가 화평할 것입니다. 이제 대왕의 아버님께서는 바다 속의 큰 용이 되셨고, 유신은 다시 천신이 되셨는데, 두 성인이 같은 마음으로 이처럼 값으로 따질 수 없는 보배를 저를 시켜 보냈습니다."라고 하였다.

① 천문을 관측하기 위해 첨성대를 세웠다.
② 귀족들에게 지급하던 녹읍을 폐지하였다.
③ 독서삼품과를 실시하여 관리를 채용하였다.
④ 집사부를 처음 설치하여 중시를 장관으로 하였다.
⑤ 성덕 대왕 신종을 주조하여 선왕의 업적을 기렸다.

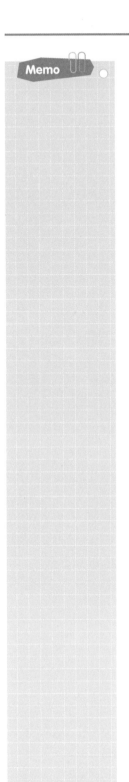

05

11회
중급

밑줄 그은 '왕'에 대한 설명으로 옳은 것은?

> • 왕의 이름은 '무예'로 고왕 대조영의 아들이다. 인안이라는 연호를 쓰고 영토를 개척하였다.
> – 「발해고」 –
> • 왕이 이르기를, "흑수가 당과 더불어 앞뒤로 우리(발해)를 치려는 것이다."하고 흑수를 치게 하였다.
> – 「신당서」 –

① 나라 이름을 '진'이라 하고 왕위에 올랐다.

② 수도를 중경 현덕부에서 상경 용천부로 옮겼다.

③ 장문휴로 하여금 산둥 지방을 공격하게 하였다.

④ 5경 15부 62주로 지방 행정 제도를 정비하였다.

⑤ 신라와 상설 교통로를 개설하여 대립을 해소하려 하였다.

06

12회
중급

지도의 (가), (나) 국가의 경제 활동으로 옳지 않은 것은?

① (가) – 담비가죽 등의 모피류를 수출하였다.

② (가) – 귀족의 수요품인 비단, 책 등을 수입하였다.

③ (나) – 동경에서 시작되는 무역로를 통해 일본과 교역하였다.

④ (나) – 물품 거래가 활성화되면서 서시와 남시를 추가로 설치하였다.

⑤ (가), (나) – 두 국가 사이의 교통로를 통해 사람과 물자가 왕래하였다.

07 자료를 토대로 적절하게 추론한 학생을 〈보기〉에서 고른 것은?

15회
중급

> • 신문왕 7년 5월에 문무 관료전을 지급하되 차등을 두었다.
> • 신문왕 9년 1월에 내외관의 녹읍을 혁파하고, 매년 조(租)를 내리되 차등이 있
>   게 하여, 이로써 영원한 법식을 삼았다.
> • 성덕왕 21년 8월에 처음으로 백성에게 정전을 지급하였다.   – 「삼국사기」 –

┤ 보기 ├
갑 : 관료들의 힘이 강해지고 왕권은 약해졌을 거야.
을 : 상대등의 권력은 이전에 비해 강화되었을거야.
병 : 농민들에 대한 국가의 지배력이 강화되었겠군.
정 : 귀족들이 농민의 노동력을 징발하기가 어려워졌겠군.

① 갑, 을   ② 갑, 병   ③ 을, 병
④ 을, 정   ⑤ 병, 정

08 밑줄 그은 '이 지역'과 관련한 설명으로 옳은 것을 〈보기〉에서 고른 것은?

12회
중급

1933년 일본 도다이 사[東大寺] 쇼소인[正倉院]에서 발견된 민정(촌락) 문서는 이 지역 부근 4개 촌락에 대한 기록으로, 각 촌의 면적, 인구수, 전답 면적, 삼밭, 뽕나무, 잣나무, 호두나무, 소, 말 등의 수가 기록되어 있다.

민정(촌락) 문서

┤ 보기 ├
ㄱ. 신라의 5소경 중 하나가 설치되었다.
ㄴ. 고려 시대에 「직지심체요절」이 인쇄되었다.
ㄷ. 조선 시대에 실록을 보관하던 사고가 있었다.
ㄹ. 일제 강점기에 물산 장려 운동이 시작된 곳이다.

① ㄱ, ㄴ   ② ㄱ, ㄷ   ③ ㄴ, ㄷ
④ ㄴ, ㄹ   ⑤ ㄷ, ㄹ

09

다음 금석문과 관련된 국가에 대한 설명으로 옳지 <u>않은</u> 것은?

> 갑인년 정월 9일 내기성의 사택지적이 해가 쉬이 가는 것을 슬퍼하고 달이 어렵사리 돌아오는 것을 서러워하며, 금을 캐어 진귀한 집을 짓고 옥을 파내어 보배로운 탑을 세우니 ……

① 관료들의 위계를 17등급으로 정비하였다.

② 반역한 자나 전쟁터에서 퇴각한 군사는 목을 베었다.

③ 왕족인 부여씨와 8성의 귀족이 지배층을 구성하였다.

④ 도둑질한 자는 귀양 보냄과 동시에 2배를 물게 하였다.

⑤ 관리가 국가 재물을 횡령하면 3배를 배상하게 하고, 종신토록 금고형에 처하였다.

10

다음 자료와 관련된 제도에 대한 설명으로 옳은 것은?

방[室] 크기의 상한선	24자	21자	18자	15자
골품	진골	6두품	5두품	4두품

┤ 보기 ├

ㄱ. 계층 간의 갈등을 완화하였다.

ㄴ. 사회 활동과 정치 활동을 제한하였다.

ㄷ. 능력에 따라 노력하면 신분 상승이 가능하였다.

ㄹ. 부족장을 중앙 귀족에 편입하는 과정에서 성립되었다.

① ㄱ, ㄴ   ② ㄱ, ㄷ   ③ ㄴ, ㄷ

④ ㄴ, ㄹ   ⑤ ㄷ, ㄹ

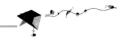

11 자료를 바탕으로 당시의 사회 모습을 추론한 것으로 적절하지 <u>않은</u> 것은?

13회
중급

> • *진정 법사는 출가하기 전 군역에 나가 있었다. 집이 가난하여 장가도 가지 못하고 동원되었는데, 남는 시간에 날품팔이를 하여 홀어머니를 봉양하였다. 집에 있는 재산이라고는 한쪽 다리가 부러진 솥뿐이었다. 하루는 어떤 스님이 문 앞에 와서 절을 짓는 데 필요한 철을 구하자, 그 어머니는 이 솥을 시주하였다.
> – 「삼국유사」 –
>
> • 재상가에는 녹(祿)이 끊이지 않았다. 노비가 3,000명이고, 비슷한 수의 갑옷과 무기, 소, 말, 돼지가 있었다. 바다 가운데 섬에서 길러 필요할 때에 활로 쏘아서 잡아 먹었다. 곡식을 꾸어서 갚지 못하면 노비로 삼았다.   – 「신당서」 –
>
> *진정 법사는 의상 대사(625~702)의 10대 제자 중 한 사람이다.

① 농민들은 군역의 의무가 있었다.
② 불교 신앙이 평민들에게도 전파되었다.
③ 귀족과 평민 간의 빈부 차이가 심하였다.
④ 빚을 진 농민은 노비로 전락하기도 하였다.
⑤ 날품팔이 농민들이 늘어나 장시가 활성화되었다.

12 다음 연표의 (가) 시기에 있었던 역사적 사실로 옳지 <u>않은</u> 것은?

14회
중급

기원전 57		654	780	935
			(가)	
신라 건국		무열왕	선덕왕	신라 멸망

① 선종과 풍수지리 사상이 유행하였다.
② 호족이라 불리는 지방 세력이 성장하였다.
③ 토지를 잃은 농민들이 초적이 되기도 하였다.
④ 진골 귀족들 사이에 왕위 쟁탈전이 치열하였다.
⑤ 문무 관리에게 관료전이 지급되고 녹읍이 폐지되었다.

13 (가)~(마) 시기의 사실로 옳은 것은?

12회
중급

	신라 금성 축조	고구려 국내성 천도	고구려 평양성 천도	백제 웅진성 천도	백제 사비성 천도	신라 사비성 함락
	(가)	(나)	(다)	(라)	(마)	

① (가) – 신라에서 화랑도를 국가 조직으로 개편하였다.
② (나) – 고구려에서 태학을 설치해 유교 경전을 교육하였다.
③ (다) – 고구려에서 이문진이 「신집」을 편찬하였다.
④ (라) – 백제가 동진으로부터 불교를 수용하였다.
⑤ (마) – 백제에서 고흥이 「서기」를 편찬하였다.

14 다음 안내문의 (가)~(다)에 대한 설명으로 옳은 것만을 〈보기〉에서 모두 고른 것은?

10회
3급

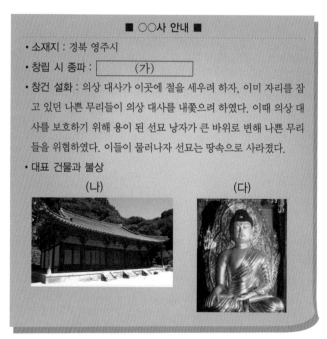

■ ○○사 안내 ■

• 소재지 : 경북 영주시
• 창립 시 종파 : [(가)]
• 창건 설화 : 의상 대사가 이곳에 절을 세우려 하자, 이미 자리를 잡고 있던 나쁜 무리들이 의상 대사를 내쫓으려 하였다. 이때 의상 대사를 보호하기 위해 용이 된 선묘 낭자가 큰 바위로 변해 나쁜 무리들을 위협하였다. 이들이 물러나자 선묘는 땅속으로 사라졌다.
• 대표 건물과 불상

(나)　　　　　　(다)

┤ 보기 ├
ㄱ. (가) – 화엄 사상을 바탕으로 성립하였다.
ㄴ. (나) – 화려한 다포 양식으로 지어졌다.
ㄷ. (다) – 신라 양식을 계승한 불상이다.
ㄹ. (나), (다) – 고려 시대에 만들어졌다.

① ㄱ, ㄴ
② ㄷ, ㄹ
③ ㄱ, ㄴ, ㄷ
④ ㄱ, ㄷ, ㄹ
⑤ ㄴ, ㄷ, ㄹ

15 지도에 표시된 사건이 일어났던 시기의 사실로 옳은 것은?

13회
중급

[지도: 양길의 봉기, 기훤의 봉기, 북원, 죽주, 상주, 원종·애노의 봉기, 견훤의 봉기, 무진주, 황해, 동해]

① 도교가 전래되어 귀족들의 환영을 받았다.

② 원효가 불교의 대중화를 위해 노력하였다.

③ 의상이 당에서 귀국한 뒤 화엄종을 일으켰다.

④ 참선을 통해 깨달음을 추구한 불교 종파가 유행하였다.

⑤ 원광이 세속 5계를 만들어 화랑의 정신적 이념으로 삼았다.

16 (가), (나)와 관련된 사상에 대한 설명으로 옳지 <u>않은</u> 것은?

12회
중급

(가)

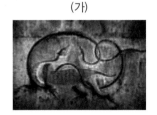

(나)

① (가) – 고려 시대 궁중에서 성행한 초제와 관련이 있다.

② (가) – 삼국 시대에 전래되어 귀족 사회를 중심으로 환영받았다.

③ (나) – 신라 중대 진골 귀족의 사상적 기반으로 기능하였다.

④ (나) – 조선 시대 향촌 사족 간의 산송(山訟)을 초래하였다.

⑤ (가), (나) – 모두 중국으로부터 유입되었다.

17 다음 기사의 밑줄 그은 '석탑'에 대한 설명으로 옳은 것은?

12회
중급

○○ 신문

2009 년 ○월 ○일

문화재청 국립 문화재 연구소는 7세기 무왕 때에 세워졌다고 알려진 이 사찰의 <u>석탑</u> 보수 정비를 위한 해체 조사 과정에서 사리 장엄구 일체를 발견하고, 현장에서 중요 유물을 공개했다. 이날 공개된 유물들은 금제 사리호와 금제 사리봉안기, 은제 사리합 등 유물 500여 점이다.

사리호와 사리 봉안기   사리 봉안기

① 벽돌 모양의 돌로 탑을 쌓았다.
② 목탑의 모습을 많이 지니고 있다.
③ 이중 기단 위에 쌓은 전형적인 3층탑이다.
④ 기단과 탑신에 부조로 불상이 새겨져 있다.
⑤ 안정감은 부족하나 자연스러운 다각 다층탑이다.

18 (가)~(다)에 대한 설명으로 옳은 것을 〈보기〉에서 고른 것은?

12회
중급

(가)   (나)   (다)

  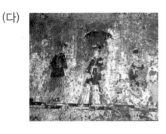

┤ 보기 ├
ㄱ. (가)는 백제왕이 왜왕에게 보낸 칼이다.
ㄴ. (나)는 발해와 일본의 문화 교류를 보여 준다.
ㄷ. (다)는 일본 다카마쓰 고분 벽화에 영향을 주었다.
ㄹ. (가), (나), (다)는 일본의 하쿠호 문화 발전에 기여하였다.

① ㄱ, ㄴ   ② ㄱ, ㄷ   ③ ㄴ, ㄷ   ④ ㄴ, ㄹ   ⑤ ㄷ, ㄹ

19

13회
중급

교사가 제시한 주제와 관련된 자료를 〈보기〉에서 고른 것은?

해당되는 유물에대해 알아볼까요.

유물을 통해 보는
한 · 일 교류사

| 보기 |

ㄱ.

발해 돌사자상

ㄴ.

고류사 목조 미륵보살 반가상

ㄷ.

괘릉 무인 석상

ㄹ.

통신사 행렬도

① ㄱ, ㄴ   ② ㄱ, ㄷ   ③ ㄴ, ㄷ

④ ㄴ, ㄹ   ⑤ ㄷ, ㄹ

20

자료의 (가)에 해당하는 문화재로 옳은 것은?

교사 : 지금 여러분이 보고 있는 것은 『양직공도』에 실린 백제 사신의 모습니다.

학생 : 『양직공도』가 무엇입니까?

교사 : 양나라에 파견된 32개국의 외국인 사절을 그림으로 그리고 설명을 덧붙인 것입니다. 이를 통해 우리는 당시 백제가 남조의 양나라와 교류하였음을 알 수 있습니다. 이 밖에도 백제가 양나라와 교류하였다는 것을 나타내는 유적·유물로는 (가) 이(가) 있습니다.

①

칠지도

②

금동 미륵보살 반가사유상

③

무령왕릉

④

호우명 그릇

⑤

황금 보검

Ⅲ 한국 중세사

01

12회
중급

지도에 ▬ 표시된 지역을 확보한 왕의 정책으로 옳은 것은?

┤ 보기 ├

ㄱ. 노비안검법을 실시하였다.
ㄴ. 12목에 지방관을 파견하였다.
ㄷ. 민생 안정을 위해 흑창을 설치하였다.
ㄹ. 서경을 중시하고 북진 정책을 추진하였다.

① ㄱ, ㄴ   ② ㄱ, ㄷ   ③ ㄴ, ㄷ
④ ㄴ, ㄹ   ⑤ ㄷ, ㄹ

02

13회
중급

자료와 같이 평가된 왕에 대한 설명으로 옳은 것을 〈보기〉에서 고른 것은?

마침내는 자식이 부모를 거역하고 종이 그 주인을 고소하기까지 하여 상하가 마음이 갈라지고 신하들도 해이해져서 옛 신하와 오래된 장수들이 차례로 죽임을 당하고, 왕실의 골육 친척도 모두 죽어 없어졌습니다. …… 경종이 왕위에 오를 때에는 옛 신하로 남은 사람은 40여 명뿐이었습니다.   - 「고려사」 -

┤ 보기 ├

ㄱ. 과거 제도를 처음 실시하였다.
ㄴ. 최승로의 시무 28조를 채택하였다.
ㄷ. 광덕, 준풍 등의 연호를 사용하였다.
ㄹ. 12목을 설치하고 지방관을 파견하였다.

① ㄱ, ㄴ   ② ㄱ, ㄷ   ③ ㄴ, ㄷ
④ ㄴ, ㄹ   ⑤ ㄷ, ㄹ

03 다음 건의를 받아들여 시행된 정책으로 옳은 것은?

10회
3급

> 유·불·도의 삼도는 각각 다른 목적이 있어 이를 혼동하여 하나로 할 수 없습니다. 불교를 행하는 것은 수신(修身)의 근본이요, 유교를 행하는 것은 치국(治國)의 근원입니다. 수신은 내생의 복을 구하는 것이며, 치국은 금일의 임무입니다. 금일은 지극히 가깝고 내생은 머니, 가까움을 버리고 먼 것을 구함은 또한 그릇된 것이 아니겠습니까.

① 삼강행실도를 편찬하고 소학을 보급하였다.
② 관리를 선발하기 위해 과거 제도를 도입하였다.
③ 국자감을 정비하고 지방에 경학 박사를 파견하였다.
④ 승려의 수를 제한하기 위하여 도첩제를 실시하였다.
⑤ 교단을 정리하여 선교 양종의 36개 사찰만 인정하였다.

04 다음 인물이 활동할 당시 고려의 대외 관계에 대한 설명으로 옳은 것은?

10회
3급

> 서북면 행영도통사(行營都桶使)였던 그는 외적이 침입하자 상원수가 되어 부원수 강민첨 등과 함께 곳곳에서 활약하였다. 흥화진 전투에서는 1만 2,000여 명의 기병을 산골자기에 매복시키고, 굵은 밧줄로 쇠가죽을 꿰어 성 동쪽의 냇물을 막았다가, 적병이 이르자 막았던 물을 일시에 내려 보내 적병을 크게 무찔렀다. 이어 고려군의 협공을 받아 도망가는 적병을 추격하여 귀주에서 섬멸하였다.

낙성대에 세워진 동상

① 금이 고려에 군신 관계를 요구하였다.
② 저고여의 피살로 몽골과의 관계가 악화되었다.
③ 명의 요구에 반발하여 요동 정벌을 단행하였다.
④ 친송·북진 정책의 추진으로 거란과 대립하였다.
⑤ 남쪽에서 왜구가, 북쪽에서는 홍건적이 침입하였다.

05 (가)에 들어갈 사실로 가장 적절한 것은?

12회
중급

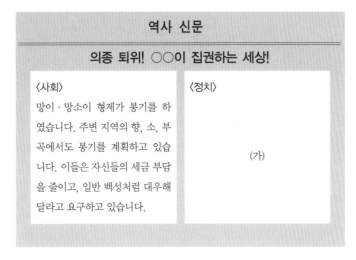

역사 신문

의종 퇴위! ○○이 집권하는 세상!

〈사회〉

망이 · 망소이 형제가 봉기를 하였습니다. 주변 지역의 향, 소, 부곡에서도 봉기를 계획하고 있습니다. 이들은 자신들의 세금 부담을 줄이고, 일반 백성처럼 대우해 달라고 요구하고 있습니다.

〈정치〉

(가)

① 중방이 최고 권력 기관으로 부상하였다.
② 쌍기의 건의를 수용하여 과거 제도를 실시하였다.
③ 이자겸 일파가 군사를 이끌고 궁궐에 불을 질렀다.
④ 공민왕이 머리 모양과 옷을 고려식으로 바꾸었다.
⑤ 최무선의 건의를 받아들여 화통도감을 설치하였다.

06 다음 사건이 일어난 시기를 연표에서 옳게 고른 것은?

14회
중급

김윤후는 고종 때의 사람으로 일찍이 중이 되어 백현원에 있었다. 몽골군이 쳐들어 오자, 윤후는 처인성으로 난을 피하였다. 몽골의 원수 살리타가 와서 성을 치자 윤후가 그를 사살하였다. 왕은 그 공을 가상히 여겨 상장군의 벼슬을 주었으나 이를 사양하고 받지 않았다.   – 「고려사」 –

	936	1019	1107	1170	1270	1388
	(가)	(나)	(다)	(라)	(마)	
	후삼국 통일	귀주 대첩	윤관의 여진 정벌	무신 정변	개경 환도	위화도 회군

① (가)   ② (나)   ③ (다)   ④ (라)   ⑤ (마)

07

11회
중급

다음과 관련있는 국왕이 실시한 정책으로 옳은 것은?

> **포고문**
> 요사이 기강이 크게 무너져 종실 · 학교 · 창고 · 사찰 · 녹전 · 군수의 토지와 나라 사람들이 대대로 가져온 전민을 부유하고 세력 있는 집들이 거의 모두 독점하여 농장을 만들었다. 이로 인해 백성들은 병들게 되었고 나라는 궁핍하게 되었다. …… 이제 전민변정도감을 두어 이를 정비하고, 서울은 15일, 지방은 40일을 기한하여 잘못을 알고 고치는 자는 죄를 묻지 않을 것이다.

① 정방 설치
② 과전법 실시
③ 교정도감 설치
④ 노비안검법 실시
⑤ 쌍성총관부 수복

08

15회
중급

다음 건의를 받아들인 국왕이 주조한 화폐를 〈보기〉에서 고른 것은?

> 돈이라고 하는 것은 몸은 하나이지만 기능은 네 가지입니다. 첫째로 하늘과 땅처럼 만물을 완전하게 덮고 받쳐 줍니다. 둘째로 돈은 샘처럼 끝없이 흘러 한이 없습니다. 셋째로 돈을 민간에 퍼뜨리면 위와 아래에 골고루 돌아다녀 영원히 막힘이 없게 됩니다. 넷째로 돈은 이익을 가난한 사람과 부자에게 나누어 주는데, 그 날카로움이 칼날과 같아 매일 써도 둔해지지 않습니다. － 의천, 「대각국사문집」 －

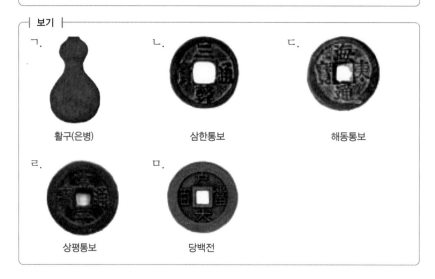

| 보기 |

ㄱ. 활구(은병)   ㄴ. 삼한통보   ㄷ. 해동통보
ㄹ. 상평통보   ㅁ. 당백전

① ㄱ, ㄴ, ㄷ
② ㄱ, ㄹ, ㅁ
③ ㄴ, ㄷ
④ ㄴ, ㄹ, ㅁ
⑤ ㄷ, ㄹ, ㅁ

09
12회
중급

(가) 토지 제도에 대한 설명으로 옳은 것은?

역분전 → 시정 전시과 → (가) → 경정 전시과

① 경기도에 한하여 관리에게 수조권을 지급하였다.
② 현직 관리에게만 토지를 지급하도록 조정하였다.
③ 인품과 관품을 반영하여 전지와 시지를 지급하였다.
④ 관품을 고려하여 전·현직 관리에게 전지와 시지를 지급하였다.
⑤ 개국 공신과 왕실의 세습적인 경제 기반 마련을 위해 실시하였다.

10
13회
중급

(가)에 들어갈 내용으로 적절한 것을 〈보기〉에서 고른 것은?

• 주제 설정 : 고려의 신분 제도
• 가설 설정 : 통일 신라와 비교하여 신분 변동이 있었을 것이다.
• 자료 수집 : _____(가)_____
• 자료 분석 : 고려 사회는 신분이 세습되었지만, 신분 변동이 가능한 경우도 있었다.
• 검증 및 일반화 : 고려 사회는 통일 신라에 비해 개방적이었다.

┤ 보기 ├
ㄱ. 외거 노비가 재산을 모아 지위를 높인 경우
ㄴ. 공명첩을 통해 품계를 받아 신분이 상승한 경우
ㄷ. 군인이 전쟁에서 공을 세워 무반으로 출세한 경우
ㄹ. 공노비 해방을 통해 양인으로 신분이 상승한 경우

① ㄱ, ㄴ   ② ㄱ, ㄷ   ③ ㄴ, ㄷ
④ ㄴ, ㄹ   ⑤ ㄷ, ㄹ

11
10회
3급

(가), (나)에 들어갈 내용으로 적절한 것을 〈보기〉에서 고른 것은?

○○ 정책

1. **실시 목적** : 빈민 구제와 백성 생활 안정
2. **시대별 실시 내용**
   • 삼국 시대 : 진대법을 통해 백성에게 곡식을 대여하였다.
   • 고려 시대 : _____ (가) _____
   • 조선 시대 : _____ (나) _____

┤ 보기 ├

ㄱ. (가) – 동·서 활인서에서 유랑자를 구휼하였다.
ㄴ. (가) – 흉년에 대비하여 평시에 곡물을 비치하는 의창을 두었다.
ㄷ. (나) – 동·서 대비원에서 환자를 진료하였다.
ㄹ. (나) – 기금을 마련한 뒤 이자로 빈민을 돕는 제위보를 설치하였다.

① ㄱ, ㄴ   ② ㄱ, ㄷ   ③ ㄴ, ㄷ
④ ㄴ, ㄹ   ⑤ ㄷ, ㄹ

12
12회
중급

다음 자료에 나타난 시기의 사회 모습에 대한 설명으로 옳지 <u>않은</u> 것은?

호부시랑 조공(趙公)의 처인 황보 씨가 목에 혹이 나는 병을 앓다가 돌아가셨다. 불교 방식에 따라 귀법사 서산 기슭에서 화장하고 홍화사에서 장례를 지냈다. 부인은 나면서부터 온순하고 어질었으며, 부모에게 효성스럽고 순종하였다. 19세에 조공과 결혼하여 5남 5녀를 낳았는데, 세 아들이 과거에 급제하여 조정의 요직에 있었다. 아들 한 명은 출가하여 화엄종에 몸을 담았는데, 대선(大選)에 합격하여 이름 난 사찰의 주지가 되었다. 형제 세 명이 급제하자 임금이 황보 씨에게 자식을 낳아 기른 공로를 표창하였다.

① 부모의 유산은 자녀들에게 골고루 분배되었다.
② 아들이 없을 경우 딸이 제사를 받들기도 하였다.
③ 재가한 여성의 자식은 벼슬에 나아갈 수 없었다.
④ 남녀에 관계없이 태어난 차례대로 호적에 기재하였다.
⑤ 공을 세운 사람의 부모뿐만 아니라 장인과 장모도 함께 상을 받았다.

13 (가)에 대한 설명으로 옳은 것은?

12회
중급

○○ 매향비

• 건립 시기 : ○○○○년
• 소재지 : ○○○도
　　　　　○○시 ○○면
• 지정 번호 : 보물
　　　　　○○○호

매향비는 ┌─(가)─┐ 조직이 향나무
를 묻고 세운 것으로, 내세의 행운과 국
태민안을 기원하는 내용을 담고 있다.

① 세속 5계를 지키려고 노력하였다.
② 수령을 보좌하고 향리를 감찰하였다.
③ 불교적인 신앙 조직에서 기원하였다.
④ 유교 윤리를 실천하기 위하여 만들었다.
⑤ 두레라고도 불리는 농민 공동체 조직이었다.

14 다음 표는 고려 시대 왕실 용어와 관제의 변화를 나타낸 것이다. (나) 시기에 볼

13회
중급
수 있는 장면으로 적절한 것은?

구분　　　　　시기	(가)	(나)
왕실 용어	조, 종	충○왕
	폐하	전하
관제	중서문하성, 상서성	첨의부
	6부	4사

① 호떡을 먹는 아이들
② 공녀로 끌려가는 여인들
③ 상평통보를 사용하는 상인
④ 동북 9성을 지키는 군인들
⑤ 고구마 농사를 짓고 있는 농민

Memo

15

12회
중급

다음 글이 실려 있는 작품에 대한 설명으로 옳지 <u>않은</u> 것은?

> 계축년 4월 구삼국사(舊三國史)를 구해 보니 그 안에 동명왕 본기가 있었는데, 신비로운 사적이 세상에 알려진 것보다 훨씬 더 많았다. 여러 번 거듭 읽으면서 참뜻을 파악하고 그 근원을 찾아보니, 이것은 황당한 것이 아니요 성스러운 것이며, 괴상한 것이 아니라 신비스러운 것이었다.

① 「동국이상국집」에 실려 있다.
② 장편 서사시의 형태로 서술되었다.
③ 자주적 민족의식이 반영되어 있다.
④ 고려가 고구려를 계승하였음을 강조하였다.
⑤ 고조선에서 고려 말까지의 역사를 서술하였다.

16

11회
중급

(가)~(다) 인물과 관련된 설명으로 옳은 것은?

> (가) 「대승기신론소」를 저술하고 일심 사상을 제창하였다.
> (나) 화엄 사상을 정립하고 많은 제자를 양성하였다.
> (다) 이론과 실천을 강조하는 교관겸수를 제창하였다.

① (가)는 부석사를 창건하고 관음 신앙을 이끌었다.
② (나)는 「왕오천축국전」이라는 기행문을 남겼다.
③ (다)는 송광사에 중심을 둔 수선사 결사를 제창하였다.
④ (가), (다)는 불교의 종파적 대립을 극복하려고 노력하였다.
⑤ (나), (다)의 사상은 일본의 하쿠호 문화에 영향을 주었다.

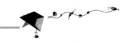

17 (가), (나) 인물에 대한 설명으로 옳은 것을 〈보기〉에서 고른 것은?

15회
중급

(가)	(나)

대각국사 의천	보조국사 지눌
교종을 중심으로 선종을 통합할 것을 주장하였다.	정혜쌍수와 돈오점수를 주장하였다.

┤ 보기 ├
ㄱ. (가) – 풍수지리설을 도입하였다.
ㄴ. (가) – 해동 천태종을 창시하였다.
ㄷ. (나) – 불교계 정화 운동을 전개하였다.
ㄹ. (나) – 교장도감에서 교장을 간행하였다.

① ㄱ, ㄴ   ② ㄱ, ㄷ   ③ ㄴ, ㄷ
④ ㄴ, ㄹ   ⑤ ㄷ, ㄹ

Memo

18 연표의 (가)~(마) 시기에 있었던 사실로 옳지 <u>않은</u> 것은?

11회
중급

918	1019	1170	1232	1270	1392
(가)	(나)	(다)	(라)	(마)	
고려 건국	귀주 대첩	무신 정변	강화 천도	개경 환도	고려 멸망

① (가) – 상감 청자 유행
② (나) – 「삼국사기」 편찬
③ (다) – 수선사 결사 운동 전개
④ (라) – 팔만대장경 조판
⑤ (마) – 「삼국유사」 편찬

19

13회
중급

다음 과제에 따라 모둠에서 정한 주제로 적절하지 <u>않은</u> 것은?

	모둠	과제	과제
①	1모둠	초조대장경	청주 흥덕사와 인쇄 문화
②	2모둠	초조대장경	거란의 침입과 호국 불교
③	3모둠	속장경	의천과 교장도감
④	4모둠	팔만대장경	몽골의 침입과 강화도 천도
⑤	5모둠	팔만대장경	합천 해인사와 장경판전

20

10회
3급

(가) 서적에 대한 설명으로 옳은 것은?

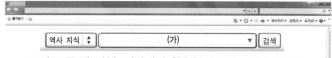

고려 고종 때 간행, 민간에서 활용할 수 있는 처방 모음집

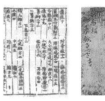 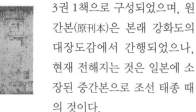 3권 1책으로 구성되었으며, 원간본(原刊本)은 본래 강화도의 대장도감에서 간행되었으나, 현재 전해지는 것은 일본에 소장된 중간본으로 조선 태종 때의 것이다.

종래에 많이 사용되어 오던 외국산 약재들을 우리나라에서 생산되는 약재로 대체하려는 의도가 담겨 있다.

① 마진(홍역)에 대한 치료법을 정리하였다.
② 현존하는 우리나라의 가장 오래된 의학서이다.
③ 저자의 경험을 중심으로 침구술을 집대성하였다.
④ 사람의 체질을 구분하여 치료하는 방법을 소개하였다.
⑤ 전통 한의학을 편찬자의 처방과 함께 체계적으로 정리하였다.

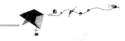

21

12회
중급

다음 설명에 해당하는 탑으로 옳은 것은?

> • 원의 석탑 양식을 모방하였으며 대리석으로 만들었다.
> • 탑의 1층 몸돌에 고려 충목왕 4년(1348)에 세웠다는 기록이 있다.
> • 일제 강점기에 일본으로 무단 반출되었던 것을 되돌려 받아, 1960년에 경복궁
>   에 복원하여 세웠다가 현재 국립 중앙 박물관에 옮겨 놓았다.

① ② ③ ④ ⑤

22

14회
중급

밑줄 그은 ㉠에 해당하는 문화유산으로 옳은 것을 〈보기〉에서 고른 것은?

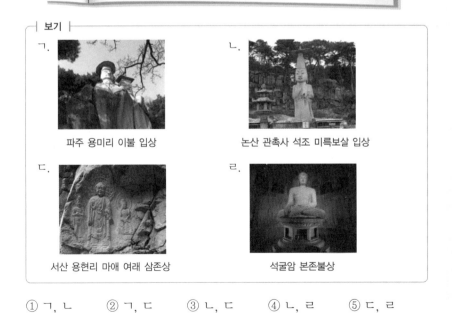

고려 불상을 찾아서

2012년 ○월 ○일

역사 동아리에서 '고려 문화 탐방'을 다녀왔다. ㉠ 규모가 거
대하고 지방색이 강한 불상을 볼 수 있었는데, 그것들을 제
작한 지방 호족들의 독특한 개성과 자유 분방함에 묘한 매력
을 느낄 수 있었다.

┤ 보기 ├

ㄱ.

파주 용미리 이불 입상

ㄴ.

논산 관촉사 석조 미륵보살 입상

ㄷ.

서산 용현리 마애 여래 삼존상

ㄹ.

석굴암 본존불상

① ㄱ, ㄴ   ② ㄱ, ㄷ   ③ ㄴ, ㄷ   ④ ㄴ, ㄹ   ⑤ ㄷ, ㄹ

Ⅳ 한국 근세사

01
14회
중급

(가)에 해당하는 인물로 옳은 것은?

> (가) 은(는) 재상이 왕으로부터 정치 권한을 부여 받아 위로는 왕을 받들어 관리를 통솔하고, 아래로는 백성을 다스리는 재상 중심의 정치를 추구하였다.
> 그는 불씨잡변을 통하여 불교를 비판하였고, 성리학을 통치 이념으로 확립하였다.

삼봉집

① 길재   ② 이색   ③ 조준   ④ 정도전   ⑤ 정몽주

02
10회
3급

그림의 관리와 같은 기능을 수행한 조선 시대의 정치 기구로 옳은 것은?

① 이조와 병조
② 사간원과 사헌부
③ 의정부와 비변사
④ 의금부와 승정원
⑤ 집현전과 홍문관

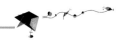

03 그림의 관리에 대한 설명으로 옳은 것은?

13회
중급

① 왕의 비서 역할을 하였다.
② 지방 행정 실무를 보좌하였다.
③ 임기제와 상피제가 적용되었다.
④ 국가의 주요 정책을 심의, 결정하였다.
⑤ 경연에 참여하여 왕과 국정을 토론하였다.

04 지도의 행정 구역이 성립된 시기의 사실로 옳은 것은?

14회
중급

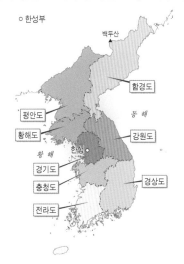

┌ 보기 ├
ㄱ. 8도에 관찰사가 파견되었다.
ㄴ. 지방의 유력자가 사심관으로 임명되었다.
ㄷ. 수령이 지방의 행정 · 사법 · 군사권을 가지고 있었다.
ㄹ. 특별 행정 구역인 서경, 남경, 동경의 3경을 운영하였다.

① ㄱ, ㄴ   ② ㄱ, ㄷ   ③ ㄴ, ㄷ   ④ ㄴ, ㄹ   ⑤ ㄷ, ㄹ

05

11회
중급

다음 편지를 통해 당시 관리 선발 제도에 대해 추론한 것으로 옳지 <u>않은</u> 것은?

> 보고 싶은 둘째 아들에게
>
> 어렸을 때부터 공부하기 싫어하더니 4년 전 무과에 응시하겠다고 했을 때는 하늘이 무너지는 줄 알았다. 하지만 작년에 소과에 합격하여 성균관에 들어간 후부터 학업에 정진하고 있다는 소식을 네 형이 알려주었을 때 이제야 철이 든 것 같아 대견했었다.
>
> 너도 네 형처럼 대과에 합격하여 문관이 되려는 큰 포부를 가져야 한다. 과거에 합격하지 않고 관리가 되면 아무리 할아버지가 정승·판서라 하더라도 나라에서나 세상 사람들이 제대로 대접을 해 주더냐? 그러니, 더욱 열심히 학업에 정진하여라.
>
> 더운 날 건강 조심하고 잘 지내라.
>
> ○○에서 아비가

① 무과보다는 문과 합격자를 우대하였다.
② 소과 합격생은 성균관에 들어갈 수 있었다.
③ 대과에 합격해야 고위 관리가 될 가능성이 높았다.
④ 과거를 보지 않고도 관리가 될 수 있는 제도가 있었다.
⑤ 음서 출신자와 과거 합격자에 대한 차별이 거의 없었다.

06

11회
중급

다음 인물에 대한 설명으로 옳은 것은?

> • 1482년 한양에서 출생함.
> • 1510년 소과에 장원으로 합격함.
> • 1518년 사헌부 대사헌에 임명됨.
> • 1519년 기묘사화로 인해 사사됨.

① 소격서의 폐지를 주장하였다.
② 불씨잡변을 써서 불교를 비판하였다.
③ 중종반정으로 공신의 작위를 받았다.
④ 세조의 왕위 찬탈을 풍자한 조의제문을 지었다.
⑤ 관학파 학풍을 계승하여 부국강병을 추구하였다.

07 (가)에 대한 조선 정부의 정책으로 옳은 것을 〈보기〉에서 고른 것은?

12회
중급

> 이 지역은 본래 우리 땅이었는데 중간에 <u>(가)</u>에게 점거되었다. 태조가 이 지역에 처음으로 부를 설치하였다. 태종 때 <u>(가)</u> 이/가 침입해 와서 백성들을 경성군으로 옮기고 그 땅은 비워 두었다. 세종 때 정벌하여 회복하였다.

┤ 보기 ├
ㄱ. 통신사를 파견하여 문물을 전수하였다.
ㄴ. 강경책의 일환으로 4군 6진을 개척하였다.
ㄷ. 무역소를 설치하여 국경 무역을 허용하였다.
ㄹ. 계해약조를 맺어 제한된 범위 내에서 교역을 허락하였다.

① ㄱ, ㄴ   ② ㄱ, ㄷ   ③ ㄴ, ㄷ
④ ㄴ, ㄹ   ⑤ ㄷ, ㄹ

08 임진왜란을 주제로 한 시나리오이다. ㉠~㉤ 중 내용이 옳지 <u>않은</u> 것은?

15회
중급

> \# 장면 1(길거리에서 만난 두 사람이 몹시 반가워하며)
>
> 백성 1 : 왜란 전 만난 게 마지막이었으니, 이게 얼마 만인가? 그동안 어떻게 지냈나?
>
> 백성 2 : 나는 수군으로 전쟁에 참여했네. ㉠<u>이순신 장군이 거북선이랑 판옥선을 앞세워 승리하는 모습을</u> 자네도 봤어야하는데 아쉽군. 참, 자네는?
>
> 백성 1 : ㉡<u>권율 장군이 행주산성에서 큰 승리를 했는데,</u> 바로 이 몸이 거기에 참여했다네. 하마터면 죽을 뻔했지.
>
> 백성 2 : 그래도 우린 운이 좋은거야. 많은 사람들이 ㉢<u>왜군에게 끌려가거나, 노예로 팔려 가기도 했다지.</u>
>
> 백성 1 : 전쟁이 끝나 좋긴 한데 ㉣<u>노비 문서도 불타고 불국사도 불타 버리니,</u> 나라 꼴이 영 말이 아니네.
>
> 백성 2 : 그렇지, 하지만 ㉤<u>임금님이 남한산성에서 결사 항전을 하고,</u> 명에서 원군도 보내 줘서 이 정도로 끝난 거네. 다행이라 생각하게.

① ㉠   ② ㉡   ③ ㉢   ④ ㉣   ⑤ ㉤

09 밑줄 그은 내용과 관련된 사실로 옳은 것은?

10회
3급

> ○○박물관에는 삼국 시대부터 현재까지 각 시대의 세금 관련 자료들이 전시되어 있다. 통일 신라 시대 코너에는 국가가 세무 행정을 위해 촌락의 경제 상황을 어떻게 파악했는지 볼 수 있는 민정 문서가 전시되어 있고, 조선 시대 코너에는 <u>전세(田稅) 징수를 위해 조선 정부가 실시한 제도</u>와 관련한 자료들이 전시되어 있다.

① 체계적인 조세 운영을 위해 연분 9등법이 시행되었다.
② 식읍을 받은 사람이 그 지역의 조세, 역 등을 징발하였다.
③ 촌주위답, 내시령답 등 토지의 종류와 면적을 기록하였다.
④ 3년마다 토지 크기, 인구 수 등을 파악하여 문서로 작성하였다.
⑤ 토지 조사 사업을 통해 지목, 지가, 지형, 등급 등을 조사하였다.

10 자료와 관련된 조직에 대한 설명으로 옳은 것을 〈보기〉에서 고른 것은?

11회
중급

> • 좋은 일은 서로 권한다.
> • 잘못된 일은 서로 규제한다.
> • 예절 바른 풍속은 서로 본받는다.
> • 어려운 일을 당한 사람은 서로 도와준다.

┤ 보기 ├
ㄱ. 중앙과 지방의 행정 연락을 담당하였다.
ㄴ. 향촌민의 교화와 질서 유지를 담당하였다.
ㄷ. 전통적인 공동 조직과 미풍양속을 계승하였다.
ㄹ. 상호 부조와 공동 노동을 위한 농민 자치 조직이었다.

① ㄱ, ㄴ   ② ㄱ, ㄷ   ③ ㄴ, ㄷ
④ ㄴ, ㄹ   ⑤ ㄷ, ㄹ

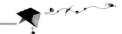

11

11회
중급

다음과 같은 서술 방식으로 쓰여진 역사책을 〈보기〉에서 고른 것은?

> 사마천의 「사기」에서 시작된 역사 서술 방식이다. 군주와 관련된 사실들의 기록인 본기(本紀)와 신하들의 전기인 열전(列傳), 통치 제도·관직·문물·경제·지리·자연 현상 등을 내용별로 서술한 지(志)와 연표(年表)가 더해진다.

⊣ 보기 ├─

ㄱ. 「고려사」 ㄴ. 「삼국사기」
ㄷ. 「고려사절요」 ㄹ. 「조선왕조실록」

① ㄱ, ㄴ ② ㄱ, ㄷ ③ ㄴ, ㄷ
④ ㄴ, ㄹ ⑤ ㄷ, ㄹ

12

10회
3급

다음 (가)~(라) 전시물에 대한 설명으로 옳은 것은?

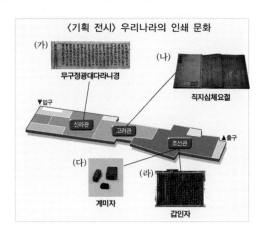

〈기획 전시〉 우리나라의 인쇄 문화
(가) 무구정광대다라니경
(나) 직지심체요절
▼입구 신라관 고려관 ▲출구 조서관
(다) 계미자
(라) 갑인자

① (가) - 현재 프랑스 국립 도서관에 소장되어 있다.
② (나) - 석가탑에서 발견된 현존 최고(最古)의 목판 인쇄본이다.
③ (다) - 식자판 조립법을 이용하여 인쇄 능률이 높아졌다.
④ (라) - 정조 때 만든 아름다운 모양의 활자이다.
⑤ (다), (라) - 주자소에서 제작한 활자이다.

13

12회
중급

밑줄 그은 '왕'의 업적으로 옳은 것을 〈보기〉에서 고른 것은?

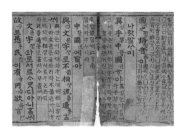

훈민정음 언해본

「훈민정음」에서 왕이 쓴 서문과 예의(例義) 부분만을 한글로 풀이하여 간행한 것이다.

─┤ 보기 ├─

ㄱ. 금속 활자인 갑인자를 주조하였다.
ㄴ. 혼일강리역대국도지도를 만들었다.
ㄷ. 강우량 측정을 위해 측우기를 제작하였다.
ㄹ. 「경국대전」의 편찬을 마무리하여 반포하였다.

① ㄱ, ㄴ
② ㄱ, ㄷ
③ ㄴ, ㄷ
④ ㄴ, ㄹ
⑤ ㄷ, ㄹ

14

13회
중급

다음 서적이 간행된 시기의 과학 기술에 대한 설명으로 옳은 것은?

우리나라 역사상 최초로 서울을 기준으로 7개 별의 운행과 위치를 살펴 천체 운동을 정확하게 계산한 천문 역법서이다.

① 최무선이 화약 제조법을 터득하여 화포를 제작하였다.
② 곤여만국전도가 전해져 조선인의 세계관이 확대되었다.
③ 허준이 전통 의학을 집대성한 「동의보감」을 편찬하였다.
④ 현존 최고의 금속 활자본인 「직지심체요절」이 만들어졌다.
⑤ 정밀 기계 장치와 자동 시보 장치를 갖춘 물시계가 만들어졌다.

15 (가), (나) 속의 인물에 대한 설명으로 옳은 것을 〈보기〉에서 고른 것은?

13회
중급

(가)    (나)

┤ 보기 ├
ㄱ. 일본 성리학 발전에 영향을 끼쳤다.
ㄴ. 공물을 쌀로 받는 방안을 제안하였다.
ㄷ. 「성학집요」, 「격몽요결」을 저술하였다.
ㄹ. 기대승과 사단 칠정에 관한 논쟁을 벌였다.

　　(가)　　(나)　　　　　(가)　　(나)
① ㄱ, ㄷ　ㄴ, ㄹ　　② ㄱ, ㄹ　ㄴ, ㄷ
③ ㄴ, ㄹ　ㄱ, ㄷ　　④ ㄴ, ㄷ　ㄱ, ㄹ
⑤ ㄷ, ㄹ　ㄱ, ㄴ

16 다음에서 설명하는 교육 기관으로 옳은 것은?

14회
중급

국가에서 세운 지방의 중등 교육기관이
다. 성현에 대한 제사와 유생의 교육,
지방민의 교화를 위해 설립되었는데 중
앙에서 교수 또는 훈도를 파견하였다.

① 서당　　② 서원　　③ 향교　　④ 성균관　　⑤ 4부 학당

17

11회
중급

다음 자료와 관련된 그림으로 옳은 것은?

> 정유년 20일 밤에 바야흐로 자리에 누우니, 정신이 아른하여 잠이 깊이 들어 꿈도 꾸게 되었다. 그래서 박팽년과 더불어 산 아래에 당도하니 층층의 멧부리가 우뚝 솟아나고 깊은 골짜기가 그윽한 채 아름다우며, 복숭아 나무 수십 그루가 있고, 오솔길이 숲 밖에 다다르자 여러 갈래로 갈라졌고, 나와 박팽년은 서성대며 어디로 갈 바를 몰랐다. …… 그리하여 안견에게 명하여 내 꿈을 그림으로 그리게 하였다.

①
고사관수도

②
세한도

③
금강전도

④
인왕제색도

⑤
몽유도원도

18

13회
중급

문화유산 해설사가 안내하는 궁궐에 대한 설명으로 옳은 것은?

① 부속 건물로 규장각이 있습니다.
② 갑신정변 때 고종이 머물렀습니다.
③ 조선 역대 왕의 위패가 모셔져 있습니다.
④ 한때 동물원으로 운영된 적이 있었습니다.
⑤ 조선 시대 한양에서 처음 지어진 궁궐이었습니다.

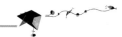

19 (가)에 들어갈 내용으로 옳은 것은?

12회
중급

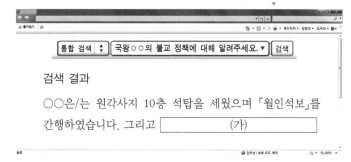

통합 검색 ⬍ 국왕○○의 불교 정책에 대해 알려주세요. ▼ 검색

검색 결과

○○은/는 원각사지 10층 석탑을 세웠으며 「월인석보」를 간행하였습니다. 그리고 (가)

① 「초조대장경」을 간행하였습니다.
② 보우를 중용하고 승과를 부활시켰습니다.
③ 연등회와 팔관회를 성대하게 개최하였습니다.
④ 불교 교단을 정리해 선·교 양종으로 통합하였습니다.
⑤ 간경도감을 설치하여 불교 경전을 한글로 번역하였습니다.

20 다음 화폐에 그려진 인물의 작품으로 옳은 것은?

12회
중급

①

②

③

④

⑤

V 근대 태동기

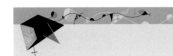

01
10회
3급

다음 자료의 (가)~(라)와 관련된 설명으로 옳은 것을 〈보기〉에서 고른 것은?

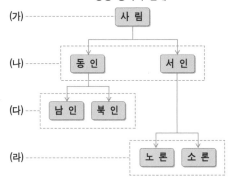

붕당 정치의 전개

(가) -------- 사 림

(나) -------- 동 인   서 인

(다) -------- 남 인 북 인

(라) -------- 노 론 소 론

┤ 보기 ├
ㄱ. (가) – 서원과 향약을 통해 세력을 확대해 나갔다.
ㄴ. (나) – 척신 정치 잔재의 청산 문제를 놓고 대립하였다.
ㄷ. (다) – 인간과 사물의 본성에 관한 호락 논쟁을 벌였다.
ㄹ. (라) – 두 차례에 걸친 예송으로 대립이 격화되었다.

① ㄱ, ㄴ   ② ㄱ, ㄷ   ③ ㄴ, ㄷ
④ ㄴ, ㄹ   ⑤ ㄷ, ㄹ

02
14회
중급

조선 시대 정치 변천 과정이다. (가)~(다)를 시기 순으로 옳게 나열한 것은?

(가) 이조 전랑의 임명 문제로 사림 세력이 동인과 서인으로 나뉘어졌다.
(나) 순조 이후 안동 김씨 등 노론의 특정 가문이 권력을 독점하였다.
(다) 서인과 남인의 격렬한 대립으로 정국이 급격하게 전환하는 환국이 나타났다.

① (가) – (나) – (다)   ② (가) – (다) – (나)
③ (나) – (가) – (다)   ④ (나) – (다) – (가)
⑤ (다) – (가) – (나)

03 다음 교서를 발표한 국왕의 정책으로 옳은 것을 〈보기〉에서 고른 것은?

11회
중급

성균관 앞에 세운 탕평비

붕당의 폐해가 요즈음보다 심각한 적이 없었다. 처음에는 예절 문제로 분쟁이 일어나더니, 이제는 한쪽이 다른 쪽을 역적으로 몰아붙이고 있다. …… 이제 유배된 사람들의 잘잘못을 다시 살피도록 하고, 관리의 임용을 담당하는 관리는 탕평의 정신을 잘 받들어 직무를 수행하도록 하라.

┤ 보기 ├
ㄱ. 장용영 설치   ㄴ. 규장각 육성   ㄷ. 균역법 실시   ㄹ. 「속대전」 편찬

① ㄱ, ㄴ   ② ㄱ, ㄷ   ③ ㄴ, ㄷ
④ ㄴ, ㄹ   ⑤ ㄷ, ㄹ

04 다음 기사에 나오는 (가) 왕이 실시한 정책으로 옳은 것은?

14회
중급

○○신문

[(가)] 능행차 재현

제48회 수원 화성 문화재의 일환으로 아버지 사도 세자의 능인 융릉까지 행차하는 모습이 재현되었다.
이는 1795년 어머니 혜경궁 홍씨의 환갑 잔치를 위해 거동하는 행렬을 정리한 책인 유네스코 세계 기록 유산 '원행을묘정리의궤'의 고증을 근거로 하였다.

① 집현전을 설치하여 학문을 장려하였다.
② 균역법을 실시하여 국가 재정을 개혁하였다.
③ 속대전을 편찬하여 통치 체제를 정비하였다.
④ 신문고를 부활하여 백성의 억울함을 살폈다.
⑤ 친위 부대인 장용영을 설치하여 왕권을 강화하였다.

05

14회
중급

다음은 어느 왕의 연보이다. 이 왕 대의 사실로 옳은 것은?

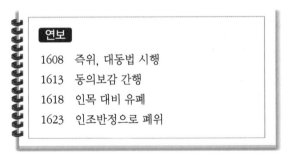

연보

1608 즉위, 대동법 시행
1613 동의보감 간행
1618 인목 대비 유폐
1623 인조반정으로 폐위

① 요동 수복 운동을 추진하였다.
② 나선 정벌에 조총 부대를 파견하였다.
③ 청을 정벌하자는 북벌 운동을 전개하였다.
④ 명과 후금 사이에서 중립 외교를 추진하였다.
⑤ 백두산 정계비를 세워 청과 국경을 확정하였다.

06

11회
중급

다음은 인터넷 검색 결과이다. (가)에 해당하는 정치 기구에 대한 설명으로 옳지 않은 것은?

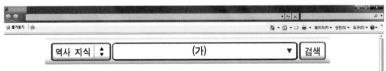

역사 지식 ▼　　　　　(가)　　　　▼　검색

요약 조선 시대 군국 기무를 관장한 문무 합의 기구로서 전·현직 정승을 비롯한 고위 관료들이 참여함.
본문 외적의 침입이 많았으나 즉각 대처하지 못한 일이 많았기 때문에 의정부, 병조, 변방 경험 관료 등을 지변사재상이라 하여 국방 대책을 마련하게 하였다. 이후 전·현직 정승, 판서, 군영 대장, 강화 유수 등이 참여하는 기구로 확대되어 국정 전반을 논의하게 되었다. ……

① 16세기 초 중종 때 3포 왜란을 계기로 설치되었다.
② 임진왜란 이후 그 기능이 약화되면서 국정 장악력이 떨어졌다.
③ 처음에는 여진족과 왜구의 침입을 대비하기 위해 임시로 설치되었다.
④ 세도 정치 기간에는 왕실 외척이 이 기구를 통해 권력을 행사하였다.
⑤ 흥선 대원군은 이 기구를 해체하고 의정부와 삼군부의 기능을 부활시켰다.

07

13회
중급

지도와 같이 실시된 제도에 대한 탐구 주제로 옳은 것을 〈보기〉에서 고른 것은?

숫자:실시 연도
〰 잉류 지역
백두산
동 해
1708 1623
황 해 한성
1608
선혜청 설치
1651
1677
1658

┤ 보기 ├
ㄱ. 지주에게 결작을 징수한 배경
ㄴ. 지역에 따라 시행 시기가 다른 이유
ㄷ. 공인의 등장이 상업 발달에 끼친 영향
ㄹ. 구휼 정책의 변화가 농민에게 미친 영향

① ㄱ, ㄴ   ② ㄱ, ㄷ   ③ ㄴ, ㄷ   ④ ㄴ, ㄹ   ⑤ ㄷ, ㄹ

08

12회
중급

다음 대화가 이루어진 배경으로 옳은 것을 〈보기〉에서 고른 것은?

┤ 보기 ├
ㄱ. 결작의 부담이 소작 농민에게 전가되었다.
ㄴ. 방납의 폐단이 심화되어 농민의 부담이 증가하였다.
ㄷ. 군영과 감영 등에서 독자적으로 군포를 징수하였다.
ㄹ. 역의 부담을 이기지 못하여 유망하는 농민이 많아졌다.

① ㄱ, ㄴ   ② ㄱ, ㄷ   ③ ㄴ, ㄷ   ④ ㄴ, ㄹ   ⑤ ㄷ, ㄹ

09

11회
중급

다음 그림이 그려진 시기의 경제 상황에 대한 설명으로 옳지 <u>않은</u> 것은?

① 전국적으로 개설된 장시가 지방민의 교역 장소 역할을 하였다.
② 정부는 필요한 물품을 공급받기 위해 한양에 시전을 처음 설치하였다.
③ 경영 전문가인 덕대가 물주에게 자본을 조달받아 광산을 경영하였다.
④ 국경 지대를 중심으로 공무역인 개시와 사무역인 후시가 이루어졌다.
⑤ 지주나 대상인들이 화폐를 고리대나 재산 축적에 이용하기도 하였다.

10

13회
중급

다음은 조선 후기 도성의 상권을 표시한 지도이다. (가)와 (나)에 대한 설명으로
옳은 것은?

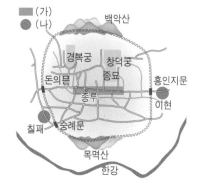

① (가)에 종로를 중심으로 육의전이 있었다.
② (가)의 상인들은 일본과 직접 무역을 하였다.
③ (나)의 상인들은 금난전권을 행사하였다.
④ (나)의 상인들은 인삼을 재배하고 판매하였다.
⑤ (가), (나)에서 객주가 물품 매매를 중개하였다.

11

14회
중급

밑줄 그은 '이 상인'에 대한 설명으로 옳은 것은?

이 상인은 떠돌아다니며 장사하는 봇짐장수와 등짐장수
를 말한다. 외롭고 힘든 생활을 했기 때문에 서로 결집력
이 강했으며, 자신들의 이익을 지키고 단결을 굳게 하기
위하여 단체를 조직하였다.

① 지방 장시를 무대로 생산자와 소비자를 이어 주었다.

② 인삼을 생산, 판매하고 대외 무역에도 깊이 관여하였다.

③ 대동법 실시로 등장하였으며 상공업 발달을 촉진시켰다.

④ 정부로부터 금난전권을 얻어 사상들의 성장을 억압하였다.

⑤ 선박을 이용해 각지의 물품을 구입해서 포구에서 처분하였다.

12

11회
중급

17세기 무렵 (가)~(라) 신분에 대한 설명으로 옳지 않은 것은?

(가) 우리가 문무 고위 관직을 독점하고 있지.

(나) 사신을 수행하여 통역을 담당해야 하니 준비할 것이 많겠군.

(다) 휴! 조세와 공납에 부역까지 ……, 등골이 휘는구나!

(라) 내 자식도 나처럼 평생 신공을 바치고 살아야 하다니…….

① (가)는 경제적으로 지주층이며 현직 또는 예비 관료로 활동하였다.

② (나)는 중간 계층으로 전문 기술이나 행정 실무를 담당하였다.

③ (다)는 인구 중 다수를 차지하였으며 생산 활동에 종사하였다.

④ (라)는 고려 시대 백정이라고 불린 신분에 해당된다.

⑤ (가)~(라)의 신분은 엄격히 구분되었으나 신분 이동이 가능하였다.

13 밑줄 그은 '우리'에 대한 설명으로 옳지 <u>않은</u> 것은?

10회
3급

> 아! <u>우리</u>는 본래 모두 사대부였는데 혹은 의(醫)에 들어가고, 혹은 역(譯)에 들어가
> 7, 8대 또는 10대를 대대로 전하니 사람들이 중촌고족(中村古族)이라고 일컬었다.
> 문장과 덕은 비록 사대부에 비길 바가 없으나 명공(名公), 거실(巨室) 외에 우리보
> 다 나은 자는 없다.
>   – 「상원과방」 –

① 정조 때 규장각 검서관으로 등용되었다.

② 개화 사상의 형성에 중요한 역할을 하였다.

③ 직역과 신분이 대대로 세습되는 경우가 많았다.

④ 청과의 무역에 관여하여 부를 축적하기도 하였다.

⑤ 고급 관료로 진출할 수 있는 길이 제한되어 있었다.

14 (가)에 들어갈 내용으로 가장 적절한 것은?

14회
중급

 이 그림은 김홍도의 '신행'이다. 그림이 그려진 시기에는 혼례를 치른 뒤 신부가 곧바로 신랑의 집으로 가서 생활하는 혼인 풍습이 유행하였다. 또한 이 시기에는 일반적으로 _____ (가)

① 과부의 재가가 자유로웠다.

② 부계 위주의 족보가 편찬되었다.

③ 부모의 유산이 자녀에게 균등 분배되었다.

④ 자녀가 돌아가며 부모의 제사를 받들었다.

⑤ 남녀 구분 없이 태어난 순서대로 호적에 기재되었다.

15

10회
3급

그림 내용과 관련된 종교에 대한 설명으로 옳은 것만을 〈보기〉에서 모두 고른 것은?

| 보기 |

ㄱ. 몰락 양반 최제우가 창시하였다.
ㄴ. 위정척사파의 적극적 지지를 받았다.
ㄷ. 삼남 지방의 농민을 중심으로 교세가 확장되었다.
ㄹ. 최시형이 교리를 정리하고 교단 조직을 정비하였다.

① ㄱ, ㄴ
② ㄷ, ㄹ
③ ㄱ, ㄴ, ㄷ
④ ㄱ, ㄷ, ㄹ
⑤ ㄴ, ㄷ, ㄹ

16

11회
중급

(가), (나)의 사건에 대한 설명으로 옳지 않은 것은?

(가) 평서대원수는 급히 격문을 띄우노니 관서의 부로(父老)와 자제와 공·사 천민들은 모두 이 격문을 들으라. …… 조정에서는 관서를 버림이 분토(糞土)와 다름없다. 심지어 권세 있는 집의 노비들도 서토의 사람을 보면 반드시 '평안도 놈'이라고 말한다. 어찌 억울하고 원통하지 않은 자 있겠는가.

(나) 임술년 2월, 진주민 수만 명이 머리에 흰 수건을 두르고 손에는 몽둥이를 들고 무리를 지어 진주 읍내에 모여 …… 백성들의 재물을 횡령한 조목, 아전들이 세금을 포탈하고 강제로 징수한 일들을 면전에서 여러 번 문책하는데, 그 능멸하고 핍박함이 조금도 거리낌이 없었다.

① (가)는 서북 지방에 대한 차별이 원인이 되었다.
② (가)는 영세 농민, 광산 노동자 등이 합세하였다.
③ (나)는 삼정의 문란이 원인이 되었다.
④ (나)는 동학 사상의 영향을 받아 일어났다.
⑤ (가), (나)는 모두 세도 정치기에 일어났다.

17
13회
중급

(가)~(다)의 비석이 세워진 시기에 대한 설명으로 옳은 것을 〈보기〉에서 고른 것은?

(가)

백두산 정계비

(나)

탕평비

(다)

척화비

| 보기 |

ㄱ. (가) – 노론과 소론의 대립이 격화되었다.
ㄴ. (나) – 특정 가문이 권력을 장악하는 세도 정치가 나타났다.
ㄷ. (다) – 양반에게 군포를 거두는 호포제가 시행되었다.
ㄹ. (가), (다) – 이양선의 출몰로 민심이 동요되었다.

① ㄱ, ㄴ   ② ㄱ, ㄷ   ③ ㄴ, ㄷ
④ ㄴ, ㄹ   ⑤ ㄷ, ㄹ

18
12회
중급

밑줄 그은 '이들'에 대한 설명으로 옳은 것을 〈보기〉에서 고른 것은?

인조반정 이후 송시열을 중심으로 한 집권층은 당시 조선 사회가 안고 있던 모순을 해결하기 위해 명분론을 강화하고 성리학을 절대화하였다. 반면에 이들은 성리학을 상대화하고 6경과 제자백가 등을 통해 모순 해결의 사상적 기반을 찾으려고 하였다.

| 보기 |

ㄱ. 주자의 학문 체계와 다른 해석을 하였다.
ㄴ. 노론의 공격을 받아 사문난적으로 몰렸다.
ㄷ. 실천성을 강조한 양명학을 이단으로 간주하였다.
ㄹ. 이이의 학문을 계승하여 기호학파의 주류를 이루었다.

① ㄱ, ㄴ   ② ㄱ, ㄷ   ③ ㄴ, ㄷ
④ ㄴ, ㄹ   ⑤ ㄷ, ㄹ

19 지역 축제 포스터의 인물과 관련 없는 것은?

13회
중급

제○○회 다산제

• 일시 : 2011년 ○○월 ○○일~○○월 ○○일
• 장소 : 강진군 도암면 정다산 유적지

민족의 대학자이자 큰 스승이신 다산 선생의 깊고 숭고한
다산 사상을 기리는 제○○회 다산제에 여러분을 초대합니다.

①

거중기

②

「경세유표」

③

수원 화성

④

혼천의

⑤

한강 배다리

20 다음을 주장한 실학자에 대한 설명으로 옳은 것은?

12회
중급

> 비유하건대, 재물은 대체로 샘과 같다. 퍼내면 차고, 버려두면 말라 버린다. 그러
> 므로 비단옷을 입지 않아서 나라에 비단 짜는 사람이 없게 되면 여공이 쇠퇴하고,
> 쭈그러진 그릇을 싫어하지 않고 기교를 숭상하지 않아서 공장하는 일이 없게 되
> 면 기예가 망하게 된다.

① 정통론에 입각하여 「동사강목」을 저술하였다.
②「우서」를 저술하여 상공업 진흥을 강조하였다.
③ 북벌론을 비판하고 청 문물의 수용을 주장하였다.
④ 육두론을 통해 나라를 좀 먹는 여섯 가지 폐단을 지적하였다.
⑤ 토지의 공동 소유 · 공동 경작을 골자로 한 여전제를 주장하였다.

21

10회
3급

(가)~(라)에 대한 설명으로 옳은 것을 〈보기〉에서 고른 것은?

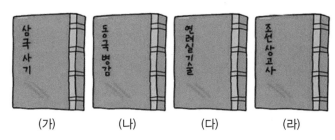

(가)   (나)   (다)   (라)

┤ 보기 ├

ㄱ. (가) – 우리 역사를 단군부터 서술하였다.
ㄴ. (나) – 고조선부터 고려 말까지의 전쟁사를 정리하였다.
ㄷ. (다) – 발해를 서술하여 한반도 중심의 사관을 극복하였다.
ㄹ. (라) – 민족사의 유구성과 독자성을 강조하였다.
ㅁ. (가) – (나) – (다) – (라)의 순서로 쓰여졌다.

① ㄱ, ㄴ, ㅁ   ② ㄱ, ㄷ, ㄹ   ③ ㄴ, ㄷ, ㄹ
④ ㄴ, ㄹ, ㅁ   ⑤ ㄷ, ㄹ, ㅁ

22

14회
중급

다음 자료에서 설명하는 건축물로 옳은 것을 〈보기〉에서 고른 것은?

조선 후기에 불교가 신앙의 자리를 어느 정도 차지하고 정치 · 경제적인 변화가
나타나면서 건축에도 새로운 변화가 나타났다. 양반과 새롭게 부상하고 있던 부
농, 상공업 계층의 지원 아래 많은 사원이 세워졌다.

┤ 보기 ├

ㄱ. 봉정사 극락전

ㄴ. 수덕사 대웅전

ㄷ. 화엄사 각황전

ㄹ. 법주사 팔상전

① ㄱ, ㄴ   ② ㄱ, ㄷ   ③ ㄴ, ㄷ   ④ ㄴ, ㄹ   ⑤ ㄷ, ㄹ

23

12회
중급

(가)~(라)에 대한 설명으로 옳지 <u>않은</u> 것은?

(가) 　(나) 　(다) 　(라)

① (가) – 전라도 강진과 부안이 대표적인 생산지였다.
② (나) – 수공업 생산을 담당한 소(所)에서 생산되었다.
③ (다) – 16세기 이후에 유행하였다.
④ (라) – 청자에 백토의 분을 칠하여 만들었다.
⑤ (가) – (라) – (다) – (나)의 순서로 유행하였다.

24

14회
중급

다음에서 설명하고 있는 유네스코 인류 무형 문화유산으로 옳은 것은?

> 한 사람의 타령으로 긴 서사적인 이야기를 고수의 북장단에 맞추어 노래와 말로 엮고 몸짓을 곁들여 부른다. 지금은 '춘향가', '심청가', '흥부가', '적벽가', '수궁가' 등이 전해진다.

① 　② 　③

사물놀이　　　　　종묘 제례악　　　　　판소리

④ 　⑤

봉산 탈춤　　　　　처용무

VI 한국 근대사

01 흥선 대원군의 집권기에 다음 주장들이 나오게 된 배경으로 옳지 <u>않은</u> 것은?

10회
3급

조정의 지나친 조처로 양반 유생들의 부담이 크게 늘고 체면이 말이 아닙니다.

요즘 물가가 폭등하여 백성들의 생활이 날로 어려워지고 있습니다.

학문의 공간을 없애버려 선현의 가르침을 제대로 배우지 못하는 것은 참으로 부당합니다.

왕실의 위엄을 세운다는 명목으로 백성들을 동원하는 것을 중단해야 합니다.

① 서원 철폐
② 호포제 실시
③ 당백전 발행
④ 경복궁 중건
⑤ 사창제 실시

02 다음 조항이 포함된 조약에 대한 설명으로 옳지 <u>않은</u> 것은?

14회
중급

> 제 1 관 조선국은 자주국이며, 일본국과 평등한 권리를 가진다.
> 제 4 관 조선국은 부산 이외 두 곳의 항구를 개항하고 일본인이 왕래 통상함을 허가한다.
> 제10관 일본국 인민이 조선국이 지정한 각 항구에서 죄를 범할 경우 일본국 관원이 재판한다.

① 일본에게 최혜국 대우를 인정하였다.
② 외국과 맺은 최초의 근대적 조약이다.
③ 원산과 인천을 개항하는 계기가 되었다.
④ 치외 법권을 인정한 불평등한 조약이다.
⑤ 청의 종주권을 부인하기 위한 의도를 담고 있다.

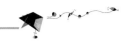

03 (가), (나) 자료에 대한 설명으로 옳은 것을 〈보기〉에서 고른 것은?
15회
중급

(가) 오늘날 조선이 세워야 할 책략으로 러시아를 막는 것보다 더 급한 일이 없다. 러시아를 막는 책략은 무엇인가? 중국과 친교하고, 미국과 연대함으로써 자강을 도모할 따름이다.

조선책략

(나) 미국은 우리가 본래 모르던 나라입니다. 끌어들였다가 우리의 허점을 엿보고 어려운 요구를 하면 어떻게 대응하시겠습니까? …… 러시아, 일본, 미국은 같은 오랑캐입니다. 그들 사이에 누구에게 후하게 대하고, 누구에게 박하게 대하기는 어려운 일입니다.

영남 만인소

┤ 보기 ├
ㄱ. (가) – 1차 수신사 김기수가 일본에서 들여왔다.
ㄴ. (가) – 위정척사론자들의 강한 반발을 불러 일으켰다.
ㄷ. (나) – 통상을 거부하는 척화비 설립의 계기가 되었다.
ㄹ. (나) – 이만손 등 많은 유생들이 함께 올린 상소문이다.

① ㄱ, ㄴ
② ㄱ, ㄷ
③ ㄴ, ㄷ
④ ㄴ, ㄹ
⑤ ㄷ, ㄹ

04

13회
중급

(가)에 들어갈 설명으로 옳은 것은?

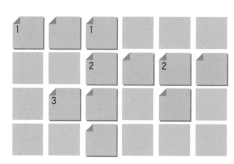

〈가로〉

1. 고부 농민 봉기 당시 고부 군수
2. 제너럴 셔먼호 사건을 구실로 미국이 침입한 사건
3. 조선 후기 농민이 부담한 전정, 군정, 환곡을 일컫는 용어

〈세로〉

1. _____ (가) _____
2. 조선은 ○○ 관료 사회. 문반과 무반 관료를 가리킴.

① 구식 군인들이 차별 대우에 불만을 품고 일으킨 사건
② 고종이 일본의 간섭을 피해 러시아 공사관으로 처소를 옮긴 사건
③ 일본이 삼국 간섭 이후 세력 만회를 위해 명성 황후를 시해한 사건
④ 김옥균 등 개화파들이 우정국 개국 축하연을 이용하여 일으킨 사건
⑤ 지방관이 일본의 경제적 침투에 대항하여 곡식의 유출을 금지한 사건

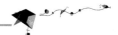

05

11회
중급

다음은 동학 농민 운동의 한 장면이다. (가)~(마) 중에서 이 장면이 들어갈 위치로 적절한 것은?

집강소에서 재판하는 장면

사발 통문 작성

(가) ➡

백산 봉기

(나) ➡

황토현 전투

(다) ➡

전주성 점령

(라) ➡

우금치 전투

(마) ➡

잡혀가는 전봉준

① (가)   ② (나)   ③ (다)   ④ (라)   ⑤ (마)

06

12회
중급

밑줄 그은 '두 섬'에 대한 탐구 활동으로 적절하지 <u>않은</u> 것은?

> 우산(于山)과 무릉(武陵) 두 섬이 현의 정동(正東) 바다 가운데에 있다. 두 섬이 서로 거리가 멀지 아니하여, 날씨가 맑으면 가히 바라볼 수 있다.
>
> – 「세종실록 지리지」 –

① 이사부의 정벌 기사를 찾아본다.

② 안용복의 활동 내용을 알아본다.

③ 독도 의용 수비대의 활동 내용을 파악한다.

④ 일본의 남만주 철도 부설권 획득 과정을 알아본다.

⑤ 러 · 일 전쟁 중 일본의 영토 침탈 내용을 조사한다.

07

10회
3급

다음 자료의 밑줄 그은 '정부'가 실시한 정책으로 옳은 것은?

역사신문

○○○○년

정부, 새로운 토지 소유 증명서 발급

정부는 서양식 측량 방식을 도입하여 한성부와 충청도 아산군에서 양전을 먼저 실시하고 실시 지역을 점차 확대해 나가고 있다. 또한 소유권 관련 분쟁을 조정하고, 조세 수입원을 정확히 파악하기 위해 토지 소유 증명서인 지계(地契)를 발급하기 시작하였다.

① 8도를 23부로 개편하였다.

② 은본위제 화폐 제도를 채택하였다.

③ 교육 입국 조서를 반포하고 소학교를 세웠다.

④ 친위대와 진위대를 설치하여 군사력을 강화하였다.

⑤ 군주권의 무한함을 밝힌 대한국국제를 제정하였다.

08

10회
3급

밑줄 그은 (가), (나)와 관련된 탐구 활동으로 적절한 것을 〈보기〉에서 고른 것은?

제1조 대한 정부는 대일본 정부가 추천한 일본인 1명을 (가)재정 고문으로 하여 대한 정부에 용빙하고, 재무에 관한 사항은 일체 그 의견을 물어 시행할 것

제2조 대한 정부는 대일본 정부가 추천한 외국인 1명을 (나)외무 고문으로 하여 외부에 용빙하고, 외교에 관한 중요한 업무는 일체 그 의견을 물어 시행할 것

┤ 보기 ├

ㄱ. (가) - 화폐 정리 사업에 대해 조사한다.

ㄴ. (가) - 황성신문의 운영에 대해 파악한다.

ㄷ. (나) - 묄렌도르프의 활동을 알아본다.

ㄹ. (나) - 장인환, 전명운 의사의 활동을 알아본다.

① ㄱ, ㄴ   ② ㄱ, ㄹ   ③ ㄴ, ㄷ

④ ㄴ, ㄹ   ⑤ ㄷ, ㄹ

09 (가)에 들어갈 내용으로 옳지 않은 것은?
13회
중급

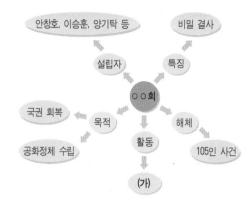

① 일제의 황무지 개간권 요구를 저지하였다.
② 만주 지역에 독립운동 기지를 건설하였다.
③ 대한매일신보를 통해 언론 활동을 전개하였다.
④ 자기 회사를 설립하여 민족 운동 자금을 마련하였다.
⑤ 대성 학교와 오산 학교를 세워 민족 교육을 실시하였다.

10 그림의 남학생 주장을 뒷받침할 수 있는 근거로 적절한 것을 〈보기〉에서 고른
11회
중급 것은?

| 보기 |

ㄱ. 원수부를 설치하고 황제 호위 군대를 증강하였다.
ㄴ. 연좌제와 고문 등의 봉건적인 악습을 폐지하였다.
ㄷ. 과거제를 폐지하고 새로운 관리 임용 제도를 마련하였다.
ㄹ. 근대적 토지 소유권을 마련하기 위하여 지계를 발급하였다.

① ㄱ, ㄴ   ② ㄱ, ㄷ   ③ ㄴ, ㄷ   ④ ㄴ, ㄹ   ⑤ ㄷ, ㄹ

11 다음 뉴스의 (가)에 들어갈 내용으로 옳은 것은?

13회
중급

"일본에 항거하며 대한민국 독립을 위해 헌신했던 미국인 헐버트, 그가 세상을 떠난 지 올해로 62주기가 됐는데요. 오늘 그를 기리는 추모식이 열렸습니다. 1886년, 23살의 헐버트는 근대 학교인 육영 공원의 교사로 한국에 첫 발을 내디뎠습니다. 그 뒤 그는

(가)   "

① 배재 학당을 설립하여 근대 교육을 실시하였습니다.
② 언론사를 운영하며 항일 운동 기사를 많이 작성하였습니다.
③ 최초의 근대식 병원인 광혜원을 세워 서양 의술을 보급하였습니다.
④ 당시 사회 상황을 담은 「한국과 그 이웃 나라들」을 저술하였습니다.
⑤ 고종의 특사로 을사조약의 부당함을 알리기 위해 미국에 파견되었습니다.

12 자료에 나타난 시기의 사회 모습으로 옳은 것을 〈보기〉에서 고른 것은?

13회
중급

"나는 대한의 가장 천한 사람이고, 무지몰각합니다. 그러나 충군애국의 뜻은 대강 알고 있습니다. 나라에 이롭고 백성을 편케 하는 길인즉, 관과 민이 합심한 연후에 가능하다고 생각합니다. …… 원컨대, 관민이 합심하여 우리 황제의 성덕에 보답하고, 국운이 만만세 이어지게 합시다."

– 백정 박성춘의 관민 공동회 연설문 –

┤ 보기 ├

ㄱ. 이화 학당에서 수업을 받고 있는 여학생
ㄴ. 집강소에서 행정 업무를 보고 있는 농민
ㄷ. 제중원에서 서양인 의사에게 치료받는 아이
ㄹ. 궁궐 앞에서 서원 철폐 반대를 외치는 유생

① ㄱ, ㄴ   ② ㄱ, ㄷ   ③ ㄴ, ㄷ
④ ㄴ, ㄹ   ⑤ ㄷ, ㄹ

Memo

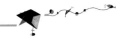

Memo

13 밑줄 그은 ㉠을 배경으로 일어난 의병에 대한 설명으로 옳지 <u>않은</u> 것은?

14회
중급

> 원통함을 어찌하리, ㉠국모의 원수를 생각하며 이를 갈았는데, 참혹
> 함이 더욱 심해져 임금께서 또 머리를 깎으시는 지경에 이르렀다.
> …… 우리 부모에게 받은 몸을 금수로 만드니 무슨 일이며, 우리 부모
> 에게 받은 머리카락을 풀 베듯이 베어버리니 이 무슨 변고란 말인가.
> …… 환난을 회피하기란 죽음보다 더 괴로우며 멸망을 앉아서 기다리
> 기보다는 차라리 싸우는 편이 훨씬 낫다.   - 유인석, 창의문 -

① 양반 유생들이 주도하였다.
② 동학의 잔여 세력이 참여하였다.
③ 고종의 권고 조칙으로 해산하였다.
④ 황성신문의 적극적인 지지를 받았다.
⑤ 해산 이후 일부가 활빈당을 조직하였다.

14 자료에 나타난 시기의 의병 운동을 주제로 역사 신문을 제작하려고 한다. 기사

13회
중급   제목으로 옳은 것은?

> 아, 지난 10월의 소행은 실로 만고에 없었던 일이다. 하룻밤 사이에 종이 조각에
> 강제로 도장을 찍게 하여, 오백 년 종묘사직이 마침내 망하고 말았으니, 이 때문
> 에 천지의 신명도 놀랐을 것이고 조종의 신령도 통곡하였을 것이다. 우리나라를
> 통째로 원수에게 준 역적 이지용은 실로 우리나라 만대의 원수요, 제 임금을 죽이
> 고 남의 임금을 범한 이토 히로부미는 마땅히 천하 열국이 함께 토벌해야 한다.
>   - 「면암집」 -

① 고종, 의병 부대 해산 명령!
② 평민 출신 신돌석, 의병장 되다!
③ 의병 연합 부대, 서울 진격 준비 중!
④ 해산된 군인, 일본군과 시가전 벌여!
⑤ 단발령에 분노한 유생들, 의병 조직하다!

15

11회
중급

(가) 조약이 조선의 경제 상황에 끼친 영향으로 옳은 것은?

> ## ○○신문 △△△△년 △△월 △△일
>
> 특집 [(가)]을(를) 분석한다
>
> 조선은 [(가)]을(를) 체결함으로써, 청에게 치외법권은 말할 것도 없고, 최초로 한성과 양화진에서 점포를 개설할 수 있는 권리와 여행권을 소지한 경우 개항장 밖에서도 통상할 수 있는 권리 및 조선 연안에서 자유롭게 무역할 수 있는 권리를 넘겨주었다.

① 청과 일본의 상권 경쟁이 치열해졌다.
② 개항장에서 일본 화폐가 사용되었다.
③ 최초로 무관세 협정을 체결하게 되었다.
④ 일본 제일은행권이 본위 화폐가 되었다.
⑤ 화폐 가치의 하락으로 물가가 폭등하였다.

16

12회
중급

(가), (나) 조약이 체결된 시기 사이의 경제 상황으로 옳은 것을 〈보기〉에서 고른 것은?

> (가) 제10관   일본국 인민이 조선국 지정의 각 항구에 머무르는 동안에 만약 죄를 범한 것이 조선국 인민에게 관계되는 사건일 때에는 모두 일본국 관리가 심의한다.
>
> (나) 제4조   조선 상인이 베이징에서 규정에 따라 물건을 팔고 사도록 하며 중국 상인이 조선의 양화진과 서울에 들어가 영업소를 차릴 수 있도록 하되 …… 상무위원은 지방 관리와 함께 공동으로 날인하여 화물을 구입할 지방 이름을 밝힌 증명서를 발급해 준다.

┤ 보기 ├
ㄱ. 일본 상품에 대한 무관세가 허용되었다.
ㄴ. 청나라 상인의 내륙 통상권이 허용되었다.
ㄷ. 개항장에서의 일본 화폐 사용을 허용하였다.
ㄹ. 황국 중앙 총상회가 상권 수호 운동을 전개하였다.

① ㄱ, ㄴ   ② ㄱ, ㄷ   ③ ㄴ, ㄷ
④ ㄴ, ㄹ   ⑤ ㄷ, ㄹ

Memo

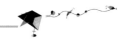

17

13회
중급

신분 사회의 해체 과정을 시기순으로 나열한 것은?

(가) 공노비 해방
(나) 노비 세습제 철폐
(다) 호적에 신분 대신 직업 기재
(라) 문벌 폐지와 인민 평등권 선언

① (가) – (나) – (다) – (라)
② (가) – (라) – (나) – (다)
③ (나) – (가) – (라) – (다)
④ (다) – (나) – (가) – (라)
⑤ (라) – (가) – (다) – (나)

18

12회
중급

선생님의 질문에 대한 학생의 답변으로 옳은 것을 〈보기〉에서 고른 것은?

근대 교육의 실시

갑오개혁 이후 정부가 근대 교육 제도를 확립하기 위해 어떠한 노력을 했는지 발표해 볼까요?

┤ 보기 ├

ㄱ. 평양에 근대 학교인 대성 학교를 설립하였습니다.
ㄴ. 초등 교과서인 「국민 소학 독본」을 제작하여 보급하였습니다.
ㄷ. 교사를 양성하기 위해 한성 사범 학교를 설립하였습니다.
ㄹ. 육영 공원을 설립하여 외국어 및 근대 학문을 교육하였습니다.

① ㄱ, ㄴ　　　　② ㄱ, ㄷ　　　　③ ㄴ, ㄷ
④ ㄴ, ㄹ　　　　⑤ ㄷ, ㄹ

19
15회
중급

지도에 표시된 교통 시설에 대한 설명으로 옳은 것을 〈보기〉에서 고른 것은?

백두산

경의선(서울~신의주)

신의주

원산

진남포

경원선(서울~원산)

경인선(서울~인천)

서울

인천

경부선(서울~부산)

호남선(대전~목포)

대전

목포

부산

일제 강점기 철도망

| 보기 |

ㄱ. 경부선이 가장 먼저 개통되었다.
ㄴ. 일제 강점기에 처음 부설되었다.
ㄷ. 일제의 만주 침략에도 이용되었다.
ㄹ. 부설 과정에서 많은 토지가 약탈당했다.

① ㄱ, ㄴ   ② ㄱ, ㄷ   ③ ㄴ, ㄷ
④ ㄴ, ㄹ   ⑤ ㄷ, ㄹ

20
10회
3급

다음 자료와 관련된 종교 단체에 대한 설명으로 옳은 것은?

왼쪽부터 서일, 나철, 김교헌의 무덤

• 나철이 창시하여 한말에 주권 수호 운동을 전
개하였다.
• 간도 지방에서 중광단, 북로 군정서 등을 조직
하여 항일 독립 운동에 공헌하였다.

① 제2의 3 · 1 운동을 계획하였다.
② 실천적 유교 정신을 강조하였다.
③ 항일 운동 단체인 의민단을 조직하였다.
④ 단군 숭배 사상을 통해 민족 의식을 높였다.
⑤ 허례 폐지, 미신 타파 등 새생활 운동을 전개하였다.

Ⅶ 민족의 독립운동

01
12회
중급

다음 법령이 제정된 시기의 식민 정책으로 옳은 것은?

> **공   고**
> • 3월 이하의 징역 또는 구류에 처할 자는 그 정상에 의하여 태형에 처할 수 있다.
> • 태 30대 이하이면 이를 1회에 집행하고, 매 30대를 초과할 때마다 1회씩 가한다. 태형의 집행은 1일에 1회를 초과할 수 없다.
> • 본령은 조선인에 한하여 이를 적용한다.

① 남면북양 정책을 추진하였다.
② 산미 증식 정책을 다시 실시하였다.
③ 헌병 경찰에게 즉결 처분권을 부여하였다.
④ 국가 총동원령에 의해 수탈을 강화하였다.
⑤ 한글 신문의 발행을 부분적으로 허가하였다.

02
10회
3급

다음 운동이 전개되던 시기에 일제가 실시한 정책으로 옳은 것을 〈보기〉에서 고른 것은?

> **보기**
> ㄱ. 독립운동을 탄압하기 위하여 치안 유지법을 제정하였다.
> ㄴ. 농민들의 반발을 무마하고자 농촌 진흥 운동을 추진하였다.
> ㄷ. 남부 지방은 면화 재배를, 북부 지방은 면양 사육을 강요하였다.
> ㄹ. 경성 제국 대학을 설립하여 민립 대학 설립 운동을 저지하였다.

① ㄱ, ㄴ   ② ㄱ, ㄷ   ③ ㄴ, ㄷ
④ ㄴ, ㄹ   ⑤ ㄷ, ㄹ

03

13회
중급

다음 기사의 인물이 선수로 활동하던 시기의 상황으로 옳지 <u>않은</u> 것은?

〈기획특집〉
엄복동, 자전거 경기서 매번 일본 꺾어

1923년 우승 기념

일제 강점기 조선인의 울분을 달래주던 스포츠 스타는 손기정 외에도 여럿 있었다. 대표적인 선수가 자전거 경기의 엄복동이었다.

엄복동은 자전거 판매상으로 일하다가 1913년 '전조선자전차경기대회'에 처음 참가해 일본 선수들을 제치고 우승하였다. 1920년대 승승장구하며 "떴다! 보아라! 안창남(한국 최초의 비행사), 내려다 보니 엄복동"이란 노래 가사에 등장하였다. 그 후 1930년대 초 은퇴하였다. — ○○일보 —

① 쌀과 보리에 대한 공출 제도가 시행되었다.
② 회사 설립이 허가제에서 신고제로 변경되었다.
③ 산미 증식 계획으로 조선의 식량 사정이 악화되었다.
④ 토산품 애용을 강조하는 물산 장려 운동이 전개되었다.
⑤ 토지 조사 사업이 추진되어 일본인 지주들이 늘어났다.

04

14회
중급

다음 자료와 관련된 시기의 사회 모습으로 옳지 <u>않은</u> 것은?

세계 경제 공황으로 일본에서는 군부 세력이 집권하고 경제 공황을 타개하기 위하여 침략 전쟁을 일으켰다. 만주, 중국 본토, 태평양 전역으로 점차 전쟁을 확대해 나갔고, 우리 민족을 침략 전쟁에 내몰았다.

강제 공출

① 신문을 검열하는 통감부 관리
② 일본식으로 성과 이름을 바꾼 농민
③ 강제 징용으로 탄광에서 일하는 노동자
④ 황국 신민 서사를 암송하는 초등학교 학생
⑤ 학도 지원병으로 전쟁터에 동원되는 학생

05

14회
중급

다음 자료와 관련된 민족 운동에 대한 설명으로 옳은 것을 〈보기〉에서 고른 것은?

• 봉기 발생 지역

금일 오인의 이 거사는 정의, 인도, 생존, 존영을 위하는 민족의 요구이니, 오직 자유적 정신을 발휘할 것이요, 결코 배타적 감정으로 일주하지 말라

┤ 보기 ├
ㄱ. 순종의 장례일에 일어났다.
ㄴ. 일제 통치 방식의 변화를 초래하였다.
ㄷ. 대한민국 임시 정부 수립의 계기가 되었다.
ㄹ. 사회주의 세력과 학생들에 의해 주도되었다.

① ㄱ, ㄴ　　　　② ㄱ, ㄷ　　　　③ ㄴ, ㄷ
④ ㄴ, ㄹ　　　　⑤ ㄷ, ㄹ

06

14회
중급

(가)에 들어갈 내용으로 옳은 것은?

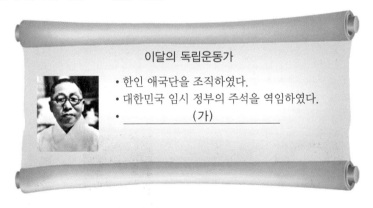

이달의 독립운동가
• 한인 애국단을 조직하였다.
• 대한민국 임시 정부의 주석을 역임하였다.
•　　　　(가)

① 제헌 국회 의원으로 건국에 참여하였다.
② 의열단을 조직하여 의거 활동을 하였다.
③ 조선 건국 동맹을 조직하여 건국을 준비하였다.
④ 조선 의용군을 조직하여 항일 전쟁에 참여하였다.
⑤ 남한만의 단독 선거를 반대하여 남북 협상을 추진하였다.

07

11회
중급

다음을 행동 지침으로 삼았던 단체에 대한 설명으로 옳지 <u>않은</u> 것은?

> 민중은 우리 혁명의 대본영이다. 폭력은 우리 혁명의 유일한 대무기이다. 우리는 민중 속에 가서 민중과 제휴하여 끊임없이 폭력 · 암살 · 파괴 · 폭동으로 강도 국가 일본의 통치를 타도하고 우리 생활에 불합리한 일체 제도를 개조하여 인류가 인류를 압박하고 사회가 사회를 수탈하지 않는 이상적인 나라를 건설할 것이다!
>
> – 신채호, 조선 혁명 선언 –

① 무정부주의적 경향이 강하였다.
② 김원봉, 윤세주 등이 조직하였다.
③ 1919년 만주 길림에서 결성되었다.
④ 이봉창, 윤봉길 등이 대표적인 활동가였다.
⑤ 일제 식민 통치 기관을 공격 대상으로 삼았다.

08

13회
중급

다음 자료의 단체에서 활동한 인물로 옳은 것을 〈보기〉에서 고른 것은?

> 1. 광복군은 우리 중국의 항일 작전 기간에 본회에 직할 예속하여 참모총장이 장악 운영함.
>   ......
> 7. 광복군의 지휘 · 명령이나 혹은 관항과 군계를 조회하는 등의 일은 본회에서 지정한 관공청 군사처에서 책임지고 접수함.
>   ......
> 9. 중 · 일 전쟁이 끝나고도 한국 임시 정부가 여전히 한국 지경으로 정진하지 못하였을 경우 광복군을 이후에 어떻게 운영할 것인가는 본회의 일관된 정책에 기본을 두고 당시의 정황에 비추어 책임지고 처리함.   – 행동 준승 9개항 –

ㄱ.	ㄴ.	ㄷ.	ㄹ.
이동휘	이범석	지청천	홍범도

① ㄱ, ㄴ   ② ㄱ, ㄷ   ③ ㄴ, ㄷ
④ ㄴ, ㄹ   ⑤ ㄷ, ㄹ

09 (가)~(마)에 대한 설명으로 옳은 것은?

10회
3급

① (가) – 양세봉의 지휘 아래 중국 의용군과 연합하여 일본군과 싸웠다.

② (나) – 임시 정부 직할 부대로 편성되어 군사와 민정을 통할하였다.

③ (다) – 중국 국민당 정부의 대일 전선에 배치되어 활약하였다.

④ (라) – 의열단 단원들이 입학하여 군사 교육 및 간부 훈련을 받았다.

⑤ (마) – 미군 전략 정보처(OSS)의 특수 훈련을 받으며 국내 진공을 준비하
였다.

10 다음 자료와 관련된 사건의 영향으로 옳은 것은?

13회
중급

"자! 폭탄 2개를 주니 한 개로는 적장을 거꾸러뜨리고 또 한 개
로는 그대의 목숨을 끊으라!"…… 나는 또 다시 말을 이어 "군
이여! 군과 나는 지하에서나 만나세!" 이에 두 사람은 악수를
마치고 서로 갈리니 뜨거운 눈물이 하염없이 쏟아질 뿐이었다.
…… 그는 뜻한 바를 기어이 성공하려고 4월 27일에 식장인 공
원으로 가서 모든 것을 세밀하게 또 신중히 배치 수배하고 다
시 홍구로 가서 백천 대장의 사진을 얻고 일본 국기 한 장을 사서 가슴 속에 품고
있다가 ……

– 「도왜실기」 –

① 일본군의 보복으로 간도 참변이 일어났다.

② 상하이에서 국민 대표자 회의가 개최되었다.

③ 일제가 대한 제국의 강제 합병을 서두르게 되었다.

④ 침체에 빠진 대한민국 임시 정부에 활기를 불어넣었다.

⑤ 김원봉이 의열단을 조직하여 항일 의거 활동을 전개하였다.

11

13회
중급

(가) 지역을 답사할 때 볼 수 있는 유적지로 적절한 것은?

○○반 답사 계획서
독립 운동의 유적을 찾아서

• 일시 : ○○○○년 ○○월 ○○일
• 관련 사건
 1910년 성명회 결성
 1914년 대한 광복군 정부 조직
 1919년 대한 국민 의회 조직
 1937년 중앙아시아 강제 이주

①

신한촌 기념비

②

하얼빈 역

③

윤동주 생가

④

서전서숙 옛터

⑤

상하이 대한민국 임시 정부 청사

12

11회
중급

(가), (나) 민족 운동의 공통점을 〈보기〉에서 고른 것은?

(가) 조선 민중아!
　 우리의 철천지 원수는 자본 · 제국주의 일본이다.
　 이천만 동포야! 죽음을 각오하고 싸우자!
　 만세 만세 조선 독립 만세!
(나) 학생 · 대중이여 궐기하라!
　 검거된 학생은 우리 손으로 탈환하자.
　 사회 과학 연구의 자유를 획득하자.
　 식민지적 노예 교육 제도를 철폐하라!

┤ 보기 ├
ㄱ. 국내 및 해외까지 확대되었다.
ㄴ. 국왕의 죽음을 계기로 일어났다.
ㄷ. 학생들이 중심이 되어 전개되었다.
ㄹ. 일제의 민족 차별 교육에 항거하였다.

① ㄱ, ㄴ　　② ㄱ, ㄷ　　③ ㄴ, ㄷ　　④ ㄴ, ㄹ　　⑤ ㄷ, ㄹ

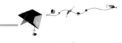

13

10회
3급

그림은 독립운동과 관련된 가상 재판의 모습이다. (가)~(라)를 시기 순으로 옳게 나열한 것은?

① (가) – (나) – (다) – (라)
② (가) – (다) – (라) – (나)
③ (나) – (가) – (라) – (다)
④ (나) – (다) – (가) – (라)
⑤ (다) – (라) – (나) – (가)

14

12회
중급

(가) 단체를 결성한 계층에 대한 설명으로 옳지 <u>않은</u> 것은?

> 하늘에서 내린 인류의 권리는 모두 똑같은데, 가축 고기를 먹는 사람들은 존귀한 대우를 받으면서, 가축을 잡아 고기로 제공해 주는 사람들은 비천한 대우를 받으니 얼마나 잘못된 일인가. 이를 알리기 위해 ┌ (가) ┐의 취지가 성공해야 할 것이다.
> – ○○일보, 1923년 5월 3일자 사설 –

① 고려 시대에 화척이라 불리었다.
② 조선 시대에 신량역천이라 하여 차별받았다.
③ 갑오개혁 때 법적으로 신분이 해방되었다.
④ 만민 공동회에서 관민의 단결을 호소하는 연설을 하였다.
⑤ 일제 강점기에 호적의 직업란에 붉은 점을 찍어 차별하였다.

15

13회
중급

다음 강령을 내건 단체와 관련된 사건으로 옳은 것은?

> **강 령**
> • 우리는 정치적·경제적 각성을 촉진한다.
> • 우리는 단결을 공고히 한다.
> • 우리는 기회주의를 일체 부인한다.

①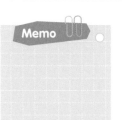
광주 학생 항일 운동

②
청산리 전투

③
화성 제암리 학살 사건

④
민립 대학 설립 운동

⑤
하와이 노동 이민

16

12회
중급

다음 노래와 관련된 민족 운동에 대한 설명으로 옳은 것은?

> 맑은 시냇가에는 고기 잡는 소년들
> 일할 때 일하고 배울 때 배우세.
> 아는 것이 힘 배워야 한다.   — 조선일보 —
>
> 듣는 대신 보란 글을 보도 못하니
> 귀머거리 이 아니고 그 무엇이며
> 말 하듯이 써낸 글을 쓰도 못하니
> 벙어리가 아니고 그 무엇이요.   — 동아일보 —

① 통감부의 탄압을 받았다.
② 학생들이 적극적으로 전개하였다.
③ 조선어 학회 사건으로 침체되었다.
④ 신간회가 결성되는 데 영향을 주었다.
⑤ 일제가 치안 유지법을 제정하는 계기가 되었다.

17

12회
중급

밑줄 그은 '이 책'을 저술한 인물의 활동으로 옳은 것은?

> 내가 세상에 태어난 후 목격한 최근의 역사는 힘써볼 만한 일일 것이다. 이에 갑자년부터 신해년에 이르기까지 3편 114장을 지어 통사(痛史)라 이름하니 감히 정사(正史)를 자처하는 것은 아니다. 다행히 우리 동포들이 이 책에 국혼(國魂)이 담겨져 있는 것임을 인정하여 버리거나 내던지지 않기를 바랄 뿐이다.

① 유교구신론을 주장하였다.
② 조선불교유신론을 제창하였다.
③ 역사 발전의 보편성을 강조하였다.
④ '시일야방성대곡'을 써서 을사조약을 비판하였다.
⑤ 역사를 '아(我)'와 '비아(非我)'의 투쟁으로 이해하였다.

18

10회
3급

다음 학자의 역사 연구에 대한 설명으로 옳은 것을 〈보기〉에서 고른 것은?

> 「조선사회경제사」(1933), 「조선봉건사회경제사」(1937)를 저술한 그는 한국사의 발전 과정을 세계의 여러 민족과 같은 궤적에서 일원론의 변증법적 역사 발전 법칙에 의하여 밝혀 낼 수 있다고 주장하였다. 그는 삼국 이전은 원시 공산제 사회, 삼국 시대는 노예제 사회, 통일 신라 이후 조선 시대까지는 아시아적 봉건 사회, 개항 이후는 이식 자본주의 사회로 파악하였다.

┤ 보기 ├
ㄱ. '국혼'을 강조한 역사서를 저술하였다.
ㄴ. 랑케 사학을 토대로 한국사를 체계화하였다.
ㄷ. 식민 사학자들이 내세운 정체성론을 극복하고자 하였다.
ㄹ. 유물사관에 입각하여 세계사적 발전 법칙을 한국사에 적용하였다.

① ㄱ, ㄴ   ② ㄱ, ㄷ   ③ ㄴ, ㄷ
④ ㄴ, ㄹ   ⑤ ㄷ, ㄹ

VIII 한국 현대사

01
10회
3급

(가)~(라)를 발표한 시기 순으로 옳게 나열한 것은?

(가) 1. 우리는 완전한 독립 국가의 건설을 기함
 2. 우리는 전 민족의 정치적·사회적 기본 요구를 실현할 수 있는 민주주의 정권의 수립을 기함
 3. 우리는 일시적 과도기에 있어 국내 질서를 자주적으로 유지하여 대중 생활의 확보를 기함
(나) 1. 조선의 민주 독립을 보장한 3상 회의 결정에 의하여 남북을 통한 좌우 합작으로 민주주의 임시 정부를 수립할 것
 7. 전국적으로 언론, 집회, 결사, 출판, 교통, 투표 등의 자유가 절대 보장되도록 노력할 것
(다) 한국이 있고야 한국 사람이 있고, 한국 사람이 있고야 민주주의도 공산주의도 또 무슨 단체도 있을 수 있는 것이다. …… 나는 통일된 조국을 건설하려다가 38도선을 베고 쓰러질지언정 일신에 구차한 안일을 취하여 단독 정부를 세우는 데는 협력하지 아니하겠다.
(라) 무기한 휴회된 미·소 공동 위원회가 다시 열릴 기색도 보이지 않으며, …… 우리 남한만이라도 임시 정부 또는 위원회 같은 것을 조직하여 38도선 이북에서 소련이 물러가도록 세계 여론에 호소하여야 될 것이니, 여러분도 결심해야 할 것이다.

① (가) - (나) - (라) - (다)   ② (가) - (라) - (나) - (다)
③ (나) - (가) - (다) - (라)   ④ (나) - (가) - (라) - (다)
⑤ (라) - (가) - (다) - (나)

02
14회
중급

다음 선거 직후의 상황으로 옳은 것은?

- 우리나라 역사상 최초로 실시된 보통 선거
- 21세 이상 모든 국민에게 투표권 부여
- 평등, 직접, 비밀, 자유의 원칙에 따른 민주주의 선거
- 임기 2년의 제헌 의원 선출

① 대한민국 정부가 수립되었다.
② 좌우 합작 7원칙이 발표되었다.
③ 미·소 공동 위원회가 개최되었다.
④ 조선 건국 준비 위원회가 결성되었다.
⑤ 모스크바 3국 외상 회의가 개최되었다.

03

12회
중급

(가) 위원회에 대한 설명으로 옳은 것은?

제목 ＿＿＿ (가) ＿＿＿ 위원회의 활동

＿＿ (가) ＿＿ 위원회는 1949년 1월부터 활동하여 박흥식, 최린, 이광수, 최남선 등에게 실형을 선고하였으나, 이후 형집행 정지 등으로 전원 석방되었다.

① 기한을 연장하여 활동하였다.
② 정부의 적극적인 지원을 받았다.
③ 미 군정청의 인준을 받아 활동하였다.
④ 제헌 국회에서 제정된 법에 근거하였다.
⑤ 신탁 통치 문제를 해결하기 위하여 조직되었다.

04

13회
중급

대한민국 정부가 수립되는 과정을 다큐멘터리로 만들려고 한다. (가)에 들어갈 장면으로 옳은 것은?

남북 협상을 위해
38도선을 넘는 김구

(가)

이승만 초대 대통령
취임 선서

① 신탁 통치 반대 시위

② 미·소 공동 위원회

③ 6·25 전쟁

④ 미군 진주

⑤ 5·10 총선거

05

11회
중급

지도와 같은 상황에서 이를 타개하기 위해 국군과 유엔군이 전개한 작전으로 옳은 것은?

→ 북한군 진로
▨ 북한군 점령지
— 낙동강 방어선

① 인천 상륙 작전

② 평양 탈환 작전

③ 38선 진공 작전

④ 춘계 대공세 작전

⑤ 백마고지 탈환 작전

06

11회
중급

다음 그림과 관련된 헌법 개정안의 내용으로 옳은 것은?

재적 203명에 202명이 표결에 참여하여 135명이 찬성하였지만, 2/3에 미치지 않으므로 부결되었음을 선포합니다.

이틀 뒤

203명의 2/3는 135.333… 입니다. 사사오입하면 135명이므로 헌법개정안이 가결되었음을 정정하여 선포합니다.

① 양원제 의회와 의원 내각제

② 대통령 직선제에 의한 5년 단임제

③ 대통령 선거인단에 의한 7년 단임제

④ 통일 주체 국민 회의에서 대통령 선출

⑤ 초대 대통령에 한하여 중임 제한 규정 폐지

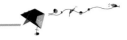

07

10회
3급

표는 제○대 정·부통령 선거를 정리한 것이다. 선거 이후 (가)~(다)의 활동으로 옳은 것을 〈보기〉에서 고른 것은?

후보		선거 구호	결과
대통령	부통령		
(가)	이기붕	갈아 봤자 별수 없다. 구관이 명관이다.	대통령 당선
신익희	(나)	못살겠다. 갈아 보자.	부통령 당선
(다)	박기출	이것저것 다 보았다. 혁신밖에 살 길 없다.	대통령 유효 득표 30% 차지

┤ 보기 ├
ㄱ. (가) – 정부에 비판적인 신문을 폐간시켰다.
ㄴ. (나) – 대통령 직선제 개헌을 주도하였다.
ㄷ. (다) – 진보당을 창당하여 제2야당의 당수가 되었다.
ㄹ. (나), (다) – 4·19 혁명을 계기로 집권하였다.

① ㄱ, ㄴ   ② ㄱ, ㄷ   ③ ㄴ, ㄷ
④ ㄴ, ㄹ   ⑤ ㄷ, ㄹ

08

13회
중급

다음 시의 밑줄 그은 '그 날'과 관련된 사실로 옳은 것은?

진달래

이영도

눈이 부시네 저기 난만히 멧등마다
그 날 쓰러져 간 젊음 같은 꽃 사태가
맺혔던 한이 터지듯 여울여울 붉었네.

그렇듯 너희는 지고 욕처럼 남은 목숨
지친 가슴 위엔 하늘이 무거운데
연련히 꿈도 설워라 물이 드는 이 산하.

① 통일 주체 국민 회의에서 대통령을 선출하였다.
② 광주를 중심으로 5·18 민주화 운동이 일어났다.
③ 이승만 대통령이 물러나고 장면 내각이 출범하였다.
④ 6·29 민주화 선언으로 대통령 직선제가 이루어졌다.
⑤ 긴급 조치로 많은 민주화 운동 관련 인사들이 투옥되었다.

09
11회
중급

(가)~(라)는 현대사와 관련된 신문 기사이다. 이를 시기순으로 나열한 것은?

(가)

헌법비방·개폐선전 금지

(나)
계엄군 광주 전격 진입

(다)
물고문 도중 질식사
치안본부 서울대 박종철군 사망사건 발표

(라)
노대표, 직선개헌 선언

① (가) – (나) – (다) – (라)
② (가) – (나) – (라) – (다)
③ (가) – (다) – (나) – (라)
④ (나) – (다) – (가) – (라)
⑤ (나) – (다) – (라) – (가)

10
12회
중급

다음 자료에 나타난 민주화 운동에 대한 설명으로 옳은 것은?

국가의 미래요 소망인 꽃다운 젊은이를 야만적인 고문으로 죽여 놓고 그것도 모자라 뻔뻔스럽게 국민을 속이려 했던 현 정권에게 국민의 분노가 무엇인지를 분명히 보여 주고, 국민적 여망인 개헌을 일방적으로 파기한 4·13 호헌 조치를 철회시키기 위해 민주 장정을 시작한다.

① 자유당 정권을 무너뜨렸다.
② 대통령 직선제 개헌을 이루어냈다.
③ 긴급 조치권이 발동되어 탄압받았다.
④ 유신 체제를 종식시키는 계기가 되었다.
⑤ 야당 당수의 국회의원직 제명이 원인이 되어 일어났다.

11 (가), (나) 기사와 관련된 각 정부의 정책으로 옳은 것은?

12회
중급

(가)

(나)

① (가) – 개성 공업 단지를 조성하였다.

② (가) – 끊어진 경의선과 동해선의 연결을 추진하였다.

③ (나) – 금융, 재벌, 공공, 노동 부분에 대한 구조 조정을 단행하였다.

④ (나) – 경제 협력 개발 기구(OECD)에 가입하는 등 시장개방 정책을 실시하였다.

⑤ (가), (나) – 남북 간의 긴장 완화를 위해 이산가족 상봉을 실현하였다.

12 자료에 나타난 시기에 정부가 제시한 통일 정책으로 옳은 것은?

12회
중급

'가자 북으로! 오라 남으로! 판문점으로!'
구호를 외치는 사람들

① 북진 통일론을 주장하였다.

② 한민족 공동체 통일 방안을 제시하였다.

③ 평화 통일 3대 기본 원칙을 발표하였다.

④ 민족 화합 민주 통일 방안을 제안하였다.

⑤ 유엔 감시 아래 남북한 총선거를 주장하였다.

13

14회
중급

(가)에 들어갈 내용으로 옳은 것은?

역사신문

평화 통일에 한 걸음 다가간 남북한

남북한 당국자는 서울과 평양에서 [(가)]을(를) 발표하였다.

남북한은 다음과 같은 통일의 원칙들에 합의를 보았다.

첫째, 통일은 외세에 의존하거나 외세에 간섭을 받음이 없이 자주적으로 해결하여야 한다.

둘째, 통일은 서로 상대방을 반대하는 무력 행사에 의거하지 않고 평화적 방법으로 실현하여야 한다.

셋째, 사상과 이념, 제도의 차이를 초월하여 우선 하나의 민족으로서 민족 대단결을 도모하여야 한다.

① 남북 기본 합의서
② 한반도 비핵화 선언
③ 7 · 4 남북 공동 성명
④ 6 · 23 평화 통일 선언
⑤ 6 · 15 남북 공동 선언

14

13회
중급

(가)~(라)는 통일을 위한 노력이다. 시기순으로 옳게 나열한 것은?

(가)

남북 적십자 제1차 예비 회담

(나)

남북한 유엔 동시 가입

(다)

남북 이산가족 고향 방문단

(라)

금강산 관광 시작

① (가) – (나) – (다) – (라)
② (가) – (다) – (나) – (라)
③ (나) – (라) – (다) – (가)
④ (다) – (가) – (나) – (라)
⑤ (라) – (나) – (가) – (다)

15 다음 계획을 실시한 시기의 경제 상황에 대한 설명으로 옳은 것은?

12회
중급

> 계획 기간 중 경제의 체제는 되도록 민간인의 자유와 창의를 존중하는 자유 기업의 원칙을 토대로 하되, 기간 산업 부문과 그 밖의 중요 산업 부문에 대해서는 정부가 직접적으로 관여하거나 또는 간접적으로 유도 정책을 쓰는 '지도받는 자본주의 체제'로 한다.
>
> – 제1차 경제 개발 5개년 계획 –

① 저유가, 저금리, 저달러의 3저 호황기였다.

② 경공업 중심의 수출 주도형 경제 정책이 시행되었다.

③ 미곡 수집령을 반포하여 쌀값 폭등을 막고자 하였다.

④ 미국의 경제 원조를 바탕으로 한 삼백 산업이 발달하였다.

⑤ 소작료를 1/3로 낮추고 소작권을 함부로 회수하지 못하게 하였다.

16 다음 화폐 개혁에 대한 설명으로 옳은 것은?

12회
중급

> 정부는 2월 15일 대통령 긴급 명령 13호를 통해 전쟁으로 인한 생산력 저하와 전쟁 비용 증대로 인한 통화 팽창을 억제하기 위하여 긴급 통화 조치령을 발표하였다. 그때까지 써오던 원 단위의 화폐 유통을 중지하고, 환 단위의 새 화폐로 바꾸었는데, 128,000원이었던 쌀 한 말 값이 1,280환이 되었다.

① 제일은행권을 본위 화폐로 하였다.

② 경제 개발 자금을 마련하기 위하여 실시하였다.

③ 기존 화폐를 갑, 을, 병종으로 구분하여 교환해 주었다.

④ 정권 교체 후 은닉 자금을 끌어내기 위하여 실시하였다.

⑤ 화폐 남발로 인한 혼란과 인플레이션을 수습하기 위해 실시하였다.

17 (가) 시기의 경제 상황으로 옳은 것은?

10회
3급

연도별 외환 보유액 현황

(단위:천 달러)
97,327,644
54,885,096
32,442,548
0
1994 1995 1996 1997 1998 1999 2000 (년)
출처:통계청

① 제2차 석유 파동으로 국제 수지가 악화되었다.
② 통화 개혁이 단행되어 화폐 가치가 조절되었다.
③ 경제 원조 협정에 따라 미국의 원조 물자가 들어왔다.
④ 시민들의 자발적 참여로 금 모으기 운동이 전개되었다.
⑤ 외국 자본 도입을 위해 마산에 자유 무역 지역이 만들어졌다.

18 자료와 같은 모습을 볼 수 있었던 시기의 사회상으로 옳은 것을 〈보기〉에서 고른

13회
중급
것은?

장발 단속

양희은 – 아침이슬

동아일보 백지 광고

┤ 보기 ├
ㄱ. 프로 야구가 출범하였다.
ㄴ. 언론의 자유가 확대되었다.
ㄷ. 정권에 대한 저항 문화가 확산되었다.
ㄹ. 국가가 국민의 일상을 통제하고 억압하였다.

① ㄱ, ㄴ   ② ㄱ, ㄷ   ③ ㄴ, ㄷ
④ ㄴ, ㄹ   ⑤ ㄷ, ㄹ

고종을 한국사

정답과 해설

정답과 해설

I. 우리나라 역사의 시작

정답   2~5쪽

01 ②	02 ②	03 ③	04 ⑤	05 ③
06 ①	07 ③	08 ④		

01 **|해설|** 자료는 구석기 시대 사람들의 생활과 유적을 소개한 글이다. 구석기 시대에는 주먹도끼와 같은 뗀석기가 사용되었으며, 후기에는 슴베찌르개와 같은 도구가 사용되기도 했다.
|오답분석| ① 반달 돌칼은 청동기 시대 곡물 수확에 사용된 석기이다.
③ 신석기 시대에 농경이 시작되어 갈판과 갈돌이 사용되었다.
④ 청동기 시대의 대표적 유물인 비파형 동검이다.
⑤ 철기 시대에 사용된 철제 무기이다.

02 **|해설|** 자료의 덧무늬 토기와 조개 껍데기 가면, 짐승의 뼈 등으로 만든 치레걸이는 신석기 시대의 유물이다.
ㄷ. 신석기 시대의 유물인 가락바퀴와 뼈바늘이 출토되는 것을 통해 알 수 있다.
|오답분석| ㄴ. 구석기 시대, ㄹ. 청동기 시대

03 **|해설|** 주로 강가나 바닷가에 위치하고, 중앙에 화덕을 놓았던 집터는 신석기 시대의 것이다.
|오답분석| ① 구석기 시대, ②, ④, ⑤ 모두 청동기 시대의 유물이다.

04 **|해설|** 가락바퀴와 빗살무늬 토기, 그리고 조개껍데기 가면과 같은 유물은 신석기 시대에 처음 제작되었다.
|오답분석| ㄱ. 군장이 정치와 종교를 주관하는 제정일치 사회는 청동기 시대부터 나타났다.
ㄴ. 철기 시대 국가인 삼한의 모습이다.

05 **|해설|** 청동기 시대의 생활 모습을 묻는 문제이다. 왼쪽 자료의 포스터에는 농경무늬 청동기의 밭가는

모습과 부여 송국리 유적지가 실려 있다.
|오답분석| ③ 널무덤은 철기 시대의 무덤 양식이다. 청동기 시대의 무덤은 고인돌, 돌널무덤, 돌무지무덤이 있다.

06 **|해설|** 자료는 칼 모양의 중국 화폐(명도전)와 창원 다호리에서 출토된 붓이다. 철기 시대 고분에서 출토되었으며 중국과의 교류를 짐작케 해주는 유물들이다. 명도전은 평안북도 위원군 용연동 유적에서 출토된 청동 화폐로, 표면에 '明'이라는 글자가 새겨져 있는데, 중국 연(燕)나라에서 만들어져 유통된 것이다.
|오답분석| ㄷ. 철기 시대에는 한반도의 독자적인 형태의 세형 동검이 만들어졌다.
ㄹ. 우리 민족은 고려 시대부터 화폐를 주조하였다.

07 **|해설|** 평야 지대를 중심으로 성장하였고, 농사를 지을 수 있었으며, 가축의 이름을 딴 관리가 있었음을 통해 '이 나라'는 부여임을 알 수 있다.
|오답분석| ① 삼한, ② 동예, ④ 고구려, ⑤ 옥저

08 **|해설|** 다른 부족의 경계를 침범하면 이를 소, 말로 변상했던 것은 동예의 풍습인 책화이다. 동예는 지금의 함경남도와 강원 동북부 동해안 지역에 위치하였다.
|오답분석| (가) 부여, (나) 고구려, (다) 옥저, (마) 삼한

II. 한국 고대사

정답   6~16쪽

01 ②	02 ③	03 ⑤	04 ②	05 ③
06 ③	07 ⑤	08 ①	09 ①	10 ④
11 ⑤	12 ⑤	13 ②	14 ④	15 ④
16 ③	17 ②	18 ②	19 ④	20 ③

01 **|해설|** 근초고왕은 4세기 중반 백제의 전성기를 불러온 왕이다. 부자 상속제를 확립해 대내적으로는 왕권 강화에 힘썼다. 대외적으로는 마한을 정복하여 전라도까지 영역을 넓혔으며, 북으로는 황해도 지역을 놓고

고구려와 대립하였다. 근초고왕 시기 백제는 경제력과 군사력을 바탕으로 중국의 요서, 산둥과 일본의 규슈 지방까지 진출 하였다.

| 오답분석 | ② 493년 동성왕 때 신라와 결혼 동맹을 맺었다.

02 | 해설 | 진흥왕은 나·제 동맹을 깨고 한강 하류를 차지한 후 당항성을 통해서 중국과 직접 교역하는 길을 마련하였다. 뿐만 아니라 활발하게 영토를 확장하고, 점령 지역 곳곳에 순수비를 세웠다.

| 오답분석 | ①, ② 지증왕, ④, ⑤ 법흥왕

03 | 해설 | (가)는 고구려 멸망부터 나·당 전쟁을 통해 신라가 삼국을 통일한 시기까지 해당되는 기간이다. 고구려 멸망 이후, 고구려 부흥 운동이 일어났고 당나라는 신라와 충돌하여 매소성 싸움, 기벌포 전투가 발발하였다. 신라는 당에 대항하기 위해 고구려 부흥 운동 세력을 지원해 안승에게 보덕국왕의 칭호를 내렸다.

| 오답분석 | ① 고구려는 당의 침략에 대비하여 631년부터 천리장성을 축조하였는데, 연개소문이 공사의 감독을 맡았다(647년 완성).

② 안시성 싸움은 645년이다.

③ 황산벌에서 계백이 분전한 것은 660년이다.

④ 부여풍이 백제 부흥 운동을 일으킨 것은 663년이다.

04 | 해설 | 자료는 만파식적 설화이며, 밑줄 그은 '왕'은 신문왕이다. 만파식적 설화에 따르면 신문왕은 해룡이 된 문무왕과 천신이 된 김유신이 준 대나무로 만파식적을 만들었다고 한다.

| 오답분석 | ① 선덕여왕, ③ 원성왕, ④ 진덕여왕, ⑤ 경덕왕

05 | 해설 | 대조영의 아들로 인안을 연호로 쓴 왕은 발해의 2대 무왕이다. 무왕은 적극적인 영토 확장 정책을 펼쳐 동북방의 여러 세력을 복속하고 북만주 일대를 장악하였다.

| 오답분석 | ① 대조영(고왕), ② 문왕, ④ 선왕, ⑤ 문왕

06 | 해설 | (가) 발해, (나) 통일 신라

| 오답분석 | ③ 발해는 동경 용원부를 출발하여 동해를 건너 일본의 노토 반도로 가는 일본도를 통해 일본과 교역을 하였다.

07 | 해설 | 관료전 지급과 녹읍 혁파, 정전 지급은 신라 중대의 강화된 왕권을 바탕으로 진행된 것이다. 신라 중대에 이러한 토지제 개혁과 더불어 농민들에게 정전이 지급된 것은 귀족에 대한 국왕의 권한을 강화하고 농민에 대한 통제권을 강화하기 위한 조치로 이해할 수 있다.

| 오답분석 | 갑 : 신라 중대에는 왕권이 강화되었다.

을 : 상대등의 권한은 약화되고 집사부 시중의 권한이 강화되었다.

08 | 해설 | 자료의 신라 민정 문서는 서원경(청주) 부근 4개 촌락의 경제 상황을 기록한 것이다.

ㄱ. 신라 5소경은 중원경(충주), 서원경(청주), 남원경(남원), 금관경(김해), 북원경(원주)이다.

ㄴ. 청주 흥덕사에서 직지심체요절(직지심경)이 1377년에 간행되었다.

| 오답분석 | ㄷ. 조선 전기에는 춘추관과 성주, 충주, 전주에 사고를 두었고, 후기에는 춘추관과 태백산, 마니산(후에 정족산), 오대산, 묘향산(후에 적상산)에 사고를 두었다.

ㄹ. 물산 장려 운동은 평양에서 시작되었다.

09 | 해설 | 자료는 백제 귀족인 사택지적이 불당을 세운 내력을 기록한 사택지적비의 내용이다.

| 오답분석 | ① 백제는 16관등제, 신라는 17관등제이다.

10 | 해설 | 신라의 골품제는 관직 진출의 제한뿐만 아니라, 가옥의 규모나 장식물, 수레의 크기 등 일상생활까지 규제하였다.

| 오답분석 | ㄱ. 진골 귀족인 화랑과 평민까지 아우른 낭도로 구성된 화랑도에 관한 설명이다.

ㄷ. 골품제 하에서는 태어난 신분에 의해 제약받았기 때문에 능력이 뛰어나도 신분 상승이 불가능하였다.

11 | 해설 | 첫 번째 자료에서는 평민의 가난한 생활을 보여 주고 있고, 두 번째 자료에서는 귀족들의 사치스러운 삶을 보여 주고 있다. 내용들을 통해 신라 하대의 사회 생활임을 추론할 수 있다.

| 오답분석 | ⑤ 장시는 조선 시대인 15세기 후반부터 남부 지방 일부에 등장하기 시작하였다.

12 | 해설 | 선덕왕의 즉위를 시작으로 내물왕의 후손

들이 왕위에 올랐다. 김부식의 「삼국사기」는 이 시기를 하대로 간주하였다. 중대와는 달리 중앙 집권이 약화되어 진골 귀족들 간의 왕위 쟁탈전이 치열해 10년 이상 재위한 왕이 거의 없었다.

|오답분석| ⑤ 관료전을 지급하고 녹읍을 폐지했던 것은 신라 중대의 신문왕이다.

13 |해설| 신라 금성 축조(기원전 37년), 고구려 국내성 천도(3년), 고구려 평양성 천도(427년), 백제 웅진성 천도(475년), 백제 사비성 천도(538년), 신라 사비성 함락(660년)

|오답분석| ① 6세기 진흥왕, ③ 600년 영양왕, ④ 4세기 침류왕, ⑤ 4세기 근초고왕

14 |해설| 창건 설화를 통해 자료의 사원이 영주 부석사임을 알 수 있다.
(가)는 화엄종, (나)는 부석사 무량수전, (다)는 신라 불상 양식을 계승한 소조 (아미타) 여래 좌상이다.

|오답분석| ㄴ. 무량수전은 주심포 양식이다. 다포 양식은 성불사 응진전이 대표적이며, 조선 시대 건축에 큰 영향을 주었다.

15 |해설| 지도에 표시된 사건들은 신라 말기 호족과 농민의 봉기이다. 신라 말기에는 중앙 권력의 약화로 지방에서 호족 세력이 성장하였고, 지배층의 수탈에 맞서 농민들이 봉기하였다.

|오답분석| ① 도교는 삼국 시대에 전래되었다.
②, ③ 원효와 의상은 신라 중대에 활동하였다.
⑤ 원광은 6세기 말~7세기 초에 활동한 인물이다.

16 |해설| (가)는 사신도 벽화이며 도교 사상과 관련이 있다. (나)는 산세, 지세, 수세 등을 인간의 길흉화복과 연관시키는 풍수지리설이다.

|오답분석| ③ 풍수지리설은 신라 하대에 도선이 도입하였다. 진골 귀족들의 사상적 기반이 된 것은 교종이다.

17 |해설| 자료는 백제 미륵사지 석탑에서 발굴된 사리 장엄구이다. 미륵사지 석탑은 무왕 때 세워졌다고 알려져 있으며, 목탑 양식을 계승한 석탑이다. 2009년에 해체 작업을 하던 중에 탑 안에서 사리장엄구가 발견되었으며, 이때까지 전해온 선화공주와 무왕의 이야기가 기록되어 있지 않아 이에 대한 새로운 이견들이

나오고 있다.

|오답분석| ① 분황사 모전 석탑, ③ 감은사지 3층 석탑, ④ 진전사지 3층 석탑, ⑤ 월정사 8각 9층 석탑

18 |해설| (가) 칠지도, (나) 금동 미륵보살 반가사유상, (다) 수산리 고분 벽화

|오답분석| ㄴ. (나)는 삼국과 일본의 교류를 보여 주는 유물이다.
ㄹ. 하쿠호 문화에 기여한 것은 통일 신라의 불교와 유교 문화이다.

19 |해설| 고류사 목조 미륵보살 반가상은 삼국의 미륵보살 반가사유상의 영향을 받았다. 조선 후기에 일본에 파견된 통신사는 문화 사절의 역할을 하였다.

|오답분석| ㄱ. 정혜공주 묘에서 출토된 돌사자상으로 발해와 당과의 교류와 관련있다.
ㄷ. 서역인의 모습으로 신라와 서역간의 교류가 있었음을 보여 준다.

20 |해설| 남조의 양과 교류가 활발했던 것은 백제 무령왕 때이다. 무령왕릉의 무덤 양식인 벽돌 무덤은 남조 양나라의 양식을 차용하였다.

|오답분석| ① 백제와 왜의 교류를 보여 주는 유물이다.
② 삼국 시대의 문화가 일본에 전래되었음을 보여 준다.
④ 5세기 초 신라가 고구려의 간섭을 받았음을 보여 준다.
⑤ 경주 황남동의 미추왕릉 지구에서 발견된 황금 보검은 신라와 서역의 문화 교류를 보여 주는 자료이다.

Ⅲ. 한국 중세사

01 |해설| 지도에 표시된 지역은 고려 태조가 북진 정책을 펼쳐 확보한 지역이다. 태조는 청천강에서 영흥

만에 이르는 국경선을 확보하였다.

ㅣ**오답분석**ㅣ ㄱ. 광종, ㄴ. 성종

02 ㅣ**해설**ㅣ 자료는 최승로가 시무 28조를 올리면서 광종의 정치를 평가한 부분이다. 최승로는 특히 광종의 불교 정책이나 대대적인 호족 숙청, 노비안검법을 비판하였다. 광종은 왕권 강화를 뒷받침해 줄 신진 세력 등용을 위해 과거제를 실시하였다.

ㅣ**오답분석**ㅣ ㄴ, ㄹ. 성종

03 ㅣ**해설**ㅣ '불교를 행하는 것은 수신의 근본이요, 유교를 행하는 것은 치국의 근원'이라는 말을 통해 최승로가 성종에게 건의한 시무 28조의 일부임을 알 수 있다. 최승로는 유교 정치 표방, 중앙 집권 체제 확립, 귀족 중심 정치 등을 주장하고 있다. 성종은 이 건의들을 받아들여 유교 정치 질서를 확립하였다.

ㅣ**오답분석**ㅣ ① 조선 세종, ② 고려 광종, ④ 조선 태종, ⑤ 조선 세종

04 ㅣ**해설**ㅣ 이 인물은 거란의 3차 침입 때 귀주 대첩으로 고려에 승리를 안겨준 강감찬 장군이다. 거란(요)은 10세기 말~11세기 초에 3번에 걸쳐 고려를 침입하였다.

ㅣ**오답분석**ㅣ ① 12세기 초, ② 13세기, ③ 우왕, ⑤ 공민왕

05 ㅣ**해설**ㅣ '의종 퇴위', '망이·망소이 형제의 봉기'는 무신집권기의 모습이다. 무신 집권기에는 상장군과 대장군들의 합좌 기구인 중방이 최고 권력 기관이 되었다.

ㅣ**오답분석**ㅣ ② 광종, ③ 인종, ④ 공민왕, ⑤ 우왕

06 ㅣ**해설**ㅣ 자료는 몽골의 제2차 침입(1232년) 때 처인성에서 몽골 장군 살리타를 사살한 김윤후에 관한 이야기이다. 연표에서는 무신 정변과 원과 강화를 맺어 개경으로 환도하였던 시기 사이에 해당된다.

07 ㅣ**해설**ㅣ 자료는 공민왕 때 설치한 전민변정도감에서 발표한 포고문이다. 전민변정도감은 권세가들이 점탈한 토지와 농민을 환속시키려 시도하였다. 공민왕은 쌍성총관부를 무력으로 탈환하여 철령 이북의 땅을 수복하였다.

ㅣ**오답분석**ㅣ ① 정방은 최우가 설치하고, 공민왕이 폐지

하였다.

② 공양왕, ③ 최충헌, ④ 광종

08 ㅣ**해설**ㅣ 의천의 화폐 주조 건의에 따라 숙종은 여러 화폐를 주조하였는데 활구, 삼한통보, 해동통보 등이 대표적이다.

ㅣ**오답분석**ㅣ ㄹ. 상평통보는 조선 후기에 주조되었다.
ㅁ. 당백전은 흥선 대원군이 경복궁 중건 사업을 위해 주조한 화폐이다.

09 ㅣ**해설**ㅣ (가)는 목종 때 실시한 개정 전시과이다.

ㅣ**오답분석**ㅣ ① 과전법, ② 경정 전시과 혹은 직전법, ③ 시정 전시과, ⑤ 역분전

10 ㅣ**해설**ㅣ (가)에는 고려가 통일 신라에 비해 신분의 이동이 자유로운 개방적인 사회였음을 보여 주는 내용이 들어가야 한다.

ㅣ**오답분석**ㅣ ㄴ. 공명첩은 조선 후기 재물을 받고 형식상의 관직을 부여하던 임명장이다.
ㄹ. 공노비 해방은 조선 순조 때(1801년) 실시되었다.

11 ㅣ**해설**ㅣ (가)에는 의창, 동·서 대비원, 제위보, 구제도감·구급도감 등이 들어갈 수 있고, (나)에는 상평창, 사창, 동·서 활인서, 제생원 등이 들어갈 수 있다.

ㅣ**오답분석**ㅣ ㄱ. 동·서 활인서는 조선 시대에 유랑자를 수용하고 구휼하는 기관이었다.
ㄹ. 제위보는 고려 시대에 이자로 빈민을 구제하는 기금이다.

12 ㅣ**해설**ㅣ 장례를 불교식 화장으로 치르고, 승과인 대선(大選)이 있었던 점 등을 통해 고려 시대임을 알 수 있다.

ㅣ**오답분석**ㅣ ③ 조선 시대 전기부터 재가녀의 자식에게 문과 응시를 금하였다.

13 ㅣ**해설**ㅣ (가)는 불교 신앙 조직에서 기원한 향도이다.

ㅣ**오답분석**ㅣ ① 화랑도, ② 유향소, ④ 향약

14 ㅣ**해설**ㅣ (가)는 원 간섭기 이전, (나)는 원 간섭기에 왕실 용어와 관제가 격하된 것이다.
원 간섭기에는 정동행성 이문소와 같은 내정 간섭 기구가 설치되었고, 쌍성총관부·동녕부·탐라부가 설치

되어 영토를 상실하였다. 뿐만 아니라 공녀를 공출하거나 고려의 특산물을 징발하는 등 각종 수탈이 이루어졌다.

|오답분석| ① 호떡은 임오군란(1882) 이후 들어온 중국 음식 중 하나이다.

③ 상평통보는 조선 후기에 사용되었다.

④ 고려 예종 때 윤관이 동북 9성을 쌓았으나 곧 돌려주었다.

⑤ 고구마는 조선 후기에 일본을 통해 전해진 구황 작물이다.

15 |해설| 자료는 이규보의 「동명왕편」 서문이다. 「동명왕편」은 고구려 동명왕에 관한 전설을 오언시체로 쓴 장편 서사시이다.

|오답분석| ⑤ 서거정 등이 편찬한 「동국통감」에 대한 설명이다.

16 |해설| (가)는 원효, (나)는 의상, (다)는 의천이다.

|오답분석| ① 의상, ② 혜초, ③ 지눌

⑤ 원효와 강수, 설총 등이 통일 신라에서 발전시킨 불교와 유교 문화가 일본 하쿠호 문화의 성립에 기여하였다.

17 |해설| (가)는 문종의 왕자로 승려가 된 의천, (나)는 조계종 승려인 지눌이다.

의천은 교종을 중심으로 선종을 통합하기 위해 국청사를 창건하여 해동 천태종을 창시하였다. 이를 뒷받침할 사상적 바탕으로 교관겸수를 제창하였다.

지눌은 독경, 선 수행, 노동에 고루 힘쓰자는 수선사 결사를 제창하였고, 정혜쌍수·돈오점수를 바탕으로 선교 일치 사상을 주장하였다.

|오답분석| ㄱ. 신라 말에 도선이 풍수지리설을 도입하였다.

ㄹ. 의천의 활동이다.

18 |해설| 상감청자는 12세기 중엽에서 13세기 중엽까지 유행하였다.

19 |해설| 고려 시대에 제작된 대장경과 관련된 것으로는 초조대장경, 교장(속장경), 재조대장경(팔만대장경) 등이 있다. 초조대장경은 현종 때, 거란의 침입을 부처의 힘으로 물리치고자 간행하였다. 교장(속장경)은

의천이 교장도감을 설치하고 송과 요의 대장경에 대한 주석서를 모아서 편찬하였다. 재조대장경은 몽골의 침입으로 소실된 초조대장경을 대신하기 위해 새로 제작하였다.

|오답분석| ① 흥덕사에서는 직지심체요절을 간행하였다.

20 |해설| 13세기 고종 때 강화도의 대장도감에서 간행한 의학서는 「향약구급방」이다. 「향약구급방」은 현존하는 우리나라 최고의 의서로 각종 질병에 대한 처방과 국산 약재 180여 종이 소개되어 있다.

|오답분석| ① 마과회통(정약용), ③ 침구경험방(허임), ④ 동의수세보원(이제마), ⑤ 동의보감(허준)

21 |해설| 자료에서 설명하는 탑은 경천사지 10층 석탑이다.

|오답분석| ① 구례 화엄사 4사자 석탑, ② 경주 불국사 석가탑, ③ 부여 정림사지 5층 석탑, ⑤ 오대산 월정사 8각 9층탑

22 |해설| 고려 시대의 것으로 규모가 크고 지방색이 강해 조형미는 떨어지지만 개성 있는 모습을 보여주는 불상은 파주 용미리 이불 입상과 논산 관촉사 석조 미륵보살 입상이다.

|오답분석| ㄷ. 서산 용현리 마애 여래 삼존상(서산 마애 삼존불상)은 백제 시대의 불상이다.

ㄹ. 석굴암 본존불상은 신라 중대에 제작된 불상이다.

Ⅳ. 한국 근세사

정답   28~37쪽

01 ④	02 ②	03 ③	04 ②	05 ⑤
06 ①	07 ③	08 ⑤	09 ①	10 ③
11 ①	12 ⑤	13 ②	14 ⑤	15 ②
16 ③	17 ⑤	18 ⑤	19 ⑤	20 ④

01 |해설| 재상 정치를 추구하고, 「불씨잡변」을 저술해 불교를 비판했던 것은 삼봉 정도전이다.

02 |해설| 자료는 어사대의 감찰 기능과 낭사의 봉박

을 보여 주고 있다. 어사대와 낭사는 왕의 잘못을 논하는 간쟁과 잘못된 왕명을 시행하지 않고 되돌려 보내는 봉박, 관리의 임명과 법령의 개정이나 폐지 등에 동의하는 서경권을 갖고 있었다. 조선의 삼사(사간원, 사헌부, 홍문관)가 이들의 기능을 계승하였다.

|오답분석| ① 이조는 문관의 인사 행정을, 병조는 국방과 무관의 인사를 맡았다.
③ 국정 총괄 기구이다.
④ 의금부는 왕의 직속 사법 기관, 승정원은 국왕 비서 기관이다.
⑤ 학문 연구 기관이다.

03 |해설| 관리가 말하고 있는 내용은 조선 시대 수령의 일곱 가지 임무인 수령칠사이다. 수령은 조선의 지방관으로 임기는 최대 5년이었으며, 연고지에는 발령받지 못하는 상피제가 적용되었다.
|오답분석| ① 승정원, ② 향리, ④ 조선 전기의 의정부와 조선 후기의 비변사, ⑤ 홍문관 관리와 중요 관리

04 |해설| 행정 구역이 8도로 정비되고, 한성을 관할하는 기구인 한성부가 설치된 것은 조선 시대이다. 조선 시대에는 8도에 관찰사가 파견되었고, 모든 군현에 지방관을 파견하여 중앙 집권화를 완성시켰다. 또한 수령에게 지방의 행정, 사법, 군사권을 부여하였다.
|오답분석| ㄴ. 사심관은 고려 시대에 호족 세력의 포섭과 견제를 위해 두었던 관직이다.
ㄹ. 개경, 서경, 동경(남경)의 3경제를 운영했던 것은 고려 시대이다.

05 |해설| 무과, 대과, 소과 등의 용어를 통해 조선 시대가 배경임을 알 수 있다. 조선 시대 관리 선발 제도로는 과거와 음서, 천거 등이 있었다. 고려 시대와는 달리 무과가 있었지만, 여전히 문관직이 우대받았다.
|오답분석| ⑤ 조선 시대에는 과거 합격자가 음서 출신자보다 우대받았다.

06 |해설| 자료는 사헌부 대사헌을 거치고 기묘사화로 사사당한 조광조의 연표이다.
|오답분석| ② 정도전, ③ 박원종·성희안 등, ④ 김종직, ⑤ 훈구파

07 |해설| (가)는 여진이다.

조선은 국경 지방인 경성과 경원에 무역소를 두고 여진과의 국경 무역을 허락하였다.
|오답분석| ㄱ, ㄹ은 일본에 관한 설명이다.

08 |오답분석| ⑤ 임금이 남한산성에서 항전한 것은 병자호란과 관련된 사실이다. 임진전쟁 당시 선조는 의주로 피난하여 명에 지원을 요청하였다.

09 |해설| 조선 세종 때 토지의 비옥도에 따라 전분 6등법을, 풍흉에 따라 연분 9등법을 제정하였다.
|오답분석| ② 신라, ③과 ④ 통일신라, ⑤ 일제강점기의 토지조사사업

10 |해설| 자료는 조선 시대 향촌 사회의 풍속 교화와 치안 담당, 질서 유지를 담당했던 향약의 4대 덕목이다. 향약은 양반뿐만 아니라 농민들도 자동적으로 포함된 조직이었다. 조광조의 건의로 보급되기 시작하였으며, 이황과 이이의 노력으로 확산되어 향촌에서 사림의 지위를 강화시키기도 하였다. 유교 윤리를 정착시켰다는 긍정적인 면도 있지만 지방 유력가가 농민을 수탈하는 배경이 되기도 하였다.
|오답분석| ㄱ. 경재소, ㄹ. 조선 시대 향도

11 |해설| 「사기」의 서술 방식은 기전체이다. 우리나라의 역사서 중 「삼국사기」, 「고려사」, 「동사」 등이 기전체로 서술되었다.
|오답분석| 「고려사절요」와 「조선왕조실록」은 연대순으로 서술된 편년체 역사책이다.

12 |해설| (가)는 석가탑 해체 작업 중 탑신부에서 발견된 무구정광대다라니경으로, 세계에서 제일 오래된 목판 인쇄본이다.
(나)는 현존하는 최고(最古)의 금속 활자 인쇄본이며, 현재 프랑스 박물관에 소장되어 있다.
(다)는 태종 때 만든 동활자이다. (라)는 세종 때 만든 동활자로 글씨가 반듯하고 부드러운 것이 특징이다. (다)와 (라) 모두 주자소에서 제작되었다.
|오답분석| ① 무구정광대다라니경은 국립 중앙 박물관에 소장되어 있다.
② 무구정광대다라니경, ③ 세종, ④ 정유자

13 |해설| 훈민정음의 서문과 예의 부분을 쓴 이는

훈민정음을 창제한 세종대왕이다.
|오답분석| ㄴ. 태종, ㄹ. 성종

14 |해설| 서울을 기준으로 7개 별(해, 달, 화성, 수성, 목성, 금성, 토성)의 운행과 위치를 살펴 제작한 역법서는 칠정산이다. 칠정산은 조선 세종 때 만들어져 조선 후기 시헌력이 도입되기 전까지 사용되었다.
|오답분석| ① 고려 말, ② 조선 후기, ③ 광해군, ④ 고려 말

15 |해설| (가)는 퇴계 이황, (나)는 율곡 이이이다.
이황은 이(理)를 중시하였고 이상주의적인 성격이 강하였다. 임진전쟁 이후 그의 사상은 일본에 전해져 일본 성리학에 큰 영향을 주었다. 또한 이이의 스승이었던 기대승과 사단칠정 논쟁을 벌이기도 하였다.
이이는 이와 기(氣)를 함께 중시하였으며, 이황에 비해 현실적인 성격이 강하였다. 「동호문답」, 「성학집요」, 「격몽요결」 등을 저술하였다. 주로 현실 문제 개혁에 관심을 가져서 통치 체제 정비나 수취 제도 개혁(대공수미법)에 대한 다양한 의견들을 제시하였다.

16 |해설| 국가에서 세운 지방 중등 교육 기관은 향교이다. 중앙에서 교수나 훈도가 파견되어 교육을 담당하였다. 향교는 성현에 대한 제사와 지방민 교화의 기능도 하였다.
|오답분석| ① 초등 사립 교육 기관이다. 「천자문」이나 「동몽선습」을 교재로 사용하였다.
② 사설 고등 교육 기관이다. 조선 후기에는 붕당의 근거지로 전락하기도 하여 각종 폐단이 있었다.
④ 국립 고등 교육 기관이다. 소과에 합격하면 이곳에 입학할 수 있었다.
⑤ 중앙에 설치된 국립 중등 교육 기관이다. 동, 서, 남, 중부 학당이 있었다.

17 |해설| 자료는 안평대군이 꿈에서 본 풍경을 안견에게 그리도록 한 몽유도원도이다.
|오답분석| ① 고사관수도(강희안), ② 세한도(김정희), ③ 금강전도(정선), ④ 인왕제색도(정선)

18 |해설| 임진전쟁 때 소실되어 흥선 대원군이 다시 중건한 궁궐은 경복궁이다. 사진은 경복궁의 정전(왕이 조회를 하는 곳)인 근정전이다. 조선은 태조 때 경복궁

을 지은 이래로 창덕궁, 창경궁, 경운궁(덕수궁), 경희궁 등을 더 지었다.
|오답분석| ① 창덕궁, ② 경우궁과 창덕궁, ③ 종묘, ④ 창경궁

19 |해설| 조선 세조는 적극적인 불교 진흥책을 펴 원각사지 10층 석탑을 건립하고, 「월인석보」를 간행하였다.
|오답분석| ① 고려 현종, ② 조선 명종, ③ 고려 태조, ④ 조선 세종

20 |해설| 5만 원권 지폐에 그려진 인물은 신사임당이다.
신사임당은 풀과 벌레를 소박하게 그린 초충도로 여성의 심정을 잘 나타내었다.
|오답분석| ① 월매도(어몽룡), ② 미인도(신윤복), ③ 금강전도(정선), ⑤ 세한도(김정희)

V. 근대 태동기

정답				38~49쪽
01 ①	**02** ②	**03** ⑤	**04** ⑤	**05** ④
06 ②	**07** ③	**08** ⑤	**09** ④	**10** ①
11 ①	**12** ④	**13** ①	**14** ②	**15** ④
16 ④	**17** ②	**18** ①	**19** ④	**20** ③
21 ④	**22** ⑤	**23** ②	**24** ③	

01 |오답분석| ㄷ. 호락 논쟁은 18세기 노론 내부에서 벌어진 논쟁이다.
ㄹ. 예송 논쟁은 서인과 남인 사이에 전개되었다.

02 |해설| (가) 사림이 이조 전랑 임명을 문제로 동인(김효원 중심)과 서인(심의겸 중심)으로 분리되었던 것은 16세기 중반이다.
(나) 외척 출신의 특정 가문에 의해 권력이 독점되었던 정치는 19세기 세도 정치기이다.
(다) 서인과 남인의 대립으로 여러 번의 환국이 있었던 것은 17세기 숙종 때이다.

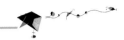

03 |해설| 탕평비를 세우고, 탕평파를 중심으로 정국을 운영했던 왕은 영조이다. 영조는 붕당을 약화시키기 위해 이들의 본거지인 서원을 정리하고 산림의 존재를 부정하였다. 뿐만 아니라 이조 전랑의 역할을 축소시키기 위해 이들의 자천권과 3사 선발권을 폐지하였다.
|오답분석| ㄱ, ㄴ. 정조

04 |해설| 아버지 사도세자 능으로 행차하는 모습, 어머니 혜경궁 홍씨의 환갑 잔치를 위해 거동하는 행렬을 정리한 책인 '원행을묘정리의궤'를 통해 (가)의 왕은 정조임을 알 수 있다. 정조는 준론탕평을 실시하였고, 왕권 강화를 위해 규장각과 친위 부대인 장용영을 설치하였다.
|오답분석| ① 세종, ②, ③, ④ 영조

05 |해설| 대동법을 시행하고 동의보감을 간행한 것은 광해군이다. 광해군은 계모인 인목대비를 유폐하고 영창대군을 죽인 폐모살제를 저질러 서인에 의해 인조반정으로 폐위되었다. 광해군은 명과 후금 사이에서 중립 외교를 통해 전쟁의 위기를 피하였다.
|오답분석| ① 태조 때 정도전이 요동 수복 운동을 추진하였다.
② 효종 때 변급(1654), 신유(1658)의 부대가 파견되었다.
③ 효종 때 서인과 숙종 초 남인이 북벌을 추진하였다.
⑤ 숙종 때 박권이 백두산에 올라 정계비를 세웠다.

06 |해설| 조선 시대 문무 고위 관료들이 참석했고, 외적의 침입에 대비하기 위해 설치되었다는 내용을 통해 (가)는 비변사임을 알 수 있다. 비변사는 중종 때 삼포왜란을 계기로 여진족과 왜구에 대비하기 위해 임시 기구로 설치되었으며, 명종 때 을묘왜변을 계기로 상설 기구가 되었다. 임진전쟁을 겪으면서 기능과 구성원이 확대되었고 조선 후기에는 국가 최고 합의 기구가 되었다.
|오답분석| ② 임진전쟁 이후 비변사의 기능은 더 강화되었다.

07 |해설| 선혜청을 설치하고, 실시 지역이 점차 확대된 것으로 보아 자료의 제도는 광해군 때 시작되어 숙종 때에 전국적 실시가 이루어진 대동법이다. 대동법은 가호가 아닌 토지를 기준으로 세금을 수취하였다.

그때문에 양반 지주와 방납인의 반대로 일시에 시행하지 못하고 지역에 따라 순차적으로 실시되었다. 1결당 쌀 12두를 내었고, 쌀이 많이 생산되지 않는 지역에서는 삼베나 동전으로 내기도 하여 조세의 금납화와 전세화가 촉진되었다. 대동법 실시 이후 등장한 공인은 상품 경제의 발달에 기여하였다.
|오답분석| ㄱ. 결작은 균역법을 실시하면서 부족한 세를 보충하기 위해 만들어졌다.
ㄹ. 환곡 등이 해당된다.

08 |해설| 자료는 백성들의 군포 부담을 줄여주기 위해 영조가 균역법 실시를 명한 것을 나타낸 것이다.
양 난 이후 5군영은 물론, 지방의 감영이나 병영까지도 독자적으로 군포를 징수하면서 장정 한 명에게 이중삼중으로 군포를 부담시키는 경우가 많았다. 군역의 부담이 과중해지자, 농민은 도망가거나 양반으로 신분을 바꾸어 군역을 피하는 경향이 더욱 심해졌다.
|오답분석| ㄱ. 균역법 시행 이후의 모습이다.
ㄴ. 방납의 폐단은 대동법 실시의 배경이다.

09 |해설| 자료의 그림들은 조선 후기 화가인 김홍도가 그린 풍속화이다. 조선 후기의 경제 상황이 아닌 것을 고르면 된다.
|오답분석| ② 시전은 조선 건국 직후 설치되었다.

10 |해설| (가)는 시전 상인, (나)는 난전의 상권이다. 시전 상인은 국가에 세금을 내고 관의 수요품을 제공하는 대신에 난전의 상행위를 금지할 수 있는 금난전권을 행사할 수 있었다. 하지만 정조 때 신해통공으로 육의전을 제외한 시전 상인의 금난전권은 폐지되었다. 난전은 조선 후기에 이현과 칠패를 중심으로 성장하였다.
|오답분석| ② 일본과 직접 무역을 하였던 것은 동래의 내상이다.
③ 금난전권을 가지고 있던 것은 시전상인이었다.
④ 인삼을 재배하고 판매하였던 것은 개성의 송상이다.
⑤ 객주는 포구에서 상품 매매를 알선하고 숙박, 금융 업무를 담당한 중간 상인이었다.

11 |해설| 봇짐이나 등짐을 지고 이동하며 장사를 했던 '이 상인'은 보부상이다. 지방 장시를 무대로 생산자와 소비자를 이어주는 역할을 하였고, 이들의 활동

덕분에 조선 후기에 장시의 상설화가 가능해졌다. 조선 초기부터 부상단이 조직되었고, 대한 제국기에는 황국 협회로 조직이 개편되었다.

|오답분석| ②∼송상, ③ 공인, ④ 시전 상인, ⑤ 경강 상인

12 **|해설|** (가)는 양반, (나)는 역관(중인 계층), (다)는 양민, (라)는 노비이다.

조선 시대는 엄격한 신분제 사회였으나, 신분 이동이 가능하였다. 법적으로 양인이면 누구나 과거에 응시하여 관직에 진출할 수 있었고, 양반도 죄를 지으면 노비가 되거나 경제적으로 몰락하여 중인이나 상민이 되기도 하였다.

|오답분석| ④ 고려 시대 백정은 일반 농민을 가리키는 말이었다. 조선 시대에 들어와 도살업에 종사하였던 화척이 백정으로 불리게 되었다.

13 **|해설|** 밑줄 친 우리는 의관, 역관 등 기술관으로 활동한 중인이다. 조선 후기에는 중인층에서 시사를 조직해 문학 활동을 통해 자신들의 사회적 지위를 높이기도 하였다. 「상원과방」은 기술직 중인들의 통청운동 자료가 실려 있는 책이다.

중인은 한품서용의 적용을 받아 관직 승진에 한계가 있었다.

|오답분석| ① 규장각 검서관으로 등용된 것은 서얼이다.

14 **|해설|** 신부가 신랑의 집으로 가서 생활하는 혼인 풍습이 정착된 것은 성리학적 가부장제의 모습이 강했던 조선 후기의 사회상이다.

|오답분석| ① 고려, ③, ④, ⑤ 고려∼조선 중기의 사회상이다.

15 **|해설|** 「동경대전」과 「용담유사」는 최제우가 지은 것을 2대 교주 최시형이 간행한 동학의 교리집이다. 「동경대전」은 한문으로 쓰여졌고, 포교용 가사집인 「용담유사」는 한글로 쓰여져서 일반 백성들도 쉽게 읽을 수 있었다.

|오답분석| ㄴ. 동학은 일반 백성들에게 적극적인 지지를 받았다. 위정척사파는 유교 중심의 세계관을 고수하였다.

16 **|해설|** (가)는 평안도민에 대한 차별 정책과 세도 정치에 반발하여 일어난 홍경래의 난이다. 홍경래는 스스로를 평서대원수라 부르며 이 난을 지휘하였다.

(나)는 진주 농민 봉기이다. 삼정의 문란과 탐관오리의 부정부패에 저항해 한 때 진주성을 점령하기도 하였다. 진주 민란을 계기로 농민들의 항거는 전국적으로 확산되었다.

|오답분석| ④ 동학은 1860년에 경주에서 창시되었으나, 진주 농민 봉기에 영향을 주지 않았다.

17 **|해설|** (가)는 조선 숙종, (나)는 영조, (다)는 흥선 대원군 때 세워진 비석이다.

숙종 때에는 경종과 연잉군(영조)의 왕위 계승 문제 등으로 노론과 소론의 대립이 격화되었다.

|오답분석| ㄴ. 세도 정치는 순조부터 철종까지이다. ㄹ. 1832년 영국 상선 암허스트 호가 모습을 보인 이래 이양선이 자주 출몰하였다.

18 **|해설|** 성리학의 상대화, 6경과 제자백가에서 사상적 기반을 찾으려 했던 인물은 윤휴와 박세당이 대표적이다.

|오답분석| ㄷ과 ㄹ은 서인(노론)에 관한 설명이다.

19 **|해설|** 다산 정약용은 조선 후기 대표적인 실학자로 「목민심서」, 「경세유표」 등의 저술을 통해 실학을 집대성하였다. 그는 과학 기술이나 상공업 발달에도 관심을 가져 거중기나 배다리 설계, 수원 화성 조성을 주도하였다.

|오답분석| ④ 천체 관측 기구인 혼천의는 세종 때 장영실이 처음 만들었다.

20 **|해설|** 자료는 생산과 소비와의 관계를 우물물에 비유하면서 절약보다 소비를 권장한 박제가의 주장이다. 박제가는 「북학의」를 저술하여 청의 문물을 적극적으로 수용할 것을 제창하였다. 그는 상공업의 발달, 청과의 통상 강화, 수레와 선박의 이용 등을 역설하였다.

|오답분석| ① 안정복, ② 유수원, ④ 이익, ⑤ 정약용

21 **|해설|** 「삼국사기」는 김부식이 삼국 시대의 역사를 기전체로 편찬한 책이다. 「동국병감」은 고조선부터 고려 말까지의 중국과의 전쟁사를 기록한 책이다. 「연려실기술」은 이긍익이 조선의 정치와 문화를 정리한 백과사전이다. 「조선상고사」는 신채호가 우리나라의 상

고사를 서술한 책이다.

|**오답분석**| ㄱ. 삼국유사, ㄷ. 발해고

22 |**해설**| 조선 후기 상인이나 부농, 양반들의 지원으로 세워진 대표적인 사원은 화엄사 각황전과 법주사 팔상전이다.

|**오답분석**| ㄱ. 봉정사 극락전은 현존하는 가장 오래된 목조 건물로 고려 시대에 건축되었다.

ㄴ. 수덕사 대웅전은 고려 시대의 대표적인 주심포 양식의 목조 건물이다.

23 |**해설**| (가) 고려 시대의 상감청자, (나) 조선 후기의 청화백자, (다) 조선 중기의 순백자, (라) 조선 초기의 분청사기

|**오답분석**| ② 청화백자는 조선 후기에 유행하였다. 향·소·부곡 등 특수 행정 구역은 조선 초기에 소멸되었다.

24 |**해설**| 타령, 고수의 북장단, '춘향가', '심청가' 등을 통해 제시된 자료에서 설명하고 있는 유네스코 지정 인류 무형 문화유산은 판소리임을 알 수 있다.

Ⅵ. 한국 근대사

정답 50~60쪽

01 ⑤	02 ①	03 ④	04 ④	05 ④
06 ④	07 ⑤	08 ②	09 ①	10 ③
11 ⑤	12 ②	13 ④	14 ②	15 ①
16 ②	17 ②	18 ③	19 ⑤	20 ④

01 |**해설**| 흥선 대원군은 왕권 강화를 위해 경복궁 중건을 하였고, 이 과정에서 당백전을 발행해 인플레이션 현상이 일어났다. 그리고 전국에 47개의 서원을 남기고 철폐하여 양반들의 반발을 사기도 하였다. 게다가 양반들에게도 군포를 부담하는 호포제도 실시하였다.

|**오답분석**| ⑤ 사창제는 환곡제의 폐단을 없애기 위해 실시한 제도이다. 제시된 내용에서는 추론할 수 없는 부분이다.

02 |**해설**| 조선을 자주국으로 명시하고, 3곳의 항구를 개방하고, 치외법권이 적용되었던 조약은 강화도 조약(조·일수호조규, 1876)이다. 운요호 사건을 계기로 맺은 최초의 근대적 조약이며, 제1조에 조선을 자주국으로 명시한 이유는 청의 종주권을 부인하기 위해서였다. 그리고 원산, 인천, 부산을 개항하게 되었다. 치외법권이나 해안 측량권과 같은 불평등 조항이 포함되어 있다.

|**오답분석**| ① 개정된 조·일 통상장정(1883)에서 일본에 최혜국 대우를 인정하였다.

03 |**해설**| (가)는 김홍집이 들여온 황쭌셴의「조선책략」이다. 고종이 이를 배포한 후 위정척사론자들의 강한 반발이 일어났는데, (나)와 같이 이만손이 주도한 영남 만인소가 대표적이다.

|**오답분석**| ㄱ. 조선책략은 2차 수신사인 김홍집이 일본에서 들여왔다.

ㄷ. 척화비는 신미양요 이후 전국 각지에 세워졌다.

04 |**해설**| 가로 1에는 조병갑, 가로 2에는 신미양요, 가로 3에는 삼정이 들어간다. 그리고 세로 1에는 갑신정변, 세로 2에는 양반이 들어간다. 그러므로 (가)에는 갑신정변에 관한 설명이 들어가야 한다. 갑신정변은 1884년 김옥균 등 급진 개화파가 청군의 철수, 일본의 지원 약속 등을 계기로 우정국 개국 축하연 때 일으킨 정변이다. 문벌 폐지, 입헌군주제, 토지세의 개혁 등을 담은 14개조의 개혁 정강을 발표하였지만 청군의 개입으로 3일 만에 막을 내렸다. 이후 청의 내정 간섭은 더 심화되었으며, 조선과 일본은 한성조약을, 청과 일본은 톈진조약을 맺었다.

|**오답분석**| ① 임오군란(1882), ② 아관파천(1896), ③ 을미사변(1895), ⑤ 방곡령(1889~90)

05 |**해설**| 집강소는 동학 농민군이 호남 지방의 각 군현에 설치하였던 농민 자치 기구이다. 동학 농민군은 정부와 전주 화약을 맺고 나서 각 군현에 집강소를 설치하였다.

06 |**해설**| '두 섬'은 울릉도와 독도이다.

|**오답분석**| ④ 일제는 간도 협약(1909)을 체결하고 중국으로부터 남만주 철도 부설권을 획득하였다.

07 |**해설**| 자료는 대한 제국에서 발행한 토지 소유

증명서인 지계이다. 대한제국은 양지아문과 지계아문을 설치해서 양전 사업을 실시하고 근대적 토지 소유권 제도의 확립을 시도하였다.

|오답분석| ①, ②, ③, ④ 갑오·을미개혁

08 |해설| 제1차 한·일 협정(1904) 체결 이후 재정 고문으로 메가타, 외교 고문으로 친일 미국인인 스티븐스가 파견되었다. 메가타는 화폐 정리 사업을 실시하였고 이 결과로 한국 상공업자는 큰 피해를 입었다. 스티븐스는 샌프란시스코에서 장인환과 전명운에게 저격당하였다.

|오답분석| ㄴ. 황성신문은 남궁억이 창간한 민간 신문이다. 을사조약 이후 장지연이 시일야방성대곡을 개제한 신문이기도 하다.
ㄷ. 묄렌도르프는 임오군란 이후 청이 파견한 외교 고문이다.

09 |해설| 비밀 결사, 안창호·양기탁 등의 주도로 설립, 공화정체 수립, 105인 사건(1911)으로 해체된 것은 애국 계몽 단체인 신민회(1907)이다. 대성학교와 오산학교를 설립해 근대 교육을 실시함은 물론, 만주 지역에 독립 기지를 구축하고자 신흥강습소(신흥무관학교)를 설립하였다. 또한 민족 산업 육성을 위해 평양에 자기 회사를 설립하고, 대구에서 태극 서관을 운영하였다. 대한매일신보를 통해 언론 활동을 하면서 민족 문화를 양성하려 하였다.

|오답분석| ① 황무지 개간권 반대 운동을 벌인 것은 보안회(1904)이다.

10 |해설| 남학생은 갑오개혁이 봉건 질서를 타파하고, 여러 계층의 요구를 반영한 것을 근거로 이 개혁을 긍정적으로 보고 있다. 공·사노비제 폐지, 고문과 연좌법 폐지, 과부의 개가 허용, 과거제 폐지 등이 근거가 될 수 있다.

|오답분석| ㄱ, ㄹ. 광무개혁

11 |해설| 헐버트는 육영 공원의 교사로 활동하면서 교과서인 「사민필지」를 저술하였다. 뿐만 아니라 「대한제국멸망사」, 「한국평론」을 통해 조선을 널리 알리려 하였다. 1905년 을사조약이 체결되었을 때는 고종의 밀서를 가지고 미국에 방문하였으며, 1907년 만국 평화 회의에 참석해 조선의 입장을 대변하려 하였으나 실패하고 말았다.

|오답분석| ① 아펜젤러, ② 베델, ③ 알렌, ④ 이사벨라 버드 비숍

12 |해설| 자료의 관민 공동회는 1898년에 열렸다. 이화 학당은 1886년 스크랜튼이 설립하였고, 제중원은 1885년 선교사 알렌에 의해 설립되어 1904년에 세브란스로 개칭되었다.

|오답분석| ㄴ. 집강소는 1894년 전주 화약 체결 후에 조직되었다.
ㄹ. 흥선 대원군이 정권을 잡고 있던 기간에 볼 수 있는 모습이다.

13 |해설| '국모의 원수', '임금께서 머리를 깎으시는 지경'을 통해 민왕후(명성황후)가 일본 낭인에 의해 살해당했던 을미사변과 단발령이 포함된 을미개혁의 내용임을 알 수 있다. 이를 계기로 을미의병(1895)이 발발하였다. 주로 위정척사 유생들이 주도하였고, 동학의 잔여세력들이 참여하기도 하였다. 하지만 고종의 해산 권고 조칙으로 해산하였으며, 이후 일부가 활빈당을 조직하여 의병 활동을 하였다.

|오답분석| ④ 황성신문은 1898년에 간행되었다. 또한 황성신문은 의병을 비판하는 논조를 보였다.

14 |해설| '10월의 소행', '강제로 도장을 찍게 하여 종묘사직이 망하고 말았으니' 등을 통해 자료에서 말하고 있는 사건은 1905년에 체결된 을사조약임을 알 수 있다. 「면암집」은 최익현의 문집이다.
을사조약에 따라 조선의 외교권이 박탈되었으며, 통감 정치가 시작되었다. 이에 1905년에서 1906년까지 을사의병이 일어났으며 이전과는 달리 신돌석과 같은 평민 의병장이 등장하기도 하였다.

|오답분석| ①, ⑤ 을미의병(1895)
③, ④ 정미의병(1907)

15 |해설| 양화진에 점포 개설권을 허가하고, 청상인의 내지 통상권을 허용한 조약은 임오군란 이후 청과 체결한 조·청 상민수륙무역장정이다. 이후 일본과 청은 조선의 상권을 차지하기 위해 치열한 경쟁을 하였다.

|오답분석| ② 조·일 수호조규 부록(1876.8)
③ 조·일 무역규칙(조·일 통상장정, 1876.6)
④ 화폐 정리 사업(1905)

⑤ 홍선 대원군의 당백전 발행의 결과이다.

16 |해설| (가) 강화도 조약(1876), (나) 조·청 상민 수륙무역장정(1882)
|오답분석| ㄴ. (나) 체결 이후, ㄹ. 1898년의 모습이다.

17 |해설| (가)는 1801년, (나)는 1886년, (다)는 1894년 1차 갑오개혁, (라)는 1884년의 갑신정변이다.

18 |해설| 1895년 정부는 교육입국조서를 반포하고 소학교, 사범학교, 외국어학교를 설립하여 근대적인 교육을 실시하였다.
|오답분석| ㄱ. 1907년, ㄹ. 1886년

19 |해설| 지도에 표시된 교통 시설은 대한제국기와 일제 강점기에 부설된 철도이다. 가장 먼저 설립된 경인선은 미국이 부설권을 얻었으나 일본이 부설권을 인수하여 완공하였다(1900). 경부선(1905)과 경의선(1906)은 러·일 전쟁 중 일본이 군사적 목적에 의해 부설하였다. 경원선과 호남선은 1914년에 완공되었다.
|오답분석| ㄱ. 가장 먼저 개통된 철도는 경인선이다.
ㄴ. 경인선(1900), 경부선(1905), 경의선(1906)은 일제 강점기 이전에 부설되었다.

20 |해설| 나철이 창시하고 간도에서 무장독립운동 단체를 조직하는 데 공헌한 종교는 대종교이다. 대종교는 단군을 숭배한 민족 종교이다.
|오답분석| ① 천도교, ② 박은식, ③ 천주교, ⑤ 원불교

Ⅶ. 민족의 독립운동

정답   61~69쪽

01 ③	**02** ③	**03** ①	**04** ①	**05** ③
06 ⑤	**07** ④	**08** ③	**09** ⑤	**10** ④
11 ①	**12** ⑤	**13** ③	**14** ②	**15** ①
16 ②	**17** ①	**18** ⑤		

01 |해설| 자료는 일제 무단 통치기(1910년대)에 실시된 조선 태형령(1912)의 조항이다.
|오답분석| ① 1930년대, ②와 ④는 민족 말살 통치기,

⑤ 문화 통치기(1920년대)

02 |해설| 브나로드 운동은 1930년대 초에 전개된 계몽운동이다.
|오답분석| ㄱ. 치안유지법은 1925년에 제정되었다.
ㄹ. 경성제국대학은 1924년에 설립되었다.

03 |해설| 엄복동이 활동하던 시기는 1910년대에서 1930년대 초 사이이다.
|오답분석| ① 공출은 1938년에 본격적으로 시작되었다.

04 |해설| 일본이 침략 전쟁을 위해 조선의 각종 인적, 물적 자원을 수탈했던 것은 1931년 만주 사변과 1937년 중·일 전쟁 이후이다. 조선의 민족성을 말살시키기 위해 내선일체나 일선동조론을 퍼트렸고 여기에 그치지 않고 창씨 개명이나 신사 참배 등을 강제로 시행하게 하였다. 또한 학도 지원병을 통해 반강제적으로 학생들을 전쟁터로 내몰았고, 노동자 역시 강제 징용으로 탄광에서 혹독한 환경 하에 일하도록 하였다.
|오답분석| ① 통감부는 1905년부터 1910년 한·일 강제 병합 사이에 설치된 통치 기구였다. 병합 이후 통감부는 조선 총독부로 바뀌었다.

05 |해설| 지도와 기미독립선언서의 내용을 통해 이와 관련된 민족 운동은 3·1 운동(1919)임을 알 수 있다. 이 운동 결과 일제는 무단 통치에서 문화 통치로 조선의 식민 통치 방식을 바꾸었으며, 우리 민족은 통일된 정부의 필요성을 느껴 한성정부, 대한국민의회 정부, 상하이 정부를 통합한 대한민국 임시정부를 상하이에 수립하였다.
|오답분석| ㄱ, ㄹ. 6·10 만세운동

06 |해설| 한인 애국단을 조직하였고, 임시정부의 주석을 맡았던 것을 통해 김구 임을 알 수 있다. 김구는 광복 이후 남한만의 단독 선거를 반대하면서 북한의 김두봉, 김일성 등과 함께 남북 협상(1948)을 추진하였다.
|오답분석| ① 김구와 김규식 등의 남북 협상파와 좌익 등은 총선거에 불참하였다.
② 김원봉
③ 여운형
④ (김)무정, 박효삼 등이 조선의용군을 조직하였다. 김구는 한국 광복군을 창설하였다.

07 |해설| 신채호의 조선 혁명 선언은 김원봉이 조직한 의열단의 행동 지침이었다. 의열단은 일제 요인 암살이나 식민 통치 기구 파괴 활동을 하였으며, 대원들을 황포 군관학교에 입학시켜 군사 교육을 받도록 하였다.
|오답분석| ④ 이봉창과 윤봉길은 김구가 조직한 한인 애국단의 활동가였다.

08 |해설| 행동 준승 9개항은 한국 광복군이 중국 국민당과 군사 협정을 맺으면서 규정한 행동 강령이다. 1940년에 충칭 임시정부의 재정비 과정에서 지청천을 중심(이범석은 참모장)으로 조직된 한국광복군은 중국의 지원을 받아 성장하였고, 이후에는 독자성을 확보하게 되었다.
|오답분석| ㄱ. 이동휘는 대한 국민 의회를 조직하고 임시정부의 국무총리를 지냈다.
ㄹ. 홍범도는 1920년 대한 독립군의 총사령이었다.

09 |해설| (가) 지청천의 한국 독립군은 북만주 일대에서 중국 호로군과 연합해 일본군을 격퇴하였다.
(나) 참의부, 정의부, 신민부의 3부는 민정과 군정을 함께 맡은 자치 조직이다.
(다) 김좌진의 북로군정서군은 대한독립군과 연합해 청산리 전투(1920)에서 대승리를 거두었다.
(라) 신흥무관학교는 신민회의 지원을 받아 설립된 독립군 양성 기관이었다.
(마) 1940년에 충칭에서 조직된 한국 광복군은 미국 OSS와 연합해 국내 진입 작전을 준비하였다.
|오답분석| ① 양세봉은 조선 혁명군을 이끌었다.
② (육군 주만) 참의부가 임시정부 직할 부대였다.
③ 조선 의용대와 한국 광복군에 대한 설명이다.
④ 의열단 단원들은 중국 황포 군관 학교에서 군사 교육 및 간부 교육을 받았다.

10 |해설| 제시된 사진과 자료는 윤봉길의 홍커우 공원 의거에 관한 것이다. 윤봉길은 김구가 조직한 한인 애국단(1931)의 단원이었다. 윤봉길 의거를 계기로 임시정부가 다시 활기를 찾게 됨은 물론 중국 장제스의 지원을 받게 되었다.
|오답분석| ① 간도 참변(1920)은 봉오동, 청산리 전투에 패한 일제의 보복이었다.
② 이승만의 위임 통치 청원서 제출이 계기가 되었다.

③ 한·일 강제 합병은 1910년의 사실이다.
⑤ 의열단은 1919년 결성되었다.

11 |해설| (가) 지역은 연해주이다. 연해주는 1860년대부터 한인들의 이주가 시작되어, 이곳에 신한촌이 형성되었다. 1910년대에는 권업회, 대한광복군 정부(대한국민 의회) 등이 조직되어 활발한 민족 운동을 하였다. 1920년대에는 만주의 무장 독립운동 세력이 일제의 탄압을 피해 연해주로 이동하였다. 하지만 러시아 적색군과 충돌하여 자유시 참변(1921)이 발생하기도 하였다.
|오답분석| ② 하얼빈은 중국 흑룡강 일대에 위치하였다.
③ 윤동주 생가는 북간도 용정의 명동촌에 있다.
④ 서전서숙은 1906년 북간도 용정에 설립되었다.
⑤ 임시정부는 중국 상하이에서 1919년 조직되었다.

12 |해설| (가)는 6·10 만세 운동(1926), (나)는 광주 학생 항일 운동(1929)이다.
|오답분석| ㄱ. 3·1 운동
ㄴ. 3·1 운동(고종)과 6·10 만세 운동(순종)

13 |해설| (가) 암태도 소작 쟁의(1923년)
(나) 대한광복회(1915~1918년)
(다) 신사 참배 거부 운동(1935년)
(라) 원산 노동자 총파업(1929년)

14 |해설| (가)는 백정들이 설립한 조선 형평사이다. 도축과 육류 판매에 종사하던 백정들은 사회적 차별을 극복하기 위해 1923년 진주에서 조선 형평사를 조직하고 신분 차별 철폐 운동을 전개하였다.
|오답분석| ② 신량역천인은 수군, 조례, 나장, 일수, 봉수군, 역졸 등이 있었는데, 백정은 포함되지 않았다.

15 |해설| 제시된 강령을 내세웠던 단체는 신간회이다. 신간회는 정우회 선언을 계기로 비타협적 민족주의 세력과 사회주의 계열이 합작하여 1927년에 조직되었다. 신간회는 광주 학생 항일 운동에는 진상 조사단을 파견할 정도로 대중 운동을 지원하였고, 각종 사회 운동을 전개하였다. 일제의 탄압과 민족주의계와 사회주의계의 분열로 신간회는 1931년에 해체되었다.
|오답분석| ② 1920년 만주에서 북로군정서군을 중심으로 일어난 항일 전쟁이다.
③ 3·1 운동을 탄압하기 위해 일제가 저지른 만행이

었다.

④ 1922년 이상재의 조선 교육회를 중심으로 일어난 민족주의계의 실력 양성 운동이었다.

⑤ 1902년부터 하와이로 많은 한국인들이 노동 이민을 떠났다.

16 |해설| 자료의 노래는 1930년대 전반에 신문사 주도로 전개된 문맹 퇴치 운동과 관련된 것들이다. 조선일보는 문자 보급 운동(1929~1934)을 전개하였고, 동아일보는 브나로드 운동(1931~1934)을 이끌었다.

|오답분석| ① 통감 정치(1905~1910), ③ 조선 어학회 사건(1942), ④ 신간회 결성(1927), ⑤ 치안유지법 제정(1925)

17 |해설| '이 책'은 박은식의 「한국통사(韓國痛史)」이다.

|오답분석| ② 한용운, ③ 백남운, ④ 장지연, ⑤ 신채호

18 |해설| 「조선사회경제사」, 「조선봉건사회경제사」는 사회경제 사학자 백남운의 저술이다. 백남운은 우리나라의 역사 발전을 세계사적 보편성 위에 체계화시키면서 식민사관의 정체성 이론을 비판하였다.

|오답분석| ㄱ. 박은식, ㄴ. 실증주의 사학

Ⅷ. 한국 현대사

01 |해설| (가) 조선건국준비위원회 강령(1945)

(나) 좌우 합작 7원칙(1946.10)

(다) 김구의 3천만 동포에게 읍고함(1948)

(라) 이승만의 정읍 발언(1946.6)

02 |해설| 역사상 최초로 실시된 보통 선거이고, 임기 2년의 제헌 의원을 선출했던 것은 1948년 5·10 총선거이다. 이를 계기로 남한만의 단독 정부인 대한민국

정부가 수립되었고, 공화제에 근거하여 이승만이 대통령으로 선출되었다.

|오답분석| ② 좌우 합작 운동으로 1946년에 발표된 원칙이다.

③ 모스크바 3상 회의의 결과 1946년과 1947년에 개최되었다.

④ 1945년 8월 광복 직후 여운형에 의해 조직되었다.

⑤ 1945년 12월 한국 문제 및 세계 대전 전후 문제 처리를 위해 개최되었다.

03 |해설| (가)는 반민족행위특별조사위원회(반민특위)이다.

|오답분석| ① 친일파 청산에 소극적인 이승만은 반민특위의 활동 기한을 축소하였다.

② 이승만 정부와 친일파는 반민특위의 활동을 방해하였다.

③ 반민특위는 미군정이 끝나고 정부가 수립된 이후 활동하였다.

⑤ 반민특위는 반민족행위자들을 처단하기 위해 설치되었다.

04 |해설| (가)에는 1948년 4월 남북 협상과 1948년 8월 초대 대통령의 취임 사이의 사건이 들어가야 한다. 남북 협상은 결국 실패하였고, 남북 협상파나 공산주의자는 불참한 상태에서 5·10 총선거가 이루어졌다.

|오답분석| ① 모스크바 3상 회의(1945.12.) 이후 신탁통치 반대 시위가 일어났다.

② 미·소 공동위원회는 1946년 4월, 1947년 5월에 개최되었다.

③ 6·25 전쟁은 1950년에 발발하여, 1953년 7월 휴전 협정까지 3년간 계속되었다.

④ 미군은 1945년 9월 9일에 남한에 진주하여 군정을 실시하였다.

05 |해설| 지도는 6·25 전쟁 초기 국군이 대구에 최후의 방어선을 구축한 상황이다. 상황을 역전시키기 위해 국군과 유엔군은 인천 상륙 작전을 감행하였고, 1달만에 압록강까지 진출하였다.

06 |해설| 그림은 사사오입 개헌(1954, 2차 개헌)을 표현한 것이다. 이승만은 장기 집권을 위해 이 개헌에서 초대 대통령의 3선 연임 제한 규정을 철폐하였다.

| 오답분석 | ① 제3차 개헌(허정 과도정부), ② 현행 헌법(1987, 9차 개헌), ③ 5공화국 헌법(1980), ④ 유신 헌법(1972)

07 | 해설 | 자료는 1956년의 제3대 정·부통령 선거를 정리한 것으로, (가) 대통령 후보는 이승만(자유당), (나) 부통령 후보는 장면(민주당), (다) 대통령 후보는 조봉암이다.
이승만은 1959년에 천주교계 신문으로 야당 쪽 입장을 많이 대변한 경향신문을 폐간하였다.
| 오답분석 | ㄴ. 장면 정부는 내각 책임제 정부였다.
ㄹ. 조봉암은 진보당 사건으로 1959년 사형당하였다.

08 | 해설 | 정·부통령 부정 선거에 반발하여 재선거를 요구했던 것은 1960년 4·19 혁명이다. 부정 선거에 반발한 마산 시민들이 3월 15일 선거 규탄 시위를 하였고, 이 과정에서 김주열 학생이 최루탄에 맞아 죽은 것이 밝혀졌다. 이를 계기로 시위는 널리 확산되었고, 결국 이승만이 하야하였다.
| 오답분석 | ①, ⑤ 박정희의 유신 정권(1972~1979)
② 5·18 광주 민주화 운동(1980)
④ 1987년 6월 민주 항쟁

09 | 해설 | (가)는 유신 체제가 들어선 이후의 모습이다.
(나)는 1980년 광주 민주화 운동에 대한 기사이다.
(다)는 1987년 박종철의 고문 치사 사건에 대한 기사이다. 이 사건을 계기로 6월 민주 항쟁이 일어났다.
(라)는 노태우의 6·29 선언에 대한 기사이다. 6월 민주 항쟁의 결과이다.

10 | 해설 | '야만적인 고문으로 죽여 놓고', '4·13 호헌 조치' 등의 구절을 통해 6월 민주 항쟁(1987)에 관련된 자료임을 알 수 있다.
| 오답분석 | ① 4·19 혁명(1960)에 대한 설명이다.
③ 긴급조치권은 유신 헌법에 포함된 대통령의 권한이다.
④ YH 사건과 김영삼 제명 사건, 부마항쟁이 유신 체제 종식의 계기가 되었다.
⑤ 신민당 총재인 김영삼의 제명은 부마항쟁(1979)의 원인이 되었다.

11 | 해설 | (가) 김영삼 정부(1993~1998)

(나) 김대중 정부(1998~2003)
| 오답분석 | ①, ② 김대중 정부
④ 김영삼 정부
⑤ 이산가족 상봉은 1985년에 처음 이루어졌고, 이후 6·15 남북공동 선언(2000)으로 재개되었다.

12 | 해설 | 자료는 장면 정부 시기의 모습이다.
| 오답분석 | ① 이승만 정부, ② 노태우 정부, ③ 박정희 정부, ④ 전두환 정부

13 | 해설 | 자주, 평화, 민족 대단결의 통일 원칙에 합의한 것은 7·4 남북 공동성명이다. 1972년 박정희 정부 때 합의되었다.
| 오답분석 | ① 남북 기본 합의서는 화해, 불가침, 교류 협력을 내용의 골자로 하고 있다.
② 남북 기본 합의서와 함께 고위급 회담을 통해 합의된 선언문이다.
④ 1973년 유엔 동시 가입과 문호 개방을 표방하였지만, 북한이 거부하였다.
⑤ 1국가 2체제의 통일 방안, 통일 문제의 자주적인 해결, 경제 협력 등의 내용을 담고 있다.

14 | 해설 | (가) 1972년, (나) 1991년 9월, (다) 1985년, (라) 1998년

15 | 해설 | 경제 개발 5개년 계획은 장면 정부(제2 공화국) 때 수립되어 군사 정부 시기인 1962년에 처음 시작하였다.
| 오답분석 | ① 전두환 정부, ③ 미군정, ④ 1950년대 원조 경제 체제, ⑤ 미군정

16 | 해설 | '전쟁으로 인한 생산력 저하와 전쟁 비용 증대로 인한 통화 팽창' 부분을 통해 6·25 전쟁 중에 실시된 화폐 개혁임을 추론할 수 있다. 이승만은 1953년 2월 15일 '통화에 관한 특별 조치'(대통령긴급명령 제13호)를 발표하여 화폐단위를 원(圓)에서 환(圜)으로 바꾸고 가치도 100 : 1로 평가 절하하는 조치를 취하였다.
| 오답분석 | ①, ③ 메가타의 화폐 정리 사업, ④ 1962년의 통화 개혁

17 | 해설 | (가)는 외환 위기를 맞아 IMF의 관리를 받던 시기였다.

| 오답분석 | ① 2차 석유 파동은 1979년이다.

② 1953년과 1962년의 통화 개혁을 통해 화폐 가치가 조절되었다.

③ 1950년대 상황이다.

⑤ 마산 자유 지역은 1973년 완공되었다.

18 | 해설 | 장발 단속, 언론 규제를 했던 것은 박정희 정부 시기이다. 양희은의 아침이슬은 1971년에 나온 노래이다. 정치적 내용이 담겨있다는 이유로 금지곡이 되었었다.

| 오답분석 | ㄱ. 프로 야구가 출범한 것은 전두환 정부 시기인 1982년이다.

ㄴ. 언론의 자유가 확대된 것은 다양한 언론 매체가 등장했던 1990년대 이후이다.